Sven Eisermann

CITY|TRIP PLUS

WIEN

Nicht verpassen!

Karte S. 3

2 Stephansdom [G6]
Das Monument des Wiener Katholizismus war das höchste Gebäude des Mittelalters und zieht bis heute Millionen Besucher in seinen Bann (s. S. 20).

29 Kaiserliche Schatzkammer [G6]
Gut gesichert lagern hier einige der wertvollsten Kunstschätze des Abendlandes, unter ihnen die Kaiserkrone des Heiligen Römischen Reichs (s. S. 62).

33 Kunsthistorisches Museum [F7]
Für Liebhaber der Renaissance-Kunst ist das Museum an der Ringstraße ein absolutes Muss (s. S. 68).

41 Volksgarten [F6]
Rosenduft, Sisi und einen Tempel bietet die grüne Oase an der Ringstraße (s. S. 75).

57 Wurstelprater und Riesenrad [I5]
Die Wiener lieben ihren etwas schrulligen Vergnügungspark mit viel Gastronomie, gruseligen Geisterbahnen und dem berühmten Riesenrad (s. S. 98).

65 Leopoldsberg
An dem geschichtsträchtigen Ort genießt man einen traumhaft schönen Blick über die Weinberge hinweg auf das Wiener Becken (s. S. 111).

66 Kirche am Steinhof [S. 272]
Otto Wagners Gotteshaus am Stadtrand ist ein Meisterwerk des Wiener Jugendstils (s. S. 114).

67 Schloss Schönbrunn [A9]
Das Traumschloss der Habsburger verzaubert durch seine barocke Pracht und die herrliche Parkanlage (s. S. 115).

72 Zentralfriedhof [S. 272]
Er ist einer der größten Friedhöfe der Welt und bietet den Besuchern neben prachtvollen Mausoleen und den Ehrengräbern der berühmtesten Wiener viel Natur (s. S. 129).

78 Stift Klosterneuburg [S. 272]
Eine romantische Legende und Kunstwerke aus Mittelalter und Barock machen einen Ausflug vor die Tore Wiens zu einem einzigartigen Erlebnis (s. S. 141).

Leichte Orientierung mit dem cleveren Nummernsystem
Die Sehenswürdigkeiten sind im Text und im Kartenmaterial mit derselben **magentafarbenen ovalen Nummer** 1 markiert. Alle anderen Lokalitäten wie Geschäfte, Restaurants usw. tragen ein **Symbol und eine fortlaufende rote Nummer** (1). Die Liste aller Orte befindet sich auf S. 268, die Zeichenerklärung auf S. 273.

@CityAirportTrainVienna CityAirportTrain.com
Die schnellste Verbindung zwischen Flughafen und Wiener Stadtzentrum.
CAT
CITY AIRPORT TRAIN
Kinder fahren GRATIS
unter 15 Jahren
16 min.
NON-STOP
CITY AIRPORT TRAIN
CAT

Wien auf einen Blick

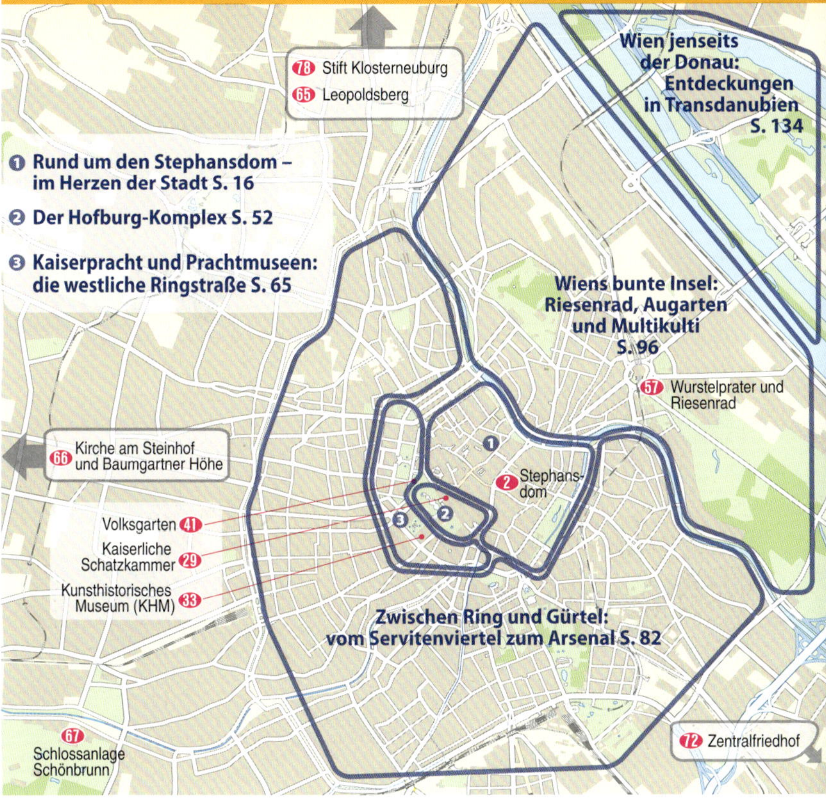

Inhalt

Stadtspaziergänge

Zeichenerklärung

★★★ nicht verpassen
★★ besonders sehenswert
★ wichtig für speziell interessierte Besucher

[A1] Planquadrat im Kartenmaterial. Orte ohne diese Angabe liegen außerhalb unserer Karten. Ihre Lage kann aber wie die von allen Ortsmarken mithilfe der begleitenden Web-App angezeigt werden (s. S. 276).

Der Schmetterling ...

... zeigt an, wo man Angebote im Bereich des nachhaltigen Tourismus findet.

Updates zum Buch

› www.reise-know-how.de/citytrip-plus/wien23

Vorwahl

Die Wiener Vorwahl lautet **01**, aus dem Ausland wählt man **+431.** Die Vorwahl Wiens wird nachfolgend immer weggelassen, die von anderen Orten und Mobiltelefonen dagegen angegeben.

„Wien bleibt Wien" lautet ein Sprichwort, in dem auch ein wahrer Kern steckt. Doch gleichzeitig verändert sich die Stadt auch ständig: Neue Sehenswürdigkeiten und Museen wie das Weltmuseum (s. S. 166) oder das Haus der Geschichte Österreich (s. S. 164) locken Besucher an, moderne Gebäudekomplexe und ganze Stadtteile entstehen und einst unscheinbare Viertel werden aus ihrem Dornröschenschlaf erweckt. Der 2. Bezirk (Leopoldstadt) etwa hat sich zu einem spannenden Entdeckerziel entwickelt: Zwischen dem Karmelitermarkt (s. S. 102) und dem Wurstelprater (s. S. 98) trifft moderne Urbanität auf liebenswert verstaubte Wiener Nostalgie. Urbane Lebendigkeit herrscht auch entlang der Neubaugasse im 7. Bezirk.

Das Wien Museum und der Walfisch

Ende 2023 öffnet das nagelneue Wien Museum am Karlsplatz seine Pforten. Schon jetzt freut man sich auf ein Relikt, das einstmals im Wurstelprater beheimatet war (s. S. 220).

Gastrotipps

Entdecken Sie versteckte Heurigenlokale in Mauer (s. S. 122) oder urige Wirtshäuser wie Heidingers Gasthaus (s. S. 175). Dorthin verirren sich kaum Touristen und man kann die Wiener Gemütlichkeit mit Leib und Seele genießen.

Wiens kleine Schwester fasziniert

Verbinden Sie Ihren Wien-Urlaub mit einem Abstecher ins nahe gelegene Bratislava, die quirlige slowakische Hauptstadt! Tipp: Besuchen Sie neben der Altstadt auch die eindrucksvolle Burg Devín (s. S. 160) an der Marchmündung!

038wi-se

WIEN ENTDECKEN

Willkommen in Wien

Wien will erobert werden. Am schönsten lässt sich die Stadt zu Fuß oder mit der Straßenbahn erobern. Zu entdecken gibt es in der gesamten Stadt etwas – vom Bisamberg im entlegenen Nordosten bis ins kleine Weindorf Mauer 69 im äußersten Südwesten. Natürlich muss man sein Programm anpassen an die Tage, die man in Wien zur Verfügung hat und dementsprechend Prioritäten setzen.

Zum Pflichtprogramm gehört natürlich die Erkundung des 1. Bezirks, der **Inneren Stadt.** Die Altstadt rund um den **Stephansplatz** 1 lässt sich wunderbar zu Fuß erlaufen. Neben den beschriebenen Hauptsehenswürdigkeiten trifft man immer wieder auf lauschige Altstadtgassen und versteckte Winkel. Zwischen Schwedenplatz 16 und Stadtpark 18 ist die Altstadt im Schatten des Domes besonders verwinkelt – einfach durch die Gassen treiben lassen oder dem Stadtspaziergang auf S. 18 folgen. In der nördlichen Altstadt gilt es, interessante Plätze wie den **Judenplatz** 9, die **Freyung** 6 und alte Kirchen wie die **Ruprechtskirche** 15 und **Maria am Gestade** 8 zu entdecken. Auch der gesamte Hofburg-Komplex (s. S. 52) und Teile der Ringstraße können schnell und unkompliziert zu Fuß erreicht werden. Einen Überblick über die gesamte Ringstraße und ihre Prachtbauten erhält man am besten mit der Straßenbahnlinie 1, welche die Innere Stadt umrundet.

Zu Fuß sollte man auch die hübschen Grätzel (kleinen Stadtviertel) außerhalb der Ringstraße erobern – etwa das **MuseumsQuartier** 36 und das benachbarte Viertel rund um die **Mariahilfkirche** 42, den **Spittelberg** (s. S. 74) oder das **Servitenviertel** mit der benachbarten **Strudlhofstiege** 46. Oder wie wäre es mit einem Spaziergang durch die Leopoldstadt (2. Bezirk), in der sich wieder jüdisches Leben etabliert hat und in der mit **Augarten** 61 und **Prater** 56 auch zwei großartige Naherholungsrefugien existieren?

Wer die Sehenswürdigkeiten außerhalb – und davon gibt es in Wien etliche – besuchen möchte, erreicht sein Ziel am schnellsten mit der U-Bahn. Die U4 transportiert ihre Fahrgäste in Windeseile zum **Naschmarkt** 49 (Kettenbrückengasse) und weiter in Richtung **Schloss Schönbrunn** 67. Zum Schloss und zum **Tiergarten Schönbrunn** 68 gelangt man ebenfalls mit der U4, die gerade in touristischer Hinsicht eine der wichtigsten Linien der Stadt ist. Sie verbindet auch den zentralen **Schwedenplatz** 16 mit **Karlsplatz** (Karlskirche 51) und **Naschmarkt** (Kettenbrückengasse). Mit der großteils oberirdisch auf der Trasse der alten Stadtbahn verlaufenden U6 fährt man den Gürtel, Wiens belebte „äußere Ringstraße“, entlang und genießt immer wieder schöne Blicke auf die inneren Bezirke und Richtung Wienerwald. Mit der U6, der U1 und der erweiterten U2 gelangt man in Windeseile vom Zentrum aus an die östlich gelegenen großen Wasseradern der Stadt: zur **Donau**, der **Donauinsel** und zur **Alten Donau.** Insbesondere letztere mit ihrem einzigartigen Freibad, dem Gänsehäufel (s. S. 238), bietet im Sommer eine idyllische und erholsame Alternative zur Hitze der Innen-

‹ Vorseite: Sommerliche Blütenpracht vor der Wiener Karlskirche 51

stadt. Auch der spannende Kontrast zwischen Schrebergartenidylle und der Wolkenkratzerarchitektur der **Donau City** 74 ist typisch wienerisch. Auf der Donauinsel kann man schöne Fahrradtouren unternehmen.

Überhaupt sollte jeder, der mehr als nur zwei bis drei Tage in Wien verweilt, auch die Randbezirke erobern. In keiner anderen europäischen Metropole haben gerade die Stadtränder so viel zu bieten – in kultureller wie in landschaftlicher Hinsicht. Im Nordwesten locken **Leopoldsberg** 65, **Kahlenberg** 64, **Grinzing** 63 und die anderen urigen **Heurigendörfer.** Der Blick vom Leopoldsberg auf Wien ist vermutlich der berühmteste der Stadt. Auch der Bisamberg im Nordosten ist eine urige Weingegend, ebenso wie **Mauer** 69 im äußersten Südwesten. An die Hänge des westlichen Wienerwalds schmiegen sich kleine Schlösser und alte Villen und hier thront auch die **Otto-Wagner-Kirche** 66.

Auch der Süden Wiens hat viel zu bieten: neben dem **Zentralfriedhof** 72 beispielsweise den **Böhmischen Prater** 71 am Laaer Berg.

Wien an einem Tag

Eines vorweg: Wien an einem Tag zu bereisen, ist prinzipiell nicht möglich. Selbst London kann man im Rahmen einer Fahrt auf der Themse an einem Tag besser verstehen als die österreichische Donaumetropole. Wien ist einfach viel zu **facettenreich** und ganz elementare Sehenswürdigkeiten befinden sich nicht im Zentrum, sondern in den Außenbezirken. Selbst wenn der Autor hiermit ambitionierte Kurzurlauber verschrecken dürfte: Nicht einmal an einem verlängerten Wochenende kann man sich ehrlicherweise ein aussagekräftiges Bild der östlichsten deutschsprachigen Metropole mit ihrer einzigartig zentraleuropäischen Seele erarbeiten. Was allerdings möglich ist an einem Tag: ein Überblick über die **Innere Stadt**, also den Ersten Bezirk inklusive **Stephansdom** 2 und **Hofburg** (s. S. 52). Eventuell ist auch ein Abstecher zum Naschmarkt 49 und zur Karlskirche 51 möglich oder alternativ ein Besuch im Prater 56 und ein Heurigenbesuch am Abend.

130wi-se

Der Südturm des Stephansdoms 2 *ist ein Meisterwerk der Gotik*

Das gibt es nur in Wien

- ***Wiener Kaffeehauskultur:*** *mehr als nur Verkaufsraum für braunes Koffeingetränk: Zweitwohnzimmer, Philosophentreff und Spiegel der Wiener Seele (s. S. 182)*
- ***Wien und Wein:*** *Nicht nur die Wortverwandtschaft spricht Bände. In keiner Hauptstadt der Welt schmeckt der Weißwein besser als mitten im Weinberg bei einem traditionellen Heurigen – wer die echten Geheimtipps kennt, kommt dem Wiener Lebensgefühl ganz nahe (s. S. 179).*
- ***Es lebe der Zentralfriedhof:*** *Hier kann man Berühmtheiten die Ehre erweisen – von Beethoven bis Falco. Seit 2015 ist auch Udo Jürgens auf jenem Friedhof bestattet, dem der Austropop-Sänger Wolfgang Ambros einen seiner bekanntesten Titel widmete (s. S. 129).*
- ***Wien bei Nacht:*** *eintauchen in das aufregende Nachtleben der Donaumetropole (s. S. 186)*
- ***Geheimnisvolles Wien:*** *magische Unterwelten, unheimliche Sagen und rätselhafte Hinterlassenschaften in Stein (s. S. 42)*
- ***Zwischen Wolkenkratzern und Alter Donau:*** *Entdeckungen in Kaisermühlen (s. S. 134)*
- ***Wiener Jugendstil:*** *Am Steinhof errichtete Otto Wagner ein außergewöhnliches Kirchenjuwel* 66.
- ***Der Wiener Nordwesten:*** *Weinberge, Villengegenden und alte Arbeiterviertel (s. S. 107)*

Schloss Schönbrunn 67 zusammen mit der Inneren Stadt sind ehrlicherweise schon zu viel für einen Tag. Deshalb hier ein subjektiver Vorschlag, um zumindest einen Einblick in den Wiener Kosmos zu erhaschen beziehungsweise einem Wien-Unkundigen einen Überblick zu verschaffen:

Wenn es ein Wiener Gebäude gibt, das sich als zentrales und alles beherrschendes Bauwerk der Altstadt und Weltwunder des Mittelalters manifestiert hat, ist es der Stephansdom mit seinem Südturm, dem Steffl. Doch Vorsicht: nicht blindlings hineinrennen, sondern das Monument in aller Ruhe zunächst äußerlich auf sich wirken lassen, sich an den gewaltigen Monolith gewöhnen, ihn umrunden und dann in aller Ruhe die Erhabenheit des Kircheninneren genießen! Bei schönem Wetter lohnt sich der Aufstieg auf den **Südturm** – im Mittelalter zwischenzeitlich das höchste Bauwerk der Welt. Wer es gemütlicher haben möchte, fährt mit dem Aufzug auf den Südturm. Vom hektischen **Stephansplatz** 1 geht es über den **Graben** 3 und den **Kohlmarkt** [G6] zur **Hofburg** (s. S. 52). Auf dem Weg befinden sich einige Kaffeehäuser, wie das Café Hawelka, das Café Bräunerhof oder das Cafe Korb (s. S. 184), in denen man sich erden und in die Wiener Gemütlichkeit eintauchen kann. Am **Michaelerplatz** sollte man einen Abstecher in die äußerlich unscheinbare, innen aber faszinierende **Michaelerkirche** 4 nicht versäumen, ehe es durch das Tor der goldenen Kuppel in die **Hofburg** geht. Kunstliebhaber dürfen sich die **Schatzkammer** 29 nicht entgehen lassen. Über den **Heldenplatz** 30 gelangt man zur **Ringstraße**.

Wer innerhalb kurzer Zeit die Innere Stadt im Rahmen eines Spaziergangs erkunden möchte, dem sei der **Spaziergang** auf S. 18 empfohlen.

Relativ nahe beieinander liegen **Österreichisches Parlament** 40, **Rathaus** 43 und **Burgtheater** 42. Direkt neben Österreichs berühmtestem Theater lädt der frei zugängliche **Volksgarten** 41 mit Rosenbeeten, Sisi-Denkmal und Theseustempel zur romantischen Entspannung ein.

Die gesamte Ringstraße zu Fuß abzuwandern, ist nur etwas für Menschen mit guter Kondition. Deshalb sollte man am Burgtheater **in die Straßenbahnlinie 1** einsteigen und die Ringstraße bis zum **Schwedenplatz** 16 entlangfahren, wo der Donaukanal die Wiener Innenstadt küsst. Mit der U1 sind es von hier nur zwei Stationen bis zum **Prater** 57, Wiens wunderbar angestaubten und nostalgischen Vergnügungspark mit dem berühmten **Riesenrad** und den mindestens so wunderbar nostalgischen **Geisterbahnen.** In unmittelbarer Nähe kann man sich auf dem WU-Campus 58 ein Bild vom modernen Wien mit seiner futuristischen Architektur machen.

Wer die Weite und die wirkliche Donau erleben möchte, fährt mit der U1 weiter zum Mexikoplatz 59 oder zur Donau City 74.

Wem der Magen knurrt, lässt den Wien-Tag in einem der **authentischen Heurigenlokale** (s. S. 180) ausklingen.

Blick vom Nordturm des Stephansdoms 2

Kurztrip nach Wien

Drei Tage Wien vermitteln schon eher einen Eindruck der facettenreichen Donaumetropole. Neben den oben beschriebenen Sehenswürdigkeiten (Wien an einem Tag) kann man sich noch intensiver auf die **Innere Stadt** einlassen und den Praterbesuch auf den dritten Tag verschieben. Lohnenswert ist ein Abstecher zum **Judenplatz** (9), zur gotischen Kirche **Maria am Gestade** (8) und über den **Tiefen Graben** (7) zur **Freyung** (6), zur **Mölker Bastei** (45) und zur **Votivkirche** (44), Wiens beeindruckender Ringstraßen-Kathedrale. Doch auch zwischen **Schwedenplatz** (16) und **Stadtpark** (18) befinden sich bezaubernd verwinkelte Gassen. Möglicherweise ist auch der Besuch des einen oder anderen Museums möglich.

Zweiter Tag

Am zweiten Tag empfiehlt sich ein Ausflug in den Westen der Stadt; der Schwerpunkt liegt auf dem **barocken Wien:** Wer möchte, kann als ersten Besichtigungspunkt die prächtige **Karlskirche** (51) aufsuchen. Danach lässt man sich durch den quirligen **Naschmarkt** (49) und samstags durch den großen Flohmarkt treiben, ehe es mit der U4 weiter gen Westen geht. **Schloss Schönbrunn** (67) mit seiner riesigen Parkanlage und der Gloriette sollte man einmal im Leben besucht haben. Für eine stressfreie Besichtigung muss man mindestens einen halben Tag einplanen, zusammen mit dem **Tiergarten Schönbrunn** (68) – einem der ältesten und schönsten Zoos der Welt – eher einen ganzen Tag. Nicht allzu weit von Schönbrunn entfernt liegt die Baumgartner Höhe mit der **Otto-Wagner-Kirche** (66) – ein Muss für Liebhaber des Jugendstils (nicht täglich geöffnet!).

Jugendstil-Juwel: die Kirche am Steinhof (66) *mit ihrer glänzenden Kuppel*

122wi ©Vienna71_Photo, stock.adobe.com

Dritter Tag

Am dritten Tag bietet sich ein Ausflug in den **Wurstelprater** 57 mit seinem berühmten Riesenrad und danach ein Abstecher zur Donau an. Am **Mexikoplatz** 59 spürt man den Pulsschlag der Stadt am Strom und ist fasziniert von der sich nach Südosten öffnenden Weite. Auf der anderen Seite der Reichsbrücke erkennt man die moderne Skyline der **Donau City** 74 mit Österreichs höchstem Wolkenkratzer, dem DC Tower 75 (vom Mexikoplatz/Vorgartenstraße zwei U-Bahn-Stationen zur Station Kaisermühlen VIC). Zu Fuß geht es durch den **Donaupark** zum **Donauturm** 77, von dem man einen herrlichen Blick über Wien und die Weinberge unterhalb von Kahlenberg 64 und Leopoldsberg 65 genießt. Wie wäre es, dort den Abend bei einem authentischen Heurigen ausklingen zu lassen? Alternativ fährt man zurück in die Innere Stadt und bummelt durch die romantisch beleuchteten Altstadtgassen.

Wien in fünf Tagen

Wer das Glück hat, noch zwei Tage länger in Wien verbringen zu dürfen, kann sich an folgenden Plan halten: Am ersten Tag, wie schon oben beschrieben, ausgiebig die Innere Stadt mit **Stephansdom** 2, **Hofburg** (s. S. 52) und den traditionellen **Kaffeehäusern** erkunden, sich am zweiten Tag von der barocken Pracht **Schönbrunns** 67 verzaubern lassen und am dritten Tag vergnügliche Stunden im **Wurstelprater** 57 verbringen, sich an der Alten Donau erholen und den Ausblick vom **Donauturm** 77 genießen. Der 1964 erbaute Aussichtsturm ist mit seinen 252 Metern das höchste Bauwerk Österreichs.

Vierter Tag

Der vierte Tag würde sich anbieten, um mit der U4 nach Heiligenstadt zu fahren und den hügeligen Norden des 19. Bezirks zu erkunden. Durch den **Karl-Marx-Hof** 62, Wiens größten und eindrucksvollsten Gemeindebau, geht es zur Straßenbahnhaltestelle der Linie D und mit dieser hinauf zur Endstation Beethovengang. Von hier kann man eine kleine Wanderung hinauf zum Nussberg und weiter zum **Leopoldsberg** 65 oder zum **Kahlenberg** 64 unternehmen. Stärken kann man sich in einem der gemütlichen Heurigenlokale mit teils wunderbarem Wien-Blick. Wem die Füße am vierten Tag bereits schmerzen: Natürlich fährt auch ein Bus hinauf zu den beiden Bergen. Alternativ würde sich am vierten Tag auch ein **Ausflug nach Bratislava** anbieten (s. S. 147).

Fünfter Tag

Den fünften Tag kann man je nach Lust und Laune für individuelle Entdeckungstouren nutzen: beispielsweise in Form eines Ausflugs nach Simmering zum **Zentralfriedhof** 72 und gegebenenfalls noch weiter hinunter ans südöstlichste Ende Wiens zum **Friedhof der Namenlosen** 73. Oder man besucht **Schloss Belvedere** 53 mit seiner berühmten Gemäldegalerie und dem herrlichen Blick auf den Stephansdom vom Schlosspark aus. Nicht weit entfernt steht das **Heeresgeschichtliche Museum** 54 mit der Ausstellung über den Ersten Weltkrieg. An einem Tag mit schlechtem Wetter kann man sich stundenlang in den weltberühmten Wiener Museen vergnügen – beispielsweise im **Kunsthistorischen Museum** 33 oder in einem der drei Kunsttempel des **MuseumsQuartiers** 36.

Rund um den Stephansdom – im Herzen der Stadt

1 Stephansplatz ★★★ [G6]

Der Stephansplatz ist das unumstrittene Herz Wiens. Die Blicke der Touristen richten sich auf Österreichs größtes Heiligtum mit seinem unverwechselbaren Südturm, von den Wienern liebevoll Steffl genannt. Wie ein gewaltiger Monolith reckt sich der Stephansdom 2 gen Himmel; fast erschlägt er einen mit seiner Dominanz mitten im Zentrum des ehemaligen Habsburgerreichs.

Während die einen mit offenem Munde vor Ehrfurcht fast erstarren, gehen andere ihren Alltagsgeschäften nach und schleppen ihre Einkaufstüten über den Platz. Ein quirliges Treiben herrscht vor dem Westportal des Doms: Als wichtigster Treffpunkt Wiens führt der Platz seit Jahrhunderten Menschen zusammen, als Mozart verkleidet versuchen teilweise etwas lästige Werber Touristen klassische Konzerte schmackhaft zu machen, Straßenkünstler zeigen ihr Können, Demonstranten und Weltverbesserer machen lautstark auf ihre Anliegen aufmerksam. Nachts flanieren weinselige Grüppchen über den Platz und so richtig zur Ruhe kommt das Areal während der Hauptsaison erst in den frühen Morgenstunden – kurz bevor das Getümmel wieder beginnt. Ein paar Minuten Aufenthalt am Stephansplatz genügen und man ist mit hoher Wahrscheinlichkeit auf einem amerikanischen, russischen oder chinesischen Digitalfoto verewigt – wenn auch nur als Randfigur.

Als moderner Kontrapunkt zum Dom beherrscht ein weiteres Gebäude die Szenerie: das sogenannte **Haas-Haus**, ein gegenüber der Westfassade in den 1980er-Jahren durch den Architekten Hans Hollein errichteter Klotz mit einem großen Erker, in dem sich der Dom spiegelt. An seiner Schönheit beziehungsweise Hässlichkeit scheiden sich die Geister bis heute. Zwischen Haas-Haus, Graben und Kärntner Straße liegt der Stock-im-Eisen-Platz, der mit dem Stephansplatz eine Einheit bildet und deshalb nicht separat betrachtet werden kann. Benannt ist er nach einem kaum beachteten und gleichzeitig rätselhaften Wahrzeichen der Stadt: dem **Stock im Eisen.** Selbst manch alteingesessener Wiener weiß nichts anzufangen mit dem seltsamen Gebilde, das da an der Ecke zur Kärntner Straße hinter einer Glasscheibe angeschmiedet ist. Es handelt sich um den umgedrehten Holzstrunk (Stumpf) eines Baumes aus dem Mittelalter der über und über mit Eisennägeln beschlagen ist.

Zwar entwickelte sich ab dem 18. Jahrhundert der Brauch, dass durchziehende Schmiedgesellen einen Nagel als Andenken hinterließen. Die ursprüngliche Benagelung im Mittelalter und das unaufschließbare Schloss geben aber weiterhin Rätsel auf. Und so sind der Fantasie seit Jahrhunderten keine Grenzen gesetzt: Vom Teufel ist die Rede, der den Baum in Eisen gelegt hat, und vom Relikt eines Baumheiligtums, das aus einer Zeit stammen könnte, als der Wienerwald bis ins Zentrum Wiens gereicht haben soll. Am wahrscheinlichsten ist die Theorie, dass es sich bei den Nägeln um mittelalterliche Votivgaben aus Dank für Schutz gegen Böses und Krankheiten gehandelt haben soll.

Als wäre dieses Holzrelikt nicht schon mysteriös genug, gibt auch der Ste-

140wi-se

phansplatz Rätsel auf: Das spektakulärste von ihnen verdankt Wien dem U-Bahnbau in den 1970er-Jahren. Damals stießen Bauarbeiter auf die unterirdische **Virgilkapelle.** Sie diente wohl einst als Unterkirche der heute nicht mehr existierenden Magdalenenkapelle. Die Umrisse beider Kirchen wurden im südlichen Bereich des Platzes im Boden sichtbar gemacht.

Einen Blick in die geheimnisvolle Virgilkapelle kann man durch ein Fenster im U-Bahn-Zwischengeschoss werfen. Von dort zeigt sich auch schön die Bemalung mit roten gleichschenkligen Kreuzen in einem Zackenkreis. Seltsamerweise hat diese Sakralornamentik in Mitteleuropa kein Pendant; die nächsten Parallelen finden sich im syrisch-palästinensischen Raum. Nicht nur deswegen wird die Virgilkapelle gerne mit den sagenumwobenen Tempelrittern des Mittelalters in Verbindung gebracht. Auch soll in ihren Nischen eine besonders starke Energie herrschen, die immer wieder Kraftortforscher von nah und fern anlockt. Vermutet wird, dass das Kirchlein, das zwar keinen ursprünglichen Eingang, dafür aber einen noch tiefer in den Untergrund reichenden Schacht besitzt, um 1240 von den letzten Babenberger Herrschern errichtet worden ist und als Reliquienheiligtum für die Gebeine des heiligen Koloman dienen sollte. Seit einigen Jahren kann die Virgilkapelle besichtigt werden.

› **Virgilkapelle:** Stephansplatz, U1, U3 Stephansplatz, Tel. 5058747, www.wienmuseum.at/de/standorte/virgilkapelle, geöffnet: Di.–So. und feiertags (außer 1.1., 1.5., 25.12.) 10–18 Uhr, 24.12. und 31.12. 10–14 Uhr, Eintritt: 5 €, ermäßigt 4 €, bis 18 Jahre frei

⊡ *Verkehrte Welt: der in einer Pfütze gespiegelte Südturm des Stephansdoms* 2

Spaziergang 1: Rundgang durch die Innere Stadt (Stephansplatz – Freyung – Ringstraße – Staatsoper)

Die Route beginnt im Herzen der Stadt: am **Stephansplatz** 1 mit seinem berühmten **Stephansdom** 2. Von hier aus geht es durch den **Graben** 3 mit der markanten Pestsäule. Wer möchte, kann einen Abstecher in die barocke **Peterskirche** 11 unternehmen. Am Ende des Grabens biegt man rechts in die Tuchlauben ein; in der beliebten Einkaufsgasse haben namhafte Modelabels ihre Boutiquen.

Hinter der unscheinbaren Fassade von Tuchlauben 19 verstecken sich faszinierend farbige Überreste aus dem Mittelalter: die **Neidhart-Fresken** 12. Einige Meter weiter liegt rechts der **Hohe Markt mit der Ankeruhr** 13, der Spaziergang führt aber geradeaus in die Marc-Aurel-Straße und gleich links in die Salvatorgasse.

Nach gut 100 Metern gelangt man zur gotischen Kirche **Maria am Gestade** 8 mit ihrer charakteristischen Laterne am Kirchturm und dem architektonischen Knick zwischen Langhaus und Chor im Inneren. Dieser Teil der Wiener Altstadt am früheren Hochufer der Donau ist nicht überlaufen und strahlt einen ganz besonderen Charme aus.

Über die Schwertgasse biegt man links in die Wipplingerstraße ein und nach wenigen Metern geht es rechts durch die enge Fütterergasse zum **Judenplatz** 9, einem der schönsten Plätze der Inneren Stadt mit einer Außenstelle des Jüdischen Museums und dem zentralen Mahnmal für die jüdischen Opfer der Schoah.

Von hier ist es über die romantische Drahtgasse nicht mehr weit zum repräsentativen Platz **Am Hof** 10. Diesen passiert man und gelangt rechter Hand über die Gasse mit dem skurrilen Namen „Heidenschuss" zur **Freyung** 6 mit Schottenkirche, Schottenstift und der hübschen Einkaufspassage des Palais Ferstel. Hier bietet sich eine kleine Kaffeepause im berühmten Café Central (s. S. 184) an.

Über Teinfaltstraße und Schreyvogelgasse führt der Weg zur idyllischen **Mölker Bastei** 45 mit Kopfsteinpflaster, dem barocken Dreimäderlhaus und der ehemaligen Wohnung Ludwig van Beethovens. Die Treppe hinunter führt zur Ringstraße, die man auf Höhe der Universität überquert. In südlicher Richtung erreicht man innerhalb weniger Miuten den begrünten Rathausplatz und das neugotische **Wiener Rathaus** 43. Auf der gegenüberliegenden Ringstraßenseite stehen das **Burgtheater** 42 und an das Rathaus anschließend das im Stile eines griechischen Tempels gestaltete österreichische **Parlament** 40. Hier wird die Ringstraße wieder überquert. Im **Volksgarten** 41 mit seinem strahlend weißen Theseustempel (siehe Foto S. 20) und dem romantischen Denkmal zu Ehren von Kaiserin Elisabeth (Sisi) kann man schön die Seele baumeln lassen, ehe es weiter geht zum geschichtsträchtigen **Heldenplatz** 30 und den Sehenswürdigkeiten der **Hofburg** wie **Schatzkammer** 29 und **Kaiserappartements** 28. Die Hofburg

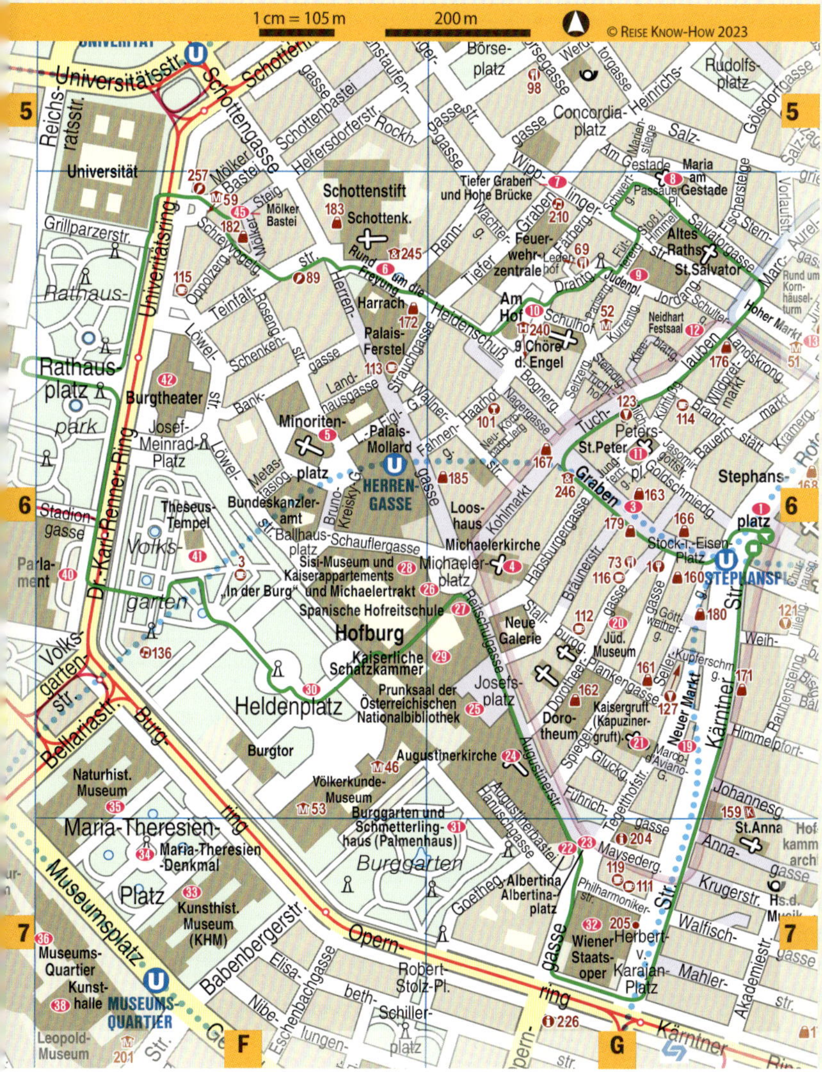
1 cm = 105 m
200 m
© Reise Know-How 2023
Universitätsstr.
Schottengasse
Universität
Reichsratsstr.
Grillparzerstr.
Universitätsring
Rathausplatz
Rathauspark
Burgtheater
Mölker Bastei
Schreyvogelg.
Oppolzerg.
Teinfaltstr.
Löwelstr.
Schottenstift
Schottenk.
Schottenbastei
Helfersdorferstr.
Freyung
Harrach
Palais-Ferstel
Herrengasse
Heidenschuß
Börse-platz
Concordia-platz
Tiefer Graben und Hohe Brücke
Feuerwehr-zentrale
Am Hof
Chöre d. Engel
Maria am Gestade
Passauer Pl.
Altes Rathaus
St. Salvator
Judenpl.
Salvatorgasse
Hoher Markt
Neidhart Festsaal
Wildpretmarkt
Tuchlauben
St. Peter
Petersplatz
Graben
Stephansplatz
Stock-i.-Eisen-Platz
Stephanspl.
Kohlmarkt
Michaelerkirche
Michaelerplatz
Minoritenplatz
Bankgasse
Landhausgasse
Palais-Mollard
Bundeskanzleramt
Ballhausplatz
Schauflergasse
Theseus-Tempel
Volksgarten
Parlament
Dr.-Karl-Renner-Ring
Josef-Meinrad-Platz
Sisi-Museum und Kaiserappartements
„In der Burg“ und Michaelertrakt
Spanische Hofreitschule
Hofburg
Kaiserliche Schatzkammer
Heldenplatz
Prunksaal der Österreichischen Nationalbibliothek
Josefsplatz
Neue Galerie
Jüd. Museum
Dorotheum
Kaisergruft (Kapuzinergruft)
Neuer Markt
Kärntner Str.
Burgtor
Augustinerkirche
Völkerkunde-Museum
Burggarten und Schmetterlinghaus (Palmenhaus)
Burggarten
Albertina
Albertinaplatz
Naturhist. Museum
Maria-Theresien-Platz
Maria-Theresien-Denkmal
Kunsthist. Museum (KHM)
Museumsplatz
MuseumsQuartier
Kunsthalle
Leopold-Museum
Babenbergerstr.
Opernring
Robert-Stolz-Pl.
Schillerplatz
Wiener Staatsoper
Herbert-v.-Karajan-Platz
Philharmonikerstr.
Maysederg.
Krugerstr.
Walfischgasse
Mahlerstr.
Akademiestr.
St. Anna
Annagasse
Johannesg.
Himmelpfortg.
Weihburgg.
Kärntner Ring
Bellariastr.
Volksgartenstr.
Burgring
F
G
5
6
7

passiert man durch mehrere Innenhöfe und kommt schließlich am ***Michaelertor*** *[G6] wieder in die Wiener Altstadt. Hier am Michaelerplatz sollte man einen Abstecher in die äußerlich unscheinbare, innen aber faszinierende* ***Michaelerkirche*** **4** *nicht versäumen. Die Reitschulgasse führt vorbei an den Stallungen der weltberühmten* ***Spanischen Hofreitschule*** **27** *und mündet in den Josefsplatz mit dem Eingang zum* ***Prunksaal der Nationalbibliothek*** **25***, einem echten Schmuckstück des Hochbarock sowie der sehenswerten* ***Augustinerkirche*** **24***. Über die nach ihr benannte Augustinerstraße erreicht man in Windeseile die* ***Albertina*** **22** *mit ihrer berühmten Gemäldesammlung und schließlich die* ***Wiener Staatsoper*** **32***, einen der prächtigsten Bauten der Ringstraße. Über die geschäftige* ***Kärntner Straße*** *[G6/7] gelangt man schließlich wieder zum Ausgangspunkt des Rundgangs am Stephansplatz. Die* ***Dauer*** *der Route variiert je nach Besichtigungslänge der einzelnen Sehenswürdigkeiten (Weglänge ca. 3 km, Dauer je nach Besichtigungen 2 bis 6 Stunden).*

121wi-se

2 Stephansdom ★★★ [G6]

Noch vor dem Riesenrad und Schloss Schönbrunn ist der Stephansdom mit seinem berühmten Südturm, dem Steffl, Wiens unumstrittenes Wahrzeichen und gleichzeitig vermutlich auch das bedeutendste Wahrzeichen der Alpenrepublik – nicht umsonst ziert die Kathedrale auch die österreichische Zwei-Euro-Münze.

Obwohl die ursprünglich romanische und später gotisch überstülpte Kirche, die in ihrer Frühzeit noch am Rande der Altstadt – möglicherweise sogar auf den Resten eines vorchristlichen Heiligtums – errichtet worden ist, bereits im Hochmittelalter für das damals noch eher unbedeutende Wien gewaltige Ausmaße hatte, wurde sie erst 1469 zum **Bischofssitz** erhoben. Seit ihrer Erbauung durch die Babenberger unterstand sie bis dahin den Bischöfen von Passau, war also mehr oder weniger eine Filiale des damals viel bedeutenderen Stephansdomes der niederbayerischen Dreiflüssestadt. Vom bayerischen Dom leitet sich auch das Patrozinium des heiligen Stephanus her. Pro Jahr strömen über fünf Millionen Menschen in den Dom, die meisten von ihnen sind Touristen. Bevor man sich ebenfalls durch das Nadelöhr des Riesentores in den Sakralraum begibt, kann man aber zunächst außen viel entdecken.

◁ *Der Theseustempel (s. S. 18)*

▷ *Unumstrittenes Wahrzeichen Wiens: der Stephansdom mit seinem markanten Südturm, dem „Steffl"*

Kirchenäußeres

Beginnen sollte man den Rundgang um die Kirche vor dem Westportal – ohne sich von dem Menschengetümmel aus der Ruhe bringen zu lassen. Denn die **Westfassade** hat es in sich: Sie ist zusammen mit den Heidentürmen der älteste Teil des Doms und noch von der romanischen Kirche aus dem 13. Jahrhundert erhalten geblieben.

Warum die beiden kleinen Türme an der Westfassade **Heidentürme** heißen, ist nicht endgültig geklärt: Zum einen könnten sie aus den Relikten altrömischer Ruinen erbaut worden sein, zum anderen könnten sie auch während der Türkenbelagerung mit Minaretten in Verbindung gebracht worden sein – ebenso wie die Römer wurden auch die Türken seitens der Bevölkerung als Heiden angesehen. Eine dritte Theorie bringt den Namen in Verbindung mit je einem weiblichen und einem männlichen Fruchtbarkeitssymbol an den beiden Blendsäulen unterhalb der Heidentürme. Wer nicht genau hinsieht, dem entgehen an der Westfassade etliche spannende Details. Man entdeckt an dem Gemäuer noch zahlreiche weitere, teils rätselhafte Relikte aus der **romanischen Epoche:** finster dreinblickende Köpfe, diverse Fabelwesen und in einer kleinen Nische einen starr nach Westen blickenden kleinen Mann in seltsamer Sitzhaltung – den sogenannten **Dornauszieher.** Teilweise wird er als Richter gedeutet. Nach mittelalter-

040wi ©A. Karnholz, stock.adobe.com

licher Auffassung drohte von Westen her Gefahr durch das Böse; zur Abwehr gesellt sich zu den Fabelwesen neben dem **heiligen Stephan** auch der **Erzengel Michael** als wehrhafter Beschützer des Kircheninneren. Noch andere seltsame Dinge gilt es zu entdecken: einen astrologischen **Zodiak**, den man ebenso wenig an einer Kirchenfassade erwarten würde wie die beiden schon erwähnten Fruchtbarkeitssymbole.

Praktischen Zwecken dienten die beiden links vom Haupttor eingelassenen Metallstäbe. Dabei handelt es sich um eine Tuch- und eine Leinenelle, mit deren Hilfe man die Abmessung von Waren

Sagen rund um den Stephansdom

Es gibt wohl keine andere Kathedrale in Europa, um die sich so viele Sagen und Legenden ranken wie um den Stephansdom zu Wien. Nicht selten ist der Teufel mit von der Partie: Schon die Errichtung der Kirche war ihm ein Dorn im Auge und deshalb verbündete sich der Leibhaftige mit Wind und Regen, um die Bauarbeiten zu behindern. Als das Gotteshaus dennoch fertiggestellt und geweiht wurde, verzog sich der Teufel wieder in die Hölle, vergaß jedoch, die Wetterdämonen von ihrem zerstörerischen Werk zu entbinden, weshalb sie immer noch um die Türme des Domes brausen. Man sagt, dass es selbst an einem windstillen Tag in ganz Österreich um den Stephansdom zieht.

Drei kleine Teufel machten den Kirchenbesuchern über Jahrhunderte das Leben schwer, piesackten sie und trieben Schabernack. Ihre Namen waren Sparifankerl, Springinkerl und Luziferl. Als sie es zu bunt trieben, wurden sie von den Wächtern gefangen und in einen kleinen Käfig gesperrt, wo sie zu Steinfiguren, den sogenannten Tattermännern, erstarrten.

Der Teufel war im Volksglauben auch Schuld daran, dass der Nordturm des Domes niemals vollendet worden ist: Er überredete den Steinmetzgesellen Hans Puchsbaum zu einem Pakt, der ihm die Vollendung des Turmes innerhalb eines Jahres garantierte und ihm gleichzeitig die Vermählung mit der Tochter des Dombaumeisters Prachatitz, Maria, versprach. Voraussetzung war, dass Puchsbaum ein Jahr lang keinen Heiligennamen aussprechen durfte. Eines Tages stand er wieder einmal oben auf dem Gerüst des schnell wachsenden Turmes, als er unten am Stephansplatz 1 *seine Geliebte erkannte und erfreut ausrief: „Maria!". Im selben Moment soll er vom Turm in die Tiefe gestürzt sein und der Turm blieb unvollendet. Zum Schluss noch eine besonders anrührende Legende: Einst sollte eine Linde dem Ausbau der Stephanskirche weichen. Der Pfarrer jedoch, der sich so an den Anblick des prächtigen Baumes gewöhnt hatte, setzte sich für die Linde ein, sodass sie bleiben durfte. Als im hohen Alter die Zeit des Pfarrers auf Erden zu Ende ging, bereitete der Baum seinem Beschützer noch eine letzte Freude, er blühte mitten im Winter und ließ die duftenden Blütenblätter bis in sein Schlafzimmer wehen, woraufhin jener friedlich entschlief. Noch heute findet man an der Südseite der Kirche zwei dicht beieinander stehende Bäume.*

überprüfen konnte. Neben jahrhundertealten Kunstwerken zeigt die Westfassade bei genauerem Hinsehen auch ein Symbol der jüngeren Vergangenheit: Mit dem **Code 05** hat sich eine österreichische Widerstandsgruppe gegen den Nationalsozialismus am Dom verewigt.

Genauer hinschauen sollte man auch beim romanischen Haupttor selbst, dem **Riesentor.** Der Legende nach soll in alten Zeiten ein Riesenknochen (möglicherweise ein Mammut- oder Walfischknochen) über dem Eingang gehangen haben. Die Kapitelle des trichterförmigen Portals sind von Heiligen, Aposteln und mittelalterlichen Szenen geprägt, die sich teils nicht genau deuten lassen. Im Tympanon ist Christus als Weltenherrscher (Pantokrator) mit entblößtem Knie abgebildet – ein weiteres Rätsel.

Von hier aus geht es gegen den Uhrzeigersinn gen Süden zum überbauten gotischen **Singertor** und zum **Neidhartgrab,** das seit einigen Jahren restauriert wird. Es wird dem Minnesänger Neidhart von Reuenthal zugeschrieben; ob er wirklich hier begraben wurde, ist bis heute nicht eindeutig erwiesen.

Jetzt steht man direkt unterhalb des berühmtesten Turms Österreichs, des **Südturms** – von den Wienern verniedlichend **Steffl** genannt. Er ist eine der großartigsten Leistungen mittelalterlicher Baukunst und einer der wenigen europäischen Kathedralentürme, die im Mittelalter vollendet werden konnten. So erhielt beispielsweise der Kölner Dom seine Türme erst im 19. Jahrhundert. Zudem ist der Südturm auch nicht in die Fassade integriert, sondern bildet ein eigenes, versetztes Bauelement. Der Grundstein für den 136,4 Meter hohen Steffl wurde 1359 durch Rudolf IV. gelegt; vollendet wurde er 1433. Die Höhe des Turms entspricht übrigens 300 biblischen Ellen und damit der Länge der Arche Noah – sicher kein Zufall, finden sich doch am Stephansdom noch viele weitere Beispiele ausgeklügelter Zahlenmystik. Da die Turmspitze im 19. Jahrhundert abzubrechen drohte, wurde sie zwischenzeitlich abgetragen und unterschiedlichen, teils kontraproduktiven Renovierungsarbeiten unterzogen. Generell ist der Dom seit seiner Erbauung auch eine niemals enden wollende Baustelle. Sind ein Turm oder eine Fassade renoviert, beginnen schon an einer anderen Stelle neuerliche Sanierungsarbeiten. Doch den Wienern ist ihr Wahrzeichen lieb und teuer und so fanden sich auch nach dem verheerenden Brand am Ende des Zweiten Weltkriegs genügend Spender, mit deren Hilfe das Gotteshaus in den 1950er-Jahren wiederhergestellt werden konnte.

Wer eine gute Kondition besitzt, kann den **Südturm zu Fuß bis zur Türmerstube** in 72 Metern Höhe besteigen. Dabei passiert man auch das **Starhemberg-Bankerl,** von dem schon Stadtkommandant Ernst Rüdiger Graf von Starhemberg 1683 die Truppenbewegungen der belagernden Türken beobachtet haben soll – ohne feindliche Belagerer und wenn nicht gerade quietschende Jugendgruppen die Treppe hinunterstürzen, sitzt man hier wirklich bequem und genießt eine wunderbare Aussicht.

Durch die Dominanz und den prägenden Charakter des Südturms für den gesamten Dom fällt vielen Touristen oft gar nicht auf, dass der Steffl noch einen unvollendeten Zwilling hat, den **Nordturm.** Anhand seines gewaltigen Stumpfes wird ersichtlich, dass er ebenso groß und prächtig in den Himmel wachsen sollte wie sein älterer Bruder im Süden. Leider ereilte den Turm jedoch das Schicksal des zu Ende gehenden Mittelalters und der Geldnot, weshalb man ihm in der Renaissance mit der sogenannten Welschen Haube einfach eine Kuppel aufsetzte, die seither den Abschluss bildet. Im Gegensatz zum Südturm erreicht man die Aussichtsplattform hier mit einem Aufzug und hat gleichzeitig die Möglichkeit, einen Blick auf die **Pummerin** zu werfen. Die größte Glocke Österreichs wiegt 20 Tonnen und hat einen Durchmesser von drei Metern. Ursprünglich wurde sie aus türkischen Kanonenkugeln gegossen; beim Brand 1945 fiel sie zu Boden und zerbrach, wurde 1951 neu gegossen und ist nur an hohen Feiertagen und zu besonderen Anlässen zu hören.

Von den beiden großen Türmen hat man auch den besten Blick auf das gewaltige **Kirchendach.** Es besteht aus 230.000 Dachziegeln und zeigt auf der Südseite das Wappen des k. u. k. Doppeladlers, auf der Nordseite das Wappen der Stadt Wien und das der Republik Österreich.

Kircheninneres

Wenn man sich durch das Hauptportal des Riesentors ins Innere des Domes durchgezwängt hat, empfängt den Besucher eine seltsame Mischung aus touristischer Hektik und gleichzeitiger tiefer Spiritualität und Frömmigkeit. Allein das riesige Lichtermeer aus Opferkerzen beweist eindrucksvoll, dass der Stephansdom mehr ist als eine Wiener Top-Sehenswürdigkeit und ein zu Stein gewordenes Museum. Er ist **das nationale Wahrzeichen Österreichs** und ein innig verehrtes und **tief verwurzeltes Zentrum christlichen Glaubens.**

Da der vordere Bereich des Doms von den Domwärtern aufgrund regelmäßiger Gottesdienste oft abgeriegelt wird, ballen sich die Besuchermassen vorwiegend zwischen Domshop und dem Kerzen- und Andachtsbereich am **Ikonenbildnis der Maria von Pötsch** (Pócs) unter dem gotischen Oexl-Baldachin – benannt nach dem Dombaumeister Jörg Oexl. Das ursprünglich aus Ungarn stammende Gnadenbild wird seit 1697 im Stephansdom verehrt. Berühmtheit erlangte es durch ein Tränenwunder zur Zeit der Türkenbelagerung. Den weltlichen Beitrag zur Abwehr der Türken leistete bekanntlich Prinz Eugen von Savoyen. Sein Grabmal befindet sich in einer Seitenkapelle links vom Ausgang.

Den schon erwähnten Domshop betritt man durch das gotische **Bischofstor,** welches einst ins Freie führte und in dessen rechten Torpfeiler der **Kolomanistein** eingearbeitet ist. Er soll dem heiligen Koloman bei seinem Märtyrertod angeblich als letztes Ruhekissen gedient haben. Seine Berührung bringt angeblich Glück, weshalb sich über die Jahrhunderte ein tiefer Handabdruck im Stein gebildet hat. Auf der gegenüberliegenden südlichen Seite befindet sich mit dem unter einer Vorhalle versteckten **Singertor** das zweite gotische Kirchenportal mit kunstvoll gearbeitetem Tympanonfeld aus der Zeit um 1360 (nur im Rahmen von Führungen zu besichtigen).

Der Dom ist nicht nur eine Sehenswürdigkeit, sondern auch ein Ort tiefer Spiritualität und gelebten Glaubens

041wi-se

Von der ursprünglich gotischen Ausstattung der dreischiffigen Kirche sind aufgrund späterer barocker Umgestaltungen nur einzelne Werke erhalten geblieben: Eine der schönsten Skulpturen ist das Gnadenbild der **Dienstbotenmuttergottes** an einem der Hauptpfeiler aus der Zeit um 1300. Ebenfalls aus dem Hochmittelalter stammt die **Schutzmantelmadonna.** Zwei bedeutende Grabdenkmäler des Mittelalters beherbergt das Kircheninnere: Im südlichen Chor ruhen in einem aufwendig und kunstvoll gestalteten Sarkophag seit 1513 die sterblichen Überreste des habsburgischen Kaisers Friedrich III.; geschaffen hat das **Friedrichsgrab** als großartig erhaltenes Meisterwerk des Spätmittelalters der niederländische Bildhauer Niclas Gerhaert van Leyden. Auf der gegenüberliegenden Seite im Nordchor befindet sich das **Kenotaph** (Leergrab) für Herzog Rudolf IV. und seine Gemahlin Katharina von Luxemburg.

Nicht weit davon entfernt steht im Frauenchor einer der kostbarsten Altäre: der **Wiener Neustädter Altar.** Er ist mit der Jahreszahl 1447 datiert, übersiedelte allerdings erst 1883 von Wiener Neustadt aus in den Stephansdom.

Eines der meist beachteten Kunstwerke der Kathedrale ist unzweifelhaft die **Kanzel** in der Mitte des Langhauses. Als Werk der Spätgotik wurde sie lange Zeit dem Meister Anton Pilgram zugeschrieben. Heute geht man davon aus, dass der Entwurf von einem unbekannten Meister in der Nachfolge des erwähnten Niclas Gerhaert van Leyden stammt. Kirchenbaumeister Pilgram dürfte allerdings an der Ausführung beteiligt gewesen sein; darauf lässt sein Steinmetzzeichen schließen. Berühmt sind die Bilder der vier lateinischen Kirchenväter – der

Heiligen Augustinus, Gregor, Hieronymus und Ambrosius (von links) – mit ihren individuellen Gesichtszügen sowie das Bildnis des **Fensterguckers** unter dem Kanzelkorb, mit dem sich der unbekannte Bildhauer selbstbewusst in Szene setzte. Pilgram selbst kann jedoch auch bewundert werden: Sein Selbstporträt ziert den Orgelfuß an der nicht weit entfernten Nordwand des Seitenschiffs. Beachtung sollte man auch dem Treppenlauf der Kanzel schenken: Kröten und Eidechsen stehen wohl für den Kampf zwischen Gut und Böse; ein kleiner Hund wacht darüber, dass die finsteren Kreaturen nicht bis zum Prediger vordringen.

Der barocke **Hochaltar** mit vier Heiligenskulpturen stammt von Johann Jacob Pock, das Altarbild von dessen Bruder Tobias Pock. Es zeigt die Steinigung des heiligen Stephanus, des Kirchenpatrons, dessen Patrozinium am zweiten Weihnachtsfeiertag, dem Stephanitag, feierlich begangen wird.

Dass sogar am Stephansdom manches Detail von den Wienern schon immer mit einem Augenzwinkern betrachtet worden ist, beweist der sogenannte **Zahnwehherrgott**, die Abbildung eines Schmerzensmannes. Er kommt im beziehungsweise am Dom gleich zweimal vor: Das Original steht an der Westwand der Nordturmhalle, eine Kopie an der Außenseite des Mittelchors. Einst wurde er der Legende nach von betrunkenen Studenten als an Zahnschmerzen leidend verspottet, worauf die Trunkenbolde ihrerseits von Zahnweh gequält wurden, ehe sie am Tatort Abbitte leisteten und ihre Schmerzen verschwunden waren.

Seit einigen Jahren befindet sich auch der **Domschatz** wieder im Dom selbst und kann auf der Westempore besichtigt werden. Unabhängig von den Kunstwerken – unter ihnen das Bildnis Herzog Rudolfs IV., das als erste bedeutende Porträtmalerei des europäischen Abendlandes gilt – lohnt sich der Aufstieg auch, da man von hier oben ganz besondere Blicke auf das Kircheninnere genießen kann.

Wen es lieber in die Unterwelt zieht: Im Rahmen von Führungen kann man eintauchen in die **Katakomben.** In der riesigen Totenstadt erwartet einen neben der Bischofsgruft, den Sarkophagen Herzog Rudolfs des Stifters und weiterer Habsburger sowie den Urnen mit den Eingeweiden von Mitgliedern des Hauses Habsburg auch eine Pestgrube (Karner) mit Tausenden Knochen und weitere Räume mit bis an die Decke gestapelten Gebeinen.

› Stephansplatz, U1/U3 Stephansplatz, Tel. 515523054, www.stephansdom.at, www.stephanskirche.at, geöffnet: Mo.-Sa. 6-22, So. und feiertags 7-22 Uhr, **Führungs- und Besichtigungszeiten:** Mo.-Sa. 9-11.30 und 13-16.30, So. und feiertags 13-16.30 Uhr, Eintritt in den vorderen Kirchenbereich mit Audioguide: Erwachsene 6 €, Kinder 6-14 Jahre 2,50 €, **Führungen: Domführung** tägl. 15 Uhr, Dauer: 30 Min., Treffpunkt an der Kanzel; **Katakombenführungen:** ganzjährig halb- oder viertelstündlich zu den Besichtigungszeiten ab 10 Uhr am Katakombeneingang, Erwachsene 6 €, Kinder (bis 14 Jahre) 2,50 €; **Aufzug zum Nordturm/Pummerin:** tägl. 9-17.30 Uhr, Erwachsene 6 €, Kinder 2,50 €; **Turmbesteigung Südturm:** tägl. 9-17.30 Uhr, Erwachsene 6 €, Kinder 2,50 €; All-Inclusive-Ticket (Domführung mit Audioguide, Katakomben, Nordturm, Südturm, Schatzkammer des Deutschen Ordens): Erwachsene 20 €, Kinder 5 €. Weitere Führungen unter www.stephanskirche.at/info.php.

LITERATURTIPP

Stephansdom-Buch

Leider kann im Rahmen dieses Reiseführers nicht auf alle Kunstschätze, Altäre und Geheimnisse der Wiener Kathedrale eingegangen werden. Wer sich näher für den Stephansdom interessiert, dem sei das Buch „Der Wiener Stephansdom: Porträt eines Wahrzeichens“ von Reinhard H. Gruber (erschienen im Tyrolia Verlag) ans Herz gelegt.

③ Graben ★★ [G6]

Neben Kohlmarkt und Kärntner Straße ⑲ ist der Graben eine der meist frequentierten Flaniermeilen der Stadt. Im Gegensatz zur oft hektischen Kärntner Straße und zum meist auch eher unruhigen und lauten und alle Blicke nach oben ziehenden Stephansplatz herrscht am Graben eher eine beschwingte Betriebsamkeit. Das mag auch daran liegen, dass die Touristenströme durch das große gastronomische Freiluftangebot und die abwechslungsreichen Schaufenster etwas zur Ruhe kommen.

Der Name geht bis in die Römerzeit und das frühe Mittelalter zurück, als sich hier zunächst ein Graben vor dem Römerkastell und später vor der alten Burgmauer befand. Aus der Burgmauer ist auf der nördlichen Seite längst eine Häusermauer geworden, von der die Jungferngasse zur Peterskirche ⑪ abzweigt. Von der Südseite zweigen neben dem Kohlmarkt gleich fünf Gassen in Richtung Hofburg ab.

042wi-se

⊡ *Die barocke Pestsäule ist das markanteste Bauwerk am Graben*

Im Barock entwickelte sich der Graben zum Promenadeplatz. Neben den feinen Herrschaften tauchten nach und nach auch weniger edle Fräulein, die sogenannten Graben-Nymphen auf. Bis auf ein Haus entstanden im 19. und beginnenden 20. Jahrhundert neue repräsentative Gebäude. Mit dem ansteigenden Autoverkehr war der Graben ein ständig verstopfter Verkehrsknotenpunkt, ehe man sich 1971, ermuntert durch den Bau der U-Bahn, dazu durchringen konnte, hier die erste **Fußgängerzone** zu errichten. Sogar eine Überdachung stand damals zur Debatte.

Im Wiener Einkaufsstraßennetz bildet der Graben zusammen mit Kärntner Straße 19 und Kohlmarkt aufgrund seiner Form auf dem Stadtplan das **Goldene U**, wobei Graben und Kohlmarkt etliche exquisite Adressen beherbergen, während sich in der Kärntner Straße vorwiegend die internationalen Ketten breitgemacht haben. Kein Wunder, dass wohlhabende Wiener, die etwas auf sich halten, seit eh und je ihre Einkäufe bei ehemaligen **k. u. k. Hoflieferanten** wie dem Delikatessengeschäft Julius Meinl am Graben (s. S. 193) oder beim alteingesessenen Herrenschneider Knize (s. S. 195) erledigen. In der Adventszeit ist der Graben festlich beleuchtet.

Das kunsthistorisch bedeutsamste Bauwerk am Graben ist die **Pestsäule**. Die barocke Dreifaltigkeitssäule, ein bildhauerisches Meisterwerk des Hochbarocks, geht auf die im Jahr 1679 wütende Pestepidemie zurück und entstand aufgrund eines Gelübdes Kaiser Leopolds I., der am oberen Sockel in kniender Haltung und mit auffällig hervorstehender Unterlippe zu sehen ist. Während der untere Bereich der Säule die irdische Welt mit all ihren Bedrängnissen symbolisiert, ist der mittlere den Engeln als Vermittlern gewidmet, die in strahlendem Gold glänzende Spitze ausschließlich für die Heilige Dreifaltigkeit reserviert – Gottvater mit der Weltkugel, Gott Sohn mit Kreuz und Heiliger Geist in Form einer Taube.

Was die Häuser am Graben betrifft, so sind an den beiden Ecken der Dorotheergasse das **Palais Bartolotti-Partenfeld** als einzig erhaltenes Barockhaus und das von Otto Wagner errichtete **Ankerhaus** zu erwähnen. Ein stilles Örtchen der besonderen Art hat sich übrigens am Graben erhalten: ein unterirdisches **Jugendstil-WC**.

KLEINE PAUSE

Leckere Häppchen im Traditionsbuffet Trześniewski

Die ideale Adresse für den kleinen Hunger zwischendurch: die unaussprechlich guten Brötchen – so der auf den Namen bezogene Werbegag – sind eine Altstadt-Institution. Bereits 1902 eröffnete der aus Krakau stammende Franciszek Trześniewski seine erste Imbissstube und im Buffet in der vom Graben 3 abzweigenden Dorotheergasse 1 hat sich der nostalgisch unverfälschte Charme bis heute erhalten. Im Selbstbedienungsbereich wählt man aus einer **Vielzahl unterschiedlich belegter Canapés** – am beliebtesten sind Speck mit Ei, Matjes mit Zwiebel und Geflügelleber. Bezahlt wird je nach Anzahl der gewählten Brötchen. Dazu trinkt man traditionell einen **Pfiff**, ein kleines Glas Bier, oder ein Achterl Wein. Die ideale Adresse, damit beim Besichtigungsmarathon kein Magenknurren aufkommt!

1 [G6] **Trześniewski,** Dorotheergasse 1, U1/U3 Stephansplatz, www.trzesniewski.at, geöffnet: Mo.–Fr. 8.30–19.30, Sa. 9–18, So. und feiertags 10–17 Uhr

Am nordwestlichen Ende des Grabens beginnt im rechten Winkel abzweigend der **Kohlmarkt**, ebenfalls Fußgängerzone und beliebte Luxusmeile mit etlichen Juwelieren und internationalen Modelabels. Er führt in direkter Linie zum Michaelerplatz 4 und zum Hofburg-Komplex.

› U1/U3 Stephansplatz

Im Innern der Michaelerkirche 4 herrscht eine mystische Stimmung

4 Michaelerkirche ★★★ [G6]

Äußerlich im Vergleich zum Stephansdom eher unspektakulär eröffnet sich im Innern ein komplex strukturierter Raum voller Anmut und Würde. Für eine Entdeckungsreise durch die vielleicht spannendste Kirche Wiens sollte man sich etwas Zeit nehmen – es gibt viel zu entdecken.

Im Vergleich zum großen Bruder am Stephansplatz 1 kann man sich in aller Ruhe den Kunstschätzen annähern, ohne durch wildes Geknipse und Geblitze sowie lautes Geplapper gestört zu werden. Der regelmäßig vom Mesner gespendete Weihrauch und die spirituelle Hintergrundmusik verleihen dem teils düster wirkenden Kirchenraum eine besondere Aura und Mystik. Die Lichteinstrahlung auf den Hochaltar mit seinem Meisterwerk, dem Engelssturz, hat etwas höchst Feierliches.

In der 1220 erbauten Kirche hat sich ein für Wien einzigartiger spätromanischer Baubestand erhalten. Auch Gotik, Barock und Klassizismus haben ihre Spuren hinterlassen. Die unterschiedlichen Kunststile vereinen sich dennoch zu einem harmonischen Gesamtkunstwerk.

Alle Blicke sind dem Hochaltar zugewendet. Der **Engelssturz** – 1782 von Carl Merville geschaffen – „verbindet" den Himmel mit dem Altarbereich. Zusammen mit dem Tabernakel, dem darüber platzierten Lamm Gottes und dem Ikonenbildnis der Maria entsteht eine wunderbare Einheit des Altarraumes. Besondere Aufmerksamkeit verdienen die Figuren der Heiligen Sebastian (links stehend) und Johannes des Evangelisten (sitzend), deren Blicke auf das Allerheiligste gerichtet sind. Die **Kreuzkapelle** rechts vom Hochaltar stammt aus dem Jahr 1350. Sie ist ein gotisches Kleinod mit original erhaltenen Wandmalereien, Sandsteinfiguren der Heiligen Katharina und Nikolaus sowie im Deckengewölbe angebrachten Schlusssteinen, von denen einer das Haupt Christi zeigt. Das Kruzifix mit dem fein gearbeiteten Lendentuch wird zeitlich um 1510 verortet.

Im Mittelschiff der Kirche sollte man unbedingt die romanischen Kapitelle beachten, allen voran das Drachenkapitell mit seinen Fabelwesen am Pfeiler der Kanzel. Links vom Eingang befindet sich eines der ältesten Relikte der Kirche: ein **romanisches Portal** mit einem gut erhaltenen **Tympanon** (kunstvoll gestaltete Relieffläche im Bogenfeld des Portals), das von Weinreben verziert ein gleichschenkliges Kreuz auf einer Säule im Zentrum aufweist.

043wi-se

KURZ & KNAPP

Kleine Orientierungshilfe
Hier am Michaelerplatz befindet sich auch der Eingang zur Hofburg (s. S. 52). Die nun folgenden Kapitel führen zunächst durch den nördlichen Teil der Inneren Stadt, um schließlich im Uhrzeigersinn über Schwedenplatz, Stadtpark und Kärntner Straße wieder die Gegend um den Michaelerplatz zu erreichen.

Das Portal wurde im 17. Jahrhundert durch den Bau des dahinter liegenden „Großen Michaelerhauses" des Barnabitenordens zugemauert. Rechts vom Eingang entführt die **Turmkapelle** gleichsam in die ältere und jüngere Vergangenheit. Neben einem Fresko aus der Zeit um 1300 erinnert ein Holzkreuz an die Gräueltaten im Konzentrationslager Dachau und ein Relief an den von Nationalsozialisten ermordeten österreichischen Politiker Engelbert Dollfuß. Rechts vom Eingang der Kapelle zeigt ein mittelalterliches Fresko den Kirchenpatron: den Erzengel Michael als Seelenwäger.

Etliche weitere Gedenktafeln, Grabplatten und Seitenkapellen gilt es in dem faszinierenden Gotteshaus zu entdecken – unter ihnen die Vesperbildkapelle mit gotischer Pietà.

Selbst der Untergrund hat es in sich: Die **Gruft von Sankt Michael**, in der etwa 4000 Menschen bestattet wurden, beherbergt einzigartig erhaltene Mumien. Seit Jahren macht den Konservatoren der unterirdischen Totenstadt ein Schädling namens Rüsselkäfer das Leben schwer, durch ein ausgefeiltes Klimakonzept versucht man, ihn in Schach zu halten. Die Michaelergruft kann im Rahmen von Führungen besichtigt werden.

› Michaelerplatz, U3 Herrengasse, www.michaelerkirche.at, geöffnet: Mo.–Sa. 7–22, So., feiertags 8–22 Uhr, Führungen in der Gruft: www.michaelerkirche.at/fuehrungen/gruftfuehrungen, Treffpunkt vor dem Haupteingang, Preis für die Führung: 8 €, Kinder 4 €

5 Minoritenplatz ★ [F6]

Der Minoritenplatz wirkt wie eine Insel inmitten des 1. Bezirks. Trotz seiner Nähe zu Hofburg (s. S. 52) und Volksgarten 41 strahlt der geschützte Platz eine gewisse Ruhe und Abgeschiedenheit aus und wird wohl auch deshalb nicht von allzu vielen Touristen entdeckt, obwohl es viel zu entdecken gibt.

Mit dem **Palais Starhemberg** (Nr. 5) und dem aufwendig instand gesetzten **Palais Liechtenstein** (Nr. 4) besitzt der Platz zwei barocke Paläste. Letzteres ist ein echtes Schmuckkästchen und gilt als erstes bedeutendes Bauwerk des Hochbarock. Es kann im Rahmen einer angemeldeten Führung besichtigt werden (Infos sowie ein virtueller Rundgang unter: www.palaisliechtenstein.com). Weitere bedeutende Gebäude sind das österreichische **Außenministerium** (offiziell: Bundesministerium für Europa, Integration und Äußeres) am Minoritenplatz 8 sowie das von Kaiserin Maria Theresia 1743 gegründete **Haus-, Hof- und Staatsarchiv.** Es beherbergt unter anderem eine Urkunde Kaiser Ludwigs des Frommen aus dem Jahre 816.

Stichwort fromm: Dominiert wird der Platz von der namensgebenden **Minoritenkirche,** deren Name sich wiederum von Franziskanermönchen *(fratres minores)* herleitet, welche vom Babenberger Herzog Leopold VI. 1230 an die Donau gerufen wurden. Sie gilt als eine der ersten gotischen Kirchen Österreichs, erlebte im Laufe der Jahrhunderte zahlreiche bauliche Veränderungen und ist heute Heimstätte der italienischen Kongregation und der Priesterbruderschaft St. Pius.

Das markante Gotteshaus, das man auch von der Ringstraße aus sieht, zeichnet sich äußerlich durch einen seltsam kurz anmutenden Kirchturm aus. Ursache dafür waren türkische Kanonenkugeln, die den ursprünglichen Turm während der Belagerung Wiens beschädigten. Besondere Aufmerksamkeit verdient das gotische Hauptportal mit seinem einzigartigen Tympanon. Ein gotischer Kunstschatz im Inneren ist die anmutig lächelnde und elegant geschwungene sogenannte **Familienmadonna** mit Zepter und Jesuskind auf dem Arm aus dem Jahre 1345. Während des Zweiten Weltkriegs war sie im Stephansdom 2 untergebracht und überstand wie durch ein Wunder die Zerstörungen bei Kriegsende.

Ein weiteres bedeutendes Kunstwerk ist eine **Mosaikkopie des Letzten Abendmahls von Leonardo da Vinci.** Das von Napoleon I. in Auftrag gegebene Monumentalwerk wurde vom römischen Künstler Giacomo Raffaelli ausgeführt, besteht aus lauter winzigen Steinchen und wirkt dadurch wie gemalt. Nachdem der Franzosenkaiser niedergerungen war, holte Kaiser Franz I. das 20 Tonnen schwere Mosaik nach Wien. Ursprünglich sollte es im Schloss Belvedere 53 aufgestellt werden, war jedoch dafür zu groß und fand letztendlich in der Minoritenkirche seinen würdigen Platz. Aufmerksamkeit verdient auch der neugotische Arkadengang, der außen an das südliche Kirchenschiff angebaut wurde und in abendlicher Beleuchtung besonders stimmungsvoll wirkt.

› U3 Herrengasse

6 Rund um die Freyung ★★ [F6]

Die Freyung ist ein geschichtsträchtiger Platz und liegt wie der Minoritenplatz 5 etwas abseits vom großen Touristenrummel. Im Gegensatz zu anderen bedeutenden Plätzen Wiens besitzt die Freyung keine rechteckige Form, sondern bildet eher eine Art asymmetrisches Dreieck. Viele Wiener haben den Platz nicht nur wegen des stimmungsvollen Weihnachtsmarkts ins Herz geschlossen.

Der Ursprung des Namens ist nicht restlos geklärt und könnte sich sowohl von einem alten Friedhof (Freithof) als auch von der Befreiung von städtischer Gerichtsbarkeit herleiten. Wie dem auch sei – sicher ist, dass die Freyung und das nach Norden hin angrenzende **Schottenstift** geschichtlich nicht voneinander zu trennen sind; so hieß der Platz auch lange Zeit „Gegend bei den Schotten". Gemeint sind eigentlich sogenannte Iroschotten, also irische Mönche, die unter dem Babenberger Herzog Heinrich Jasimirgott Anfang des 12. Jahrhunderts nach Wien geholt wurden und das Kloster gegründet haben. An der Außenmauer der Schottenkirche erinnert ein Denkmal an den Klosterstifter, seine sterblichen Überreste ruhen in der Krypta der Kirche.

Die „Benediktinerabtei Unserer Lieben Frau zu den Schotten", wie sie offiziell heißt, brachte über die Jahrhunderte hinweg herausragende Köpfe hervor, die das Wiener Geistesleben maßgeblich geprägt haben. Das angeschlossene Schottengymnasium war seit 1807 Ausbildungsstätte der Wiener Elite – neben Österreichs letztem Kaiser Franz I. drückten Politiker wie der ehemalige Bundeskanzler Wolfgang Schüssel, Kulturschaffende wie Walzerkönig Johann Strauss oder Wissenschaftler wie der Zoologe Konrad Lorenz bei den Schotten die Schulbank.

Das **Museum im Stift** beherbergt in Form des **Schottenaltars** einen spätgotischen Kunstschatz der Extraklasse. Der Flügelaltar eines unbekannten Meisters zeigt im Hintergrund detaillierte Darstellungen der mittelalterlichen Städte Wien und Krems (Niederösterreich). Die **Schottenkirche** als dominierendes Gebäude auf der Freyung ist ein Werk des Barock und wurde durch Papst Pius VII. 1958 in den Rang einer Basilica Minor erhoben.

› Infos: www.schotten.wien/schottenpfarre/schottenkirche
› **Museum im Schottenstift,** Freyung 6, U3 Herrengasse, Tel. 53498600, www.schotten.wien/stift/museum, geöffnet: Do., Fr. 11–17, Sa. 11–12.30, 13–17 Uhr, Eintritt: 8 €, ermäßigt 6 €. Jeden Samstag (außer an Feiertagen) findet um 14.30 Uhr zum Preis von 12 € eine Führung durch Kirche, Museum, Krypta, Romanische Kapelle, Prälatensaal und Bibliothek statt. Treffpunkt ist im Klosterladen (s. S. 195).

Im Zentrum des Platzes steht der **Austriabrunnen** mit der personifizierten Austria auf der Säulenspitze. Darunter gruppieren sich als Allegorien die Flüsse Elbe, Donau, Weichsel und Po, welche das ehemalige Kaiserreich in Nordsee, Schwarzes Meer, Ostsee und Adria entwässerten. Lustigerweise stammt dieses österreichisch-patriotische Kunstwerk aus dem Jahre 1846 von zwei Bayern: vom Bildhauer Ludwig Schwanthaler, der auch die Monumentalstatue der Bavaria über der Münchner Theresienwiese erschaffen hat, und vom Erzgießer Ferdinand von Miller.

Das **Palais Kinsky** (Freyung 4) ist eines der bedeutendsten Barockpalais Wiens. Für Romantiker und Antiquitätenliebhaber ein Muss: die prächtige **Arkadenpassage des Palais Ferstel** (ehemalige Börse und Nationalbank, Freyung 2) mit ihrem hexagonalen Lichthof (Basarhof) samt Donaunixenbrunnen, dem Café Central (s. S. 184) sowie edlen Antiquitätenläden und Boutiquen. Man wähnt sich hier ein wenig wie in Florenz, Mailand oder Venedig.

Romantische Stimmung herrscht auch auf dem jährlichen **Altwiener Weihnachtsmarkt** (s. S. 204), den viele Einheimische für den stimmungsvollsten Christkindlmarkt Wiens halten. Außer im Advent wird auf der Freyung auch über das Jahr hinweg immer wieder Markt gehalten – mit dem Schwerpunkt auf einheimischen Produkten.

Im Palais Harrach befindet sich eine schöne **Mariä-Himmelfahrt-Barockkapelle,** die durch eine Glasscheibe von der Herrengasse (gegenüber Nr. 19) aus eingesehen werden kann.

7 Tiefer Graben und Hohe Brücke ★ [G6]

Von all den Gassen der Wiener Altstadt bildet der Tiefe Graben eine Besonderheit: Liegt er doch deutlich unter dem Straßenniveau der umliegenden Häuser und gräbt sich im Gegensatz zu seinem „untiefen" Namensvetter 3 tatsächlich wie ein Graben mitten durch die Innenstadt. Grund für die Anomalität im Gassennetz: Wer heute durch den Tiefen Graben spaziert, befindet sich historisch gesehen im Bett des **Ottakringer Baches** (bis 1200) und des **Alser Baches,** die bis ins Mittelalter hier der Donau entgegenflossen. Nach deren Trockenlegung wurde das steile Bachbett niemals ganz aufgefüllt.

Überquert wird der Tiefe Graben von der Wipplingerstraße über die **Hohe Brücke.** Direkt neben der Brücke ist der am Haus der österreichischen Klassenlotterie (Wipplingerstraße 23) befestigte **Schornsteinfeger** ein Blickfang. Gegenüber sticht ein prächtiges Gründerzeithaus mit Erker ins Auge. Hinunter zum Tiefen Graben gelangt man über zwei übelriechende Treppenabgänge.

Bereits zur Römerzeit überquerte hier eine Brücke den Bach. Vom Mittelalter bis 1857 existierte eine gemauerte Brücke mit Nepomuk-Kapelle, danach eine neogotische Konstruktion, ehe schließlich 1903 der heutige **Jugendstilbau** errichtet worden ist – ein bis heute oft übersehenes denkmalgeschütztes Kleinod, bei dem man auf die Details achten sollte. Unter der Brücke stehend, sieht man in den Ecken die Vorgängerbauten als Reliefs in Gold auf Marmor eingearbeitet; eine Tafel erinnert an die Erbauungszeit unter Bürgermeister Dr. Karl Lueger. Am Tiefen Graben Nr. 30 findet man das legendäre **Hotel Orient**, unter anderem Drehort im Film „Der dritte Mann" (s. S. 42). Auch die erste Schwulendiskothek Wiens, das Why Not, fand 1979 im Tiefen Graben Nr. 22 ihre Heimat.

› U3 Herrengasse

8 Maria am Gestade ★★ [G6]

Nicht viele Touristen verirren sich in diesen eher versteckten Winkel der Altstadt und entdecken dort ein **kirchliches Kleinod gotischer Baukunst**, das von engen und romantischen Gassen umgeben ist. Schon der hübsche Name lässt aufhorchen: Man assoziiert sogleich die Gestade des Meeres und liegt damit gar nicht mal so falsch. Unterhalb des Hanges rauschten einst die Donauwellen ans Ufer, bevor der Fluss aus der Innenstadt verbannt worden ist und von dem einst mächtigen Flussarm lediglich der Donaukanal übrig blieb. Dadurch war sie auch die Kirche der Donauschiffer.

Eine **steile Treppe** führt zur Kirche hinauf, eine weitere über das reich verzierte gotische Seitenportal hinein ins Gotteshaus. Das Kircheninnere beeindruckt zuallererst durch seine eigenartige Architektur. Das Langhaus mit seinem faszinierenden Netzrippengewölbe macht hier seinem Namen alle Ehre und weitet sich etwas gekrümmt zum breiteren Chor hin. Diese vermutlich den beengten Platzverhältnissen geschuldete Form verleiht der Kirche gleichsam eine besondere Magie und tatsächlich herrscht hier stets eine sehr andächtige und beruhigende Atmosphäre.

Besondere Verehrung genießt der **Heilige Klemens Maria Hofbauer**, seit 1914 ein Stadtpatron Wiens. Ihm ist es zu ver-

Wiens exklusives Liebesnest

*Das **Hotel Orient** ist eine traditionsreiche Institution der besonderen Art. Es ist Wiens berühmtestes Stundenhotel. Etliche Liebesromane würden die Geschichten seiner Besucher hergeben. Im Gegensatz zu den günstigen Stundenhotels in der Leopoldstadt und am Gürtel hat das Orient kein Schmuddelimage, ein erotisches Image aber allemal. Hier verbrachten und verbringen auch Liebespaare der besseren Gesellschaft intensive Stunden, was sich auch in den Preisen ausdrückt. Stets wird auf Diskretion geachtet (www.hotel-orient.at).*

044wi-se

Gotisches Kirchenjuwel: Maria am Gestade 8

danken, dass die Kirche, die während der napoleonischen Zeit sogar als Pferdestall dienen musste, vor dem Verfall bewahrt wurde. Dementsprechend befinden sich seine sterblichen Überreste in einem Sarkophag. Sonntags von 15 bis 18 Uhr informiert ein kleines Museum, das vom Chor aus betreten wird, über Leben und Werk des katholischen Ordensmannes der Redemptoristen.

Auch der gotische Kirchturm mit seinem kunstvoll gefertigten **durchbrochenen Turmhelm**, welcher nach Einbruch der Dunkelheit gleich einer Laterne über den Dächern der Stadt erstrahlt, ist von seinem Charakter her einzigartig. Bei so viel Einzigartigkeit wundert es nicht, dass in der Marienkirche gerne Hochzeit gehalten wird – wahrlich ein Ort für besondere Momente!

› Salvatorgasse 12, U1/U3 Stephansplatz oder Straßenbahnlinie 1 Salztorbrücke, täglich geöffnet bis 18 Uhr

9 Judenplatz ★★ [G6]

Nur über kleine Gassen erreicht man diesen versteckten Platz und ist erstaunt ob seines harmonisch architektonischen Ensembles. Wie der Name schon sagt, bildete der Judenplatz im Mittelalter das Zentrum des jüdischen Ghettos innerhalb der Wiener Stadtmauern.

Begrenzt wurde die Judenstadt vom Tiefen Graben 7, der Kirche Maria am Gestade 8, der Tuchlauben und dem Platz Am Hof 10. Ihr zentraler Platz hieß bis 1421 Schulhof und beheimatete neben der Schule auch die alte Wiener Synagoge, die Or-Sarua-Synagoge. In jenem Jahr beschuldigte Herzog Albrecht V. die österreichischen Juden der Kollaboration mit den Hussiten und des Hostienfrevels und ließ sie auf blutige Weise verfolgen. Im Rahmen der **Wiener Gesera** wurde die Synagoge zerstört, etliche Bewohner des Viertels wählten den Freitod, andere wurden auf dem Scheiterhaufen verbrannt. Insofern handelte es sich bei der planmäßig ausgeführten Gesera (ursprünglich der hebräische Begriff für ein judenfeindliches Gesetz) um einen Vorläufer späterer Pogrome. Dabei wurde das im 13. und 14. Jahrhundert blühende jüdische Leben in Wien mitsamt seiner reichen Kultur in Österreich weitgehend zerstört und konnte sich in der Folgezeit nur mühsam erholen. Grausamer Höhepunkt war die Verbrennung von 92 Männern und 120 Frauen auf der Gänseweide in Erdberg (3. Bezirk, heute Weißgerberlände nähe Hundertwasserhaus 55) am 12. März 1421.

Ein makaberes und alles andere als christliches Zeugnis dieses Pogroms legt noch heute eine historische Inschrift am **Jordanhaus** (Judenplatz Nr. 2), einem der ältesten Häuser Wiens, ab. Eine lateinische Inschrift unterhalb eines Reliefs, das die Taufe im Jordan und den heiligen Georg darstellt, bejubelt das Pogrom förmlich. Eine Gedenktafel am Haus Nr. 6 nimmt Bezug auf die spätmittelalterlichen Gräueltaten, sieht in ihnen ein Vorzeichen für die späteren Verbrechen des Nationalsozialismus und spannt damit an diesem Ort der Erinnerung auch den Bogen zum zentralen **Mahnmal für die österreichischen jüdischen Opfer der Schoah** im Zentrum. Der von Rachel Whiteread gestaltete und am 25. Oktober 2000 enthüllte Kubus symbolisiert eine nach außen gekehrte Bibliothek. Die Regale sind mit scheinbar endlos vielen Ausgaben ein und desselben Buches bestückt, die für die große Zahl der Opfer und ihrer Lebensgeschichten stehen. Gleichzeitig ergeben sich Bezüge zur Buchreligion Judentum und zu einer durch die Vernichtung jüdischen Lebens verursachten kulturellen Leerstelle. Die Flügeltüren sind geschlossen, Türklinken fehlen. Bodenplatten benennen 45 Orte und Lager, an denen österreichische Jüdinnen und Juden zwischen 1938 und 1945 ermordet wurden. Auch Papst Benedikt XVI. gedachte bei einem Österreichbesuch in Anwesenheit des damaligen Oberrabbiners Paul Chaim Eisenberg der mehr als 65.000 Wiener Opfer.

Im Rahmen von Grabungsarbeiten in den 1990er-Jahren konnten die Grundmauern der mittelalterlichen Synagoge freigelegt werden. Das Misrachi-Haus (Nr. 8) wurde als **Museum am Judenplatz** zu einer Außenstelle des **Jüdischen Museums** 20 in der Dorotheergasse umgewandelt, um die Ausgrabungen der Öffentlichkeit zugänglich zu machen. Beide Museen sind mit einer gemeinsamen Eintrittskarte zu besuchen.

Neben dem Mahnmal dominiert das Denkmal für Gottfried Ephraim Lessing den Platz – 1935 enthüllt, 1939 von den Nazis eingeschmolzen, 1965 vom Künstler Siegfried Charoux ein zweites Mal erschaffen und 1968 enthüllt.

Weitere beachtenswerte Bauwerke sind unter anderem: die Böhmische Hofkanzlei (Nr. 11), das Haus der Genossenschaft der Kleidermacher (Nr. 10) und das Haus der Wiener Gastwirte (Nr. 3–4).

› U1/U3 Stephansplatz

045wi-se

Lessing-Denkmal im Zentrum des Judenplatzes

⑩ Am Hof ★★ [G6]

Seit die touristischen Hauptrouten zwischen Oper, Stephansplatz, Graben und Hofburg zirkulieren, ist es etwas ruhiger um den Platz „Am Hof" geworden. Dabei war er einst einer der bedeutendsten Plätze der Innenstadt.

Im Hochmittelalter befand sich hier der für den Namen des Platzes verantwortliche **Hof der Babenberger**, seitdem Herzog Heinrich Jasimirgott 1156 seine Residenz von Klosterneuburg ⑱ nach Wien verlegt hatte. Damit verbunden war die historische Blüte dieses Ortes: Der Hof war **Zentrum von Minnesang und Rittertum.** Kaiser Friedrich Barbarossa machte hier 1165 auf dem Kreuzzug ins Heilige Land Station und die bedeutenden Minnesänger Reinmar von Hagenau und Walther von der Vogelweide traten hier zum Wettstreit an. Ab 1340 diente das Areal als **Marktplatz**, einstmals für Fische und Krebse, später für Obst und Gemüse, seit dem 19. Jahrhundert als Christkindlmarkt und zwischen 1973 und 1977 als Wiener Flohmarkt – danach übersiedelte der Flohmarkt auf das Gelände am Naschmarkt ㊾. Der jährliche Christkindlmarkt am Hof (s. S. 204) erfreut sich mittlerweile wieder großer Beliebtheit und ist einer der stimmungsvollsten Weihnachtsmärkte der Stadt.

Neben der lebensfrohen Nutzung als Markt war der Platz auch langjährige **Richtstätte** und Schauplatz blutiger Ereignisse: Während der **Revolution 1848** massakrierte eine aufgebrachte Menschenmenge den damaligen Kriegsminister Graf von Latour und hängte die Leiche an einer Laterne auf. Für die katholische Kirche waren der Platz und die dazugehörige Kirche am Hof ebenfalls von Bedeutung: Ab Mitte des 16. Jahrhunderts dominierte der **Jesuitenorden** über 200 Jahre lang das Geschehen und immerhin zwei Päpste spendeten von der Terrasse der Kirche aus den Ostersegen Urbi et Orbi – Pius VI. im Jahre 1782 und Johannes Paul II. 1983. Im Jahre 1806 wurde am Hof das Ende des Heiligen Römischen Reichs proklamiert.

Markantestes Bauwerk des Platzes ist die schon erwähnte **Kirche am Hof** mit ihrer prunkvollen barocken Westfassade. Heute dient das Gotteshaus den kroatischen Katholiken Wiens als Heimstätte. Dass es sich ursprünglich um ein gotisches Bauwerk handelte, erkennt man äußerlich noch von der Seitzergasse aus am gotischen Chor. An der Chormauer befinden sich übrigens zwei winzige denkmalgeschützte Geschäftslokale. Daneben bietet der enge Durchschlupf für Fotografen auch eine hervorragende Möglichkeit, um Fiaker abzulichten – die Kutschen zwängen sich auf ihrer Standartroute fast alle durch dieses Nadelöhr zum Hof.

Zurück zum Platz: Im Zentrum steht seit Ende des Dreißigjährigen Kriegs eine **Mariensäule** – vergleichbar mit dem Münchner Pendant am Marienplatz. Hier wie dort wehren vier Puttenengel die Bedrohungen durch Hunger, Krieg, Unglaube und Pest ab – symbolisiert durch Drache, Löwe, Schlange und Basilisk.

Weitere erwähnenswerte Bauwerke sind das **Bürgerliche Zeughaus** (Nr. 10) mit seinem glänzenden Globus auf dem Gesims und das **Palais Collato** (Nr. 13), in dem 1762 das erste öffentliche Konzert des sechsjährigen Wolfgang Amadeus Mozart und dessen Schwester stattfand.

› U1/U3 Stephansplatz

11 Peterskirche ★★ [G6]

Die Peterskirche steht auf geschichtsträchtigem Boden, was sich wie bei anderen Peterskirchen bereits aus dem Petrus-Patrozinium ableiten lässt: Hier befand sich bereits in spätrömischer Zeit die wohl **erste christliche Kirche Wiens.** Im Jahr 1701 wurde ein seit dem 12. Jahrhundert existierender mittelalterlicher Nachfolgebau auf Geheiß Kaiser Leopolds I. abgerissen und an seiner Stelle nach Plänen von Lukas von Hildebrandt ein **barocker Neubau** errichtet.

Der äußerlich eher unscheinbare Kirchenbau, der sich hinter den Häuserfassaden des Grabens versteckt, zählt im Inneren neben der Karlskirche 51 zu den prächtigsten Zeugnissen barocker Sakralkunst in Wien. Infolge aufwendiger Renovierungsarbeiten um die Jahrtausendwende erstrahlen die **Wandmalereien** wieder in ihrer ursprünglichen Farbenpracht.

Neben Darstellungen der Allerheiligsten Dreifaltigkeit (am Hochaltar, auf der Kanzel und im Fresko der Kuppel) zeugt der Raum von einer ausgeprägten Marienverehrung, was an etlichen Marienbildern deutlich wird. Besondere Beachtung verdient unter anderem das **Maria-Hilf-Bild** des Wiener Künstlers Franz S. Rosenstingel am Sebastian-Altar. Es zeigt eine jugendliche Muttergottes mit Kind, die dem Betrachter einen zärtlich-liebevollen Blick zuzuwerfen scheint. Etwas weniger liebevoll und aus heutiger Sicht für manche Besucher seltsam anmutend: die in **Reliquienschreinen** aufgestellten und geschmückten Skelette zweier römischer Katakombenheiliger. In der Zeit des Barock fand in Europa ein

In der Peterskirche gibt es barocke Pracht, wohin das Auge reicht

046wi-se

EXTRATIPP

Die Kleeblattgasse

Nicht nur der Name klingt nett: Die kleine Gasse [G6] abseits der Touristenströme besteht aus einem schön erhaltenen historischen Häuserensemble und führt den Besucher weg von den belebten Tuchlauben in einen etwas verwunschen wirkenden Winkel. Im Hochsommer ist die schattige Gasse, die einst zur mittelalterlichen Judenstadt gehörte, angenehm kühl. Über einen kleinen Durchschlupf („Ofenloch") und einen Hinterhof gelangt man zur Kurrentgasse und zum Judenplatz ❾.

lebhafter Reliquienhandel statt. Dabei wurden Knochen aus den römischen Katakomben gerne frühchristlichen Märtyrern zugeordnet.

Betreut wird die Kirche übrigens von Mitgliedern der Laienbruderschaft **Opus Dei.** Ein Bildnis im Seitenaltar links von der Kanzel zeigt den Gründer der Organisation, Josemaría Escrivá, der von Papst Johannes Paul II. 2002 heiliggesprochen wurde.

› Petersplatz, U1/U3 Stephansplatz, www.peterskirche.at (hier findet man auch eine schöne Panoramaansicht der Kirche), geöffnet: Mo.–Fr. 8–19, Sa., So. 9–19 Uhr

⓬ Neidhart Festsaal ★ [G6]

Das äußerlich eher unscheinbare Haus Tuchlauben 19 hat einen Schatz des Mittelalters konserviert: Die Neidhart-Fresken – gut erhaltene Wandmalereien, welche die angeblich so dunkle Epoche in farbenfroher Lebendigkeit und Lebensfreude darstellen. Während man christliche Themen in der mittelalterlichen Freskenmalerei insbesondere in Kirchen relativ häufig finden kann, sind diese profanen Freskenmalereien **eine echte Seltenheit.**

Sie entstanden wohl um das Jahr 1407 und schmückten einst den großen **Tanzsaal** des Tuchhändlers Michel Menschein. Irgendwann wurden sie übermalt, fielen in einen Dornröschenschlaf und kamen erst 1979 im Rahmen eines Wohnungsumbaus wieder zum Vorschein.

Die noch erhaltenen Szenen werden vom Wien Museum betreut. Sie illustrieren Lieder des Minnesängers **Neidhart von Reuenthal** (ca. 1180–1240). Dargestellt sind Naturszenen im Jahreskreislauf: unter anderem ein vergnügtes Ballspiel, ein durchaus drastisch dargestellter Spiegelraub, der verbunden ist mit dem Verlust der mädchenhaften Unschuld, eine Rauferei und ein lieblicher Reigentanz. Bei einigen der dargestellten Personen ist bis heute ein anmutiges und keckes Lächeln zu erkennen.

› Neidhart Festsaal, Tuchlauben 19, Tel. 5359065, geöffnet: Di.–So. und feiertags 10–13 und 14–18 Uhr (außer 1.1., 1.5., 25.12., Oster- und Pfingstmontag), Eintritt: 5 €, ermäßigt 4 €, Jugendliche bis 18 Jahre frei, jeden ersten Sonntag im Monat Eintritt frei

⓭ Hoher Markt und Ankeruhr ★ [G6]

Hoher Markt bedeutet in diesem Fall wichtiger Markt und tatsächlich war das Areal früher einer der bedeutendsten Plätze der Stadt. Heute zieht es Touristen wegen der einzigartigen Jugendstil-Uhr hauptsächlich mittags dorthin.

Am Hohen Markt befindet man sich im Herzen des ehemaligen römischen Legionslagers **Vindobona.** Etwa 350 Jahre lang sicherten die Römer im Wiener Raum ihr Imperium gen Norden ab. Zur Blütezeit lebten in Vindobona schätzungsweise 30.000 Menschen – ein buntes Völkergemisch aus Römern, Einheimischen und Zuwanderern aus dem gesamten Reich. Im **Römermuseum** am Hohen Markt 3 (s.S. 166) sind Funde aus der römischen Epoche Wiens und Reste von zwei Tribunenhäusern zu sehen.

Im Mittelalter prägten bürgerliche Zunfthäuser das Bild; es existierte ein reger Handel mit Lebensmitteln und Textilien. Bei der heutigen Hausnummer 5 stand einst die Schranne, ein Gerichtsgebäude mit hauseigener Kapelle „Zur Todesangst Christi".

In der Mitte des Platzes befindet sich der **Vermählungsbrunnen** (Josefsbrunnen) aus dem Jahre 1732, der die Vermählung Josefs mit Maria thematisiert. Blickfang und touristischer Anziehungspunkt ist die **Ankeruhr** aus dem Jahre 1914, die als zehn Meter lange, brückenartige Verbindung die beiden Gebäudeteile des Ankerhofs über die Straße Bauernmarkt überspannt. Ihren Namen verdankt die vom Künstler Franz Matsch gestaltete Spieluhr der ehemaligen Anker-Versicherung. Berühmten Persönlichkeiten wird Tribut gezollt. Jede der zwölf Stunden wird durch eine Kupferfigur symbolisiert. Um **12 Uhr mittags findet eine Figurenparade** mit musikalischer Untermalung statt. Der Reihe nach erscheinen: Marc Aurel (Stunde 1–2), Karl der Große (2–3), Leopold VI. und seine Gattin Theodora, Prinzessin von Byzanz (3–4), Walther von der Vogelweide (4–5), König Rudolf von Habsburg und seine Gattin Anna von Hohenberg (5–6), Meister Hans Puchsbaum (6–7), Kaiser Maximilian I. (7–8), Bürgermeister Johann Andreas von Liebenberg (8–9), Graf Ernst Rüdiger von Starhemberg (9–10), Prinz Eugen von Savoyen (10–11), Kaiserin Maria Theresia und ihr Gatte Kaiser Franz I. von Lothringen (11–12) und Joseph Haydn (12–1). Musikalisch untermalt werden die Akteure unter anderem durch das „Nibelungenlied" (Leopold VI.), „Innsbruck, ich muss dich lassen" (Maximilian I.) oder „O du lieber Augustin" (Bürgermeister Liebenberg).

› U1/U3 Stephansplatz

047wi-se

◻ *Jugendstil-Kunstwerk: die Ankeruhr am Hohen Markt*

KLEINE PAUSE

Cafe Korb – ein Café mit Charme

Das Wiener Altstadtcafé (s. S. 184) präsentiert sich als stimmiger Mix aus Tradition, 1950er-Jahre Schick und Wiener Gemütlichkeit – es hat einfach Stil. Geleitet wird es von Susanne Widl, die sich neben ihrer Funktion als Gastronomin auch als Mannequin, Schauspielerin und Muse des 2023 verstorbenen Wiener Medien- und Aktionskünstlers Peter Weibel einen Namen gemacht hat. Das Schöne am Korb: Hier kann man nicht nur guten Kaffee trinken, auch das Essen schmeckt gut – und hier kann man am Nachbartisch und unter dem Personal noch auf echte Wiener Originale treffen – und hin und wieder auf Prominenz.

14 Rund um den Kornhäuselturm ★★ [G6]

Die Gegend zwischen Ruprechtskirche 15, Fleischmarkt, Rotenturmgasse und Schwedenplatz 16 kennt man auch als Bermudadreieck. Einst gehörte das Viertel zum Römerlager Vindobona und zum mittelalterlichen Zentrum Wiens. Später ließen sich rund um den Kornhäuselturm jüdische Kaufleute nieder und gründeten die Wiener Hauptsynagoge.

Die Rotenturmstraße, die Stephansplatz 1 und Schwedenplatz miteinander verbindet, war einst eine der wichtigsten Ein- und Ausfallstraßen der Stadt. Hier stand bis ins 18. Jahrhundert das Rotenturmtor als Wahrzeichen Wiens und Durchgang zur Donaubrücke.

Über den Fleischmarkt (Gasse) gelangt man zu einer steilen Treppe, die hinauf zum **Kornhäuselturm** führt, Wiens erstem „Wolkenkratzer". Das denkmalgeschützte neunstöckige Haus entstand nach Plänen des Architekten Joseph Kornhäusel zwischen 1825 und 1827 und wirkt wie eine vergessene Ruine aus längst vergangenen Zeiten. Der österreichische Schriftsteller Adalbert Stifter hatte im Turm einst eine Wohnung und beobachtete von hier aus die totale Sonnenfinsternis am 8. Juli 1842, worauf eine Gedenktafel in der Seitenstettengasse 2 verweist.

Hinter der Fassade der Seitenstettengasse 4 verbirgt sich der **Stadttempel, Wiens jüdische Hauptsynagoge**, die – ebenfalls ein Werk Kornhäusels – bereits einige Jahre vor dem Himmelsereignis am 9. April 1826 feierlich eröffnet worden ist. Die eigentliche Synagoge verbirgt sich hier im wahrsten Sinne des Wortes hinter der klassizistischen Fassade eines vierstöckigen Hauses: Die Vorschriften in der ersten Hälfte des 19. Jahrhunderts erlaubten nichtkatholische Gotteshäuser als sogenannte Toleranzbethäuser nur dann, wenn sie von der Straße aus nicht unmittelbar als solche erkennbar waren.

Bis heute würde man den Stadttempel als unwissender Passant hier nicht vermuten, würde nicht eine Inschrift am Eingangstor den Bestimmungszweck erahnen lassen. „Kommet zu seinen Toren mit Dank, zu seinen Vorhöfen mit Lobgesang", steht in hebräischen Lettern geschrieben.

So diskriminierend diese Verborgenheitspflicht aus heutiger Sicht erscheint, paradoxerweise hat die enge Verbauung des Areals den Stadttempel als einzige Synagoge Wiens in der **Reichspogromnacht 1938** vor dem Raub der Flammen bewahrt. Zum 150. Jubiläum im Jahr 1976 nahmen hochrangige österreichische Politiker an der Festveranstaltung teil, unter ihnen Bundeskanzler Bruno Kreisky. Wenige Jahre später verübten palästinensische Terroristen Anschläge auf die Wiener Hauptsynagoge. Während der Bombenanschlag 1979 keine Opfer forderte, gab es beim Angriff 1981 Tote und Schwerverletzte. Dies hat bis heute zur Folge, dass das Gotteshaus rund um die Uhr von der Polizei beschützt wird. Seither kam es glücklicherweise zu keinen weiteren Anschlägen. Geführte Besichtigungen sind möglich.

Seit den 1980er-Jahren wird im Dreieck zwischen Kornhäuselturm, Ruprechtskirche und Schwedenplatz 16 nicht nur gebetet, sondern auch ordentlich gefeiert. Das sogenannte **Bermudadreieck** ist bis heute ein beliebtes Kneipenviertel für Nachtschwärmer. Bis spät in die Nacht herrscht ausgelassenes und oft lautes Treiben; junge Wienerinnen und Wiener amüsieren sich gemeinsam mit feierwütigen Touristen aus aller Welt.

2020 erlangte dieser Teil der Wiener Altstadt **traurige Bekanntheit**, als ein islamistischer Terrorist am Allerseelen-Abend des 2. November vier Menschen tötete und 23 weitere teils schwer verletzte. Gedenkstätten bei der Ruprechtskirche 15 oberhalb des Kornhäuselturms erinnern an dieses für Wien traumatische Ereignis.

› U1/U4 Schwedenplatz

› **Synagoge:** Seitenstettengasse 4, Tel. 531040, www.ikg-wien.at, Führungen finden üblicherweise Mo.–Do. 11.30 und 14 Uhr statt (Ausnahme: jüdische, christliche oder staatliche Feiertage), Nov.–März nur 11.30 Uhr. Ausweis erforderlich.

15 Ruprechtskirche ★★ [G6]

Die Ruprechtskirche steht nicht nur mitten in der Innenstadt, sondern sogar inmitten des nachts sehr belebten Bermudadreiecks. Dennoch wirkt dieser kleine Platz auf der Hangkante über dem Donaukanal wie ein behütetes Plätzchen, an dem die Zeit stehen geblieben zu sein scheint.

Wenn man die Treppe vom Morzinplatz (Verlängerung vom Schwedenplatz 16) aus hinauf schreitet, hat das mit Efeu bewachsene Kirchlein direkt etwas von einem Dornröschenschloss, beziehungsweise in diesem Fall von einer Dornröschenkirche, die einer anderen Zeit entsprungen zu sein scheint. Der Eindruck, dass es sich hier um ein sehr altes Gebäude handelt, täuscht nicht: Die Ruprechtskirche ist vermutlich die **älteste erhaltene Kirche** des ursprünglichen Wiens, sie steht auch auf uraltem Siedlungsgebiet – laut nicht bewiesener Theorien sogar auf den Fundamenten eines römischen Tempels des alten Vindobona.

Der Gründungslegende nach wurde Sankt Ruprecht von Cunald und Gisalrich, zwei Missionaren aus dem Gefolge Bischof Ruperts von Salzburg, bereits im Jahr 740 gegründet. Wahrscheinlicher ist jedoch eine Erbauung um das Jahr 800 nach der Vertreibung der Avaren und der beginnenden fränkischen Missionierung. Fest steht, dass die ältesten Teile des noch erhaltenen Mauerwerks aus dem 12. Jahrhundert stammen. Besonders markant ist der **romanische Turm**; er verleiht der Kirche ihr unverwechselbares Antlitz. Ins Auge stechen vor allem die Doppelfenster mit ihren Säulen und den dazugehörigen verzierten Kapitellen.

Das Kircheninnere wirkt auf den ersten Blick etwas finster und eher spärlich ausgestattet. Erst bei genauerem Hinsehen eröffnen sich die kunsthistorisch bedeutenden Kostbarkeiten. Neben der Holzfigur des heiligen Rupert (Ruprecht) verdient die **spätgotische Madonna** am zweiten Mittelschiffpfeiler besondere Aufmerksamkeit: Maria trägt das Kind nicht dem Betrachter, sondern sich selbst zu-

Wiens geheimnisvolle Unterwelten

Dass sich unvorhergesehene Abgründe auftun, ist in Wien nichts Ungewöhnliches. Schon Austropop-Legende Wolfgang Ambros wusste zu berichten: „Hoit, da is a Spoit, paßt's auf, dass kana eine foit." („Halt, dort ist ein Spalt, passen Sie auf, dass niemand hineinfällt").

Im August 2009 z. B. manifestierte sich das sprichwörtliche Sommerloch in Österreichs Hauptstadt im wahrsten Sinn des Wortes: An der Ringstraße tat sich urplötzlich ein fünf Meter tiefes Loch auf und verschluckte eine junge Pappel vor den Augen einiger Passanten. Einer von ihnen kommentierte das Ereignis damals trocken mit Wiener Schmäh: „Es vaschwind bei uns so vü und ma waaß ned wohin." Der rätselhafte Vorfall wurde nie eindeutig geklärt – ein Hohlraum, der von ehemaligen Bautätigkeiten herrührt, gilt als allgemein anerkannte Ursache.

*Im Zuge der Bauarbeiten für die U-Bahn stieß man 1973 mit der **Virgilkapelle** auf einen unterirdischen Sakralraum. Die unter dem Stephansplatz ❶ befindliche Kapelle gibt Forschern bis heute Rätsel auf. Das Kleinod mit seinen byzantinisch anmutenden Radkreuzen kann besichtigt werden (s. S. 17).*

Besuchen kann man auch viele andere Grüften, die den Wiener Untergrund im Lauf der Jahrhunderte ausgehöhlt haben wie einen Schweizer Käse: seien es die Katakomben unter dem Stephansdom ❷, die habsburgische Kapuzinergruft ㉑ oder die einzigartige Michaelergruft (s. S. 30) mit ihren unheimlichen Mumien.

*Auch der Wiener Sagenschatz ist gespickt mit Unterirdischem: Da gab es den **Basilisken**, ein furchterregendes Ungeheuer, das einst in einem Brunnenschacht in der Schönlaterngasse gehaust haben soll. Berühmt ist auch die Legende vom Lieben Augustin, der nach ausgiebigem Weingenuss in eine Pestgrube fiel, dort seinen Rausch ausschlief und am nächsten Tag fluchend wieder aus selbiger hinauskroch, ohne Schaden zu nehmen.*

*Doch auch die modernen Zeiten haben bereits legendäre Unterwelten hervorgebracht: **Auf den Spuren des Filmklassikers „Der dritte Mann"** werden regelmäßig Exkursionen in die Wiener Kanalisation unternommen (s. S. 90). Dabei kann man geruchsintensiv die berühmte Flucht von Orson Welles alias Harry Lime durch das Kanalsystem des Wiens der Nachkriegszeit nachvollziehen. Doch es muss nicht unbedingt stinken in den Wiener Unterwelten – deshalb hinabgestiegen in einen der **Stadtheurigen** wie dem Zwölf-Apostelkeller oder dem Esterházykeller (beide s. S. 180). Die mittelalterlichen Gewölbe erstrecken sich teilweise drei Ebenen unter der Oberfläche.*

gewandt – eine äußerst seltene Darstellungsform. An der Unterseite der Figur erkennt man ein rätselhaftes Gesicht. Am achteckigen **Taufbecken** deutet die Schrift „A+M+D+Y+E+M“ darauf hin, dass es „anno MD in aeternam memoriam“, also „Im Jahre 1500, zum ewigen Gedenken“ entstanden ist. Mit dem Mittelfenster der Apsis ist das **älteste Glasfenster Wiens** erhalten (um 1300). Die obere Glasscheibe zeigt den Gekreuzigten zusammen mit Maria und Johannes, die untere die Madonna mit Kind. Die beiden seitlichen Apsisfenster wurden nach dem Zweiten Weltkrieg von Joseph Tahedl angefertigt und zeigen Szenen aus dem Leben des Rupert und seiner beiden Gefährten. In harmonischem Kontrast zu den Apsisfenstern präsentieren sich die in den 1990er-Jahren neu gestalteten Fenster der Künstlerin Lydia Roppolt.

Außerdem sind erwähnenswert: der Tabernakel, eine Loretomadonna (bzw. Schwarze Madonna) sowie der Sarkophag mit den Reliquien des heiligen Vitalis, eines Märtyrers aus den römischen Katakomben.

› Ruprechtsplatz 1, U1/U3 Stephansplatz oder U1/U4 Schwedenplatz, www.ruprechtskirche.at, unregelmäßig geöffnet; aktuelle Öffnungszeiten siehe Website oder am Eingangstor. Nasse Regenschirme bitte vor der Kirche abstellen, da das Gemäuer mit Feuchtigkeit zu kämpfen hat.

16 Schwedenplatz ★ [H6]

Im Gegensatz zu den verwinkelten Gassen der Altstadt rund um den Stephansdom 2 erlebt man am Schwedenplatz ein urbanes Kontrastprogramm. Wähnte man sich ein paar Meter weiter noch im

Beliebte Flaniermeile: der Donaukanal auf Höhe des Schwedenplatzes

048wi-se

Mittelalter, spürt man hier den Puls einer modernen Millionenstadt. Dieser Puls schlägt am Schwedenplatz lauter als anderswo in Wien, wenngleich der Platz architektonisch nicht gerade zu den innerstädtischen Highlights zählt und man seit Jahren eine Umgestaltung erwägt.

Hier tummeln sich täglich Menschenmassen, frequentieren Familien den beliebten Eissalon, feiern und singen an Sommerabenden Jugendgruppen aus aller Welt, die das Bermudadreieck (s. S. 41) auf den Platz schwappt. Hier bimmeln Straßenbahnen um die Wette und kreuzen sich wichtige U-Bahnstränge. Hier tobt der Verkehr auf acht Spuren am Franz-Josefs-Kai. Hier werden Touristengruppen von Bussen ausgespuckt und wieder eingefangen. Hier machen fliegende Händler ihre Geschäfte – die einen legal, die anderen illegal. Und nicht zu vergessen: Hier fließt der **Donaukanal** als würdiger Stellvertreter der ursprünglichen Donau, die man schon vor langer Zeit Richtung Osten verbannt hat. An den Ufern wird flaniert, große Amüsierschiffe sind fest vertäut und am gegenüberliegenden Ufer der Leopoldstadt leuchten abends die modernen Hochhauskomplexe, die seit einigen Jahren die Donaukanal-Skyline prägen.

Was viele Wiener selbst nicht wissen: Seinen Namen besitzt der Platz seit 1919 als Dankesgeste für die schwedische Hilfe nach dem Ersten Weltkrieg, die besonders Kindern zugutekam. Etliche Jahre später im Zweiten Weltkrieg, während der Schlacht um Wien, fanden zwischen den Ufern schwere Artilleriegefechte zwischen Wehrmacht und Roter Armee statt, infolgedessen ganze Häuserfronten zerstört worden sind. In den Jahren davor hatte die **Gestapo** am nordwestlich anschließenden **Morzinplatz** ihr **berüchtigtes Hauptquartier**; das Gebäude wurde im Krieg zerstört, ein Denkmal erinnert an die Opfer. Vom Morzinplatz aus führt eine Treppe hinauf zur Ruprechtskirche **15**.

Orientiert man sich vom Schwedenplatz aus den **Franz-Josefs-Kai** entlang in östlicher Richtung, sticht schon von Weitem die imposante **Urania** ins Auge. Sie steht am Mündungsspitz des Wienflusses in den Donaukanal.

Benannt ist das Gebäude nach der altgriechischen Muse der Sternenkunde. Untergebracht sind neben einer **Sternwarte** Räumlichkeiten der **Volkshochschule**, ein **Lichtspielhaus** und ein **Puppentheater** (s. S. 202).

Nachdem schon ein Vorgängerbau für Furore gesorgt hatte, entstand das repräsentative Volksbildungshaus 1909/1910 unter Federführung des Jugendstil-Architekten und Schülers von Otto Wagner Max Fabiani und entwickelte sich schnell zu einem neuen Wahrzeichen der Stadt. Lichtbildervorträge, Dichterlesungen und Musikveranstaltungen lockten Hunderttausende Wiener in ihre Urania. Seit 1915 konnte man Sprachen lernen, darunter auch jene der Kronländer. Im Zweiten Weltkrieg wurde die Kuppel der Sternwarte zerstört, in den 1950er-Jahren wurde sie wiedererrichtet. Mittlerweise wurde die Urania mehrmals saniert, zuletzt 2003, und abends wird sie von Scheinwerfern angestrahlt.

Das Urania-Kino ist jedes Jahr zentraler Veranstaltungsort des österreichischen Kinofestivals **Viennale.**

› U1/U4 Schwedenplatz oder Straßenbahnlinie 1 Julius-Raab-Platz

★**2** [H6] **Urania,** Uraniastraße 1

Spaziergang 2: Gassengewirr voller Magie zwischen Griechengasse und Theodor-Herzl-Platz

Der Spaziergang beginnt am Schwedenplatz **16** *und führt auf verschlungenen Linien durch die östliche Innere Stadt, durch enge Gassen, vorbei an geschichtsträchtigen und sagenumwobenen Plätzen, und endet schließlich am Theodor-Herzl-Platz beziehungsweise am Stadtpark* **18**, *wo man sich nach bezwungenem Altstadtlabyrinth eine Rast gönnen kann.*

Wer irgendwann von der hier beschriebenen Route abkommt, sollte sich keine Sorgen machen: Man kann sich einfach durch das Gassengewirr treiben lassen. Irgendwo kommt man immer wieder an markante Punkte, seien es der Stephansplatz, das Stubentor oder die Ringstraße. Für den Spaziergang benötigt man circa eine Dreiviertelstunde, wer kleine Pausen und Fotostopps einlegt, wird dementsprechend länger unterwegs sein.

Los geht es an der kleinen Treppe des Hafnersteigs, die direkt in eine der meistfotografierten Gassen Wiens führt: in die enge ***Griechengasse*** *mit dem bekannten Griechenbeisel [H6]. In dem Lokal soll der* ***Liebe Augustin*** *gezecht haben, bevor er einmal in eine Pestgrube gefallen ist; ein Relief erinnert an die Wiener Sagengestalt. Weiter geht es rechts einige Meter den Fleischmarkt entlang und danach links in die Köllnerhofgasse zum Lugeck, einem kleinen Platz mit Gutenberg-Denkmal und dem berühmten Schnitzelwirt Figlmüller.*

Hier biegt man links in die Bäckerstraße ein, kommt vorbei am traditionsreichen Kaffee Alt Wien (s. S. 186) und sollte an der ***Hausnummer 12*** *einen Blick nach oben werfen: An der Fassade des gotischen Hauses hat sich eine Wandmalerei erhalten, die eine* ***Kuh mit Brille und einen Wolf*** *über einem Brettspiel zeigt.*

Von hier geht es durch die schmale Windhaaggasse in die Sonnenfelsgasse, in der man sich nur wenige Meter nach rechts orientiert, um gleich wieder links in die malerische ***Schönlaterngasse*** *einzubiegen. Benannt ist sie nach dem „Haus zur schönen Laterne" (Nr. 6). Bedeutender als die Lampe war für die Gasse jedoch die Anwesenheit eines schrecklichen Ungeheuers: des* ***Basilisken,*** *der den Brunnen von Haus Nr. 7 bewohnte und im Mittelalter Angst und Schrecken verbreitet haben soll. Erst ein furchtloser Bäckerbub konnte dem Fabelwesen den Garaus machen: Er kletterte hinunter und hielt dem Basilisk einen Spiegel vor dessen Antlitz. Mit der eigenen Scheußlichkeit konfrontiert, erstarrte er zu Stein. Ein Fresko an der Wand erinnert an die Heldentat. Durch ein Tor gelangt man in den Innenhof des Heiligenkreuzerhofs (Schönlaterngasse 5). Hier erinnert eine Gedenktafel an den Wohnort des Wiener Schauspielers und Kabarettisten Helmut Qualtinger.*

Weiter der Schönlaterngasse folgend, geht es rechts in die Jesuitengasse und danach über Sonnenfelsgasse und Windhaaggasse wieder zurück zur Brillenkuh in der Bäckerstraße.

Von hier geht man durch die enge Essiggasse, danach geht es die Wollzeile schräg überquerend in die Strobelgasse, um schließlich die Schulergasse überque-

1 cm = 90 m
200 m
© Reise Know-How 2023
Schwedenplatz
Unt. Donaustr.
kanal
Schweden-Kai
Schwedenbr.
Marienbr.
St.Ruprecht
Altes Raths.
St.Salvator
Salvatorgasse
Passauer Pl.
Am Gestade
Judenpl.
Jordang.
Neidhart Festsaal
Rund um den Kornhäuselturm
Hoher Markt
Marc-Aurel-Str.
Rupr.-platz
Seitenstetteng.
Judeng.
Fleischmarkt
Rabensteig
Griechengasse
Hafnersteig
Laurenzerberg
Postgasse
Rotenturmstr.
Lichtensteg
Lugeck
Köllnerhofg.
Grashofg.
Wolleng.
Heiligenkreuzerhof
Drachengasse
Sonnenfelsgasse
Bäckerstr.
Schönlaterngasse
Jesuiteng.
Univers.-K.
Dr.-Ig.-Seipel-Pl.
Dominik.-K.
Predigerg.
Barbarag.
Rosenbursenstr.
Wiesingerstr.
Auwinkel
Coch-Pl.
Falkestr.
Biberstr.
Dominikanerbastei
Stubenring
Wollzeile
Stephansplatz
Dom- u. Diözesan-Mus.
St. Stephan
Mozarthaus
Schulerstr.
Strobelg.
Essiggasse
Domg.
Blutgasse
Dt. Ordensk.
Churhausg.
Singerstr.
Grünangergasse
Kumpfgasse
Riemergasse
Jakoberg.
Zedlitzgasse
Dr.-Karl-Lueger-Pl.
Stubentor
Weiskirchnerstr.
Brandstätte
Wildpretmarkt
Landskrongasse
Tuchlauben
Bauernmarkt
Kramerg.
Goldschmiedg.
Jasomirgottstr.
Petersplatz
Stock-i.-Eisen-Platz
Stephanspl.
Kärntner Str.
Seilergasse
Göttweiherg.
Kupferschmiedg.
Neuer Markt
Kapuzinergruft
Marco-d'Aviano-G.
Weihburggasse
Liliengasse
Rauhensteingasse
Ballgasse
Blutg.
Franziskanerpl.
Franziskaner-K.
Seilerstätte
Liebenbergg.
Coburgbastei
Hülben
Stubenbastei
Cobdeng.
Gartenbaupromenade
Parkring
Himmelpfortgasse
Ronacher
Johannesgasse
St.Anna
Annagasse
Hofkammerarchiv
St.Ursula
Krugerstr.
Hs.d. Musik
Walfischgasse
Akademiestr.
Schwarzenbergstr.
Mahlerstr.
Herbert-v.-Karajan-Platz
Tegetthoffstr.
Maysederg.
Fichtegasse
Schellinggasse
Hegelgasse
Schubertring
Beethovenpl.
Kärntner Ring
Stadtpark
Kursalon
Wien
Rudolf-Sallinger
G
H
6
7

*rend in die enge **Domgasse** zu gelangen. Wie der Name schon vermuten lässt, befindet man sich hier im Schatten des Stephansdomes. Die Domgasse macht einen Linksknick und stößt in Höhe des Mozarthauses ⑰ auf die **Blutgasse.** Selbige verdankt ihren Namen der Legende nach einem blutrünstigen Ereignis: der blutigen Auflösung des Templerordens im Jahre 1312, infolgedessen sich die Gasse mit dem Blut der Ritter gefüllt haben soll.*

*Etwa in der Mitte der Gasse (Nr. 3) kann man durch die romantischen Innenhöfe, sogenannte Pawlatschenhöfe, alter Häuser schlüpfen und kommt in der Grünangergasse heraus, die rechter Hand zur Singerstraße und über den bezaubernden Franziskanerplatz zur Weihburggasse führt. Hier befindet sich der unscheinbare Zugang zu einer der hübschesten Altstadtgassen Wiens: der **Ballgasse.** Sie bildet gemeinsam mit der Blumenstockgasse den Durchgang zur **Rauhensteingasse.** Auch ihr haftet etwas Geheimnisvolles an, befindet sich hier doch der Freimaurertempel Wiens - erkennbar durch den Stein über dem Tor - und gegenüber die von dem Geheimbund betriebene „Buchhandlung für geheimes Wissen". Über die Weihburggasse geht es in südöstlicher Richtung bis zur Coburgbastei und dem noblen **Palais Coburg.** Der 1845 errichtete Prachtbau dient heute als Luxushotel. Der Platz zwischen Hotel und dem Parkring wurde nach **Theodor Herzl,** dem Wiener Begründer der zionistischen Bewegung, benannt. Der gegenüberliegende **Stadtpark** ⑱ dient nach dem bezwungenen Altstadtlabyrinth als willkommene Verschnaufpause.*

⑰ Mozarthaus ★ [G6]

Ab 1781 lebte der wohl berühmteste Komponist aller Zeiten in Wien. Wien wurde für den gebürtigen Salzburger auch zu seiner wichtigsten Wirkungsstätte. Gewirkt hat das Genie in verschiedenen Wohnungen, von denen allerdings nur noch eine erhalten ist – allein zwischen 1781 und 1784 erfolgten sieben Umzüge innerhalb der Wiener Altstadt: In der **Domgasse 5** lebte Mozart zusammen mit seiner Familie zwischen 1784 und 1787 und komponierte Werke wie die weltberühmte Oper „Die Hochzeit des Figaro". Auf vier Ebenen präsentiert das Mozarthaus Vienna detailliert zusammengetragenes Wissen rund um den Ausnahmekünstler und dessen Umfeld in den Wiener Jahren.

Der Rundgang beginnt im dritten Stock. Dort erhält man unter anderem Informationen über Mozarts Lebensumstände, seine Gönner, seine Beziehung zur Freimaurerei und seine Spielleidenschaft. Im zweiten Stockwerk wird ein Überblick über das Opernwerk des Komponisten geschaffen und man dringt in die musikalische Welt ein.

Herzstück des Mozarthauses ist schließlich die **historische Mozartwohnung.** Sie stellt die größte und teuerste Wohnung dar, die Mozart jemals bewohnt hat und besteht aus vier Zimmern, zwei Kabinetten und einer Küche.

Die Audioguide-Führung leitet den Besucher anhand gut recherchierter Texte informativ durch die gesamte Ausstellung. Im Kellergewölbe befindet sich der **Bösendorfer-Saal** mit einem wertvollen Flügel der bekannten Klaviermanufaktur; hier finden im kleinen Rahmen regelmäßig Konzerte statt. Im Erdgeschoß kann man sich im Mozart-Café stärken.

Gestorben ist Wolfgang Amadeus Mozart übrigens in der Rauhensteingasse 8 [G6], wo heute eine Gedenktafel an seinen Tod erinnert.

› Domgasse 5, U1/U3 Stephansplatz, Tel. 5121791, www.mozarthausvienna.at, geöffnet: Di.–So. 10–18 Uhr, Eintritt: 12 €, ermäßigt 10 €, Kinder bis 18 Jahre 4,50 €, Familienticket 25 €

18 Stadtpark ★★ [H6]

Der Wiener Stadtpark bietet nach ausgiebigem Besichtigungsprogramm eine angenehme Oase der Ruhe und Entspannung. Allerdings kann man auch hier etliches besichtigen. Dass die Parkanlage mindest so viele Touristen wie Einheimische anzieht, liegt vor allem an einem Herrn in Gold.

Bereits die U-Bahn-Station Stadtpark sollte man beim Verlassen nicht unbeachtet lassen, schließlich ist sie eine der wenigen fast komplett erhaltenen **Jugendstil-Stationen** von Otto Wagner. Ebenfalls dem Jugendstil entlehnt ist das **Wienflussportal** aus dem Jahre 1906. Hier verlässt der Wienfluss den Untergrund, in den man ihn verbannt hat, flankiert von Pavillons, monumentalen Vasen und einer Uferpromenade, die mit ihren lauschigen Bänken geradezu prädestiniert ist für Romantiker.

Kein Wunder, dass das Gesamtensemble „aus der guten alten Zeit“ immer wieder als Drehort diente. Schließlich beginnt nicht umsonst am Wienfluss-Tunnel das Kanalisationsnetz des „Dritten Mannes“ (s. S. 42), des Filmklassikers mit Orson Welles. Über eine Treppe am Stadtparksteg gelangt man ein Stockwerk höher zum links gelegenen eigentlichen Park, der im Rahmen des Ringstraßenbaus im Stil englischer Gärten angelegt und 1862 der Öffentlichkeit zugänglich gemacht wurde. Um einen kleinen **Ententeich** herum führen mehrere verschlungene Wege vorbei an **Brunnen und Denkmälern.** Wären da nicht die von Frühling bis Herbst vorhandene Blütenpracht und die teils seltenen Bäume und Sträucher wie Ginkgo, Christusdorn und Kaukasische Flügelnuss, könnte man fast von einer Denkmal-Parade sprechen – mit dem Park als

049wi-se

KURZ & KNAPP

Geplantes Hochhaus sorgt für Wirbel

Am unweit des Stadtparks gelegenen Heumarkt sorgt ein Bauprojekt für Wirbel. Hier soll ein Komplex mit einem 66 m hohen Hochhaus entstehen. Seit Jahren droht die UNESCO mit der Aberkennung des Welterbestatus, da sich der Heumarkt in der UNESCO-Kernzone befindet. Auch der Widerstand der Bevölkerung war beachtlich. Eigentlich sollte das Projekt seit 2019 in Angriff genommen werden, aufgrund politischer und juristischer Streitereien steht die genaue Realisierung aber weiterhin in den Sternen.

EXTRATIPP

Wiener Hochquellwasser

Mit dem Wiener Leitungswasser kann man sich nicht nur die Zähne putzen. Im Gegenteil: Kaum in einer anderen europäischen Metropole erhält man so reines und erfrischendes Quellwasser aus der Leitung wie in Wien. Bereits seit 1873 befördert die Wiener Hochquellleitung Wasser aus den Alpen in die Bundeshauptstadt. Im Sommer sprudelt das kühle Nass auch aus etlichen öffentlichen Brunnen – unter anderem im Stadtpark – oder aus speziell ausgewiesenen Trinkbrunnen der Stadt Wien – etwa am Graben 3 nahe dem Stephansplatz.

Beiwerk. Neben Komponisten wie Anton Bruckner, Franz Lehár, Robert Stolz und Franz Schubert findet man den Maler Hans Makart, den Wasserheiler Sebastian Kneipp und andere bedeutende Persönlichkeiten. Große Hinweistafeln erleichtern den Besuchern den Weg zum persönlichen Liebling.

Was die Popularität betrifft, schlägt ein Kunstwerk jedoch alle anderen: der goldene **Johann Strauss (Sohn)** ist das meistfotografierte Denkmal des Parks und vermutlich sogar von ganz Wien – kaum ein japanischer Tourist, der sich nicht zusammen mit dem Walzerkönig fotografieren lässt. Umringt von in Marmor gemeißelten, leicht bekleideten jungen Damen, steht er auf einem Podest und spielt Geige. Obwohl bereits im Jahr 1903 angedacht, konnte das vom Bildhauer Edmund Hellmer konzipierte Denkmal aus Kostengründen erst 1921 enthüllt werden. Zwischenzeitlich blätterte die Vergoldung ab, seit 1991 erstrahlt der Komponist der „Schönen Blauen Donau" wieder in altem Glanz.

Unweit von Johann Strauss steht der **Kursalon Hübner**. Das im historisierenden italienischen Renaissance-Stil errichtete Gebäude war Kur- und Tanzsalon und ist bis heute Ort regelmäßiger musikalischer Aufführungen und Café. Das rechte Wienflussufer verfügte bereits im 19. Jahrhundert über einen **Kinderpark** und auch heute noch befindet sich dort ein großer Spielplatz.

Übrigens: Wer es sich auf einer der unzähligen Parkbänke im Stadtpark bequem macht, sollte sich darüber im Klaren sein, dass dieser kostenlose Luxus nicht immer selbstverständlich war: Bis 1956 forderten sogenannte „Sesselweiber" für das Verweilen auf den aufgestellten Sitzvorrichtungen einen Obolus.

› U4 Stadtpark oder Straßenbahn 2 Weihburggasse

Romantik am Rinnsal: der Wienfluss am Stadtpark

19 Kärntner Straße und Neuer Markt ★ [G6]

Es ist kein Zufall, dass die Beschreibung der Kärntner Straße relativ kurz ausfällt: Wer nicht viel Zeit für Wien hat und nicht zu den Shopping-Besessenen gehört, sollte die Kärntner Straße möglichst schnell wieder verlassen. Es gibt so viel anderes zu besichtigen – und nebenbei auch stilvollere Einkaufsgässchen zu entdecken.

Freilich: Als wichtigste Verbindung zwischen Staatsoper 32 und Stephansplatz 1 ist die Kärntner Straße eine Ameisenstraße. Das wissen auch Taschendiebe, deshalb ist hier etwas größere Aufmerksamkeit geboten.

Von der historischen Bausubstanz wurde Ende des Zweiten Weltkriegs viel zerstört. Wichtigste sakrale Sehenswürdigkeit ist die **Malteserkirche** (Nr. 35), eine ehemalige Kreuzfahrerkirche mit gotischem Gewölbe.

Eine gastronomische Besonderheit im Kärntner Durchgang, einer kleinen Seitengasse zum Neuen Markt, ist die **American Bar,** die 1908 von Adolf Loos, einem architektonischen Verfechter der Moderne, gestaltet worden ist und heute unter Denkmalschutz steht.

Über die Seilerngasse gelangt man von hier zum **Neuen Markt.** Trotz seines Namens gehört er zu den ältesten Plätzen Wiens. Nach Jahren der Neugestaltung erstrahlt er in neuem Glanz und wurde an die Fußgängerzone angeschlossen. Bemerkenswertestes Bauwerk ist neben der **Kapuzinergruft** 21 der **Donnerbrunnen.** Er wurde 1739 vom Bildhauer Georg Raphael Donner gestaltet und hieß ursprünglich Providentiabrunnen, benannt nach der zentralen Allegorie der Providentia, die für Voraussicht beziehungsweise gute Regierung steht. Die vier Brüstungsfiguren stehen für vier österreichische Flüsse: Die Traun als männliche Figur mit Dreizack, auf einen Fisch stechend, die Enns als älterer Fährmann, die Ybbs als junge Mädchengestalt und die ebenfalls weiblich dargestellte March, an ein Schlachtenrelief gelehnt. Auch wenn sich die Originalfiguren im Unteren Belvedere 53 befinden, fasziniert die barocke Nacktheit der Figuren bis heute Touristen aus aller Welt, was sich auch an bestimmten abgeriebenen Körperstellen zeigt.

› **Loos American Bar** (s. S. 187)

20 Jüdisches Museum ★★★ [G6]

Modern, informativ und spannend: Das Jüdische Museum in der Dorotheergasse eröffnet einzigartige Einblicke in das jüdische Leben im Allgemeinen und dasjenige in Wien im Besonderen. Selbstverständlich werden die wichtigsten geschichtlichen Meilensteine thematisiert – unter ihnen auch der jahrhundertealte Antisemitismus, welcher in den Verbrechen des Nationalsozialismus gipfelte. Besonders im Fokus steht aber auch – und gerade im Kontrast dazu – die selbstbewusste und lebendige Gegenwart der Israelitischen Kultusgemeinde in Wien.

Insofern ist es konsequent, dass die Ausstellung im Erdgeschoss mit dem **Jahr 1945 als Neuanfang** beginnt und die jüngere Vergangenheit unter dem Motto **„Unsere Stadt! Jüdisches Wien bis heute“** ins Zentrum gerückt wird: Jüdisches Leben entsteht trotz politischer Widerstände neu und kann sich nach und nach etablieren. Juden aus der ehemaligen Sowjetunion emigrieren an die Donau und sorgen für neue Vielfalt innerhalb der Gemeinde. Moderne Schaukästen, audiovisuelle Dokumentationen und Fotografien bilden einen spannenden Mix und zeigen auch die alltäglichen Facetten jüdischen Lebens.

Im zweiten Stockwerk taucht man dann tiefer in die **Geschichte des Wiener Judentums** ein – beginnend mit einer blühenden und zugleich verfolgten Gemeinde im späten Mittelalter bis hin zur Schoa. Besonderes Augenmerk wird dabei auf die Zeit um 1900 gelegt: Damals gab es eine blühende jüdische Gemeinde mit all ihren weltberühmten Aushängeschildern aus Wissenschaft und Kultur einerseits, auf der anderen Seite aber auch ein lange vor der Machtergreifung der Nationalsozialisten gleichzeitig existierendes antisemitisches Klima.

Das **Schaudepot** im vierten Stock präsentiert Kunstwerke und Kultobjekte, die aus zerstörten österreichischen Synagogen und Bethäusern gerettet werden konnten. Daneben sind auch Exponate der jüdischen Gegenwart, wie eine Spiderman-Kippa oder so liebenswert-skurrile Objekte wie ein mit einem Davidstern bemaltes Döschen, das Luft aus dem Heiligen Land enthält, ausgestellt. Eine 3D-Animation macht die 1938 zerstörten Synagogen Wiens virtuell zugänglich.

Die Beletage im dritten Stock bietet Raum für jährlich wechselnde und aufwendig gestaltete **Sonderausstellungen.** Zusätzlich gibt es im Museum in der Dorotheergasse ein Atelier mit unterschiedlichen Workshops, ein Archiv, eine Bibliothek und einen Bookshop. Einen Ausflug in die israelisch-jüdische Küche bietet das Café Eskeles im Erdgeschoss.

Die Eintrittskarte für das Jüdische Museum beinhaltet auch den Besuch der **Dependance am Judenplatz:** Der zweite Standort ist auf das Wiener Judentum im Mittelalter ausgerichtet. Bei Ausgrabungen im Jahr 1995 konnten tief unter der heutigen Oberfläche die Fundamente der zerstörten Synagoge aus dem 15. Jahrhundert freigelegt werden und ermöglichten im Jahr 2000 die Eröffnung des Museums am Judenplatz. Ein virtueller Rundgang lässt die Besucher in die Gassen des mittelalterlichen Viertels eintauchen. Neben der Dauerausstellung finden auch hier wechselnde Sonderausstellungen statt – 2023 unter anderem „Happy Birthday Israel“ oder „Schuld“ (noch bis Ende Oktober 2023).

- › **Jüdisches Museum,** Dorotheergasse 11, U1/U3 Stephansplatz, Tel. 5350424, www.jmw.at, geöffnet: So.–Fr. 10–18 Uhr, Eintritt: 15 € ermäßigt 13 €, Studenten 11 €, bis 18 Jahre frei. Eine Eintrittskarte berechtigt dazu, bis sieben Tage nach Ausstellungsdatum beide Standorte des Jüdischen Museums Wien zu besuchen.
- › **Museum Judenplatz,** Judenplatz 8, Tel. 5350424, www.jmw.at, geöffnet: So.–Do. 10–18, Fr. 10–17 Uhr

050wi-se

„Pure Holy Land Air“ – Ausstellungsstück im Jüdischen Museum

Der Hofburg-Komplex

Eigentlich ist die Hofburg kein einzelnes Gebäude. Sie ist vielmehr ein Konglomerat unterschiedlicher Bauwerke, die im Laufe der Jahrhunderte zwischen Albertina 22 und Heldenplatz 30 mehr oder weniger zusammengewachsen sind. Der gesamte Komplex erstreckt sich über ein gewaltiges Areal der Inneren Stadt und umfasst verschiedene Trakte. Auch wenn sie eigentlich nicht direkt zur Hofburg gehört, steht die Kaisergruft 21 doch allein schon durch ihre Grabdenkmäler in direkter Verbindung mit dem Wiener Hof. Von hier ist es auch nicht weit zur Albertina als südliche Spitze des Hofburg-Komplexes. Zu diesem Komplex gehört auch die Augustinerkirche 24, die berühmte Spanische Hofreitschule 27, Museen wie Schatzkammer 29, Kaiserappartements und Sisi-Museum 28 sowie Hofgarten und Heldenplatz.

Barocke Morbidität: bekrönter Totenkopf in der Kapuzinergruft

21 Kaisergruft (Kapuzinergruft) ★★ [G6]

Unterhalb der eher unscheinbaren Kapuzinerkirche am Neuen Markt haben Österreichs habsburgische Monarchen ihre letzte Ruhestätte gefunden. Eine Besichtigung des unterirdischen Friedhofs sei nicht nur Geschichtsinteressierten, Kaisertreuen und Sisi-Fans ans Herz gelegt – die Prunksarkophage aus der Zeit des Barock sind in ihrer drastischen Morbidität monumentale Kunstwerke wie man sie so wohl nirgendwo findet.

Als am 1. April 1989 die Kutsche mit dem Sarg von Österreichs letzter Kaiserin Zita von Bourbon-Parma, der Gemahlin Kaiser Karls I., den Weg vom Stephansdom 2 zur Kapuzinerkirche antrat, verwandelte sich die Wiener Innenstadt ein letztes Mal in das Zentrum der Habsburgermonarchie. Tausende Schaulustige wohnten dem Ereignis bei und feierliche Abordnungen aus den alten Kronländern begleiteten den **Trauerzug zur Kapuzinergruft.** Dort fand die seltsame und gleichzeitig bewegende **Einlasszeremo-**

051wi-se

nie statt: Vor der verschlossenen Grablege klopfte ein Herold an die Tür. Darauf fragte ein Kapuziner-Bruder von innen: „Wer begehrt Einlass?" Der Herold antwortete mit allen Adelstiteln der Verstorbenen. Von drinnen erfolgte die Antwort „Wir kennen sie nicht!". Ein zweites Mal klopfte der Herold an die Türe. Wieder wurde er gefragt „Wer begehrt Einlass?" Diesmal antwortete der Herold mit der Kurzfassung der Titel und wieder lautete die Antwort „Wir kennen sie nicht!". Der Herold klopfte ein drittes Mal und erneut stellte ihm der Kapuziner dieselbe Frage. Nunmehr sagte der Herold lediglich „Zita, ein sterblicher und sündiger Mensch", woraufhin das Tor geöffnet wurde und der Sarg Einlass in die Familiengrabstätte der Habsburger fand. Die letzte Einlasszeremonie fand bei Zitas ältestem Sohn Otto von Habsburg statt, der 2011 Einlass begehrte.

Neben 12 Kaisern und 19 Kaiserinnen liegen unzählige Sprösslinge des Hauses Habsburg und Habsburg-Lothringen sowie einige Nichthabsburger in insgesamt 10 Gruft-Arealen. Von vielen ihrer Vorfahren werden auch die noch lebenden Mitglieder des Adelsgeschlechts nicht mehr allzu viel wissen. Gruftbesucher sollten vier Bereichen besondere Aufmerksamkeit schenken: Die zwei ältesten Särge, schlicht gehalten und lediglich mit Löwenköpfen verziert, befinden sich seit 1633 in der **Gründergruft.** Sie beherbergen Kaiserin Anna, die den Bau der Kaisergruft veranlasste, und ihren Gemahl Kaiser Matthias. Prächtige **barocke Sarkophage,** verziert mit schaurig-morbiden Vergänglichkeitssymbolen, findet man in der **Karlsgruft.** Dabei sticht besonders jener von Kaiser Karl VI. hervor. Ebenso wie die von ihm gestiftete Karlskirche 51 ist auch die Behausung seiner sterblichen Überreste ein barockes Meisterwerk. Oben auf dem Sarg hält eine trauernde, durchaus erotisch dargestellte Frauengestalt als Personifikation der Austria zusammen mit einem Kind das Medaillonbild des Kaisers. Links und rechts flankieren die zwei wohl berühmtesten **Totenköpfe** Wiens den Sarkophag. Mit ihren Kronen wirken sie auf Besucher oft etwas makaber.

Nicht weniger prunkvoll ist die **Maria-Theresien-Gruft** mit dem monumentalen Rokoko-Sarkophag der Kaiserin und ihres Gemahls Franz Stephan von Lothringen – mit einem Gewicht von fast zwei Tonnen eindeutig der größte Prunksarg der Kaisergruft.

Bis heute verehrt und mit Blumen und anderen Gaben bedacht werden die Särge Kaiser Franz Josephs I., seiner Gemahlin Kaiserin Elisabeth und ihres gemeinsamen Sohnes Kronprinz Rudolf in der **Franz-Josephs-Gruft.**

› Tegethoffstraße 2, U1/U3 Stephansplatz, Tel. 512685388, https://kapuzinergruft.com, geöffnet: tägl. 10–18 Uhr, Eintritt: 8,50 €, ermäßigt 7,50 €, bis 18 Jahre 5 €, Familien 18,50 €, Führungen inkl. Eintritt 12 €, erm. 11 €, Kinder 8,50 €, Familien 28 €, Termine s. Website

22 Albertina ★★★ [G7]

Gleich hinter der Oper und in direkter Nachbarschaft zur Augustinerkirche 24 befindet sich im Palais Erzherzog Albrecht mit der Albertina eine der bedeutendsten Kunstsammlungen Wiens. Im Eintrittspreis inbegriffen sind neben Dürers Feldhase auch die habsburgischen Prunkräume.

Ihren Namen verdankt die Albertina Herzog **Albert von Sachsen-Te-**

053wi-se

schen, dem Schwiegersohn Maria Theresias. Er bewohnte das Palais zusammen mit seiner Gemahlin Marie Christine und begründete auch die berühmte Kunstsammlung.

Die **Habsburgischen Prunkräume** erstrecken sich über 21 Gemächer. Zwischenzeitlich dienten sie nach der Enteignung der Familie 1919 als Abstellkammern und Büros, ehe man sich nach dem Zweiten Weltkrieg des spätbarocken Schatzkästchens besann und die renovierten Räumlichkeiten der Öffentlichkeit zugänglich machte.

Auch wenn es die meisten Besucher in die Albertina in erster Linie wegen Dürer & Co. zieht, sollte man die Prunkräume nicht einfach links liegen lassen. Besonders prächtig ausgestattet sind das **Schreibzimmer** mit edlem Dekor und das **Goldkabinett.** Über den Teesalon und das Billardzimmer erreicht man den repräsentativen Musensaal mit seinen lebensgroßen Statuen.

Im Empire-Stil präsentieren sich **Empfangssalon** und **Audienzzimmer** der Prinzessin Henriette von Nassau-Weilburg. Es folgen das **Rokokozimmer**, das **Wedgwoodkabinett** mit aufwendigen Malereien der vier Elemente, das **Ovalkabinett** und das **Sterbezimmer Erzherzog Carls.** Den Abschluss bildet das **Spanische Kabinett** als einziges permanentes Residenzappartement der spanischen Königsfamilie außerhalb des eigenen Territoriums, von dem nur noch zwei Räume erhalten sind. Doch nun zur weltberühmten **Kunstsammlung** in der Albertina: Ausgestellt sind Werke von Leonardo da Vinci und Michelangelo bis hin zu Gustav Klimt und Egon Schiele. Auch die **Sammlung**

⌃ *Langes Anstehen: der Würstelstand vor der Albertina ist äußerst beliebt*

› *Auf dem Albertinaplatz erinnert ein Mahnmal an die Opfer des Faschismus*

Batliner ist in der Albertina beheimatet. Sie umfasst bedeutende Werke der klassischen Moderne: unter ihnen Exponate des Blauen Reiters, der Brücke sowie Werke bedeutender russischer Künstler, unter ihnen Marc Chagall.

Unangefochtener Star der Albertina ist jedoch ein kleines Aquarell mit sehr viel Fell: **Albrecht Dürers Feldhase.** Das Gemälde von 1502 zählt zu Recht nicht nur als eine der ersten, sondern bis heute auch zu den perfektesten Naturstudien des großen Meisters. Wer genau hinschaut, kann erkennen, dass jeder Quadratzentimeter des Fells perfekt wiedergegeben ist – fast einer 500 Jahre alten Fotografie gleich. Leider müssen die Besucher der Albertina die meiste Zeit mit einer Kopie des Meisterwerks vorliebnehmen. Das Original wird aufgrund seiner Kostbarkeit nur selten (zuletzt im Herbst 2019) für einige Monate ausgestellt, danach schläft der Hase wieder bis zu seiner nächsten Erweckung. Mittlerweile wurde der flauschige Hase als Gigapixel-Bild abfotografiert und man kann ihm im Internet mikroskopisch genau auf den Pelz rücken (https://artsandculture.google.com).

Regelmäßig finden in der Albertina auch spannende Sonderausstellungen statt, es lohnt sich, vor einer Wien-Reise das aktuelle Programm zu studieren.

› Albertinaplatz 1, U4 Karlsplatz (Ausgang Opernring), Straßenbahn 1, 2 Oper (Opernring), Tel. 534830, www.albertina.at, geöffnet: tägl. 10–18, Mi., Fr. 10–21 Uhr, Eintritt: 18,90 €, erm. 14,90 €, bis 18 Jahre frei, Kombitickets mit Albertina modern (s. S. 164): 24,90 € (ermäßigt 19,90 €)

23 Albertinaplatz ★★ [G7]

Im Außenbereich der Albertina gibt es ebenfalls einiges zu entdecken: Auf der Plattform des Palais (Augustinerbastei) steht das **Reiterstandbild** von Erzherzog Albrecht. Unterhalb liegt der **Danubiusbrunnen (Albrechtsbrunnen).** Im Zentrum sind allegorisch der grimmig dreinschauende Flussgott Danubius und die Wien repräsentierende Vindobona dar-

052wi ©romanple, stock.adobe.com

KLEINE PAUSE

Echte Wiener Würstel!

Bei Einheimischen wie Touristen besonders beliebt: der Würstelstand am Albertinaplatz 23. Hier muss man sich in der Hauptsaison auf lange Wartezeiten einstellen. Man könnte fast meinen, dass es sich um Wiens einzigen Würstelstand handelt. Zu seiner Popularität trägt wohl auch die Tatsache bei, dass Gäste des Opernballs an diesem Würstelstand gerne einen nächtlichen Imbiss einnehmen, bevor sie gestärkt wieder das Tanzbein schwingen (www.bitzinger-wien.at/de/würstelstände/bei-der-albertina).

Lohnende Alternative, falls die Schlange zu lang ist: der Würstelstand am Stephansplatz bzw. Stock-im-Eisen-Platz/Ecke Seilergasse oder einer der vielen anderen Würstelstände, die einem in Wien auf Schritt und Tritt begegnen. Tipp: Ein uriger Würstelstand mit freundlichem Service auch zu nächtlicher Stunde befindet sich im 8. Bezirk am Josef-Matthias-Hauer-Platz/Josefstädter Straße [D6].

gestellt. Das einerseits innige, andererseits spannungsgeladene Verhältnis des Paares symbolisiert die nicht immer einfache und fruchtbare geschichtliche Verbindung von Strom und Stadt. Flankiert wurden die beiden ursprünglich von den personifizierten Darstellungen der für das Kaiserreich bedeutsamen Flüsse Inn, Save, Drau, Theiß, Mur, Salzach, March, Raab, Enns und Traun. Bedauerlicherweise musste der mächtige Inn einer Rolltreppe weichen und befindet sich derzeit zusammen mit der Drau im Exil im Burggarten am Schmetterlinghaus 31.

Den modernen architektonischen Kontrast zu Standbild und Brunnen bildet das **Flugdach** („Soravia Wing") von Hans Hollein. Direkt angrenzend auf dem nach dem ehemaligen Wiener Bürgermeister benannten Helmut-Zilk-Platz steht das von Alfred Hrdlicka geschaffene **Mahnmal gegen Krieg und Faschismus.** Unter anderem wird ein kniender und die Straße waschender Jude dargestellt, der an die Verbrechen an Wiener Juden nach dem „Anschluss" Österreichs an das Dritte Reich erinnern soll. War das Denkmal zu seiner Entstehung Ende der 1980er-Jahre noch höchst umstritten, ist es mittlerweile als Denkmal einer dunklen Wiener Vergangenheit allgemein akzeptiert und wird von Besuchern viel beachtet.

› U4 Karlsplatz (Ausgang Opernring), Straßenbahn 1, 2 Oper (Opernring)

24 Augustinerkirche ★★ [G6]

Die ehemalige kaiserliche Hofpfarrkirche, entstanden im 14. Jahrhundert im Stil der Gotik, war einst freistehend, ehe sie in den Komplex zwischen Hofburg und Albertina 22 eingebunden wurde.

In der Augustinerkirche fanden bedeutende Hochzeiten statt, unter anderem die Vermählung Maria Theresias mit Franz von Lothringen 1736 sowie jene – im Film berühmt gewordene – zwischen der bayerischen Prinzessin Elisabeth (Sisi) und Kaiser Franz Joseph im Jahr 1854.

Das unscheinbare Äußere täuscht: Besucher, die das Kircheninnere vom Josefsplatz aus betreten, sind meist beeindruckt vom imposanten dreischiffigen Raum. Ein berühmtes Kunstwerk ist das rechts vom Eingang befindliche **Grabdenkmal für Marie Christine von Habsburg**, geschaffen 1805 von Antonio Canova, dem italienischen Star-Bildhauer.

Albert von Sachsen-Teschen, Gründer der Albertina, ließ es aus Trauer um seine verstorbene Gemahlin Marie Christine, einer Tochter Maria Theresias, errichten. Es zeigt einen Trauerzug mit Personen unterschiedlichen Alters, der sich in den dunklen Eingang einer **Pyramide** hineinbewegt. Rechts des Eingangs wachen trauernd ein Löwe und ein geflügelter Jüngling vor dem Eingang. Die gesamte Figurengruppe ist in ihrer Anmut, Trauer und eleganten Bewegung ein bildhauerisches **Meisterwerk des Klassizismus.** Über dem durch ein schwarzes Tuch abgedunkelten Eingang steht in lateinischen Lettern Uxori Optimae, Albertus („Der besten Gattin, Albert"), darüber das von einem Genius getragene Amulett der Gattin, umrahmt von einer Schlange, die Ewigkeit symbolisierend. Bei Führungen wird immer wieder darauf hingewiesen, dass christliche Symbole bei dem Leergrab fehlen, stattdessen freimaurerische Symbolik und Bezüge zur Antike vorherrschend sind. Gründe dafür dürften einerseits die Mitgliedschaft Alberts in einer Freimaurerloge und andererseits der Umstand sein, dass Künstler und Auftraggeber sich eine Zeit lang uneinig über den Aufstellungsort waren – auch an ein Freiluft- und Brunnendenkmal wurde dabei gedacht. Kleines Detail am Rande: Da sich manche Zeitgenossen vom raffiniert gestalteten Zug in das vermeintliche Pyramideninnere anstecken ließen, wurde das Denkmal irgendwann durch ein Gitter vor „lebenden Eindringlingen" geschützt.

Eine weitere Besonderheit der Augustinerkirche ist die in der **Loretokapelle** befindliche **Herzgruft der Habsburger.** In 54 unterschiedlichen Urnen ruhen die Herzen von Mitgliedern des Kaiserhauses zwischen 1618 und 1878. Die Herzgruft kann nur im Rahmen von Führungen oder nach dem Sonntagsgottesdienst gegen 12.30 Uhr besichtigt werden (Anmeldung unter Tel. 5337099).

› Augustinerstraße 3/Eingang Josefsplatz, U1/U3 Stephansplatz oder U3 Herrengasse, www.augustinerkirche.at, geöffnet: tägl. 7–18 Uhr

Trauerzug in die Pyramide: Canovas Meisterwerk in der Augustinerkirche

25 Prunksaal der Österreichischen Nationalbibliothek ★★ [G6]

Der vielleicht schönste Raum der gesamten Hofburg ist gleichzeitig einer der berühmtesten historischen Bibliothekssäle der Welt. In ihm finden Selbstbewusstsein, Kunstsinn und Weltmachtsanspruch Österreichs in der Zeit des Hochbarock Ausdruck.

Was die Karlskirche 51 für Wien auf sakraler Ebene, ist der Prunksaal der Nationalbibliothek im profanen Bereich: Beide entstammen der Regierungszeit Kaiser Karls VI. und sind Meisterwerke barocker Kunst und Architektur zu Beginn des 18. Jahrhunderts – einer Epoche, in der das Habsburgerreich mitspielen wollte in der „Champions League der Weltpolitik" und teilweise auch mitspielen durfte.

Um noch einmal den Kirchenvergleich aufzugreifen: Der von Zerstörungen in beiden Weltkriegen verschont gebliebene Bibliothekssaal war konzipiert als **„Kathedrale des Wissens"** der damaligen Zeit und stellt diesen Universalitätsanspruch bis heute selbstbewusst zur Schau.

Auch die architektonische Kuppelgestaltung mit den monumentalen Deckenfresken zeugen vom weihevollen Charakter des Raumes. Erbaut wurde der Prunksaal 1723 bis 1726 von Joseph Emanuel Fischer von Erlach nach den Plänen seines Vaters, des Hofarchitekten Johann Bernhard Fischer von Erlach. Der fast 80 Meter lange und ohne die Kuppeln 20 Meter hohe Raum beherbergt mehr als 200.000 Bücher seit der Zeit des ausgehenden Mittelalters und darf sich damit als **größte Barock-Bibliothek Europas** bezeichnen. Zu den Kostbarkeiten zählt unter anderem die 15.000 Bände umfassende Bibliothek Prinz Eugens von Savoyen oder die große Sammlung von Reformationsschriften Martin Luthers.

Sofort ins Auge stechen die beiden **Säulenpaare**, eine Anspielung auf die Säulen des Herakles. Die äußeren **Deckenfres-**

055wi-se

ken des Barockmalers Daniel Gran thematisieren Krieg (im Eingangsbereich) und Frieden, wobei auch die darunter in Nussholzschränken gesammelten Bücher auf die jeweiligen Themenbereiche zugeschnitten sind. Das Mittelfresko stellt die Apotheose Karls VI. dar, dessen Bildnis von Herkules und Apoll gehalten wird – letzterer als antiker Gott der Kunst entspricht ganz dem Selbstbild des kunst- und kulturbeflissenen Kaisers, der bekanntlich auch selbst Musik komponierte. In Form einer Statue beherrscht der Monarch auch den unteren Teil des Raums. Bemerkenswert für die damalige Zeit ist die Lichtführung zwischen den Regalen und der Bibliotheksaußenwand. Zu den wertvollen Exponaten des Saals zählen auch die vier venezianischen **Prachtgloben.** Regelmäßig finden auch zeitlich begrenzte Sonderausstellungen statt.

› Josefsplatz 1, U1/U3 Stephansplatz oder U3 Herrengasse, Tel. 53410394, www.onb.ac.at, geöffnet: Di.–So. 10–18, Do. bis 21, Jun.–Sept. auch Mo. 10–18 Uhr, Eintritt: 10 €, ermäßigt 7,50 €, Familienticket 16 €

26 „In der Burg" und Michaelertrakt ★★ [F6]

Die schräg gegenüber der Michaelerkirche 4 gelegene Nordfassade mit ihrer weithin sichtbaren glänzenden Bronzekuppel ist äußerlich eines der Glanzstücke der Hofburg. Der monumentale Gesamteindruck wird durch die halbkreisförmige Struktur, die beiden flankierenden Brunnen und die vier **Herkulesdarstellungen** noch verstärkt. Letztere zeigen Szenen aus dem Leben des Halbgottes, unter anderem die Bezwingung der schlangenköpfigen Hydra.

056wi-se

Der rechte **Brunnen** ist dem männlichen Prinzip gewidmet und symbolisiert **Österreichs Macht zu Lande;** der linke – vielleicht Wiens schönster Brunnen – stellt **Österreichs Macht zur See** dar und verkörpert die weibliche Seite. Unter der barbusig-selbstbewussten, fast etwas androgyn wirkenden Personifikation der Austria auf einem Schiff stürzen unter dem Blick des Meeresgottes Neptun Fabelwesen in die Tiefe.

Der Durchgang zwischen den Herkulesstatuen führt ins Innere der **Michaelerkuppel** und von dort weiter zur Hofreitschule 27, den beiden Museen 28 29 und über zwei Innenhöfe in Richtung Heldenplatz. Einer der wichtigsten Innenhöfe nennt sich **„In der Burg".** Dominiert wird er von einem **monumentalen Standbild Kaiser Franz' I.** im Zentrum.

› Michaelerplatz, U3 Herrengasse

[<] Farbenfrohes Deckenfresko im Prunksaal der Nationalbibliothek

[^] Die Personifikation der Austria am Brunnen vor der Hofburg

27 Spanische Hofreitschule ★★ [G6]

Er ist vermutlich der schönste Reitsaal der Welt: der **barocke Saal der Winterreitschule** im Michaelertrakt der Hofburg. Erbaut wurde der helle, säulenumrahmte, stuckverzierte und mit Lüstern versehene Trainingsplatz der Vierbeiner von 1729 bis 1735 von **Johann Bernhard Fischer von Erlach**, dem Hofbaumeister Karls VI.; die Tradition der Hofreitschule geht allerdings zurück bis ins 16. Jahrhundert, als Kaiser Ferdinand I. spanische Hengste, die als edelste Vertreter Europas galten, nach Wien bringen ließ.

Bis heute legt der Name der Schule davon Zeugnis ab. Lange Zeit entstammten die Pferde dem im heutigen Slowenien beheimateten **Gestüt Lipica**, dem die **Lipizzaner** ihren Namen verdanken. Heute werden sie im **Bundesgestüt Piber in** der Steiermark gezüchtet. Neben den klassischen Weißen Schimmeln gibt es auch stets ein paar braune Lipizzaner. Der Aberglaube der Bereiter besagt, dass es die Spanische Hofreitschule so lange geben wird, wie hier auch braune Pferde vorhanden sind.

Im Rahmen ihrer täglichen „**Morgenarbeit“ (Training) zwischen 10 und 12 Uhr** führen die Hengste samt ihren Bereitern die erlernte Kunst vor, wobei nicht alle Sprünge täglich trainiert werden. Höhepunkte bilden der „Pas de deux“ zu klassischer Musik und die Schulquadrille, auch „Ballett der weißen Hengste“ genannt.

Ein Besuch der Morgenarbeit ist nicht nur für ausgewiesene Pferdenärrinnen und -narren interessant. Die Mischung aus barockem Saal, präziser Bewegung im Einklang zur Musik und die ungebrochene Tradition der Hohen Schule seit der Renaissance machen die Pirouetten und Kapriolen zu einem Gesamterlebnis, wie man es nur in Wien zu Gesicht bekommt. Noch faszinierender – allerdings auch kostspieliger – sind die offiziellen Vorführungen (Termine und Tickets im Besucherzentrum oder über die Homepage).

Die **Bereiterinnen und Bereiter** beginnen ihre vier- bis sechsjährige Ausbildung als Eleven im Alter zwischen 15 und 19 Jahren. Mit einer gelungenen Schulquadrille – eine der schwierigsten Vorstellungen mit acht Hengsten – legen sie ihre Reifeprüfung ab. Wer besonders gut mit den Pferden umgeht, schafft es möglicherweise bis zum Oberbereiter. Im Rahmen von speziellen Führungen wird Besuchern auch die ovale Sommerreitbahn gezeigt. Einen kostenlosen Blick auf die Lipizzaner kann man auch von der Reitschulgasse aus erhaschen. In der **Stallburg** mit ihrem markanten **Renaissance-Arkadenhof** strecken die edlen Gäule hin und wieder ihre Köpfe aus den im Erdgeschoß befindlichen Ställen.

Kleines Detail am Rande: 1808 absolvierte der Uhrmacher **Jakob Degen** im Saal der Winterreitschule mittels zweier künstlicher Flügel am Leib einen der **ersten Freiflüge überhaupt.**

› Michaelerplatz 1 (Besucherzentrum), U3 Herrengasse, Tel. 53390310, www.srs.at, Besucherzentrum tägl. 9–16 Uhr, Vorführungen siehe Website, Eintritt: Training ab 16 € (Erwachsene), geführte Rundgänge tägl. 13, 14, 15 und 16 Uhr (Dauer 1 Std.) ab 21 € (Erwachsene). Kombikarte Morgenarbeit und Rundgang: 31 €/23 €/15 €, „Die Kostbarkeiten des Kaisers“ inkl. Schatzkammer 29 und Morgenarbeit: 24 €

28 Sisi-Museum und Kaiserappartements ★★★ [F6]

Die Kaiserappartements stellen das Pendant zur kaiserlichen Wohnung Franz Josephs I. und seiner Gattin Elisabeth in Schloss Schönbrunn 67 *dar. Im Gegensatz zur Schönbrunner Sommerresidenz diente die Hofburg vorwiegend als Winterquartier. Sisi-Fans kommen hier voll auf ihre Kosten. Alle drei Bereiche können mit einem Ticket besichtigt werden.*

Über die Kaiserstiege gelangt man in die Trabantenstube, wo die Trabanten als Leibgarde ihren Dienst verrichteten. Es folgen der Audienzwartesaal und das **Audienzzimmer.** Bei den berühmt gewordenen Audienzen Franz Josephs konnten die Untertanen ihre Anliegen vorbringen; dabei soll der fleißige Kaiser über eine viertel Million Personen empfangen haben.

Über das Konferenzzimmer gelangt man ins **Arbeitszimmer.** Hier verbrachte der Kaiser den Großteil des Tages; es diente quasi zusätzlich als Wohn- und Esszimmer und ist mit Gemälden der Kaiserin versehen. Über das Schlafzimmer des Kaisers sowie den Großen und Kleinen Salon, der als Gedächtnisraum für Kaiser Maximilian von Mexiko dient, gelangt man ins **Wohn- und Schlafzimmer** der Kaiserin. Hier verbrachte das Paar bis 1870 ihre gemeinsamen Nächte, danach diente es Sisi als eigenes Refugium.

Im Alltag der sehr auf ihr Äußeres fixierten Elisabeth spielte das **Turn- und Toilettezimmer** eine besondere Rolle. Hier verbrachte sie etliche Stunden mit dem täglichen Frisierritual und kleineren Turnübungen – ein Schönheits- und Fitnessraum des 19. Jahrhunderts. An den Wänden hängen Porträts derjenigen Menschen, die ihr besonders am Herzen lagen. Es folgen das Badezimmer mit Toilettebecken in Form eines Delfins, das Berglzimmer mit illusionistischer Landschaftsmalerei, Großer und Kleiner Salon Elisabeths und das Große Vorzimmer. Den Abschluss der Kaiserappartements bilden das Alexanderappartement, der Rote Salon und der Speisesaal.

Kaiserin Elisabeth ist mit dem **Sisi-Museum** eine eigene Ausstellung gewidmet, die bewusst den **Sisi-Mythos mit der Sisi-Realität** konfrontiert und ein historisch facettenreiches Bild der österreichischen Kultfigur liefert, die ja ursprünglich eine Bayerin war. Man taucht ein in ihre unbeschwerte Jugend am Starnberger See und die zu frühe Verlobung des freiheitsliebenden Mädchens mit dem Kaiser von Österreich, erfährt von ihren Problemen mit dem Wiener Hofzeremoniell und ihrem Schönheits- und Schlankheitswahn.

Mit fortschreitendem Alter wurde die Kaiserin von Schicksalsschlägen heimgesucht, allen voran der Selbstmord ihres geliebten Sohnes, des Kronprinzen Rudolf; ausgestellt ist der Trauerschmuck. Zu den traurigen Exponaten zählen auch die Feile, mit der die Kaiserin ermordet wurde, die Totenmaske und der schwarze Mantel mit Reiherfedern, mit dem man Elisabeth am Genfer See bedeckt hat. Ausstellungsstücke aus heiteren Zeiten: eines von Sisis wenigen erhaltenen Sommerkleidern sowie ein Bild der jungen Sisi auf der Schaukel.

› Innerer Burghof, U3 Herrengasse, Tel. 5337570, www.hofburg-wien.at, geöffnet: Sept.–Juni tägl. 9–17.30, Kassenschluss jeweils eine Stunde vor Schließung, Eintritt: 17,50, Kinder und Jugendliche 6–18 Jahre 11 €, Sisi-Ticket mit Schloss Schönbrunn 67 und Möbelmuseum Wien (s. S. 165) 44 €, Kinder und Jugendliche 30 €

29 Kaiserliche Schatzkammer ★★★ [G6]

Exponate voller Glanz und Magie: Die Schatzkammer in der Hofburg beherbergt einige der bedeutendsten Kunstschätze der Welt – unter ihnen die mittelalterliche Reichskrone, die Heilige Lanze und eine Achatschale, die man lange für den Heiligen Gral hielt.

Die Schätze, die hier wie in einem Hochsicherheitstrakt gelagert werden, sind von ihrem Wert her gar nicht wirklich zu bestimmen. Am ehesten sind sie wohl vergleichbar mit den akribisch bewachten Kronjuwelen im Tower von London. Bezüglich des kulturhistorischen Werts bezeichnen viele die Wiener Schatzkammer sogar als die bedeutendste ihrer Art weltweit. Aufgeteilt ist sie in einen weltlichen und einen geistlichen Bereich, wobei die weltliche Schatzkammer mit ihren Reichsreliquien auch christliche Kleinode enthält, sodass die Grenzen fließend sind.

057wi-se

Es ist sinnvoll, sich mittels eines Audioguides auf die Highlights der Ausstellung zu konzentrieren. Um all die prächtigsten und kunsthistorisch bedeutendsten Stücke aus 1000 Jahren europäischer Geschichte eingehend würdigen zu können, benötigt man mindestens anderthalb bis zwei Stunden. Hier soll nur auf einige Exponate genauer eingegangen werden: Unter den **Insignien des Heiligen Römischen Reichs** ragen die mit Edelsteinen verzierte **Reichskrone**, die Heilige Lanze, das Heilige Kreuz mit Kreuzpartikel und der Reichsapfel heraus. Allein die achteckige hochmittelalterliche Bogenkrone mit Kreuz steckt voller Symbolik, über die sich Fachleute bis heute streiten. Die vier emaillierten Bildplatten zeigen König David, König Salomo, König Ezechias und Prophet Jesaja sowie Christus, eingerahmt von zwei Engeln.

Sagenumwoben und geheimnisvoll ist die Geschichte der **Heiligen Lanze.** Angeblich soll es sich um die Lanze des römischen Legionärs Longinus handeln, mit der er den Tod des Gekreuzigten überprüft hat und die dadurch vom Heiligen Blut getränkt worden sein soll. Neuere Forschungen legen nahe, dass es sich um eine langobardische Flügellanze handeln dürfte. Europäische Fürsten und Staatsoberhäupter hat die Waffe über Jahrhunderte hinweg in ihren Bann gezogen. Angeblich soll sie Otto I. bei der Schlacht auf dem Lechfeld gegen die Ungarn zum Sieg verholfen haben. Auch Adolf Hitler fühlte sich von der Reliquie magisch angezogen und brachte sie zusammen mit den anderen Reichsinsignien 1938 nach Nürnberg, wo die Reichskleinodien bereits vor der Französischen Revolution beheimatet waren. Die Amerikaner überführten die Schätze nach dem Zweiten Weltkrieg wieder nach Wien.

Zwei ganz besondere Exponate galten in der Habsburgermonarchie als **unveräußerliche Erbstücke:** das sogenannte **Ainkhürn,** das man für das Horn eines Einhorns hielt und dessen Mythos ziemlich zu leiden hatte, als Biologen das Relikt des Fabeltieres ganz profan als Stoßzahn eines Wals entzauberten. Die 76 Zentimeter breite **Achatschale** dagegen hat bis heute nicht alle ihre geheimnisvollen Schleier gelüftet. Lange Zeit hielt man die angeblich 1204 in Konstantinopel erbeutete Schale für den **Heiligen Gral** – insbesondere angesichts einer rätselhaften Inschrift, die den Namen Christi in griechischen Lettern innerhalb der natürlichen Maserung des Steins aufgewiesen haben soll. Auch wenn es sich nicht um den berühmten Gral handeln sollte: Ein künstlerisches Meisterwerk ist die aus einem Block gefertigte Schale allemal.

Zu den weiteren Glanzstücken der Ausstellung gehören die rudolfinische Hauskrone – ab dem 19. Jahrhundert die Reichskrone Österreichs –, der Schatz des Ordens vom Goldenen Vlies sowie die kunstvoll gearbeitete Wiege von Napoleons Sohn.

› Hofburg/Schweizertrakt, U3 Herrengasse, Tel. 525240, www.kaiserliche-schatzkammer.at, geöffnet: Mi.-Mo. 9-17.30 Uhr, Eintritt: 14 €, ermäßigt 12 €, Kinder und Jugendliche bis 19 Jahre frei, Kombiticket „Schätze der Habsburger" mit Kunsthistorischem Museum 33 27 €, Kombiticket Elisabeth mit Wagenburg (s. S. 164) 22 €, „Die Kostbarkeiten des Kaisers" inkl. Morgenarbeit in der Spanischen Hofreitschule 27: 24 €

30 Heldenplatz ★★ [F6]

Im Hochsommer gehört der Heldenplatz eher zu den unangenehmen Orten in der Inneren Stadt. Auf der riesigen Fläche vor der Neuen Burg gibt es außer einer staubigen Wiese wenig Grün und fußmüde Touristen belagern die wenigen schattigen Plätze am Äußeren Burgtor. Es gibt zweifellos lauschigere Plätze um diese Jahreszeit. Auch architektonisch scheint hier etwas nicht zu stimmen: Der gewaltige Flügel der **Neuen Burg** bräuchte aus Harmoniegründen eigentlich ein Pendant auf der Volksgartenseite. Ein zweiter großer Flügel war im 19. Jh. auch tatsächlich geplant, scheiterte aber aus Geldnot – mit dem positiven Nebeneffekt, dass der Volksgarten unberührt blieb und eine weite Sicht auf Minoritenkirche (s. S. 30), Burgtheater 42 und Rathaus 43 besteht.

In der **Neuen Burg** sind das **Weltmuseum** (s. S. 166) und das **Haus der Geschichte Österreich** (s. S. 164) untergebracht, ebenso wie drei Sammlungen des **Kunsthistorischen Museums** 33: das **Ephesos Museum** (Besichtigung gemeinsam mit dem Haus der Geschichte), eine **Sammlung alter Musikinstrumente** sowie die **Hofjagd- und Rüstkammer** mit einer Sammlung kunstvoll verzierter Ritterrüstungen (beide Sammlungen sind gemeinsam mit dem Weltmuseum zu besichtigen). Im Vergleich zu vielen anderen, sehr belebten Museen kann man hier in aller Ruhe und ohne Hektik durch die Räume flanieren.

◁ *Prunkstück der Schatzkammer: die mittelalterliche Kaiserkrone des Heiligen Römischen Reichs*

Auf dem Balkon der Neuen Burg verkündete Adolf Hitler am **15. März 1938 den „Anschluss" Österreichs an das Deutsche Reich** und Tausende Wiener jubelten ihm zu. Diese Wunde im kollektiven Geschichtsbewusstsein der Nachkriegszeit wollte nicht so recht vernarben; schließlich legte der Dramatiker Thomas Bernhard 1988 mit seinem Theaterstück „Heldenplatz" ordentlich den Finger hinein und löste damit österreichweit eine Debatte über den Umgang mit der eigenen NS-Vergangenheit aus.

Was die namensgebenden Helden des Platzes betrifft, so handelt es sich gerade Mal um zwei Personen, deren Abbilder hoch zu Ross seit ca. 150 Jahren den Platz bestürmen: Vom äußeren Tor aus linker Hand steht das **Reiterdenkmal Erzherzog Karls** aus dem Jahr 1860, bei dem – statisch kaum möglich – nur die beiden Hinterbeine des Pferdes den Boden berühren. Das ist eine bis heute von der Fachwelt bewunderte technisch-architektonische Meisterleistung. Rechter Hand grüßt die **Reiterstatue Prinz Eugens,** bei der allerdings auch der Schweif des Pferdes als Stütze dient. Beide Denkmäler entstammen der Werkstätte des Bildhauers Anton Dominik von Fernkorn.

Das **Äußere Burgtor,** auch Heldentor genannt, beherbergt eine unterirdische Krypta für die Kriegsgefallenen, welche nur im Rahmen öffentlicher Zeremonien zugänglich ist. Regelmäßig finden am Heldenplatz verschiedenartige Veranstaltungen statt, etwa das Waldviertelfest im August oder die große **Leistungsschau des österreichischen Bundesheeres** mit Hubschraubern und Panzern zum Nationalfeiertag am 26. Oktober.

31 Burggarten und Schmetterlinghaus (Palmenhaus) ★ [G7]

Der einstige Privatgarten des Kaisers dient heute erschöpften Touristen als willkommene Oase der Ruhe und Entspannung. Speziell in der warmen Jahreszeit genießen auch viele Wiener ein Sonnenbad auf den Grünflächen des Burggartens. Diese zu belagern, ist seit vielen Jahren erlaubt. Neben einer **Teichanlage** mit dem Herkulesbrunnen besitzt der Burggarten etliche **Denkmäler** – unter ihnen eines für den Komponisten Wolfgang Amadeus Mozart.

Doch das ist noch nicht alles: Nicht nur im Schönbrunner Tiergarten 68 trifft man auf eine exotische Pflanzen- und Tierwelt, sondern auch hier mitten im Herzen Wiens. Im linken Flügel des ehemaligen Palmenhauses, das bereits Kaiser Franz Joseph als Ort der Erbauung und Muße diente, schwirren **Hunderte Schmetterlinge** frei umher. Daneben kann man Schopfwachteln beobachten; auf Schildern wird darauf hingewiesen, dass sie „schlanke, lebhafte Hühnertypen" sind. Es herrscht eine mehr oder weniger angenehme Luftfeuchtigkeit von 80 Prozent bei einer Temperatur von 26° Celsius.

Wem das tropische Klima zu unangenehm ist, der sollte zumindest von außen einen Blick auf das 128 Meter lange **Palmenhaus** werfen – schließlich zählt das im Jahr 1901 errichtete Gebäude zu den schönsten Jugendstilbauten Wiens.

› **Schmetterlinghaus**, Burggarten/Hofburg, U2 Museumsquartier, www.schmetterlinghaus.at, geöffnet: Apr.–Okt. tägl. 10–17.45, Nov.–März tägl. 10–15.45 Uhr, Eintritt: 9 €, ermäßigt 7 €, Kinder 5 €

Kaiserpracht und Prachtmuseen: die westliche Ringstraße

An der westlichen Ringstraße präsentiert sich die alte Kaiserstadt in all ihrer Monumentalität: Hier konnten sich die Architekten des 19. Jahrhunderts austoben. Entstanden sind Wiener Wahrzeichen, die sich wie an einer Perlenschnur aneinander reihen, etwa die Staatsoper 32, das Burgtheater 42 oder die altehrwürdigen Museen am Maria-Theresien-Platz. Gerade momentan lohnt sich ein Ringstraßen-Bummel, da 2023 mit den frisch renovierten Gebäuden von Parlament 40 und Votivkirche 44 nun große Bereiche der Ringstraße ohne Gerüste und Baustellen zu genießen sind. Neben der Architektur gibt es auch in den Gebäuden jede Menge zu entdecken – etwa in den hochkarätigen Museen des Museumsquartiers (MQ).

32 Wiener Staatsoper ★★ [G7]

Womit könnte der Abschnitt über die Ringstraße würdiger beginnen als mit dem **Ersten Haus am Ring**, wie das berühmte Opernhaus gerne bezeichnet wird. Es wurde auch als erster Ringstraßen-Monumentalbau im Jahr 1860 mittels des neu geschaffenen Stadterweiterungsfonds ausgeschrieben. Den Zuschlag für die Errichtung der neuen Heimat für die seit dem 17. Jahrhundert existierende Hofoper erhielten die beiden Architekten August Sicard von Sicardsburg und Eduard van der Nüll.

Tragischerweise erlebten beide die Eröffnung des **Neorenaissance-Baus** 1869 mit der Aufführung von Mozarts Oper Don Juan nicht mehr. Van der Nüll flüchtete sich in den Freitod, sein Freund von Sicardsburg starb kurz danach an einem Herzinfarkt. Nicht schuldlos an ihrem Ableben waren die massiven Anfeindungen von Teilen der Wiener Bevölkerung. Eine Fehlplanung sei sie, eine „versunkene Kiste" und ein stilloser Architektur-Mix.

Nicht erst seit dem großteils originalgetreuen Wiederaufbau der im Zweiten Weltkrieg stark beschädigten Oper sind die beiden Architekten längst rehabilitiert; ihr Werk zählt bis heute zu den schönsten Opernhäusern der Welt. Das

EXTRATIPP

Mit der Straßenbahn rund um den Ring

Wer sich einen bequemen Überblick über die Ringstraße verschaffen möchte, tut dies am besten mit der Straßenbahn.

Die **Vienna Ring Tram** fährt im 30-Minuten-Takt vom Schwedenplatz 16 einmal um den Ring – inklusive Kopfhörer-Information. Die Fahrt kostet 10 € (Kinder bis 14 Jahre 5 €, bis 5 Jahre frei) und fährt täglich zwischen 10 und 17.30 Uhr. Ein- und Ausstiegstelle ist die Station Schwedenplatz, Bahnsteig C. Seit der Einstellung im Zuge der Coronapandemie hat die Ring Tram **den Betrieb allerdings noch nicht wieder aufgenommen (Stand Juli 2023).**

Mit der **Linie 1** kann man zu einem deutlich günstigeren Preis (s. S. 248) zumindest den architektonisch interessanten Abschnitt zwischen Staatsoper 32 und Schwedenplatz 16 befahren.

› www.wienerlinien.at

Die Ringstraße – das Mammutprojekt des 19. Jahrhunderts

Vom Militärgelände zum Prachtboulevard: Mit ihren prunkvollen Palais, dem Rathaus 43, dem Parlament 40, dem Burgtheater 42 und der Votivkirche 44 gehört die Wiener Ringstraße zu den spektakulärsten architektonischen Leistungen des 19. Jahrhunderts.

*Die Geschichte der Ringstraße beginnt im Jahre 1857, als Kaiser Franz Joseph anordnet, die Befestigungsanlagen rund um die Innenstadt zu schleifen. Das zuvor vom Militär genutzte Gelände vor den alten **Basteien und der Stadtmauer,** das sogenannte **Glacis,** sollte einer Prachtstraße samt repräsentativen Gebäuden weichen. Die Innenstadt sollte zudem mit den Vorstädten verbunden werden. Gleichzeitig trug das gigantische Bauvorhaben der rasanten Bevölkerungsentwicklung Wiens Rechnung und galt als Symbol für den Wandel von der feudalen Residenzstadt der Donaumonarchie zu einer **modernen europäischen Metropole.***

*Die Kaiserstadt wurde zu einer Großbaustelle. Gewerkschaften hatten noch keine Macht. Dies führte zum Entstehen einer **ausgebeuteten Arbeiterklasse** – viele Arbeiter kamen aus Böhmen und Mähren. Sie mussten bei schlechter Bezahlung und langen Arbeitszeiten Schwerstarbeit leisten. Aus den Ghettos rund um die Ziegeleien im Süden entstand ein eigener Stadtteil. Im **10. Bezirk (Favoriten)** lebten die sog. Ziegelböhm. Bis heute erinnert der **Böhmische Prater** 71 an diese Gastarbeiter.*

*Neben den ausgebeuteten Arbeitern, welche für die Basis der Baustelle verantwortlich waren, kamen auch Financiers, Bauherren und Architekten aus ganz Europa an die Donau – unter ihnen der Architekt Gottfried Semper, verantwortlich für **Burgtheater** 42, **Kunsthistorisches** 33 **und Naturhistorisches Museum** 35, oder der dänische Architekt Theophil Hansen. Am Bau der prachtvollen Palais waren häufig wohlhabende jüdische Bankiersfamilien beteiligt. Mit ihrem Einsatz – gerade was den Erwerb der frei gewordenen Grundstücke betraf – finanzierten sie gleichzeitig die repräsentativen öffentlichen Gebäude mit.*

*Ganz in der Mode des vorherrschenden **Historismus** wurden idealisierte Baustile der Vergangenheit beschworen und es entstand ein bunter Mix aus Neogotik, Neorenaissance, Neobarock und antiken Vorbildern: Das **Parlament** 40 wurde als griechischer Tempel gestaltet, am Stil der Renaissance orientierten sich **Oper** 32, Universität, Börse sowie Kunsthistorisches- und Naturhistorisches Museum, den Barock repräsentiert das **Burgtheater,** für das **Rathaus** 43 wurde die flämische Gotik als Vorbild gewählt und für die **Votivkirche** 44 standen mittelalterliche Kathedralen Pate.*

Nicht alle Zeitgenossen waren begeistert von der historistischen Konzeption – so auch der Jugendstil-Architekt Otto Wagner: „Die Ringstraße ist eine Musterkarte von Stilkopien, eine lächerlicher als die andere“, soll er gelästert haben. Auch in Robert Musils Roman „Der Mann ohne Eigenschaften“ kommen die Prachtbauten nicht gut weg und werden als „Theaterdekorationen einer gehaltlosen Zeit“ geschmäht. In gewisser Weise sind die Prachtbauten ein Ausdruck des geschichtlich rückwärts-

gewandten Blicks in die vermeintlich glorreichen Epochen einer Habsburgermonarchie, deren Zukunft voller dunkler Vorahnungen lag. Insofern ist sie auch ein ***letztes architektonisches Feuerwerk der „Guten alten Zeit“.*** *Anlässlich des 25. Hochzeitstags von Kaiser Franz Joseph I. und seiner Gemahlin Elisabeth am 27.4.1879 fand auf der noch fast jungfräulichen Ringstraße ein Festzug statt, den Wien bis dato noch nicht gesehen hatte. Die künstlerische Leitung hatte Hans Makart, seines Zeichens damals der berühmteste Maler Wiens, der das Schaulaufen auf einer 100 Meter langen Skizze bis ins Detail vorausplante. Am* ***Makart-Festzug*** *beteiligten sich 4000 Menschen, die in Kostümen aus der Renaissance und dem Frühbarock und mit zahlreichen Festwagen vor rund 300.000 Schaulustigen über den Ring zogen. Vertreten waren Berufsgruppen aus Handel, Gewerbe und Industrie sowie Kunst und Wissenschaft. Das Kaiserpaar wohnte dem Geschehen in einem von Otto Wagner entworfenen Festzelt bei.*

Unabhängig von habsburgischer Kaiserpracht zeugen gerade die Privatresidenzen – die ***prunkvollen Palais*** *– vom erwachten Selbstbewusstsein des neuen Wiener Großbürgertums. Der Aufstieg von Bankiers, Fabrikanten und Unternehmern kann als Folge der Industrialisierung angesehen werden. Hierzu zählten* ***jüdische Fabrikanten und Bankiers,*** *die sich bereits im 19. Jahrhundert antisemitischen Angriffen ausgesetzt sahen. Während der NS-Zeit wurden jüdische Palais „arisiert“, ihre Eigentümer wurden vertrieben, deportiert oder ermordet.*

Mit der Weltausstellung 1873 stieg der Bedarf an Unterkünften und es entstanden ***noble Hotels*** *wie das Sacher. Das älteste Hotel am Ring ist das 1870 eröffnete Grand Hotel, das eine für die damalige Zeit äußerst moderne technische Ausstattung mit maschinenbetriebenem Lift und Telefon in jedem Zimmer hatte. Hier traf Kronprinz Rudolf, der Sohn Kaiser Franz Josephs, seine Geliebte Mary Vetsera – berühmt wurde das Liebespaar durch den tragischen Doppelselbstmord auf Schloss Mayering.*

Die Wiener Ringstraße mit Blick auf das österreichische Parlament 40 *(um 1900)*

037wi

059wi-se

Gebäudeinnere wurde von Künstlern wie Moritz von Schwind gestaltet, der die Fresken im Foyer und den Zauberflöten-Freskenzyklus in der Loggia malte.

Auch musikalisch genießt das Haus am Ring Weltruhm; für so manchen Wien-Besucher ist ein Aufenthalt in der Donaumetropole ohne Opernbesuch nicht denkbar. Dementsprechend begehrt sind die Karten. Neben teuren Plätzen gibt es aber stets günstige Stehplätze und kurzfristige Schnäppchen zu ergattern.

Als Direktoren fungierten so klingende Namen wie Gustav Mahler, Richard Strauss und Herbert von Karajan. Derzeitiger Herr über Staatsopernorchester, Staatsballett, Chor und Solisten ist seit 2020 Bogdan Roščić, der die Leitung des Hauses mit insgesamt knapp 2300 Plätzen von Dominique Meyer übernommen hat. Das jährlich größte Medieninteresse zieht der am Donnerstag vor Fasching, dem „Unsinnigen Donnerstag", stattfindende **Wiener Opernball** auf sich. Er ist der unumstrittene Höhepunkt der Wiener Ballsaison und zählt neben Bundespräsident und Bundeskanzler regelmäßig auch Hollywood-Stars zu seinen Besuchern.

› Opernring 2, U1/U4 Karlsplatz (Ausgang Oper), Tel. 514442250, www.wiener-staatsoper.at. Das Innere der Wiener Staatsoper kann im Rahmen regelmäßiger Führungen (Buchung s. Website) besichtigt werden: Dauer 40 Minuten, Treffpunkt Opernring/Operngasse 15 Minuten vor Beginn der Führung, 13 €, ab 65 Jahren 9 €, Kinder, Lehrlinge und Studenten bis 27 Jahre 7 €.

33 Kunsthistorisches Museum (KHM) ★★★ [F7]

Weit über eine Million Besucher strömen jährlich in Wiens Heimstätte der Alten Meister. Nebenbei gehört das Haus gemeinsam mit seinem Schwestergebäude, in dem das Naturhistorische Museum untergebracht ist, zu den wichtigsten Prachtbauten der Ringstraße.

Erbaut wurde der Gebäudekomplex im Auftrag Kaiser Franz Josephs – er suchte für die Sammlungen der Habsburger eine geeignete Heimstätte – von den Architekten Gottfried Semper und Carl von Hasenauer im Stil der italienischen Renaissance; feierliche Eröffnung war am 17. Oktober 1891 – noch im gleichen Monat durfte auch die Öffentlichkeit am Kunstgenuss teilhaben.

Wenn man nicht wüsste, dass man hier ein Museum betritt, man könnte sich in einem Märchenschloss wähnen. Allein schon die Eingangshalle, das **prunkvolle Stiegenhaus** und die Kuppelhalle sind den Besuch wert.

Das „Erste Haus am Ring": die berühmte Wiener Staatsoper 32

Flankiert von zwei Löwen sowie den Initialen Franz Josephs und Kaiserin Elisabeths führt die Marmortreppe zunächst auf eine Theseusgruppe von Antonio Canova zu, um den Besucher danach in den Himmel der Kunst zu geleiten. Das Deckengemälde des bayerisch-ungarischen Malers Mihály von Munkácsy stellt die Apotheose, also die Verherrlichung der Renaissance, dar. Verherrlicht wird aber gleichzeitig die Epoche des Jugendstils, nämlich durch die **Werke Gustav Klimts** an der Nordwand der Halle. Die beiden berühmten Damen stellen die griechische Antike in Form der Pallas Athene (links) und das alte Ägypten in Form der Isis dar – letztere völlig unbekleidet und hinsichtlich der Beinstellung von einzigartiger Eleganz.

Das alte Ägypten wird im KHM nicht nur in Form des Klimt-Kunstwerks präsentiert. Die **ägyptisch-orientalische Sammlung** zählt zu den bedeutendsten Ausstellungen der Hochkulturen von Nil und Zweistromland. Im Halbstock befinden sich auch **Antikensammlung** mit griechischen und römischen Büsten sowie die **Kunstkammer.** Letztere entführt als „Museum im Museum" nach eigener Aussage in die Welt des Schönen, Geistvollen, Kuriosen und Wundervollen. Zu sehen sind Kleinode aus Gold und Elfenbein, unter ihnen die **Saliera** von Benvenuto Cellini. Die Goldschmiedearbeit aus dem 16. Jahrhundert zeigt Neptun, den Gott des Meeres, und Tellus, die römische Göttin der Erde. Aufsehen erregte der Diebstahl des Kunstwerks im Jahre 2003; 2006 wurde die Saliera in einem Versteck im Waldviertel schließlich wiederentdeckt.

Das erste Stockwerk ist ganz der Malerei gewidmet, aufgeteilt in die zwei Flügel **Niederländische, flämische und deutsche Malerei** sowie **Italienische, spanische und französische Malerei.** Zu den Meisterwerken der deutschen Abteilung gehören Werke von Albrecht Dürer, Lucas Cranach und Hans von Aachen. Star bei den Niederländern ist Pieter Bruegel d. Ä., dessen weltberühmte Werke Turmbau zu Babel, Bauernhochzeit und Jäger im Schnee zu bewundern sind – Letzteres zeigt Eisstockschützen und Schlittschuhfahrer im 16. Jahrhundert. Unter den flämischen Malern sticht Peter Paul Rubens hervor.

Was wäre ein Museum, das sich der Renaissance verschrieben hat, ohne die großen italienischen Meister: Tizian und Tintoretto sind ebenso vertreten wie Raffael, dessen Madonna im Grünen zu den

060wi-se

Paradiesdarstellung von Lucas Cranach dem Älteren im Kunsthistorischen Museum

faszinierenden Glanzlichtern der Sammlung gehört. Stolz darf das Museum auch auf Werke des spanischen Barockmalers Velázquez sein. Zusätzlich zur Dauerausstellung organisiert das KHM regelmäßige Sonderausstellungen.

Numismatiker wird es in das **Münzkabinett** im 2. Stock ziehen, das zu den fünf größten Münzsammlungen der Welt gehört. Nach ausgiebiger Besichtigungstour kann man im wahrlich kaiserlichen Ambiente der Kuppelhalle bei einem Kaffee den Museumsbesuch noch einmal Revue passieren lassen.

› Maria-Theresien-Platz, U3 Volkstheater, Tel. 525240, www.khm.at, geöffnet Di.–So. 10–18, Do. bis 21 Uhr, Eintritt: 21 €, ermäßigt 18 €, Kinder und Jugendliche bis 18 Jahre frei, Kombi-Ticket „Schätze der Habsburger" mit Schatzkammer 29 27 €, Masterticket mit Leopold Museum 38 30 €

34 Maria-Theresien-Denkmal ★★ [F7]

Zwischen den beiden großen historischen Museen erstreckt sich als Gartenfläche der Maria-Theresien-Platz mit dem Denkmal der Kaiserin im Zentrum; es ist eines der wichtigsten und größten Denkmäler der Habsburgermonarchie.

Die **Mutter der Monarchie**, die zwischen 1740 und 1780 die Geschicke ihres Vielvölkerreichs lenkte und sich gegen mächtige männliche Feinde im In- und Ausland behaupten musste, thront auf der Spitze des 44-Tonnen-Monuments; zu ihren Füßen sitzen als weibliche Allegorien die vier **Kardinaltugenden** Gerechtigkeit, Kraft, Milde und Weisheit.

Die darunter stehenden Herren zeigen ihre **Berater** (im Vordergrund Kaunitz), die **Verwaltung** (Haugwitz), das **Militär** (Liechtenstein) sowie Vertreter aus **Wissenschaft und Kunst** (van Swieten). Auf den Vorsprüngen präsentieren sich hoch zu Ross vier bedeutende Feldherrn: Leopold von Daun, Ludwig von Daun, Ludwig von Khevenhüller, Gideon Ernst von Laudon und Otto von Abensperg und Traun.

Das Skulpturenprogramm entwarf der deutsche Bildhauer Caspar Zumbusch; feierliche Enthüllung war im Mai 1888. Letztendlich konnte auch diese Machtdemonstration den bevorstehenden Untergang der Donaumonarchie nicht verhindern. Auf Tausenden Digitalfotos in aller Welt existiert sie in der Person Maria Theresias zumindest bis heute weiter.

Flankiert wird das Denkmal von vier **Tritonen- und Najadenbrunnen**, deren teils erotisch gestaltete Figurengruppen aus weißem Carrara-Marmor gehauen wurden – im Sommer beliebte Ruheoasen für ausgelaugte Museumsbesucher.

35 Naturhistorisches Museum (NHM) ★★ [F6]

Das Naturhistorische Museum ist eine Schatzkammer der Erdgeschichte und darüber hinaus: Hier sind etwa 30 Millionen Objekte aus den unterschiedlichsten Wissenschaftszweigen versammelt: vom Saurierskelett bis zum Frosch in Alkohol, vom Meteoritenbrocken bis hin zur Venus von Willendorf. Letztere ist nur ein Beispiel dafür, dass es sich beim NHM längst nicht ausschließlich um ein Naturmuseum handelt; zu bestaunen sind auch einzigartige Kunstwerke.

Bereits zwei Jahre vor seinem gegenüber liegenden Schwestermuseum 33 eröffnete 1889 das k.k. naturhistorische Hofmuseum. Grundlage war die habsburgische **Naturaliensammlung**, die Kaiser Franz Stephan Mitte des 18. Jahrhunderts erworben hat und die in Teilen bis heute besichtigt werden kann. Im Vergleich zu anderen Museen überlebte das Naturhistorische Museum, das stets ein wenig im Schatten seines kunsthistorischen Zwillings existierte, die vergangenen 125 Jahre relativ unversehrt und wird aufgrund seines historisch wertvollen Sammlungsbestands gerne als Museum eines Museums bezeichnet.

Jeder Besucher sollte sich vorab überlegen, welcher der elf Abteilungen das Hauptaugenmerk gelten soll. Alles kann man im Rahmen nur eines Besuches gar nicht ausreichend würdigen. Die **Anthropologische Abteilung** ist erst 2013 neu eröffnet worden. Notwendig wurde die Neugestaltung, da der bis 1996 existierende Rassensaal heftig in die Kritik geraten war. Pflanzenliebhaber werden sich in der **Botanischen Abteilung** wohlfühlen. Die meisten Besucher zieht es weiter in die **Geologisch-Paläontologische Abteilung** mit künstlichem Karbon-Wald und originalgetreuen Tiermodellen aus der Zeit vor 300 Millionen Jahren in Saal 7 und in den **Sauriersaal**, der Jung und Alt seit jeher begeistert hat. Im Saal 9 (Erdneuzeit) begegnet man dem Skelett eines Prodeinotheriums, eines entfernten Verwandten des Elefanten. Die Gänge im Hochparterre sind voller Eiszeit-Skelette von Mammut bis Höhlenbär.

Einzigartig sind die **Meteoritensammlung**, die neben gewaltigen Weltraumbrocken auch Mondgestein beinhaltet, sowie die **Mineraliensammlung.** Ein Glanzlicht unter den Exponaten ist der **Blumenstrauß aus Edelsteinen**, angeblich ein Geschenk Maria Theresias an ihren geliebten Gatten und Sammlungsgründer Franz Stephan. Schon an diesem Kunstwerk wird deutlich, dass es sich auch beim Naturhistorischen Museum teilweise um ein kunsthistorisches Museum handelt.

Speziell die **Prähistorische Abteilung** stellt dies anschaulich unter Beweis: Prominentestes Ausstellungsstück ist die rund 25.000 Jahre alte Figur der **Venus von Willendorf.** Die Anfang des 20. Jahrhunderts am Donauufer in der Wachau gefundene Frauenfigur mit ihren ausgeprägten Rundungen zählt zu den wichtigsten steinzeitlichen Funden Europas. Ausgestellt ist auch die archäologisch ebenso bedeutende archaische **Figur vom Galgenberg,** die in der Nähe von Krems entdeckt wurde.

Genügend Zeit sollte man für die drei **Zoologischen Abteilungen** einplanen. Ausgestopft oder in Alkohol eingelegt, zeigt sich hier die faszinierende Vielfalt

061wi-mt

Eingelegte Echsen im Naturhistorischen Museum

062wi-se

des Lebens beziehungsweise im Falle der ausgestellten Objekte wohl eher des ehemaligen Lebens: Insekten, Würmer, Fische, Lurche, Vögel und Säugetiere bevölkern die Vitrinen; manche Arten sind mittlerweile ausgestorben.

Zusätzlich gibt es im NHM eine aufwendig gestaltete **Abteilung für Karst- und Höhlenkunde** sowie eine **Abteilung für Ökologie**, die Lösungsansätze und Anregungen zu aktuellen Problemen liefern möchte.

› Maria-Theresien-Platz, U3 Volkstheater oder U2 Museumsquartier, Tel. 521770, www.nhm-wien.ac.at, geöffnet Do.–Mo. 9–18, Mi. bis 20 Uhr, Eintritt: 16 €, ermäßigt 12 €, Studenten und Auszubildende 5 €, Kinder und Jugendliche unter 19 Jahren frei, Kombiticket mit Pathologischer Sammlung im Narrenturm (s. S. 167) 20 €

Beliebte Sonnenbänke: die „Enzis" im MuseumsQuartier

36 MuseumsQuartier ★★★ [F7]

Während Kunsthistorisches- 33 und Naturhistorisches Museum 35 die Alten Meister und die Sammelleidenschaft der Habsburger repräsentieren, steht das MuseumsQuartier (MQ) für **moderne Kunst und Kultur** auf unterschiedlichsten Ebenen. Das kompakte Kunstareal bietet Platz für Musik, Mode, Neue Medien und Medienkunst, Architektur, Literatur, bildende Kunst und Malerei. Es entstand um die Jahrtausendwende auf dem Gelände der ehemals kaiserlichen Hofstallungen beziehungsweise der späteren Messehalle.

Nach umfangreichen Planungen und Umplanungen ist ein architektonischer Mix aus denkmalgeschützten historischen Gebäuden und modernen Anlagen entstanden. Die drei musealen Platzhirsche auf dem Areal sind die **Kunsthalle Wien** 39 mit ihrer barocken Fassade, der dominante dunkelgraue Bau des **Museums Moderner Kunst Stiftung Ludwig (mumok)** 37 sowie der weiße Kubus des **Leopold Museums** 38.

Schon bald nach seiner Fertigstellung hat sich das MQ zu einem neuen **urbanen Zentrum** Wiens entwickelt. Seit zwei Jahrzehnten symbolisierte es mittlerweile das junge, moderne und kosmopolitische Wien. Insbesondere in den Sommermonaten nehmen vorwiegend Künstler und Lebenskünstler, junge Familien und Studenten das Areal in Beschlag und machen es sich bequem auf den sogenannten **Enzis** – robusten farbigen Freiluftmöbeln mit je zwei Lehnen.

Es herrscht eine entspannte Atmosphäre: Neben ineinander verschlungenen Pärchen ruhen sich fußmüde Museumsbesucher aus; Studentinnen und Studenten widmen sich ihren Laptops oder der einen oder anderen Dose Bier; Eltern lassen ihren Nachwuchs auf den Enzis herumkraxeln.

Dem Platz zwischen den Museen wird von Alteingesessenen gern nachgesagt, ein wichtiger **Bobo- und Hipster-Treffpunkt** zu sein, wenngleich jeder einzelne das bestreiten würde. Als Bobos bezeichnet man in größeren Metropolen der Welt und vor allem in Wien den Gesellschaftstyp des Bourgeois-Bohémien beziehungsweise Möchtegern-Bohémien. Er zeigt sich am ehesten in der Form des wohlhabenden und modebewussten Studenten mit Designer-Umhängetasche, Hipster-Brille, iPad, kabellosen Kopfhörern und Biolimonade. Das Bobo-Phänomen tritt vermutlich im MuseumsQuartier und in den benachbarten Bezirken Mariahilf und Neubau am stärksten zutage, hat aber längst auch in Gegenden wie dem Karmeliterviertel (s. S. 102) in der Leopoldstadt Einzug gehalten.

› U2 Museumsquartier

37 mumok ★★ [F7]

Der schwarze beziehungsweise eher **dunkelgraue Kubus** des mumok ist sicher das markanteste Gebäude auf dem Hauptplatz des MuseumsQuartiers – ob es auch das schönste ist, liegt wie so oft im Auge des Betrachters. Ein Blickfang ist das mit Vulkangestein verkleidete Museum Moderner Kunst Stiftung Ludwig – so die Langversion – auf jeden Fall.

Was das Äußere verspricht, kann das Innere halten: Blickfänge der Moderne und zeitgenössische Kunstwerke der vergangenen Jahrzehnte. Die umfangreiche Sammlung umfasst Werke von Pablo Picasso, Joseph Beuys und Jasper Johns, Exponate von Vertretern der **Pop Art** wie Andy Warhol, Roy Liechtenstein oder Robert Rauschenberg sowie Dokumentationen des Wiener Aktionismus der 1960er-Jahre. Es gibt jedoch keine Dauerausstellung.

› Museumsplatz 1, Tel. 525000, www.mumok.at, geöffnet: Di.–So. 10–18 (Do. bis 21 Uhr), Eintritt: 15 €, ermäßigt 11,50 €, Kinder und Jugendliche bis 18 Jahre frei, Kombiticket mit Leopold Museum 38 26 €, ermäßigt 20,50 €

38 Leopold Museum ★★ [F7]

Eigentlich könnte man das strahlend weiße Museum **Schiele-Museum** nennen, obwohl auch andere bedeutende Künstler hier ihre dauerhafte Heimat gefunden haben. Benannt ist das Museum aber mit gutem Grund nach dem Kunstsammler und Mäzen Rudolf Leopold, seines Zeichens ein begeisterter Sammler der Werke **Egon Schieles**. Ohne seinen treuesten Fan hätte der im Alter von nur 28 Jahren im Jahre 1918 an der Spanischen Grippe verstorbene Künstler wohl nie jenen Weltruhm erlangt, den er bis

EXTRATIPP

Abstecher zum Spittelberg

Noch in den 1990er-Jahren war das Grätzel am Spittelberg mehr als ein Geheimtipp für Wien-Touristen. Ganze Busse setzten ihre Insassen ab, damit diese den vermeintlich so idyllischen und pittoresken Winkel Wiens kennenlernen konnten. Mittlerweile hat sich der Hype etwas gelegt, auch andere Wiener Gassen haben sich herausgeputzt. Falls man sich aber bereits in der Gegend des MuseumsQuartiers 36 befindet, kann man ruhig einen Abstecher zu den hübschen Biedermeierhäusern zwischen Kirchberggasse und Stiftgasse [E7] unternehmen. Besonders in lauen Sommernächten lässt es sich in den Gastgärten der Lokale oder im Innenhof des traditionsreichen Amerlingbeisl (s. S. 176) gut aushalten. Das heute schicke und teure Viertel war übrigens über Jahrhunderte ein Zentrum der Prostitution.

heute genießt – gerahmte Schiele-Poster findet man in Wohn- oder Schlafzimmern auf der ganzen Welt.

Einige der heute unbezahlbaren Gemälde konnte Leopold in den 1950er-Jahren auf Auktionen noch relativ günstig erwerben – zum Preis eines Autos heißt es auf der Homepage des Museums. Insgesamt bescherte die Sammelleidenschaft Leopolds der Sammlung **41 Gemälde** und 188 Arbeiten auf Papier; weltweit bekommt man nirgends mehr Werke des Expressionisten zu sehen, unter anderem das Selbstporträt mit Lampionfrüchten oder das Bildnis der Wally Neuzil mit ihrem eindringlichen Blick auf den Betrachter. Doch längst nicht nur Schiele gibt es zu bestaunen: Innerhalb von fünf Jahrzehnten trug Rudolf Leopold, unterstützt von seiner Frau Dr. Elisabeth Leopold, eine Sammlung von über 5200 Kunstwerken zusammen, die 1994 in die Leopold Museum-Privatstiftung eingebracht wurde. Zu den Glanzlichtern der Sammlung gehören **Werke von Oskar Kokoschka, Richard Gerstl, Koloman Moser** und anderen Künstlern aus der Epoche des **Fin de siècle.** Da darf natürlich auch **Gustav Klimt** nicht fehlen, dessen großformatiges Gemälde Tod und Leben durch seine etwas makabere Eindringlichkeit fasziniert.

Zusätzliche Themenschwerpunkte sind unter anderem „Vom Expressionismus zur Neuen Sachlichkeit“ (1908–1938), das 19. Jahrhundert sowie „Afrika“, eine facettenreiche Sammlung afrikanischer und asiatischer Kunst. Korrespondierend zur Dauerausstellung finden regelmäßig wechselnde Sonderausstellungen statt.

Seit ein paar Jahren existiert auf dem Dach des Museums die Aussichtsterrasse **MQ Libelle,** die man über einen Aufzug Mi.–Mo. zwischen 10 und 21.30 Uhr kostenlos erreichen kann. Es gibt neben einem Veranstaltungssaal auch einen Kiosk und einen lohnenswerten Ausblick über Wien.

› Museumsplatz 1, Tel. 525701584, www.leopoldmuseum.org, geöffnet: Sept.–Mai Mi.–Mo. 10–18, Jun.–Aug. tägl. 10–18 Uhr, Eintritt: 15 €, ermäßigt 11 €, Jugendliche 2,50 €, Kombiticket mit mumok 37 26 €, ermäßigt 20,50 €

39 Kunsthalle Wien ★ [F7]

Im Unterschied zu ihren beiden Schwestern gibt es in der Kunsthalle keine Dauerausstellung zu sehen. Der Raum ist bewusst ständig wechselnden

Ausstellungen vorbehalten. Hier geben sich bedeutende Gegenwartskünstler die Klinke in die Hand; gleichzeitig dient die Kunsthalle dem künstlerischen Diskurs, der Auseinandersetzung mit aktuellen Themen und dem Experimentieren. Neben dem MuseumsQuartier besitzt die Wiener Kunsthalle noch einen zweiten Standort am Karlsplatz.

› www.kunsthallewien.at, geöffnet Di.–So. 11–19 Uhr, Do. bis 21 Uhr. Ticketpreise variieren je nach Ausstellung

40 Parlament ★ [F6]

Neben dem im Volksgarten 41 beheimateten Theseustempel ist das Parlamentsgebäude ein weiteres, vom antiken Griechenland inspiriertes Bauprojekt des 19. Jahrhunderts und gleichzeitig ein herausragendes Zeugnis der Ringstraßenarchitektur. Nach umfangreicher Restaurierung erstrahlt es seit 2023 wieder in neuem Glanz.

Der dänische Architekt Theophil von Hansen war Verehrer des antiken Athens, beteiligte sich an der Rekonstruktion der Akropolis und hat besonders in Wien architektonische Spuren hinterlassen: Neben dem Musikvereinsgebäude (s. S. 189) und der Wiener Börse wurde die Entwicklung des Parlaments (damals Reichsrat) zu seinem Lebenswerk. Die griechische Klassik stand dabei vorbildhaft für die Urbegriffe von Politik und Demokratie. Geprägt ist der Komplex durch eine vielfältige Symbolik: Schon die Baumaterialien stammten aus nahezu allen Kronländern der Donaumonarchie, um deren Einheit eine feste Basis zu verleihen. Mit seinen Plänen, das Gebäude nach dem Vorbild antiker Tempel vielfarbig zu gestalten, konnte sich Hansen nicht durchsetzen – an der linken Ecke erkennt man zumindest einige Farbproben.

Der Vorplatz wird dominiert vom **Pallas-Athene-Brunnen**. Die Göttin der Weisheit ist flankiert von Allegorien der Flüsse Donau, Inn, Elbe und Moldau als den wichtigsten Wasseradern des Kaiserreichs. Im Giebel sind die 14 Kronländer symbolisiert, in der Mitte Kaiser Franz Joseph I. als römischer Imperator dargestellt. Sofort ins Auge sticht auch die gewaltige Rampe mit Plastiken antiker Historiker.

Während der Erbauungszeit von 1874 bis 1883 konzipierte Hansen nicht nur das Gebäude selbst, sondern auch dessen Ausstattung bis hin zu den Möbeln.

› Parlament, Dr.-Karl-Renner-Ring 3, U2/U3 Volkstheater, Tel. 401102400, www.parlament.gv.at. Seit dem Ende der Sanierungsarbeiten 2023 finden wieder **Führungen** durch das Parlamentsgebäude statt. Besichtigt werden können unter anderem der historische Sitzungssaal, der Bundesratssaal und der neu gestaltete Nationalratssaal. Anmeldung zu den Führungen unter www.parlament.gv.at/erleben/fuehrungen/einzelpersonen, rechtzeitige Buchung notwendig.

41 Volksgarten ★★★ [F6]

Wem nach intensivem Hofburg- und Ringstraßen-Besichtigungsprogramm die Füße schmerzen, sollte eine erholsame Auszeit im Volksgarten einlegen. Das Gartenidyll verzaubert mit seinem schneeweiß gestrichenen Theseustempel, dem etwas verborgenen Kaiserin-Elisabeth-Denkmal und im Sommer mit betörendem Rosenduft.

063wi-se

Auf dem Gelände befanden sich einst Festungsanlagen, die 1809 von den Franzosen gesprengt wurden, womit der nötige Platz für die Errichtung einer Gartenanlage geschaffen wurde. 1823 wurde der erste öffentlich zugängliche Park Wiens eröffnet, für den sich aufgrund seiner Bestimmung schnell der Name Volksgarten durchsetzte. Später wurde die Anlage noch erweitert. Das dominierende Gebäude des Gartens ist seit seiner Gründung der klassizistische **Theseustempel.** Ursprünglich diente er als Behausung von Antonio Canovas aus weißem Marmor geschaffene Meisterwerk „Theseus besiegt den Kentauren", bis dieses im Jahr 1890 ins Kunsthistorische Museum übersiedelte. Mittlerweile dient der Tempel wieder als Ausstellungsraum eines jährlich wechselnden Exponats zeitgenössischer Kunst. In den 1970er-Jahren trafen sich auf den Stufen Blumenkinder und Künstler – unter ihnen auch der Liedermacher Wolfgang Ambros, der seine Zeit am Tempel im Song „Voom Voom Vanilla Camera" verewigt hat. Über die Jahre hinweg wurde aus dem einst strahlend weißen ein schmutzig graues Gebäude; seit 2010 erstrahlt er nach zweijähriger Renovierung wieder in altem Glanz.

Im Zentralbereich der Gartenanlage steht der **Volksgarten-Brunnen** aus dem Jahr 1866 mit seiner Brunnenschale aus Untersberger Marmor, gleich daneben der außergewöhnlichste Baum des Gartens: eine mächtige Morgenländische Platane. Etwas versteckt in einem dem Burgtheater zugewandten Winkel liegt eine **idyllische kleine Anlage im Stile der Secession** 50 mit Teich und zwei Brunnen. Davor sitzt **Kaiserin Elisabeth** (Sisi), geschaffen aus einem ursprünglich acht Tonnen schweren Marmorblock. Der feierlichen Enthüllung des Denkmals zu Ehren seiner ermordeten Gattin wohnte im Jahre 1907 auch Kaiser Franz Joseph bei. Bis heute ein Ziel für Romantiker – auch angesichts der Blütenpracht. Apropos Blumen: Im nahe gelegenen **Rosengarten** stehen über 3000 Rosensträu-

Das Denkmal Kaiserin Elisabeths im Volksgarten 41*, im Hintergrund das Burgtheater* cher, verteilt auf 200 Arten. Hier findet man auch ein Denkmal für den Schriftsteller Franz Grillparzer. Zur Einkehr lädt die **Meierei**. Kleines Detail am Rande: Die öffentliche Bedürfnisanstalt beim Theseustempel stammt aus dem Jahr 1884 und gehört somit zu den ältesten Anlagen zur Wiederherstellung des Wohlbefindens in Wien.

› Burgring, U3 Herrengasse, geöffnet: April–Okt. 6–22, Nov.–März 7–17.30 Uhr, Eintritt frei

3 [F6] **Meierei Stelldichein** €€, Volksgarten, Tel. 5332105, www.stelldichein.at, geöffnet: tägl. 9–21 Uhr

42 Burgtheater ★★ [F6]

Österreichs Nationaltheater ist eine Bühne der Extraklasse. Das Burgtheater ist nicht nur eines der ältesten und bedeutendsten Theater Europas, es ist auch das größte deutschsprachige Sprechtheater und leistet sich das größte Budget sowie die meisten Mitarbeiter. Der Sprung vom gewöhnlichen Schauspieler zum Burgschauspieler ist so etwas wie ein Ritterschlag in der Theaterszene.

Eine solche Bühne will auch in einem repräsentativen Gebäude untergebracht sein: In seiner Frühzeit am Michaelerplatz ansässig, war die neu entstandene Ringstraße gerade gut genug. Mit seiner **prunkvollen Architektur** übertrumpft das neue k.k. Hofburgtheater sogar die Wiener Oper 32. Das von Gottfried Semper und Karl Freiherr von Hasenauer im Stile des **Neobarock** konzipierte Schmuckstück der Ringstraße entstand zwischen 1874 und 1888. An der Gestaltung der Deckengemälde in den beiden Stiegenhäusern war kein geringerer als Gustav Klimt beteiligt. Für alle Münchner, die sich heute noch ärgern, dass das von König Ludwig II. gewünschte und von Semper geplante Richard-Wagner-Festspielhaus über der Isar nie verwirklicht worden ist: So ähnlich hätte es ausgesehen.

Über der **Hauptfassade** thront Apollo, der griechische Gott der Künste, flankiert von den beiden Musen Drama und Tragödie. Eine Tragödie für das Theater war die Zeit des Nationalsozialismus, in der die jüdischen Ensemble-Mitglieder Auftrittsverbot erhielten und verfolgt wurden. Im Zweiten Weltkrieg stark in Mitleidenschaft gezogen, fanden die Aufführungen bis 1955 im Ronacher (s. S. 189) statt, ehe die Schauspieler wieder an ihre alte Wirkungsstätte zurückkehren konnten.

Im Laufe der 1960er-, 1970er- und 1980er-Jahre war das Burgtheater als zweites Wohnzimmer des wohlhabenden Bürgertums aus Döbling, Hietzing oder dem Alsergrund zwar stets gut besucht, kam aber zwischenzeitlich auch etwas bieder, konservativ und unpolitisch daher. Das änderte sich 1986 mit der Berufung des deutschen Regisseurs **Claus Peymann** als Direktor, der mit der Inszenierung von **Thomas Bernhards Drama „Heldenplatz"** für den größten Theaterskandal der Nachkriegsgeschichte sorgte. Nach der Premiere standen Bernhard und Peymann gemeinsam auf der Bühne. Die Hälfte des Publikums jubilierte, die andere Hälfte schrie ihren Unmut heraus.

Im Lauf der Jahrzehnte gab es noch weitere spektakuläre und polarisierende Aufführungen: etwa das Orgien-Mysterien-Theater vom Aktionskünstler Hermann Nitsch oder ein Konzert der Punkband Die Toten Hosen – beides 2005 unter der Ägide von Klaus Bacher. Ein Finanzskandal erschütterte das Haus im Jahr 2014, woraufhin dessen langjähriger Direktor Matthias Hartmann gefeuert wurde. Nachdem Karin Bergmann als erste weibliche Direktorin die Burg aus der finanziellen Schieflage gebracht hat, heißt der Leiter des Hauses seit der Spielzeit 2019/2020 Martin Kušej, ab 2024 übernimmt Stefan Bachmann.

Doch was wäre das Burgtheater ohne seine Publikumslieblinge: Zu Ensemblemitgliedern gehörten unter anderem Paula Wessely, die Familiendynastie Hörbiger (Attila, Paul und Christiane), Josef Meinrad, Curth Anatol Tichy, Erika Pluhar oder Heinz Rühmann; umjubelte Gastauftritte hatten Klaus Kinski, Maximilian Schell oder Christoph Schlingensief – letzterer auch als Regisseur.

› Universitätsring 2, Straßenbahnlinie 1, 71 und D Rathausplatz/Burgtheater, Tel. 514444545, www.burgtheater.at, Führungen Do., Fr. 15, Sa., So., Feiertage 11 Uhr, Kartenverkauf vor der Führung in der Kassenhalle, kein Vorverkauf, Preis: 8 €, Rentner 7 €, Kinder, Schüler und Studenten 4 €

144wi-se

43 Wiener Rathaus ★★ [F6]

Wien ist nicht nur die Hauptstadt Österreichs, es ist auch ein eigenes Bundesland und hat eine größere Bevölkerung als das flächenmäßig größte Bundesland Niederösterreich. Die hatte es auch schon im 19. Jahrhundert. Kein Wunder also, dass angesichts der rasant wachsenden Metropole das alte Rathaus in der Wipplingerstraße längst aus allen Nähten geplatzt und ein neues repräsentatives Gebäude dringend vonnöten war.

Ursprünglich in Stadtparknähe 18 angedacht, wurde nach zähem Ringen mit dem Kaiser das Areal in direkter Nachbarschaft von Burgtheater 42, Votivkirche 44 und Parlament 40 als Bauplatz auserkoren, was der Ringstraße ein weiteres Prachtgebäude bescherte.

Zwischen 1874 und 1883 entstand das neue Rathaus nach Plänen des deutschen Architekten Friedrich von Schmidt im neogotischen Stil nach dem Vorbild flämischer Rathäuser des Spätmittelalters. Mit seinem **103 Meter hohen Hauptturm** drückt die monumentale Fassade auch das neu entstandene Selbstbewusstsein des Wiener Bürgertums aus. Damit seine 99 Meter hohe Votivkirche 44 vom neuen Bürgerpalast nicht in den Schatten gestellt werden konnte, verordnete Kaiser Franz Joseph, dass der Rathausturm nicht höher sein durfte als die Kirchtürme. Der Architektenfuchs hielt sich mit 98 Metern Höhe an die Vorgabe, setzte schließlich aber noch einen über vier Meter hohen Ritter mit Lanze auf die Spitze und trickste mit diesem **Rathausmann** den Kaiser aus. Längst ist die Figur zum Wahrzeichen des Rathauses geworden.

Im Park links vom Hauptportal kann man eine Kopie bewundern und mit dem Goldenen Rathausmann verleiht das Stadtoberhaupt eine der wichtigsten Auszeichnungen für Verdienste um die Stadt Wien. Die von der Ringstraße sichtbare Hauptfassade stellt nur einen kleinen Teil der gewaltigen Rathausanlage dar. Insgesamt existieren auf einer Fläche von fast 20.000 Quadratmetern sieben Höfe und gut 1500 Räumlichkeiten, die neben dem Bürgermeister und Landeshauptmann, dem Gemeinderat und Landtag, dem Stadtsenat und der Wiener Landesregierung auch diversen Magistratsabteilungen als Wirkungsstätte dienen.

Der mit etlichen Denkmälern, Büschen und Bäumen bestückte **Rathauspark** vor dem Gebäude dient als Ort für unterschiedliche Veranstaltungen. Bekannt sind vor allem der große **Christkindlmarkt** (s. S. 204) im Dezember und der **Wiener Eistraum** (s. S. 202) von Januar bis März, bei dem sich große Teile des Parks in eine große Eislauffläche nebst Glühweinhütten verwandelt. Schlittschuhe können ausgeliehen werden.

› Rathausplatz 1, Straßenbahn 1 und D Rathausplatz/Burgtheater. Kostenlose Führungen durch das Rathaus werden Mo., Mi. und Fr. um 13 Uhr angeboten. Zählkarten werden am Tag der Führung ab 8 Uhr vor Ort ausgegeben. Eine Reservierung der Karten ist nicht möglich. Pro Termin können maximal 50 Personen teilnehmen. Weitere Infos unter www.wien.gv.at/verwaltung/rathaus/fuehrung.

◁ *Seitenansicht des Wiener Rathauses*

44 Votivkirche ★★ [F5]

„Auf der Simmeringer Had', hat's an Schneider verwaht, es g'schicht ihm schon recht, warum sticht er so schlecht." (Auf der Simmeringer Haide hat es einen Schneider verweht, es geschieht ihm schon recht, warum sticht er so schlecht). So lautet ein bösartiges Spottlied, welches Bezug nimmt auf das Mordattentat des ungarischen Schneidergesellen Janos Libényi auf Kaiser Franz Joseph I. am 18. Februar 1853. Der Schneider bezahlte die Tat mit seinem Leben. Dem Überleben des Kaisers hat Wien seinen zweitgrößten Sakralbau zu verdanken: die Votivkirche.

Der Name leitet sich ab von einer Votivgabe, also einem Geschenk aus Dankbarkeit für die göttliche Errettung aus Todesgefahr. Im Falle des erretteten Kaisers genügte keine Andachtskapelle; etwas für die Ewigkeit sollte es sein. Tatsächlich verbindet man mit dem Aussehen der Votivkirche eher eine Kathedrale denn eine Pfarrkirche. Hin und wieder wird sie von Touristen auch für den mittelalterlichen Stephansdom 2 gehalten und selbst der eine oder andere Wiener verortet das **neogotische Bauwerk** aus dem 19. Jahrhundert im Mittelalter – so ähnlich ist es den französischen Vorbildern in Chartres oder Reims. Die Wiederauferstehung des gotischen Stils verdankt die Votivkirche dem Architekten Heinrich Ferstel. Aus einem Guss schuf er den monumentalen Kirchenbau, der innen wie außen durch seine harmonische Perfektion beeindruckt.

Im Gegensatz zum etwas düsteren Kircheninneren des Stephansdoms ist die Votivkirche luftig und lichtdurchflutet. Kenner merken allerdings sofort, dass dieses Gotteshaus mittels moderner Technik des 19. Jahrhunderts quasi am Reißbrett entworfen wurde; die geheimnisvolle Mystik mittelalterlicher Dome kann sie nicht entfalten und doch ist sie auf ihre Art ein einzigartiges Gesamtkunstwerk. Während die Menschen an den Kathedralen des Mittelalters teils jahrhundertelang bauten und die meisten dennoch nie vollendet wurden, bekam Wien seine Ringstraßenkathedrale innerhalb von 23 Jahren: Die Grundsteinlegung erfolgte am 24. April 1856, dem zweiten Jahrestag der Vermählung Franz Josephs mit Elisabeth von Bayern (Sisi). Die Weihe fand zur silbernen Hochzeit des Kaiserpaares statt. Möglich machte den vier Millionen Gulden teuren Bau eine große **Spendenbereitschaft** in sämtlichen Kronländern, initiiert durch einen Spendenaufruf Erzherzogs Ferdinand Maximilian, dem späteren Kaiser von Mexiko.

Der gotische Stil entsprach zu dieser Zeit nicht nur in Österreich einem architektonischen Idealbild, auch in Deutschland orientierte man sich an den Meistern der Dombauhütten und führte in einem Mammutprojekt den Kölner Dom zur Vollendung. Auch ein politisches Signal sollte gesetzt werden: Die Kirche war ein Symbol für Macht und Einheit von Monarchie und Kirche in unruhiger Zeit. Der Kaiser machte sie zur **Garnisonskirche**, was bis heute an militärischen Erinnerungstafeln erkennbar ist. Mit dem **Jägerstätter-Fenster** wird jedoch auch dem Pazifisten und Kriegsdienstverweigerer Franz Jägerstätter gedacht, den die Nationalsozialisten 1943 ermordeten.

Überhaupt zählen die Fenster zu den wichtigen Sehenswürdigkeiten im Kircheninneren. Die meisten von ihnen wurden – da im Zweiten Weltkrieg zerstört – zwischen 1960 und 1973 neu gestaltet. Erhalten sind nur die **große Rose** an der Hauptfassade und das **Kaiser-Fenster** des Kirchenmalers Eduard von Steinle an der rechten Stirnseite des Querhauses.

Neben dem Chorraum mit Szenen aus dem Leben Noahs und dem strahlenden **Hochaltar mit Baldachin und Heilands-Figur** im Zentrum verdienen insbesondere die **Seitenkapellen** Beachtung: Bischofskapelle, Kreuzkapelle, Taufkapelle, Antwerpener Altar und Rosenkranzkapelle. In Letzterer steht das **Salmgrab**, ein reich verziertes Ehrengrabmal für den Feld-

142wi-se

herrn Niklas Graf Salm aus dem 16. Jahrhundert. Ursprünglich sollte die Kirche nach dem Vorbild von Westminster Abbey in London als Ruhmeshalle für große österreichische Helden der Habsburgermonarchie dienen, doch die politischen Entwicklungen und sensiblen Befindlichkeiten machten derartige Pläne schnell zunichte. Seit den 1980er-Jahren dient das Gotteshaus als Universitätskirche der nahe gelegenen Bildungseinrichtung.

In den letzten 20 Jahren war die monumentale Kirche aufgrund von **Renovierungsarbeiten** außen ständig eingerüstet; seit 2023 kann man sie äußerlich wieder in voller Pracht bewundern. Dafür finden derzeit Arbeiten im Kircheninnern statt, weshalb der Raum nur teilweise zu besichtigen ist.

› Rooseveltplatz, U4 Schottentor, Tel. 4061192, www.votivkirche.at, geöffnet: Di.–Fr. 10–18, Sa. 10–19, So. 9–13 Uhr

45 Mölker Bastei ★ [F6]

Während die Votivkirche 44 noch ein typisches Beispiel der klassischen Ringstraßenarchitektur des 19. Jahrhunderts darstellt, befindet man sich mit der Mölker Bastei wieder im „alten Wien". Hier haben sich ausnahmsweise sogar **Reste der alten Stadtbefestigung** erhalten, die mit dazu beitragen, dass das kleine „Grätzel" (Viertel), umgeben von den Prachtbauen der Ringstraße, seinen besonderen Charme erhalten konnte. Von der Schottengasse [F5] aus gelangt man zu einer Fußgängertreppe, an der man noch die Überbleibsel der alten Festungsbastei erkennt. Oben am **Mölkersteig** angekommen, empfängt einen eine romantische Gasse, die im Vergleich zum hektischen Getriebe unten am Universitätsring einen Dornröschenschlaf zu halten scheint. Auf verwinkeltem Pfad geht es zur Schreyvogelgasse [F6] mit dem spätbarocken **Dreimäderlhaus**, in dem sich ein Schuhgeschäft der traditionsreichen Manufaktur Ludwig Reiter befindet (s. S. 195).

Um die Ecke steht das **Pasqualatihaus** (Mölker Bastei 8) mit der ehemaligen Wohnstätte **Ludwig van Beethovens** (s. S. 167). Etliche Symphonien sowie die Oper Fidelio entstanden hier Anfang des 19. Jh. und prägten maßgeblich die Wiener Klassik. Im Haus befindet sich eine **Gedenkstätte** zu Ehren des Komponisten. Unterhalb der Bastei erreicht man über eine Treppe das 2018 auf einem Grünstreifen enthüllte **Trümmerfrauen-Denkmal**, welches an die nach dem Zweiten Weltkrieg am Wiederaufbau Wiens beteiligten Frauen erinnert. Das nahe **Liebenberg-Denkmal** nimmt Bezug auf den Wiener Bürgermeister Johann Andreas von Liebenberg. Seine Verdienste bei der Bekämpfung der Pest und der Türkenbelagerung im 17. Jh. wurden in Form einer Stele mit goldener Siegesgöttin auf der Spitze und steinernem Löwen gewürdigt. Gegenüber befindet sich das Hauptgebäude der **Universität.** Frei zugänglich ist der Arkadenhof mit Skulpturen österreichischer Geistesgrößen.

Es lohnt sich, von der Mölker Bastei aus das Besichtigungsprogramm mit der Freyung 6 und den Sehenswürdigkeiten der nördlichen Inneren Stadt fortzusetzen oder sich Richtung Norden in den 9. Bezirk Richtung Servitenviertel 46 zu orientieren.

› Straßenbahnen oder U2 Schottentor

◁ Beeindruckend: das Äußere der Votivkirche 44

Zwischen Ring und Gürtel: vom Servitenviertel zum Arsenal

Hier befindet man sich in den ehemaligen Vorstädten Wiens, die mittlerweile längst zum zentralen Stadtbereich zählen. Von Norden nach Süden erstreckt sich das Areal westlich der Ringstraße und östlich des Gürtels als breiter Halbkreisbogen über den Alsergrund (9. Bezirk), die Josefstadt (8. Bezirk), Neubau (7. Bezirk), Mariahilf (6. Bezirk), Margareten (5. Bezirk) und Wieden (4. Bezirk) bis zum Bezirk Landstraße (3. Bezirk).

Jeder einzelne der genannten Bezirke – wie auch die übrigen 15 – hat seinen eigenen Charakter und seinen eigenen Charme: Der 9. gilt eher als vornehm und ruhig, 7. und 8. Bezirk sind lebendige Studentenbezirke mit reichem kulturellen Angebot, der 6. Bezirk ist alternativ angehaucht, der 5. bietet eine bunte Mischung aus Arbeiterbezirk, multikultureller und junger Einwohnerschaft, der 4. beherbergt etliche Botschaften und das Schloss Belvedere 53 und der 3. mit dem ausgedehnten Arsenal wird am Donaukanal schließlich von der Leopoldstadt abgegrenzt.

Es gibt reizvolle Grätzel (Teil eines Viertels) zu entdecken und bedeutende Museen zu besichtigen. In unmittelbarer Nähe zum berühmten Naschmarkt 49 befindet sich die weltberühmte Karlskirche 51 und nicht weit entfernt das Schloss Belvedere. Die einzelnen Besichtigungspunkte liegen teilweise weiter auseinander als die in den vorherigen Kapiteln beschriebenen und können daher nur bedingt zu Fuß miteinander kombiniert werden.

46 Strudlhofstiege und Servitenviertel ★ [F4]

Alsergrund nennt sich der 9. Wiener Gemeindebezirk, der sich nördlich an die Innere Stadt anschließt und von der Ringstraße aus über Votivpark und Votivkirche 44 zu Fuß erreichbar ist. Einer durch einen ehemaligen Donauarm geschaffenen Uferkante verdankt die **Strudlhofstiege** geologisch ihre Existenz. Sie verbindet die oben gelegene Boltzmanngasse mit dem nahe gelegenen Allgemeinen Krankenhaus (AKH) und dem Institut für Gerichtsmedizin in der Sensengasse mit der unterhalb liegenden Liechtensteinstraße und ist ein unverzichtbarer Besichtigungspunkt für Wien-Romantiker und Liebespaare – besonders an lauen Sommerabenden.

Den Schriftsteller Heimito von Doderer hat die Stiege zum Titel seines 1951 erschienenen Romans „Die Strudlhofstiege oder Melzer und die Tiefe der Jahre“ inspiriert. Die romantischen Zeilen des Anfangsgedichts sind auf einer Steintafel verewigt: „Wenn die Blätter auf den Stufen liegen herbstlich atmet aus den alten Stiegen was vor Zeiten über sie gegangen. Mond darin sich zweie dicht umfangen hielten, leichte Schuh und schwere Tritte, die bemooste Vase in der Mitte überdauert Jahre zwischen Kriegen. Viel ist hingesunken uns zur Trauer und das Schöne zeigt die kleinste Dauer.“

Die herrliche **Jugendstilkonstruktion** in leuchtendem Mannerdorfer Kalkstein mit zwei Brunnen, die man über mehrere Treppen und Ebenen ersteigt, entstand noch in der Amtszeit des Bürgermeisters Karl Lueger nach einem Entwurf von Theodor Johann Jaeger zwischen 1907 und 1910.

Nur wenige Meter entfernt befindet sich im unteren Bereich an der Fürstengasse der Eingang zum barocken **Gartenpalais Liechtenstein.** Es besitzt eine wertvolle private Kunstsammlung des Fürsten von und zu Liechtenstein. Leider kann man das Palais mit seinen Kunstwerken seit 2011 nur noch an ausgewählten Tagen im Rahmen von Führungen besichtigen. Wer das nötige Kleingeld übrig und den richtigen Partner gefunden hat, kann die Räumlichkeiten für die eigene Hochzeit mit bis zu 1600 Gästen mieten. Öffentlich zugänglich ist die **hübsche Parkanlage** mit Kinderspielplatz, die täglich von 7 bis 20.30 Uhr geöffnet ist.

★4 [F4] **Gartenpalais Liechtenstein,** Fürstengasse 1, www.palaisliechtenstein.com

Kleines Detail zum Schmunzeln: An der Ecke Fürstengasse/Porzellangasse [F4] hat man einer Straßenlaterne am 8. März 1974 ein Schildchen umgehängt, das sie bis heute als stolze **200.000. Lampe Wiens** ausweist – ein schönes Beispiel dafür, dass man in Wien auch noch am Leben sein kann, um eine Würdigung zu erhalten.

Über die Grünentorgasse oder die Pramergasse ist es nicht mehr weit zur **malerischen Servitengasse** [F4/5] mit ihren hübschen Geschäften, bei denen häufig noch die alten Schilder erhalten sind. Sehenswert ist die barocke **Servitenkirche** aus dem 17. Jahrhundert. Geheimtipp: Im Innenhof des Pensionistenwohnheims in der Seegasse 9–11 findet sich mit dem kleinen **jüdischen Friedhof Rossau** der älteste noch erhaltene Friedhof Wiens. Er besteht seit dem 14. Jahrhundert.

Ein weiteres interessantes Areal im 9. Bezirk ist das **Alte AKH.** Es war einst das größte österreichische Krankenhaus in der Epoche des Biedermeier und erstreckt sich über viele Höfe. Heute dient das Gelände als Campus der Uni Wien. Ein ganz besonderes architektonisches Relikt ist der kreisrunde **Narrenturm**, der bereits unter Kaiser Joseph II. als Fürsorgestätte für Geisteskranke errichtet wurde. Heute befindet sich darin die **Pathologisch-Anatomische Sammlung** (s. S. 167) – mit ihren in Alkohol eingelegten Präparaten und Abnormitäten nichts für schwache Nerven!

› Straßenbahn 38 oder 41 Sensengasse (Strudlhofstiege) oder Straßenbahn D Seegasse (Jüdischer Friedhof)

47 Mariahilfer Straße ★ [E7]

Die Mariahilfer Straße hieß wegen ihrer Ausrichtung nach Westen ursprünglich einmal Bayerische Landstraße. Benannt ist sie nach dem 6. Bezirk Mariahilf, der wiederum nach dem **Gnadenbild Mariahilf** – einer Kopie des Innsbrucker Originals von Lucas Cranach dem Älteren – in der **Barnabitenkirche (Mariahilf-Kirche)** benannt ist.

Der touristische halbwegs lohnenswerte Abschnitt, die innere Mariahilfer Straße, erstreckt sich zwischen Museumsquartier und dem Westbahnhof und bildet auf fast zwei Kilometern Länge die **längste Einkaufsmeile der Stadt.** Von den Wienern wird sie oft flapsig als Mahü (Mariahülf) bezeichnet.

Vor einigen Jahren wurden große Bereiche nach und nach in eine **Fußgänger- und Begegnungszone** umgewan-

066wi-se

delt, in der Autos, wenn überhaupt, nur mit 20 km/h fahren dürfen.

Die Straße selbst beherbergt große Kaufhäuser, einige Kinos und Schnellrestaurants und in den Seitengassen auch einige nette Kneipen und Lokale. Besonders hübsch und im Sommer abends auch recht belebt ist die **Barnabitengasse** [E7], die bei der barocken **Barnabitenkirche** abzweigt. Zur Kirche (zwischen Hausnummer 55 und 57) gehört auch die sogenannte **Gruft**, eine karitative Einrichtung, die sich um die Belange von Obdachlosen kümmert (Spenden sind in der Kirche möglich).

Blick vom gegenüberliegenden Kaufhaus auf die Kirche Mariahilf (Barnabitenkirche)

Tipp: Einen schönen Blick über die Barnabitenkirche und die angrenzenden Bezirke kann man erhaschen, indem man im schräg gegenüber liegenden **Kaufhaus Gerngross** (s. S. 193) mit dem Lift hinauf zu den Gastro-Terrassen fährt.

› U3 Neubaugasse (Barnabitenkirche und -gasse)

48 Haus des Meeres ★★ [E7]

Ein Zoo in Beton gegossen: Das Haus des Meeres ist in mehrerlei Hinsicht einzigartig. Beheimatet ist es in einem Flakturm aus dem Zweiten Weltkrieg. Auf neun Stockwerken und über 4000 m² leben über 10.000 Tiere – die meisten von ihnen Meeresbewohner, daneben aber auch Schlangen, Vögel und Säugetiere. Von der Aussichtsplattform genießt man den vielleicht besten Blick über Wien.

Mit etwa 15 Euro Eintritt (für Erwachsene) ist der Zoo zwar nicht gerade eine preiswerte Sehenswürdigkeit, doch das Geld ist gut angelegt. Schließlich muss sich das Haus des Meeres komplett selbst erhalten. Als Besucher kann man sich aber gut und gerne einen halben Tag im Flakturm im Esterhazypark aufhalten – so viel gibt es zu entdecken. In unzähligen Aquarien und Terrarien lassen sich Piranhas, Haie, Quallen, Schlangen und Echsen beobachten; im Erdgeschoss haben Kinder sogar die Möglichkeit, Fische zu streicheln. Unbestrittener Star unter den animalischen Bewohnern ist die **Atlantische Suppenschildkröte Puppi**, die zusammen mit dem Zoo über die Jahre gewachsen ist und heute im Hans & Lotte Hass Haibecken, dem größten Schaubecken Österreichs (300.000 Kubikmeter Salzwasser) zusammen mit Riffhaien und Muränen ihre Runden zieht. Eine weitere Attraktion ist der **Atlantiktunnel** – eine Vollglasröhre, die durch ein 500.000-Liter-Aquarium führt.

An der Westfassade gibt es ein mehrstöckiges **Tropenhaus**. In der Wintergartenkonstruktion kann man direkt in den Lebensraum frei fliegender **Vögel, Flughunde und Weißbüschelaffen** eintreten. Doch Vorsicht: So manch gefiederter Geselle kann schon mal etwas aus der Luft abwerfen. Nach und nach arbeitet man sich das Betonmonster immer höher hinauf und erfährt in eigens dafür geschaffenen Schauräumen auch etwas über die Vergangenheit der Flaktürme (s. S. 104) im Zweiten Weltkrieg. Belohnt wird man nach ausgiebiger Besichtigungstour schließlich durch einen herrlichen Freiluftausblick in alle vier Himmelsrichtungen. In den vergangenen Jahren wurde unter anderem ein Anbau an der Eingangsfassade geschaffen und der Dachbereich wurde um ein Restaurant ergänzt (per Aufzug auch unabhängig vom Zoo zu erreichen). Kleines Detail am Rande: Der österreichische Alpenverein nutzt eine der Betonmauern seit Jahren als Kletterwand. Insofern ist aus einem abschreckenden Zeugnis des Krieges längst ein belebtes und beliebtes Refugium für Mensch und Tier geworden.

⌃ *Misstrauischer Blick: ein Hai im Haus des Meeres*

› Fritz-Grünbaum-Platz 1, U3 Neubaugasse, Tel. 5871417, www.haus-des-meeres.at, geöffnet: tägl. 9–20 Uhr, Eintritt 21,90 €, ermäßigt 16,40 €, Kinder 6–15 Jahre 9,80 €, Kleinkinder 3–5 Jahre 6,50 €, Abendkarte Mo.–Fr. ab 17.30 Uhr 15 €. Im Zooticket ist die Führung „Erinnern im Innern" enthalten, die täglich um 11 und 16 Uhr über die Geschichte der Flaktürme informiert.

49 Naschmarkt ★★ [F7]

Spätestens seit den 1990er-Jahren hat sich der Naschmarkt für Wien-Touristen zu einer absolut besuchenswerten Örtlichkeit entwickelt: Grund dafür ist der Umstand, dass andere klassische Märkte in vielen europäischen Städten verschwunden sind. Allerdings ist der Naschmarkt tatsächlich ein sehr bunter und sehenswerter Markt und spiegelt auch ein wenig die Rolle Wiens als Schmelztiegel zwischen Süden, Osten und Westen wider. Früher war er einfach nur einer von vielen Obst- und Gemüsemärkten für die Anwohner aus der Umgebung. Er erstreckt sich zwischen der Secession 50 und der U-Bahn-Station Kettenbrückengasse (U4) und bietet neben Obst, Gemüse, Fleisch und Fisch auch asiatische Lebensmittel und jede Menge Antipasti und Spezialitäten aus Südosteuropa. Manche Obst- und Gemüsehändler wünschen sich trotz der Beliebtheit des Marktes die alten Zeiten zurück, als einfach nur eingekauft wurde. Denn die meisten Touristen machen zwar gerne Fotos, kaufen allerdings weder Gurke noch Paradeiser (Tomate). Insofern, liebe Naschmarkt-Besucher: Nicht nur probieren, sondern den Standbesitzern ruhig ein paar Oliven abkaufen!

Stattdessen boomt seit einigen Jahren der **Gastronomiesektor** auf dem Naschmarkt. In unzähligen Cafés und Restaurants tummelt sich ein hippes Studenten- und alternativ-bürgerliches Szenepublikum bis spät in die Nacht. In den vergangenen Jahren wurde die Infrastruktur am Naschmarkt für viele Millionen Euro erneuert. Wie sich das Verhältnis der klassischen Marktstände zum Gastronomiesektor in Zukunft entwickeln wird, bleibt abzuwarten.

An der **Linken Wienzeile** befinden sich am sogenannten Majolikahaus (Nr. 40)

EXTRATIPP

Flohmarkt am Naschmarkt

Der samstägliche Flohmarkt zählt zu den bedeutendsten seiner Art in Europa. Wem Altwaren und Krimskrams am Herzen liegen, darf ihn auf keinen Fall verpassen. Das ausgedehnte Areal zwischen der U-Bahn-Station Kettenbrückengasse und dem Naschmarkt wird bei schönem Wetter wöchentlich von bis zu 15.000 Besuchern frequentiert. Hier findet man alles: vom ausgelatschten Turnschuh bis zur Jugendstil-Vase, vom Röhrenden-Hirsch-Gemälde bis zur Schaufensterpuppe. Auch wenn man nicht vorhat, etwas zu erwerben: Auf dem Flohmarkt kommt man der Wiener Seele sehr nahe. Hier wird gemosert und gestritten, gelacht und Schmäh geführt, gehandelt und herumgewandelt. Alles ist sehr bunt – auch die Menschen – und man versteht, warum Wien gerne als westlichste Millionenstadt des Balkans bezeichnet wird. Neben alteingesessenen Wiener Standbetreibern tummeln sich Osteuropäer aus allen erdenklichen ehemaligen Kronländern und darüber hinaus; besonders beliebt ist der Markt bei Sinti und Roma. Man sollte sich einfach in aller Ruhe durch die Flohmarktgassen treiben lassen und die Atmosphäre genießen. Eventuell findet man auch sein individuelles Mitbringsel. Der Flohmarkt hat das ganze Jahr über geöffnet, auch bei schlechtem Wetter. Bereits vor Sonnenaufgang kann man Schnäppchen machen. Am späten Nachmittag packen die meisten Händler ihre Schätze dann wieder ein.

› www.wien.gv.at/freizeit/einkaufen/maerkte/flohmarkt

KLEINE PAUSE

Traditionsreiches Marktlokal

Ein traditionsreiches Lokal, das für seine gute Küche geschätzt wird, ist die Eiserne Zeit. Das älteste Gasthaus am Naschmarkt ist bekannt für seine Altwiener Hausmannskost und das frisch gezapfte Bier.

5 [F7] **Zur Eisernen Zeit** €, Naschmarkt 313-320/C7, Tel. 5870331, www.zureisernenzeit.at, Mo.-Sa. 11-23, So. u. Feiertag 11-17 Uhr

und dem benachbarten Haus Nr. 38 zwei von Otto Wagner gestaltete Häuserfassaden, die zu den schönsten Beispielen des **Wiener Jugendstils** zählen.

› U4 Kettenbrückengasse

50 Secession ★ [G7]

Der Begriff Secession bezieht sich auf zwei Dinge: zum einen auf die Künstlerbewegung, die sich Ende des 19. Jahrhunderts unter diesem Namen gründete, zum anderen auf das gleichnamige markante Jugendstil-Gebäude zwischen Karlsplatz und Naschmarkt 49.

Wichtigster Kopf der Bewegung und Gründungsmitglied war Gustav Klimt; dazu gesellten sich Künstler wie Koloman Moser, Max Kurzweil, Josef Engelhart und Joseph Maria Olbrich. Letzterer, seines Zeichens Schüler Otto Wagners, plante auch das 1898 erbaute **Secessionsgebäude.** Finanziert haben den Bau die Jugendstil-Künstler selbst; die Stadt Wien stellte jedoch das Grundstück zur Verfügung. Schon von Weitem ist das Gebäude an seiner goldfarbenen Kuppel aus bronzenem Blätterwerk zu erkennen.

Fotografieren lässt es sich leider gar nicht so leicht, da direkt vor dem Eingang starker Verkehr tobt. Unter der Kuppel steht der den neuen Kunststil prägende Satz: „Der Zeit ihre Kunst, der Kunst ihre Freiheit." Links steht als zweiter Slogan **Ver sacrum**, was übersetzt „heiliger Frühling" bedeutet und den Aufbruch in eine neue Kunstepoche verdeutlichen soll. Als weitere Zierelemente wird die weiße Fassade von drei Gorgonenhäuptern über dem Eingang und drei Eulen an der Seitenwand geschmückt. Rechts vom Gebäude steht das majestätische Bronzedenkmal des römischen Feldherrn Marc Anton, das im Volksmund als „Löwenfiaker" zurechtgestutzt worden ist. Als Dauerleihgabe ist im Erdgeschoss Klimts berühmtes **Beethovenfries** ausgestellt. Das monumentale Kunstwerk entstand 1902 im Rahmen einer Ausstellung zu Ehren des Komponisten. Ursprünglich sollte es nach der Ausstellung abgetragen werden. Über Umwege fand es aber in den 1970er-Jahren seinen Weg zurück in die alte Heimstätte und ist heute der unbestrittene Publikumsmagnet der Secession. In den weiteren Räumlichkeiten werden regelmäßig wechselnde Ausstellungen zeitgenössischer Künstler gezeigt.

› Friedrichstraße 12, U1/U4 Karlsplatz, Tel. 5875307, www.secession.at, geöffnet: Di.-So. 10-18 Uhr, Eintritt: Beethovenfries und aktuelle Ausstellung 12 €, ermäßigt 7,50 €

51 Karlskirche ★★★ [G7]

Sie ist Wahrzeichen Wiens und neben dem Stephansdom 2 der berühmteste Sakralbau der Stadt. Dennoch ist die Karlskirche noch vieles mehr: in Stein gegossene architektonische Weltgeschichte, Musterbeispiel des europäischen Barock, Tempel der Kunst und Schönheit, Manifestation habsburgischen Macht-

068wi-se

anspruchs und weltweit größter Ort der Erinnerung an die Schrecken der Pest.

Vermutlich sind all diese nicht zu leugnenden Superlative auch der Grund dafür, dass man für eine Besichtigung im Gegensatz zu den meisten anderen Wiener Kirchen Eintritt bezahlen muss – etwas beschönigend „Erhaltungsbeitrag" genannt.

Ihre Existenz verdankt die Karlskirche einer fürchterlichen **Pestepidemie** zwischen 1713 und 1714 und einem **Gelübde Kaiser Karls VI.**, zu Ehren seines Namenspatrons, des Pestheiligen Karl Borromäus, ein Gotteshaus zu errichten. Beauftragt wurde der Architekt Johann Bernhard Fischer von Erlach, der Einflüsse aus dem antiken Rom und Byzanz mit den Elementen des Barock verschmelzen ließ und der Karlskirche ihren äußerlich einzigartigen Charakter verlieh. Mit den beiden **mächtigen Säulen** wird die Verbindung zur Hagia Sophia in Konstantinopel, zur Trajanssäule in Rom, zu den Säulen des Herakles und zu den Säulen beim Eingang des Jerusalemer Tempels hergestellt. Gleichzeitig sind es zwei überdimensionale Pestsäulen, die Szenen aus dem Leben des Kirchenpatrons darstellen. Der Portikus (Säulengang) ist einem griechisch-römischen Tempel nachempfunden, die Kuppel der Peterskirche in Rom – mit 72 Metern Höhe die **höchste Kuppelkirche nördlich der Alpen.**

Einst stand die Kirche am erhöhten Ufer des Wienflusses, den man in diesem Bereich unter die Erde verbannt hat, und in direkter Sichtachse zur Hofburg (s. S. 52). Heute spiegelt sich die Kirchenfassade in einem großen Brunnenbecken – rund herum eine ausgedehnte Parkanlage, die jahrzehntelang als Treffpunkt der Wiener Drogenszene für traurige Bekanntheit sorgte.

Das Kircheninnere ist eine barocke Schatztruhe aus Marmor, Farbe und Licht. Besondere Bedeutung kommt neben dem **prächtigen Hochaltar** den **Altarbildern** in den Seitenkapellen zu, unter ihnen Lukas, die Muttergottes malend. Wer sich etwas näher mit den Kunstschätzen im Inneren beschäftigen möchte, dem sei der hörenswerte Audioguide ans Herz gelegt. Das farbenprächtige **Kuppelfresko** von Johann Michael Rott-

Kaiser Karl VI. stiftete Anfang des 18. Jahrhunderts die Karlskirche 51 *– ein weiteres Wahrzeichen Wiens*

141wi-se

mayr und Gaetano Fanti stellt die Bitte des heiligen Karl um das Ende der Pest und die Erhörung Gottes dar, flankiert von Allegorien der drei göttlichen Tugenden Glaube, Liebe und Hoffnung. Seit einer Renovierung vor einigen Jahren erstrahlen sie in neuem Glanz.

Viele Jahre lang existierten ein **Panoramalift** und eine Treppe hinauf zur Kuppel, welche aber 2023 abgebaut worden sind. Zwar erlaubte es der Lift den Besuchern, den Fresken sehr nahe zu kommen und sogar bis in die Laterne mit der Heilig-Geist-Taube zu steigen, er störte aber andererseits durch seine Konstruktion das Gesamtbild des Kirchenraums. Stattdessen erhält man für den Eintritt nun andere Zusatzattraktionen: Man kann ein **Kirchenmodell**, die **Schatzkammer** und die **Orgelempore** besichtigen und hat zusätzlich die Möglichkeit, eine neu errichtete **Panoramaterrasse** zu besteigen. Von hier aus ist man den mächtigen Säulen ganz nahe und genießt einen neuartigen **Blick über Wien.**

› Kreuzherrengasse 1, U1/U4 Karlsplatz, www.karlskirche.eu, Mo.–Sa. 9–18, So. und feiertags 11–19 Uhr, Eintritt: 9,50 € (Erwachsene), 5 € (Jugendliche und Studenten), Kinder bis 10 Jahre frei

52 Schwarzenbergplatz und Denkmal der Roten Armee ★ [H7]

Unweit von Karlsplatz und Ringstraße gelegen, ist der Schwarzenbergplatz einer der größten und vor allem längsten Plätze Wiens. Entstanden ist er im 19. Jahrhundert im Rahmen der großen Stadterweiterungsmaßnahmen. Er liegt im Grenzdreieck zwischen Innerer Stadt, Wieden (4. Bezirk) und Landstraße (3. Bezirk).

Benannt ist er nach Karl Philipp Schwarzenberg, dem siegreichen österreichischen Feldherrn in der Völkerschlacht bei Leipzig 1813. Ihm zu Ehren steht im nördlichen Bereich nahe der Ringstraßenkreuzung ein 1967 enthülltes **Reiterstandbild** des Dresdner Bildhauers Ernst Hähnel. Vom Autobahn- und Straßenbahnverkehr umtost, findet es heute nur noch wenig Beachtung. Das mag zusätzlich daran liegen, dass wenige Jahre später anlässlich des Baus der Wiener Hochquellenwasserleitung im südlichen Teil ein spektakulärer **Hoch-**

Farbenprächtiges Barock: Fresken in der Kuppel der Karlskirche 51

EXTRATIPP

Nichts für Geruchsempfindliche: die „3. Mann Tour“

In Wien wurde 1948 der Filmklassiker „Der Dritte Mann“ gedreht. In mehrfacher Hinsicht kann man den Spuren Harry Limes folgen: auf einer Dritte-Mann-Tour durch die Kanalisation, im Riesenrad 57 oder im Dritte Mann Museum (s. S. 167).

Bei der **3. Mann Tour,** die auf einer Verkehrsinsel am Karlsplatz startet, geht es über die original Filmtreppe hinunter in einen der ältesten Teile der Wiener Kanalisation aus den 1830er-Jahren. Der Gestank hier unten ist nichts für empfindliche Nasen. Hollywood-Star Orson Welles ließ den eigenwilligen Drehort mit Parfüm besprühen; dieser Luxus wird den heutigen Besuchern nicht zuteil. Mittels modernster Projektions- und Lichttechnik taucht man ein in die Welt der Kanalarbeiter, Filmagenten, Schmuggler und Spione. Gleichzeitig erhält man interessante Informationen zur heutigen Wiener Kanalisation, zur Arbeitsweise der Kanalarbeiter und zu den Bewohnern der Wiener Unterwelt: den Ratten. Höhepunkt der Führung ist der Zugang zum hier unterirdisch verlaufenden Wienfluss – ebenfalls Drehort der berühmten Verfolgungsjagd. Den Film selbst kann man in Wien übrigens regelmäßig im Burgkino am Opernring 19 anschauen (www.burgkino.at).

› Tel. 40003033, www.drittemanntour.at, Mai–Okt. Do.–So. stündliche Führungen von 10 bis 19 Uhr (letzte Führung). Treffpunkt 20 Minuten vor der Führung: Karlsplatz–Giradipark, Kosten: 10 €, ermäßigt 8 €, Kinder zwischen 12 und 18 Jahren 5 €. Rechtzeitige Online-Anmeldung aufgrund der hohen Nachfrage nötig.

strahlbrunnen eröffnet worden ist. Er zieht bis heute die Aufmerksamkeit auf sich und hängt historisch nicht, wie man vermuten könnte, mit dem sowjetischen Denkmal zusammen. Der Springbrunnen – im Hochsommer ein erfrischendes Plätzchen in der stickigen Innenstadt – konnte dank einer großzügigen Spende 1873 realisiert werden und erstrahlt nachts in unterschiedlichen Farben.

Überragt wird der Brunnen vom monumentalen **Heldendenkmal der Roten Armee,** im Volksmund oft lapidar Russendenkmal genannt, das an rund 17.000 sowjetische Soldaten erinnert, die 1945 in der Schlacht um Wien gefallen sind. Umrahmt von einer halbkreisförmigen Kolonnade steht im Zentrum eine 20 Meter hohe Säule, auf deren Spitze ein aus 15 Tonnen Bronze gegossener Rotarmist steht, in der Hand das golden glänzende Sowjetwappen. Im Staatsvertrag von 1955 verpflichtete sich Österreich, für den Erhalt und die nötigen Instandsetzungsmaßnahmen zu sorgen; 2009 wurde es umfangreichen Restaurierungsmaßnahmen unterzogen. Bis 1956 hieß der südliche Teil des Platzes Stalinplatz, ehe er wieder als Teil des Schwarzenbergplatzes geführt wurde. Das in der Bevölkerung in den ersten Jahrzehnten und wieder seit dem Krieg Russlands gegen die Ukraine nicht unumstrittene Denkmal ging auch in die Kriminalgeschichte ein: Zweimal wurden Sprengstoffattentate vereitelt und 1958 fand man hinter der Kolonnade ein weibliches Mordopfer. Apropos hinter der Kolonnade: Seit seiner Errichtung verdeckt das Ehrenmal das dahinter liegende **Palais Schwarzenberg,** ein bedeutendes barockes Gartenpalais, das mit der Schlossanlage von Belvedere 53 verbunden ist.

Etliche weitere Gebäude säumen den Platz; das auffälligste unter ihnen ist das **Haus der Industrie** im südöstlichen Teil. Der 1909 errichtete Prachtbau aus der Epoche des Späthistorismus war nach Ende des Zweiten Weltkriegs Sitz des Alliierten Rates, bestehend aus Großbritannien, den USA, Frankreich und der Sowjetunion. Hier erfüllt bis heute Wiens ältester Paternosteraufzug seine Pflicht.

Neben Heldenverehrung, Prachtbauten, Springbrunnen und viel Verkehr kann der Schwarzenbergplatz noch mit einer liebenswerten Besonderheit aufwarten: Schräg gegenüber dem Reiterdenkmal liegt **Österreichs kleinster Weingarten.** Der Wiener Bürgermeister eröffnet hier jährlich in einem symbolischen Akt den Beginn der Weinlese.

› Reiterdenkmal: Straßenbahnlinien D, 2, 71, Station Schwarzenbergplatz (Mitte); Hochstrahlbrunnen, Denkmal der Roten Armee: Linie D, Station Gusshausstraße oder Linie 71 Am Heumarkt

Russland in Wien

In Wien trifft man an vielen Ecken auf russische Geschichte und Kultur. Prächtigstes Beispiel ist die russisch-orthodoxe ***Kathedrale zum Heiligen Nikolaus*** *mit ihren fünf golden glänzenden Kuppeln, die sich im 3. Bezirk gegenüber der russischen Botschaft befindet. Ein großer Teil der Kosten für das zwischen 1893 und 1899 erbaute Gotteshaus steuerte der russische Zar Alexander III bei. Sie ist eines der auffälligsten Gebäude im Botschaftsviertel des 3. Bezirks.*

Etliche bedeutende ***Revolutionäre,*** *die mit der Kirche nicht viel am Hut hatten, weilten vor der Russischen Revolution in Wien: Seit 1907 spielte Lew Dawidowitsch Bronstein, später bekannt unter dem Namen Leo Trotzki, im Café Central (s. S. 184) Schach. Sein späterer Intimfeind Iossif Dschugaschwili, besser bekannt als Josef Stalin, lebte unter dem Decknamen Stavros Papadopoulos einige Wochen bei einer russischen Aristokratenfamilie in der Schönbrunner Schloßstraße 30 in Meidling, wo sich bis heute eine Gedenktafel mit dem Konterfei des Diktators befindet – ein Kuriosum, an dem auch Nikita Chruschtschow nicht rütteln konnte. Allerdings ist sie mittlerweile durch eine Zusatztafel, die an die Opfer des Stalinismus erinnert, entschärft worden. Nach Ende des Zweiten Weltkriegs existierte ähnlich wie in Berlin ein* ***sowjetischer Sektor,*** *der allerdings kein einheitliches Stadtgebiet umfasste und sich über die Bezirke Leopoldstadt, Brigittenau, Wieden, Favoriten, Floridsdorf und Donaustadt erstreckte.*

Seit dem Ende der Sowjetunion hat sich Wien zu einem beliebten Aufenthaltsort für russische und andere osteuropäische Geschäftsleute entwickelt. Ihre Villen haben teilweise die Ausmaße kleinerer Gemeindebauten. Seit dem Angriff Russlands auf die Ukraine 2022 hat sich das russisch-österreichische Verhältnis deutlich verschlechtert. Geschäftsbeziehungen österreichischer Unternehmen mit Russland sind umstritten und auch die jahrzehntelang unantastbare Neutralität des Landes wird mittlerweile von manchen Kreisen hinterfragt.

★6 *[H7]* ***Kathedrale zum Heiligen Nikolaus,*** *Jauresgasse 2*

53 Schloss Belvedere ★★★ [H8]

Neben Schönbrunn 67 ist Schloss Belvedere das zweite Wiener Barockensemble von Weltrang. Längst haben sich Unteres und Oberes Belvedere auch als Präsentationsstätten von Kunstausstellungen Weltruf erworben. Vom Garten aus genießt man den vielleicht schönsten Blick Wiens in Richtung Stephansdom 2. Damit macht das Schloss auch seinem Namen alle Ehre; schließlich heißt Belvedere übersetzt schöne Aussicht.

Damals noch außerhalb der Stadtmauern im Grünen gelegen, gönnte sich **Prinz Eugen von Savoyen** im heutigen 3. Bezirk seine Sommerresidenz, deren Pläne von Johann Lucas von Hildebrandt ausgeführt wurden. Zunächst entstand zwischen 1714 und 1716 das **Untere Belvedere,** ehe bis 1726 auf der Anhöhe als prunkvoller Gegenpart und Repräsentationsbau das **Obere Belvedere** entstand.

Nach dem Tode des kinderlosen Prinzen fiel das Schloss an den Wiener Hof und hatte über die Jahrhunderte etliche bedeutende Bewohner: Der Komponist Anton Bruckner durfte 1895 eine Wohnung beziehen; der österreichische Thronfolger Franz Ferdinand residierte bis zu seiner Ermordung 1914 im Belvedere. In der Nachkriegszeit erlebte der Marmorsaal des Oberen Belvedere eine historische Sternstunde, als 1955 der Staatsvertrag zwischen Österreich und den Siegermächten unterzeichnet wurde und sich Außenminister Leopold Figl mit den Worten „Österreich ist frei“ vom Balkon aus umjubeln ließ.

Zwischen den beiden Schlossteilen erstreckt sich der **Garten** mit seinen zwölf Brunnen und dem reichen Skulpturenschatz. Neben antiken Göttern, Helden und allegorischen Darstellungen sind vor allem die eindeutig weiblich dargestellten Sphingen in ihrer Rolle als Hüterinnen des Olymp beliebte Fotomotive – und natürlich der herrliche Blick über die Innere Stadt und insbesondere auf den Südturm des Stephansdoms.

Das **Obere Belvedere** repräsentiert den Olymp in seiner äußeren und inneren Pracht. Besonders sehenswert sind der Marmorsaal mit seinem farbenprächtigen Deckengemälde, das die Heldentaten Prinz Eugens glorifiziert sowie das mit reicher Dekoration verzierte Stiegenhaus. Die meisten Besucher kommen allerdings wegen der **einzigartigen Gemäldesammlung,** die das Schloss beherbergt. Sie spannt einen Bogen vom Mittelalter bis in die Moderne. Mittelalterliche Meisterwerke sind kostbare Skulpturen und Holzmalereien, etwa die „Geißelung Christi“ des Südtiroler Künstlers Michael Pacher. Über Barock und Klassizismus geht der Bilderreigen weiter bis in die Zeit des Biedermeier. Berühmt geworden sind die Darstellung Napoleons hoch zu Ross von Jacques-Louis David (1801) oder die wildromantische „Felsenlandschaft im Elbsandsteingebirge“ von Caspar David Friedrich (1822). Zu bewundern ist auch das farbenprächtige Gemälde „Die breite Föhre nächst der Brühl bei Mödling“ von Ludwig Ferdinand Schnorr von Carolsfeld (1838).

In der Biedermeier-Abteilung bezaubert das Bildnis der „Schlummernden Frau“ von Johann Baptist Reiter durch seine intime Sinnlichkeit. Aus dieser Epoche stammen auch die Meisterwerke des österreichischen Malers Ferdinand Georg Waldmüller wie etwa die Darstellung „Ein Mädchen schmückt die Mutter Gottes mit einer Rose“ von 1836.

069wi-se

⌂ *Das Obere Belvedere beherbergt eine einzigartige Gemäldesammlung*

Über Werke aus Historismus, Realismus und Impressionismus erreicht man schließlich das Wien um 1900 und damit den Jugendstil. Star der Galerie ist **Gustav Klimt.** Das Belvedere besitzt unter anderem den berühmten **„Kuss"** und die **„Judith"**.

Das **Untere Belvedere** am Rennweg mit den Wohn- und Prunkräumen Prinz Eugens und der Orangerie kann ebenfalls besichtigt werden. Hier finden regelmäßig **Sonderausstellungen** statt. Der dazugehörige **Prunkstall** beherbergt ein Schaudepot mittelalterlicher Kunst. Wer für die gesamte Schlossanlage nicht genügend Zeit zur Verfügung hat, sollte sich auf das Obere Belvedere konzentrieren.

› Unteres Belvedere: Rennweg 6, Straßenbahn 71 Unteres Belvedere, Oberes Belvedere: Prinz-Eugen-Straße 27, Straßenbahn D Schloss Belvedere, www.belvedere.at, Tel. 795570, geöffnet: tägl. 10–18 Uhr, Eintritt: Unteres Belvedere mit Prunkstall 14,60 €, erm. 10,90 €, Oberes Belvedere mit Sammlung 16,70 €, erm. 13,40 €, gesamtes Schloss Belvedere 24 €, ermäßigt 19,90 €, Kinder und Jugendliche frei; Prinz-Eugen-Ticket (gesamtes Belvedere inkl. Belvedere 21, s. S. 168) 26,10 €, erm. 21,90 €

54 Arsenal und Heeresgeschichtliches Museum ★★ [I9]

Das Arsenal ist weit mehr als „nur" ein militärischer Gebäudekomplex. Es ist das zu Stein erstarrte Selbstbewusstsein der Habsburger Militärmacht und das bedeutendste romantisierende Beispiel des Historismus in der zweiten Hälfte des 19. Jahrhunderts. Das Heeresgeschichtliche Museum als dessen Herzstück ist ebenfalls weitaus spannender als es sein trockener Name erwarten lässt: kein Museum für schrullige Militaria-Fans, sondern vielmehr ein Anti-Kriegsmuseum, welches insbesondere die Geschichte des Ersten Weltkriegs auf modernste Art und Weise präsentiert.

Insgesamt 31 (einst 71!) Objekte umfasst das **Arsenal** im 3. Wiener Gemeindebezirk (Landstraße); erbaut wurde es aus Anlass der Märzrevolution 1848 und sollte explizit nicht als Drohkulisse für äußere Feinde, sondern zur Abschreckung umstürzlerischer Tendenzen im Inneren dienen. Die Geschichte des Komplexes ist aufs Engste mit der Regierungszeit Kaiser Franz Josephs I. verbunden. Architektonisch hat man sich, ganz dem Historismus verpflichtet, an italienisch-mittelalterlichen und byzantinisch-maurischen Baustilen orientiert. Insgesamt 177 Millionen Ziegel wurden für das Gewaltprojekt verbaut – im Vergleich zu den Ausmaßen des Arsenals wirkt sogar Schloss Schönbrunn 67 direkt bescheiden.

Im heutigen Objekt 1 ist das **Heeresgeschichtliche Museum** untergebracht. Bereits beim Eintreten bemerkt jeder Besucher, dass er es hier mit weit mehr als einer trockenen Waffensammlung zu tun hat – die **Feldherrenhalle** mit 56 Großstatuen österreichischer Kriegsfürsten aus Carraramarmor verschlägt einem fast die Sprache. Nicht weniger repräsentativ und imposant sind das prächtige **Stiegenhaus** und die **Ruhmeshalle** in der ersten Etage. Man wähnt sich eher in einem Schloss denn in einem Museum.

Die **Sammlungen** sind chronologisch in acht Sälen untergebracht, beginnend mit dem Dreißigjährigen Krieg über den Spanischen Erbfolgekrieg und der Epoche Maria Theresias bis hin zu den Revolutionen, zu Napoleon und Feldmarschall Radetzky, seines Zeichens Namensgeber des berühmten Marsches. Bedeutende Exponate sind unter anderem Beutestücke aus den Türkenbelagerungen – beispielsweise ein komplett erhaltenes türkisches Staatszelt –, ein französischer Kriegsballon aus dem Jahr 1796 oder die Totenmaske Maximilians I., des habsburgischen Kaisers von Österreich. Zu sehen sind auch historische Schlachtengemälde, unter anderem die „Belagerung und Entsatz der Stadt Wien im September 1683“, auf dem die anstürmenden Türken in propagandistischer Manier besonders unsympathisch dargestellt sind.

Besondere Aufmerksamkeit zieht seit eh und je der **Sarajevo-Saal** auf sich. Er zeigt das Automobil, in dem Erzherzog Franz Ferdinand und seine Gemahlin Sophie Chotek beim Mordanschlag durch den serbischen Nationalisten Gavrilo Princip gesessen haben sowie die **blutbefleckte Uniform** des Thronfolgers.

Zum 100. Jahrestag des Kriegsbeginns wurde am 28. Juni 2014 die komplett **neu gestaltete Saalgruppe zum Ersten Weltkrieg** eröffnet. Sie veranschaulicht auf drastische Art und Weise den ganzen Schrecken und Irrsinn des Krieges und kann guten Gewissens als mahnende Anti-Kriegsausstellung bezeichnet werden.

Saal VII beschäftigt sich schließlich mit der Ersten Republik (1919–1934), dem autoritären Ständestaat (1934–1938) sowie dem Nationalsozialismus und dem Zweiten Weltkrieg, während Saal VIII die Geschichte der österreichischen Marine zum Thema hat. Zu sehen ist unter anderem ein natürlich mit Muscheln verzierter U-Boot-Turm aus dem Kriegsjahr 1918. Im Garten hinter dem Museum beschließen Panzer und Flugzeuge aus der jüngeren Militärgeschichte den Rundgang.

KLEINE PAUSE

Restaurant Falkensteiner Stüberl

Nicht allzu weit entfernt vom Arsenal bietet das Restaurant gutbürgerliche Wiener Küche. Im Sommer kann man im Gastgarten im Innenhof sitzen.

7 [I8] **Falkensteiner Stüberl** €-€€, Kleistgasse 28, Tel. 7981950, www.falkensteinerstueberl.at, geöffnet: tägl. 11–22 Uhr

› **Heeresgeschichtliches Museum (HGM):** Arsenal, Objekt 1, U1 Südtiroler Platz oder U3 Schlachthausgasse, Bus 69A Ghegastraße, Tel. 795610, www.hgm.at, geöffnet: tägl. 9–17 Uhr (außer Silvester/Neujahr, 25.12., Ostersonntag, 1. Mai und 1.11.), Eintritt: 7 €, ermäßigt 5 €, Kinder und Jugendliche bis 19 Jahre frei. Jeden ersten Sonntag im Monat erhalten alle Besucher freien Eintritt.

55 Hundertwasserhaus ★ [I6]

Mit bunten Flächen, unregelmäßigen Formen und viel Grün versuchte der Maler Friedensreich Hundertwasser (1928–2000), Wiens Architektur neue Impulse zu geben. Neben dem umgestalteten Heizkraftwerk Spittelau mit seinem minarettartigen Schlot ist das Hundertwasserhaus das wichtigste architektonische Vermächtnis des Künstlers an die Stadt Wien.

Entstanden ist das verwegene Projekt zwischen 1983 und 1985. Bis zu seiner Fertigstellung gab es etliche Geburtswehen. Unüberwindbare Diskrepanzen zwischen dem ursprünglichen Architekten Josef Krawina und Friedensreich Hundertwasser führten dazu, dass der Künstler das Projekt schließlich mit dem Architekten Peter Pelikan vollendete. In einem späteren Gerichtsbeschluss wurde jedoch Krawinas Miturheberschaft an dem Projekt bestätigt.

Das Hundertwasserhaus zeichnet sich hauptsächlich durch seine individuelle und **farbenfrohe Fassadengestaltung, den Verzicht auf gerade Linien und viel Grün** aus. Ein revolutionärer Ansatz, der zunächst viel Kopfschütteln auslöste, war die Begrünung der Dachterrassen mit Bäumen; der Ansatz stand gesellschaftspolitisch auch in Verbindung zur aufkommenden ökologischen Bewegung in den 1980er-Jahren. Mittlerweile sind durch die Pflege der Bewohner aus den zarten Pflanzen stattliche Baumexemplare geworden. Nicht nur daran erkennt man, dass das Hundertwasserhaus ein sich verändernder Organismus ist, der sich zusammen mit seinen Bewohnern verändert.

Noch bis in die 1990er-Jahre war das eigenwillige Gebäude eine viel frequentierte Hauptsehenswürdigkeit Wiens; heute ist der Hype etwas abgeflaut. Da in dem Wiener Gemeindebau ganz normale Menschen und keine Ausstellungsobjekte wohnen, ist er nur von außen zu besichtigen. Im Kaffeehaus Kunstcafe im Erdgeschoss läuft ein Film, in dem Hundertwasser sein Haus vorstellt.

› **Hundertwasserhaus:** Kegelgasse 34–38/ Ecke Löwengasse 41–43, Straßenbahn 1 Hetzgasse

Das unweit vom Hundertwasserhaus stehende **Ausstellungszentrum Kunst Haus Wien** mit einer Hundertwasser-Werkschau sowie wechselnden Ausstellungen würdigt die Arbeit des Künstlers. Dazu wurde die frühere Bugholzmöbelfabrik Thonet komplett im charakteristischen Hundertwasser-Stil umgebaut – inklusive unregelmäßiger Elemente aus Glas, Metall, Ziegeln, Holz und Keramikfliesen. Im Parterre sind ein Café und ein Museumsshop untergebracht. Bis Anfang 2024 ist das Kunst Haus Wien aufgrund von Modernisierungsarbeiten geschlossen.

M8 [I6] **Kunst Haus Wien,** Untere Weißgerberstraße 13, Straßenbahn 1 Radetzkyplatz, Tel. 7120491, www.kunsthauswien.com, zurzeit **wegen Renovierung geschlossen,** Wiedereröffnung Anfang 2024

Wiens bunte Insel: Riesenrad, Augarten und Multikulti

Auch „Mazzeinsel“ wurde der Stadtteil zwischen Donaukanal und Donau mit seinen zwei benachbarten Bezirken Leopoldstadt (2. Bezirk) und Brigittenau (20. Bezirk) genannt. Der Name bezog sich auf die jüdischen Bäcker, die zum Pessachfest ungesäuertes Brot herstellten. Auch heute leben wieder viele Juden im 2. Bezirk und prägen zusammen mit einem bunten Völkergemisch das Gesicht der Gegend. Die Leopoldstadt war einst verrufen, mittlerweile ist sie „in“. Zwischen Rotlichtlokalen und Gemeindebauten hat sich eine quirlige Subkultur aus Studenten, Künstlern und Lebenskünstlern entwickelt. Auch Teile der nördlich gelegenen Brigittenau werden bereits von diesem Boom erfasst. Den Weg über den Donaukanal sollte man allein schon wegen des Wurstelpraters 57 mit seinem weltberühmten Riesenrad antreten. Doch die Gegend hat noch viel mehr zu bieten: kunterbunte Märkte, eine der größten Kirchen Österreichs 59 und mit Augarten 61 und Prater 56 gleich zwei grüne Lungen zum Entspannen.

56 Prater (Grüner Prater) ★ [K6]

Viele Touristen verbinden mit dem Prater lediglich den als Wurstelprater 57 bezeichneten Vergnügungspark zwischen Riesenrad und Schweizerhaus, ohne zu wissen, dass dahinter erst der eigentliche Prater als viele Kilometer langes grünes Band zwischen Donaukanal und Donau beginnt.

Seinen Namen hat das Landschaftsschutzgebiet urkundlich bereits im Jahre 1162 von Kaiser Friedrich Barbarossa erhalten; er leitet sich vom lateinischen **Pratum** für Wiese ab. Viele Jahrhunderte lang wurde das Areal als adeliges Jagdrevier genutzt, ehe Kaiser Joseph II. es 1766 für die Allgemeinheit öffnete. Ab da begann der Siegeszug des Praters: Über Gastronomie- und Amüsierbetriebe entwickelte sich nach und nach der Wurstelprater 57. Daneben fand Spektakuläres statt: Seit dem 18. Jahrhundert wurden wöchentlich vor Tausenden Besuchern **Feuerwerke** abgebrannt; die Pioniere des zünftigen Wochenendvergnügens waren der Italiener Peter Paul Girandolini und der Deutsche Johann Georg Stuwer, nach dem auch das benachbarte Stuwerviertel im 2. Bezirk benannt ist. Letzterem war der lautstarke Zinnober längst nicht genug: Als ihm das Halteseil eines Heißluft-Fesselballons 1784 gerissen war, trug ihn der Ballon bis über die Donau und er wurde unfreiwillig zum ersten Ballonfahrer Österreichs. 1816 ging mit Jakob Degen auch der erste Vorläufer eines Hubschraubers in die Lüfte. Unten am Boden wurde gefeiert und zu den Walzerklängen von Johann Strauss und Joseph Lanner getanzt. Es gab drei große Kaffeehäuser und man vergnügte sich auf der **Galopprennbahn Freudenau** im südöstlichsten Teil des Praters.

Im Jahre **1873 fand in Wien die große Weltausstellung** statt und zog über 7 Millionen Besucher in den Prater. Die zentrale Rotunde, die 1937 ein Raub der Flammen wurde, hatte den gewaltigen Durchmesser von 108 Metern. Von den Pavillons der Weltausstellung steht heute nur noch ein einziger im Ori-

070wi-se

ginalzustand und dient als Bildhaueratelier. Ansonsten erinnert nur noch der künstliche Konstantinhügel an das epochale Ereignis. In den Folgejahren vertrieb man sich die Freizeit auf der Trabrennbahn Krieau und auf dem Fußballplatz des Wiener Athletiksport Clubs WAC. Die Tribünen der beiden Anlagen existieren noch, sind aber im Fall der Krieau (nahe WU-Campus 58) teilweise sanierungsbedürftig oder im Fall des WAC-Platzes bereits von der Natur überwuchert. Die **denkmalgeschützte Trabrennbahn mit ihrem historischen Richterturm** soll allerdings erhalten und in eine neue Flächennutzung eingebunden werden. Unweit des **WU-Campus** wird sich hier in den kommenden Jahren baulich noch einiges verändern, wobei der Prater als Parkanlage nicht in Mitleidenschaft gezogen werden soll.

Berühmtes Wiener Wahrzeichen: das Riesenrad im Wurstelprater 57

Nationaler und internationaler Fußball wird heute im benachbarten **Ernst-Happel-Stadion** gespielt. Österreichs größtes Fußballstadion ist nach dem Wiener Erfolgstrainer Ernst Happel benannt, der auch den Hamburger SV in den 1980er-Jahren an die Spitze des europäischen Fußballs führte.

Als wichtigste Achse und Orientierungslinie im Prater dient die **Hauptallee**, die den Verkehrsknotenpunkt Praterstern mit dem **Lusthaus**, einem ehemaligen Jagdhaus mit Café und Restaurant, verbindet. Ungefähr auf Höhe des **Stadionbades** wird der Prater unberührter und teils zur **naturbelassenen Auwaldlandschaft.** Mit Heustadelwasser, Lusthauswasser, Mauthnerwasser und Krebsenwasser existieren vier Altwasser-Donauarme.

KLEINE PAUSE

Einkehr im „freude now"

Nur ein paar Meter vom markanten Lusthaus entfernt befindet sich dieser urige Imbiss, der in einem kleinen Gastgarten Erfrischungen und Speisen kredenzt.

10 **freude now,** Rennbahnstraße 65a, Bus 77A Lusthaus, Tel. 7289707, geöffnet: in der warmen Jahreszeit Do.–Di. 11–21, Mi. 15–21 Uhr

› U2 Messe-Prater (nördlicher Teil), U2 Krieau oder Stadion (mittlerer Teil), U2 Donaumarina (südlicher Teil), U3 Erdberg (Zugang über Gaswerksteg)

9 **Lusthaus,** Freudenau 254, U2 Donaumarina, Bus 77A Lusthaus, Tel. 7289565, www.lusthaus-wien.at, geöffnet: Jan.–März Sa.–Di. 12–17, Apr.–Sept. Mo., Di., Fr. 12–21, Sa., So. 12–17, Okt.–Dez. Fr.–Di. 12–17 Uhr

57 Wurstelprater und Riesenrad ★★★ [I5]

Offiziell heißt der Vergnügungspark Volksprater, aber so nennt ihn niemand. Die meisten bezeichnen ihn einfach nur als Prater, obwohl es sich, wie schon erwähnt, nur um einen kleinen Teil der großen Parkanlage 56 handelt. 2016 feierte der liebenswerte Vergnügungspark seinen 250. Geburtstag.

Der im Volksmund verwendete Begriff Wurstelprater leitet sich ab von den Hanswurst-Bühnen, in gewisser Weise Vorgänger des Kasperltheaters. Die Wiener vergnügten sich hier bereits seit der Biedermeier-Epoche. Für die Weltausstellung 1873 zwischenzeitlich demoliert, entstand der Wurstelprater gleich einem Phönix aus der Asche neu und hatte seine Blüte um 1900. Damals entstand nicht nur das Riesenrad, es gab auch den wohl ersten Themenpark der Welt: eine kleinformatige Nachbildung Venedigs samt seiner Kanäle, das „Venedig in Wien".

Bis zu seiner Zerstörung Ende des Zweiten Weltkriegs beherbergte der Vergnügungspark auch eine Vielzahl an Kinos; das größte Lichtspieltheater war das Kino Busch. Es bot Platz für bis zu 1800 Besucher und ein 60-köpfiges Orchester. Nach dem Krieg wurde der Wurstelprater ein weiteres Mal wiedererrichtet und bietet heute eine facettenreiche Mischung historischer und moderner Unterhaltungsbetriebe: vom klassischen Ringelspiel (Karussell) über Geister- und Grottenbahn bis hin zum Autodrom, Kart-Bahn und dem historischen **Toboggan** – einer Rutsche mit Laufband, wie man sie auch auf dem Münchner Oktoberfest findet. Daneben existieren unzählige Schieß- und Spielbuden sowie ein breites gastronomisches Angebot. Platzhirsch ist das **Schweizerhaus** (Prater 116, www.schweizerhaus.at) mit großem Gastgarten, böhmischem Bier vom Fass und seinen berühmten Stelzen (Schweinshaxen). Wer es lieber fleischlos mag, sollte den pratertypischen *Lángos* probieren, einen in Fett heraus gebackenen Teigfladen mit viel Knoblauch. Betreten kann man das Gelände das ganze Jahr über. Betrieb herrscht bei den meisten Praterunternehmen von Frühling bis Herbst. Unumstrittener Festtag des Paters ist der 1. Mai. Am Tag der Arbeit pilgert halb Wien in den 2. Bezirk und es herrscht ein vergnügt-buntes Treiben samt Musikbühnen und Ständen entlang der Prater Hauptallee. An diesem Tag ist auch die **Liliputbahn** besonders herausgeputzt und mit Blumen geschmückt. Die liebenswerte Pratereisenbahn durchquert den Park auf einer Strecke von 3,9 Kilometern Länge und wird neben Diesellokomotiven auch von zwei Dampfloks betrieben. Der Einstieg befindet sich unweit des **Riesenrads,** womit wir endlich auch beim Wahrzeichen des Praters und einem der Wahrzeichen Wiens angelangt wären: 1896 wurde es von den englischen Ingenieuren Walter Basset und Harry Hitchins geplant und vom damaligen Praterkönig Gabor Stein mit 30 Gondeln bestückt. Anlass für die feierliche Eröffnung am 3. Juli 1897 war das anstehende 50-jährige Thronjubiläum von Kaiser Franz Joseph. Während der Nazizeit arisiert, wurde das Wiener Wahrzeichen 1953 an die Erbinnen des im Vernichtungslager Auschwitz ermordeten Besitzers Eduard Steiner restituiert. Seinen berühmtesten Auftritt in der Nachkriegsgeschichte hatte das Riesenrad jedoch schon einige Jahre zuvor im Film „Der dritte Mann“ – schon damals nur noch mit 15 Gondeln. Aufgrund der starken Beschädigungen durch den Krieg wurde jede zweite Gondel abgenommen; dieser Zustand hat sich bis

EXTRATIPP

Die alten Geisterbahnen

Vieles im Prater ist modern und unterscheidet sich kaum von anderen europäischen Jahrmärkten. Neben dem Riesenrad und einigen anderen Unikaten kann der Prater aber eine besondere Vielfalt an Geisterbahnen sein Eigen nennen. Einige davon – zum Teil im hintersten Winkel des Vergnügungsparks beheimatet – sind schon echte Urgesteine. Wenn auch schon etwas angestaubt und in die Jahre gekommen, befördert etwa das Geisterschloss mit dem davor stehenden Gorilla in seinen Wägelchen noch immer Besucher durch die schauerliche Finsternis. Zugegeben: Zum Teil ist es eher nur Finsternis und die Geister sind Mangelware; aber man sollte den Fahrpreis auch als Erhaltungsbeitrag dieser skurrilen Prater-Wahrzeichen betrachten. Schon öfters als Film- und Fernsehdrehort – beispielsweise in der Krimi-Kultserie „Kottan ermittelt“ – fungierte die Geisterbahn „Zum roten Adler“ (seit ca. 1950). Wer es lieber etwas moderner und brutaler mag: Vor ein paar Jahren eröffnete die nagelneue Geisterbahn Hotel Psycho. Sie ist wahrlich nichts für schwache Nerven, ebenso wie die Erlebnisbahn „Skull Rock – Fluch der Piraten“.

151wi-se

Die Geisterbahn zum Roten Adler – nostalgisches Relikt alter Prater-Zeiten

heute erhalten. Seit einigen Jahren informiert ein kostenloses **Panoramamuseum** über die bewegte Geschichte des Praters und des Riesenrads.

Persönlicher Tipp: Bei einem Praterbesuch sollte man den 2008 neu gestalteten Eingangsbereich am Riesenradplatz möglichst schnell verlassen. Seinen etwas angestaubten Charme entwickelt der Prater in den hinteren, etwas abgelegenen Ecken.

› U1/U2 Praterstern (Riesenrad) oder U2 Messe-Prater, www.prater.at. Der Eintritt in den Vergnügungspark ist frei, bezahlt wird an den jeweiligen Attraktionen. Offizielle Saisoneröffnung im Prater ist Mitte März; bei schönem Wetter haben manche Betriebe aber schon vorher geöffnet. Im Winter sind die meisten Betriebe mt Ausnahme des Riesenrads geschlossen.

Moderne Architektur prägt den WU-Campus

› **Riesenrad:** Riesenradplatz 1, Tel. 7295430, www.wienerriesenrad.com, geöffnet: je nach Jahreszeit ab 9 bzw. 10 Uhr teilweise bis in die Nacht (siehe Website), Fahrpreis: 13,50 €, Kinder 3–14 Jahre 6,50 €. Neuste Attraktion ist die **Plattform 9:** Man steht, anstatt in der Kabine zu sitzen, (gesichert) auf einem Glasboden im Freien – Riesenrad mit Adrenalinkick (89 €, Onlinebuchung)!

58 WU-Campus ★ [K5]

Der Campus der Wirtschaftsuniversität auf dem nördlich des Praters gelegenen ehemaligen Messegelände wurde 2013 fertiggestellt. Auf dem noch vor nicht allzu langer Zeit nachts von Prostituierten, Freiern und Praterstrizzis frequentierten Gelände entstand eines der **modernsten und spektakulärsten Architekturensembles** des modernen Wien.

Sehen lassen können sich auf jeden Fall die teilweise extrem **futuristischen Gebäude** auf dem ersten klimaneutralen

Campusgelände Österreichs, allen voran das **Library & Learning Center (LC)** mit seinem weit herausragenden Dach. Es stammt von der 2016 verstorbenen britisch-irakischen Stararchitektin Zaha Hadid, die in Österreich etliche Projekte verwirklicht hat wie die Skisprungschanze und die Hungerburgbahn in Innsbruck. Man sollte versuchen, auch einen Blick in die Innenhalle des Gebäudes zu werfen – mit etwas Fantasie kommt man sich vor wie in einer Raumstation.

Das **Department 1 und Teaching Center (D1 & TC)** bildet einen architektonischen Kontrast und wirkt verrostet; der Effekt ist allerdings erwünscht, die Fassade soll sich im Lauf der Jahre farblich verändern. Auch die weiteren Gebäude stammen von internationalen Architekturbüros und haben ihren eigenen Stil.

› U2 Messe-Prater, www.wu.ac.at/universitaet/campus

Ganz in der Nähe des Campus, umringt von modernen Wohnhäusern, liegt wie ein Relikt aus alten Zeiten die **Trabrennbahn Krieau** [K6] mit denkmalgeschützten Tribünen und dem markanten Zielrichterturm. Noch immer finden dort Renntage statt, bei denen man Geld gewinnen kann – vorausgesetzt, man setzt aufs richtige Pferd.

› www.krieau.at, Eintritt: 6 €, ermäßigt 3 €, Kinder bis 14 Jahre frei

59 Franz-von-Assisi-Kirche (Mexikoplatz) ★ [J4]

Die Gegend rund um den Mexikoplatz gilt nicht unbedingt als feines Viertel; sie hat einen hohen Zuwandereranteil, der auch soziale Probleme mit sich bringt, und galt lange Zeit als Schmuggelgut- und Drogenumschlagplatz. Tagsüber muss sich aber niemand fürchten, im Gegenteil: Am Donauufer herrscht ein buntes und quirliges Treiben und unten bei den Kreuzfahrtschiffen erfasst so manchen das Fernweh, mitzuschippern in Richtung Balkan und Orient.

Mit der Platzbenennung wird die **Rolle Mexikos im Jahr 1938** gewürdigt: Als einziges Land protestierten die Mittelamerikaner vor dem Völkerbund gegen den „Anschluss“ Österreichs an das Deutsche Reich. Ganz nebenbei besitzt der Platz auch eine der größten Kirchen Österreichs: die **Franz-von-Assisi-Kirche**, auch Dom am Strom oder Mexikokirche genannt. Der monumentale Bau entstand zwischen 1898 und 1910 und wurde im rheinisch-romanischen Stil errichtet. Wer schon einmal in Köln war, wird sich an die romanische Kirche Groß Sankt Martin am Rheinufer erinnert fühlen.

Das Kircheninnere ist luftig und von einer angenehmen Stille geprägt; nur wenige Touristen verirren sich hierher, obwohl die **Elisabeth-Kapelle** ein sakrales Kleinod des Wiener Jugendstils darstellt. Die aufwendig mit vergoldeten Mosaiken nach Entwürfen von Carl Ederer ausgeschmückte Kapelle kann besonders gut von einer Empore besichtigt werden, die über eine Steintreppe erreichbar ist. Die Wölbung des Altarraums schmückt ein wunderschönes Mosaik der heiligen Elisabeth von Thüringen. Die Kapelle, für deren Erbauung die Wiener viel Geld spendeten, ist auch als Hommage von Kaiser Franz Joseph an seine 1898 ermordete Gattin Elisabeth von Österreich (Sisi) zu verstehen.

› Franz-von-Assisi-Kirche: Mexikoplatz 12, U1 Vorgartenstraße, tägl. geöffnet

153wi ©www.allover.cc/Karl Thomas, stock.adobe.com

60 Rund um den Karmelitermarkt ★ [H5]

In der Vergangenheit hatten manche Ecken des 2. Bezirks ein verrufenes und halbseidenes Image. Die düsteren Gassen waren geprägt von Rotlichtlokalen und wenn in den Wiener Gazetten über Mord und Totschlag berichtet wurde, lag der Tatort nicht selten zwischen Donau und Donaukanal. Kein Wunder also, dass der Wiener Kultkiberer (Polizist) Trautmann in der erfolgreichen gleichnamigen ORF-Kriminalserie zwischen 2000 und 2008 rund um Praterstern und Karmelitermarkt seine Fälle zu lösen hatte.

Das nahe am Donaukanal liegende **Karmeliterviertel** hat sich längst zu einer hippen Gegend gemausert, was manche alteingesessenen Bewohner schon länger mit Argwohn verfolgen. Mittlerweile wohnen hier Künstler, beruflich erfolgreiche Jungfamilien und Studenten, die sich die längst nicht mehr so günstigen Mieten wie um die Jahrtausendwende noch leisten können. Durch die Nähe zum Stadtzentrum wurden die Altbauten zu attraktiven Spekulationsobjekten.

Beliebter Treffpunkt: der Karmelitermarkt in der Leopoldstadt

Gleichwohl ist das Viertel immer noch vom toleranten Grundsatz des „leben und leben lassen" geprägt. Verschiedene Kulturen existieren auf engem Raum nebeneinander. Seit Ende des Eisernen Vorhangs leben auf der ehemaligen Mazzeinsel auch wieder viele orthodoxe Juden. Sie haben der Israelitischen Gemeinde Wiens eine deutliche Belebung beschert und knüpfen damit an die bis 1938 stark jüdisch geprägte Geschichte der Leopoldstadt an.

Besonders am Samstag herrscht auf dem Karmelitermarkt ein geschäftiges Treiben; dann bieten auch Händler aus dem Weinviertel ihre Schmankerl an und die Gastronomiebetriebe sind gut frequentiert.

Noch einmal zurück zur Wiener Halbwelt von Kommissar Trautmann: Wo wäre ein **Kriminalmuseum** demnach besser beheimatet als hier im 2. Bezirk? In einem Seifensiederhaus in der Großen Sperlgasse 24 kann man sich detailliert über die spektakulärsten Wiener Kriminalfälle informieren (s. S. 167). Angesichts teils bedrückender Verbrechensfotografien und anderer drastischer Exponate sollten zartbesaitete Gemüter allerdings lieber auf einen Besuch verzichten.

› U2 Taborstraße, über die Taborstraße und die Haidgasse in 5 Min. zu Fuß zum Karmelitermarkt. Alternativen: U1 Nestroyplatz, von hier circa zehn Min. Fußweg über Rotensterngasse und Haidgasse oder vom 1. Bezirk aus über die Salztorbrücke und die Hollandstraße (10 Min. Fußweg).

Die wilde Lust am Wienerlied: der Nino aus Wien, Wanda, Voodoo Jürgens & Co.

Spätestens seit dem Ende von Austria 3 (Wolfgang Ambros, Reinhard Fendrich und Georg Danzer) verfiel die kreative Austropop-Szene in einen jahrelangen Tiefschlaf. Gefördert wurde dieser auch dadurch, dass deutschsprachige Talente konsequent seitens kommerziell orientierter Format-Radiosender wie Ö3 ignoriert wurden und man die Tantiemen lieber belanglosen US-Bands zukommen ließ.

Doch nun regt sich wieder etwas in der Wiener Singer-Songwriter-Szene. Aushängeschild ist die Erfolgsband Wanda. Mit dem Album „Amore" und der Partyhymne „Bologna" wurde sie 2014 über die Grenzen Wiens hinaus bekannt und füllt seitdem Hallen auch in Deutschland. Benannt hat Frontmann Marco die Band nach einer legendären Wiener Rotlicht-Dame: der „wilden Wanda". Als einzige weibliche Zuhälterin verschaffte sie sich in den 1980er-Jahren durch ihre robuste Art und ihre buchstäblich schlagkräftigen Argumente Respekt im Milieu des verruchten Stuwerviertels im 2. Bezirk.

Ein weiteres Phänomen ist „Der Nino aus Wien". Anfangs belächelt als schrullig-skurriles, kurzfristiges Phänomen, hat er sich jedoch zum viel beachteten Liedermacher gemausert. Seine Songs sind in gewisser Weise typisch wienerisch: voll Melancholie, Selbstironie und verletzlicher Seele. Hin und wieder erinnern sie an André Heller oder den frühen Wolfgang Ambros, ein andermal hört man Bob Dylan heraus. Nino Mandl – so der bürgerliche Name – überrascht immer wieder von Neuem: Neben lyrischen Balladen liefert er Popsongs voll Energie und sprudelnder Kreativität.

Der Nino arbeitet auch mit Liedermachern wie Ernst Molden oder Voodoo Jürgens zusammen. Letzterer katapultierte sich mit seinem Wiener-Dialekt-Debütalbum „Ansa Woar" direkt auf Platz 1 der österreichischen Charts und in die Herzen der Wiener Subkultur. Mit professionell produzierter Popmusik hat sich auch die Band Bilderbuch eine große Fangemeinde erobert. Mit Wanda, dem Nino, Voodoo Jürgens, Seiler & Speer und Co. scheint Wien an die glorreichen Zeiten des Austropop anzuknüpfen: an die Zeit, als Peter Cornelius, Georg Danzer, Wolfgang Ambros, Falco und Marianne Mendt im österreichischen Radio der 1970er- und 1980er-Jahre rauf und runter gespielt worden sind. Der Jazz- und Chansonsängerin Marianne Mendt hat Nino Mandl übrigens ein Lied gewidmet.

155wi ©Florian Rainer, medienmanufaktur.com

Vertreter des neuen Austropop: der Nino

61 Augarten ★ [G4]

Ein Stück Lebensqualität mitten auf der dicht besiedelten Insel, bestehend aus 2. und 20. Bezirk, und gleichzeitig der erste, dem Volke zugänglich gemachte Park Wiens – das ist der Augarten.

Wie der Name schon sagt, handelte es sich bei dem Gelände noch vor 400 Jahren um unberührte Auenlandschaft, die ebenso wie die nördlich angrenzende Brigittenau kaiserlichen Jagdzwecken diente. Zunächst entstand ein kleines Jagdschloss mit Gartenanlage, Ende des 17. Jahrhunderts ein **barocker Lustgarten**, der nach seiner Zerstörung durch die Türken 1705 im Stile französischer Barockgärten neu errichtet wurde. Damals war er noch dem Adel vorbehalten. Seit 1775 darf auch das gewöhnliche Volk im Augarten lustwandeln. „Allen Menschen gewidmeter Erlustigungs-Ort von Ihrem Schaetzer"; so steht es über dem Haupttor an der Oberen Augartenstraße. Der Spruch bezieht sich auf Kaiser Joseph II., der den Park der breiten Öffentlichkeit zugänglich gemacht hat, was zu dieser Zeit in Europa noch keineswegs eine Selbstverständlichkeit war.

Seit 1948 sind die **Wiener Sängerknaben** im Palais Augarten beheimatet. Neben den zwei gewaltigen **Flaktürmen** (s. rechts) ist das heute bedeutendste Gebäude die **Porzellanmanufaktur** im ehemaligen Gartensaal des Schlosses, wo bis heute in Handarbeit hochwertiges Wiener Porzellan hergestellt wird. Seit 2011 informiert ein modern gestaltetes

Der mächtige ehemalige Gefechtsturm im Wiener Augarten

Unheimliche Betonmonster: die Wiener Flaktürme

*Insgesamt **sechs Flaktürme** aus dem Zweiten Weltkrieg kann Wien sein Eigen nennen. Keine andere Stadt des ehemaligen Dritten Reichs besitzt heute noch diese Anzahl an großteils unverändert erhaltenen Betonmonstern aus der finstersten Zeit des 20. Jahrhunderts. Ganz wohl war der Stadt seit Kriegsende nie ob ihrer schwergewichtigen Zeugen der Vergangenheit und dementsprechend tauchen sie bis heute in keinem Fremdenverkehrsprospekt auf. Errichtet wurden die Flaktürme zwischen 1942 und 1944 von Kriegsgefangenen zum Schutz des Wiener Stadtgebiets gegen Luftangriffe der Alliierten. In einem geografischen Dreieck rund um den Stephansdom treten sie stets paarweise auf: Im **Arenbergpark** stehen zwei Ungetüme sowie im **Esterházypark** und in der benachbarten Stiftskaserne. Die zwei größten und spektakulärsten Exemplare stehen wie zwei dunkle Wächter im beschaulichen **Augarten** 61: Zentral und nicht zu übersehen der zylindrische **Gefechtsturm,** der einst mit schweren Geschützen ausgestattet war, und etwas versteckt im Augarten-Randbereich der **Leitturm,** ausgerüstet mit Radar und Scheinwerfern. Bereits während der Bauphase wurde der militärische Wert der Anlagen zu Recht als unbedeutend eingeschätzt; wichtiger entpuppte sich ihre Funktion als Luftschutzbunker, sogenannte „Überlebensinseln" samt Infrastruktur für Tausende Schutzsuchende.*

Nach dem Krieg gab es immer wieder Pläne, die Türme zu sprengen oder abzureißen, was aber aufgrund der Dimensionen – der Augarten-Gefechtsturm besitzt

eine Höhe von 55 Metern – und der nahe gelegenen Wohngebiete verworfen worden ist. Eine gewaltige Explosion gab es 1946, als Kinder beim Zündeln eine große Menge Kriegssprengstoff in die Luft jagten. Seither ist der Gefechtsturm sichtbar beschädigt, Betonteile drohten abzufallen, was eine Sanierung des mittlerweile denkmalgeschützten Objekts notwendig machte.

Über die Jahrzehnte hinweg gab es immer wieder unterschiedliche Nutzungsvorschläge – vom Datenlager bis zur Aussichtsterrasse mit Café, vom Museum bis hin zum Studentenwohnheim. Während der Flakturm im Esterházypark seit Jahren das **Haus des Meeres** 48 beherbergt und als Kletterwand des Alpenvereins dient, sind die Augartentürme bislang funktionslos geblieben. Zumindest für den Menschen: Als vermutlich größte europäische Taubenburg haben sich im Laufe der Jahre bis zu vier Meter hohe Kotschichten gebildet, vermischt mit Nestern und Taubenskeletten. Im Rahmen der Ausbesserungsarbeiten holte man mit Kränen 1200 Kubikmeter Taubenexkremente aus dem Gefechtsturm. Unabhängig von ihrer möglichen praktischen Nutzung sind die Flaktürme zu **Antikriegsmahnmalen** geworden. Von der umliegenden Bevölkerung zwar keineswegs ins Herz geschlossen, hat man sich mit den Betonmonstern arrangiert. Bereits 1993 schrieb der Journalist Wolfgang Freitag richtig: „Wir werden die Flaktürme als Teil Wiens, als Teil unserer Geschichte akzeptieren müssen. So, wie sie sind. Ungeschönt, roh, herausfordernd. Als Stachel im rosig zarten Architekturfleisch der Tourismusmetropole."

073wi-mt

Porzellanmuseum (s. S. 165) in einem Flügel des Augartenschlosses mittels kunstvoller Exponate über die Geschichte der Wiener Porzellanherstellung. Ein originaler Brennofen ragt über beide Ausstellungsebenen. Erwerben kann man die kostbaren Mitbringsel im angeschlossenen Shop der Manufaktur wie auch im Flagshipstore des Unternehmens in der Spiegelgasse 3 nahe dem Stephansplatz (s. S. 192).

KLEINE PAUSE

Am Nordpol

Die Nordpolgasse hat nicht nur einen der lustigsten Namen Wiens, sie ist auch eine der kürzesten Gassen und endet an den Mauern des Augartens 61. Dennoch ist noch genug Platz für den gemütlichen Schanigarten des Gasthauses **Am Nordpol 3.** Dort erhält man schmackhafte böhmisch-mährische Küche und tschechisches Bier (s. S. 178).

Umrahmt von der Blütenpracht, die von Frühling bis Herbst existiert, herrscht im Augarten stets eine entspannte Atmosphäre. Die Bewohner von Brigittenau und Leopoldstadt nutzen ihn als Sonnenwiese, als Kinderspiel- und Fußballplatz, zum Gassigehen mit den Hunden oder um auf den vielen Parkbänken einfach ein wenig die Seele baumeln zu lassen. Mit Einbruch der Dunkelheit schließt die kostenlose Parkanlage.

› U2 Taborstraße oder Straßenbahn 31 „Untere Augartenstraße/Obere Augartenstraße“

Von Frühling bis Herbst blüht es im Augarten 61 in allen Farben

Der Wiener Nordwesten: Weinberge, Weitblick und ein Arbeiterpalast

Die Gegend unterhalb des Kahlenbergs 64 *mit ihren hübschen Weinbaudörfern und viel Grün gehört zu den landschaftlich reizvollsten Stadtteilen Wiens. Über die Höhenstraße, die zu großen Teilen aus Kopfsteinpflaster besteht, kommt man auch mit Auto und Bus bis hinauf zum Dach der Donaumetropole.*

Kein Wunder, dass im 19. Bezirk Döbling die Schönen und Reichen residieren. Die Lebenserwartung liegt nachgewiesenermaßen um einige Jahre höher als jene in den Arbeiterbezirken Simmering und Favoriten. Nichtsdestotrotz gibt es auch in den Nobelvororten Gemeindebauten, die für die Arbeiterklasse errichtet wurden – allen voran der monumentale Karl-Marx-Hof 62*.*

Vom Nussberg genießt man einen herrlichen Blick über die Stadt

62 Karl-Marx-Hof ★ [F1]

Rotes Wien – so wird die Zeitspanne zwischen 1919 und 1934 bezeichnet und in gewisser Weise war diese Epoche in der europäischen Geschichte einzigartig: Im Gegensatz zur autoritär regierten Sowjetunion entwickelte sich in der österreichischen Hauptstadt unter demokratischen Vorzeichen ein sozialistisches Experiment – auch als **Austromarxismus** bezeichnet – das nicht nur städtebaulich seine Spuren hinterlassen hat. Schließlich besitzt Österreich in Europa das einzige Wappen, in dem der Adler bis heute Hammer und Sichel in den Greifern hält.

Gefördert und forciert wurden von den regierenden Sozialdemokraten unter den Bürgermeistern Jakob Reumann und Karl Seitz große Gemeindebauten – moderne Wohnhausanlagen für die Arbeiterklasse. Manche von ihnen sind wie Bur-

076wi-se

EXTRATIPP

Arbeiterpalast Reumannhof

Weitere sehenswerte Gemeindebauten des Roten Wiens befinden sich unter anderem am Margareten- bzw. Gaudenzdorfer Gürtel. Der prächtigste davon ist der **Reumannhof**, benannt nach dem sozialdemokratischen Bürgermeister Jakob Reumann. Er ist ein echter Arbeiterpalast mit Springbrunnen, der schon als Drehort für die Serie „Kottan ermittelt" diente. Nicht weit entfernt wohnte bis zu seinem Tode 40 Jahre lang der Arbeiterdichter und Drehbuchautor Ernst Hinterberger. Er war unter anderem verantwortlich für die Erfolgsserien „Ein echter Wiener geht nicht unter" (Mundl) und „Kaisermühlen Blues" (s. S. 232). 2013 wurde der Gemeindebau ihm zu Ehren in **Ernst-Hinterberger-Hof** benannt.

★**11** [E9] **Reumannhof,**
Margaretengürtel 100–110

★**12** [E9] **Ernst-Hinterberger-Hof,**
Margaretengürtel 122–124

gen, Paläste oder Kasernen konstruiert. Herausragendes Beispiel dieser roten Bombastarchitektur ist der **Karl-Marx-Hof in Heiligenstadt.** Dass der Bau in direkter Nachbarschaft zum bürgerlich-noblen Stadtteil Döbling steht, war kein Zufall. Dahinter steckte die Philosophie, keine Arbeiterghettos in reinen Arbeitervierteln zu schaffen, sondern das Bestreben, dass ein selbstbewusstes und gleichberechtigtes Proletariat in allen Bezirken zu Hause sein soll und Flagge zeigt. Bis heute findet man deshalb Gemeindebauten bis in die höchstgelegenen Weinberge und Villenviertel.

Der Karl-Marx-Hof ist mit 156.000 Quadratmetern Fläche und 1,2 Kilometer Länge nicht nur der **größte Gemeindebau des Roten Wiens,** er war gleichzeitig als Vorzeige-Trutzburg und Denkmal der Sozialdemokratie geplant. Der in den

Gewaltiger Arbeiterpalast: der Karl-Marx-Hof **62** *ist am 1. Mai beflaggt*

Jahren 1927 bis 1930 errichtete Bau umfasste damals 1382 Wohnungen für circa 5000 Personen. Der lang gestreckte Hof besteht aus mehreren begrünten Innenhöfen. Zusätzlich zu den Wohnungen wurden Bäder, Wäschereien, Kindergärten und andere soziale Einrichtungen integriert, was dem Areal den Anschein einer **Stadt in der Stadt** verliehen hat. Entworfen wurde der Karl-Marx-Hof vom Architekten und Otto-Wagner-Schüler Karl Ehn. Repräsentatives Herzstück der Anlage ist der auf den **Ehrenhof** blickende Mittelteil mit seinen fünf zinnenartigen und von Fahnenmasten bekrönten Türmen sowie den monumentalen Durchgangsbögen, die den Bahnhof Heiligenstadt mit der Heiligenstädter Straße verbinden. Architektonische Anklänge an den Bauhaus-Stil sind nicht zu übersehen.

An der Zentralfassade sind vier Keramikfiguren des Künstlers Josef Franz Riedl angebracht, welche die proletarischen Tugenden Aufklärung, Freiheit, Fürsorge und Körperkultur repräsentieren. Im Zentrum des parkartig begrünten Ehrenhofes steht eine Bronzeskulptur von Otto Hofner, einen säenden Mann darstellend.

Auf dem Gelände finden sich auch Erinnerungstafeln, die an die **Kämpfe vom 12. Februar 1934** erinnern. Damals wurde der Hof neben anderen Gemeindebauten von Truppen des österreichischen Ständestaates beschossen, während bewaffnete Arbeiter versuchten, ihn zu verteidigen. Eine weitere Gedenktafel erinnert an die während des nationalsozialistischen Regimes vertriebenen jüdischen Bewohner der Anlage.

Man kann den Karl-Marx-Hof unproblematisch besichtigen und auch den einen oder anderen Blick in die Innenhöfe und Stiegeneingänge werfen, sollte sich aber im Klaren sein, dass man es hier nicht mit einem Freilichtmuseum, sondern mit einem normal genutzten Wohnobjekt zu tun hat. Im Jahr 2010 wurde im Waschsalon Nr. 2 eine Dauerausstellung zur Geschichte des Roten Wien eingerichtet.

› U4 Heiligenstadt, Durchgang durch die Bögen zum Ehrenhof. Ausstellung „Rotes Wien im Waschsalon“: Halteraugasse 7, Tel. 0680 2267601, http://dasrotewien-waschsalon.at, geöffnet: Do. 13–18, So. 12–16 Uhr, Eintritt Erwachsene: 5 €

63 Grinzing ★ [S. 262]

Grinzing ist für viele Touristen der **Inbegriff der Wiener Weinseligkeit.** Dazu beigetragen haben unter anderem die Filme und Lieder von Hans Moser, etwa „Wenn ich mit meinem Dackel von Grinzing heimwärts wackel“. Zweifellos gibt es noch immer authentische Heurigenlokale, leider aber auch **viele Touristenabfertigungsbetriebe** mit furchtbarer Musik, schlechter Küche und überhöhten Preisen. Wem es nur um die Heurigen geht, der braucht nicht unbedingt nach Grinzing zu fahren. Die gibt es zum Teil authentischer in Mauer oder Stammersdorf; allerdings hat der Weinort abseits betrunkener Busladungen und Geschunkel einiges zu bieten.

Grinzing ist ein bergiger **Wald-, Wein- und Villenort.** Neben lichten Weinbergen dominieren vor allem die dunklen, bewaldeten Ausläufer des Wienerwaldes das nördliche Terrain – auch Wiens höchster Berg, der 542 Meter hohe **Hermannskogel,** gehört zu Grinzing.

Weinbau ist in dem einst kleinen Ort bis ins 12. Jh. nachgewiesen, vermutlich ist er viel älter. Immer wiederkehrende Heimsuchungen – etwa durch Türkeneinfälle oder die Pest – haben dem Ort über die Jahrhunderte zu schaffen gemacht; unterkriegen ließ sich die eher ärmliche Bevölkerung nie. In den vergangenen Jahrzehnten kam es in der Gegend hoch über Wien stattdessen zu einer andersgearteten Heimsuchung: Palastähnliche Villen geben Zeugnis davon ab, welche Macht sich hier ballt. Leider verschwanden mit dem Erscheinen des Finanzadels nach und nach auch die alten landwirtschaftlichen Nutzflächen; Grundstücke wurden umgewidmet, um die Wünsche der kaufkräftigen Klientel aus dem In- und Ausland zu befriedigen. Seit einigen Jahren bemüht man sich jedoch, das verbliebene Weinbauerbe und den dörflichen Ortskern vor weiterer Veränderung zu schützen.

Das Zentrum ist durch die **Grinzinger Pfarrkirche** an der Himmelstraße markiert, die eine kostbare Orgel beherbergt. Folgt man der Himmelstraße westwärts, so werden die Villen nach und nach immer größer – eine Art Wiener Bel Air.

★14 [S. 262] **Grinzinger Pfarrkirche,** Himmelstraße 25

Mit der **Kaasgrabenkirche** besitzt Grinzing noch ein weiteres kirchliches Kleinod. Die neobarocke Kirche Maria Schmerzen – so der offizielle Name – ist besonders bei Hochzeitspaaren sehr beliebt und zusammen mit den dahinter gelegenen Weinstöcken und dem herrlichen Blick über Wien ein beliebtes Fotomotiv. Auch als Drehort für die österreichische Kultserie „Kottan ermittelt“ diente das Gotteshaus in der Folge „Der Geburtstag“. Ursprünglich stand hier nur eine kleine Kapelle mit angeschlossenem Heurigenbetrieb. Vom Ursprung der Wallfahrt berichtet die Legende: Als während der Türkenbelagerung von 1683 eine Frau mit ihrem Kind Beeren suchte, wurde sie von türkischen Soldaten aufgeschreckt und soll sich hinter einem Holunderbusch versteckt haben. Als die Verfolger den Fußspuren nachgingen, sahen sie im Busch brütende Schwalben und gingen davon aus, dass sich hier kein Mensch verbergen könne. Aus Dank für ihre Rettung stiftete die Frau für die Hilfe einen Bildstock, die sogenannte Schwalbengottesmutter.

★15 [S. 262] **Kaasgrabenkirche,** Ettinghausengasse 1

Nordöstlich der Kirche schließt sich der Grinzinger Friedhof an. Auf dem kleinen Gottesacker fanden Berühmtheiten wie Gustav Mahler, Alma Mahler-Werfel, Thomas Bernhard, Heimito von Doderer und Peter Alexander ihre letzte Ruhestätte.

› Straßenbahnlinie 38, Endhaltestelle Grinzing (Schleife)

KLEINE PAUSE

Royaler Heuriger: Obermann

Am nordöstlichen Ortsrand von Grinzing liegt der Bio-Heurige Obermann, dem sogar schon der heutige König Charles und Gattin Camilla einen Besuch abgestattet haben. Er ist schlicht und klassisch, nicht von Touristen überlaufen und bietet ein schmackhaftes Heurigenbuffet; kredenzt werden ordentliche Weine.

13 [S. 262] **Bio Weinbau Obermann**, Cobenzlgasse 102, www.weinbauobermann.at, Tel. 0664 4519927, geöffnet: Mi.–Fr. ab 16, Sa., So. ab 13 Uhr während der Aussteckzeiten, wegen Umbaus noch bis voraussichtlich **Mitte Sept. 2023 geschlossen.**

64 Kahlenberg ★★

Neben dem geschichtsträchtigen Leopoldsberg 65 ist der Kahlenberg an der Höhenstraße der beliebteste Aussichtspunkt der Wiener. Dementsprechend groß ist auch der Parkplatz. Der Dichter Franz Grillparzer schrieb über den Aussichtsberg: „Nur wer vom Kahlenberg das Land sich rings besehen, wird, was ich schrieb und wer ich bin, verstehen."

Am höchsten Punkt des Kahlenbergs (484 Meter) befindet sich die 22 Meter hohe Stefaniewarte mit herrlicher Aussicht. Gestiftet wurde sie 1887 von Kronprinzessin Stefanie, der Gemahlin von Kronprinz Rudolf. Etwas unterhalb liegen der große Parkplatz, die **Kirche Sankt Josef** mit Erinnerungstafeln für den polnischen Wien-Befreier Johann III. Sobieski und Papst Johannes Paul II., ein Hotel und die Aussichtsterrasse am Kahlenberg.

Etwas unterhalb des Kahlenbergs (10 Minuten Fußweg) befindet sich der **Kahlenberger Friedhof** (eigentlich Josefsdorfer Friedhof). Die wenigen Gräber und das Mausoleum stammen aus der Zeit des Biedermeier. Einige katholische Ordensbrüder werden bis heute hier begraben. Das berühmteste Grab unweit des Eingangs erinnert an Karoline Traunwieser. Sie galt während des Wiener Kongresses als schönste Wienerin und soll die Herzen Dutzender Männer verzaubert haben. Bereits im jungen Alter von 21 Jahren erlag sie der Schwindsucht (Tuberkulose).

› U4 bis Heiligenstadt, weiter mit Bus 38A bis zum Kahlenberg, Stefaniewarte: geöffnet: Mai–Okt. Sa. 12–18, So. und Feiertag 10–18 Uhr (Okt. bis 17 Uhr), Eintritt: 1 €

077wi-se

Wiens höchstgelegener Friedhof befindet sich gleich unterhalb des Kahlenbergs

65 Leopoldsberg ★

Mit 425 m Höhe ü. M. ist der Leopoldsberg zwar fast 60 m niedriger als sein großer Bruder, der Kahlenberg 64 – geografisch und geschichtlich kommt ihm allerdings die größere Bedeutung zu.

Er bildet den nordöstlichsten Ausläufer des Wienerwalds und fällt mit bis zu 70 Prozent Neigung zur Donau hin ab – bewachsen von Sträuchern und Steineichen mit faszinierend gebogenen Ästen. Zusammen mit dem gegenüberliegen-

Spaziergang 3: Wald, Weinstöcke und Weitblick – Wanderung zum Kahlenberg und zum Nussberg

*Hier handelt es sich um eine auch als **Stadtwanderweg 1** markierte Route, die von der **Endhaltestelle der Straßenbahnlinie D** in **Nussdorf** hinauf zum Kahlenberg führt und über den mit Weinreben bestandenen Nussberg wieder zum Ausgangspunkt zurückführt - er vereint Natur, Kultur und herrliche Weitblicke, setzt allerdings schon etwas Kondition voraus. **Länge:** ca. 11 Kilometer, **Dauer:** ca. 4 Stunden. **Kraftsparende Variante:** Mit dem Bus 38A (ab U4 Endstation Heiligenstadt) bis hinauf zum Kahlenberg und nur den zweiten Teil des Weges hinunter nach Nussdorf spazieren (Gehzeit ca. 1,5 Stunden). Von der Endhaltestelle der Straßenbahnlinie D Beethovengang geht es zunächst ein Stück entlang der **Zahnradbahnstraße.** Sie erinnert an eine Kahlenbergbahn, die bis 1919 in Betrieb war und von der man oben an der Kahlenbergterrasse noch einen Wagen besichtigen kann. Nach wenigen Minuten gelangt man zum **Beethovengang,** der entlang des Schreiberbaches den Berg hinaufführt. Er erinnert an den deutschen Komponisten, der hier selbst gerne Spaziergänge unternahm, um sich von der Natur inspirieren zu lassen: „Hier habe ich die Szene am Bach geschrieben, und die Goldammern da oben, die Wachteln, Nachtigallen und Kuckucke haben ringsum mitkomponiert", soll er an eine Ulme gelehnt gesagt haben. Über die Wildgrubgasse geht es weiter bergauf, ehe man schließlich die letzten Häuser hinter sich gelassen hat und durch ein Waldgebiet über die **Wildgrube** bis zur **Sulzwiese** aufsteigt. In östlicher Richtung verläuft der Weg nun ein Stück weit parallel zur Höhenstraße, ehe er diese über eine Brücke überquert und hinauf zum Sender Kahlenberg und zur **Stefaniewarte** (s. S. 111) führt. Hier hat man den höchsten Punkt der Wande-*

145wi-se

rung erreicht. Von der Aussichtsterrasse am Kahlenberg geht es in westlicher Richtung die Kahlenberger Straße vorbei an den Räumlichleiten einer neuen Privatuniversität der Wirtschaftskammer bergab bis zu einer weißen Nepomukstatue. Hier kann man die steile Variante des Stadtwanderwegs wählen. Es empfiehlt sich aber, geradeaus weiterzugehen, um dem kleinen ***Kahlenberger Friedhof (eigentlich Josefsdorfer Friedhof)*** *einen Besuch abzustatten (s. S. 111).*

Ab hier beginnen die ***Weinstöcke.*** *Es geht die Kahlenberger Straße weiter bergab, bis man schließlich zum* ***Heurigen Mayer am Nussberg*** *gelangt (gegenüber Kahlenberger Straße 210, www.mayeramnussberg.at, gute Weine!). Hier biegt man in den Eichelhofweg ein und wandert Wiens größten Weinberg, den Nussberg hinunter - fantastische Ausblicke über die Donau und Wien inklusive. Über die Eichelhofstraße gelangt man hinunter zur Nussberggasse und links über die Bockkellerstraße zurück zum Ausgangspunkt beziehungsweise über die Hackhofergasse zum Nussdorfer Platz.*

Gastrotipp *nach viel Bewegung und frischer Luft: eine Einkehr beim* ***Gasthaus Zum Renner*** *(s. S. 174), beim Heurigen* ***Kierlinger*** *(s. S. 181) oder in der* ***Ausflugsstation Käpt'n Otto*** *direkt an der Donau (Donaupromenade1, Zugang von der Heiligenstädter Straße über eine Bahn- und Straßenunterführung, danach ca. 50 Meter links).*

◁ Blick über die Rebstöcke des Nussbergs in das Wiener Becken

den Bisamberg bildet er die **Wiener Pforte,** durch die sich der Strom von Klosterneuburg **78** aus in das Wiener Becken und die pannonische Tiefebene ergießt.

Seit der Bronzezeit war der Leopoldsberg besiedelt, wie Funde belegen. In die Geschichtsschreibung Wiens ist die Anhöhe wegen der **Entsatzschlacht gegen das osmanische Heer am 12. September 1683** eingegangen. Unter der Führung des polnischen Königs Johann III. Sobieski stürmte das vereinigte europäische Heer den Berg, der damals Kahlenberg hieß, hinab und stoppte die osmanische Expansion in Mitteleuropa. Gedenktafeln erinnern an diese Schlacht, die gerne als Schicksalsschlacht des christlichen Abendlandes verklärt worden ist. Aus Dankbarkeit errichtete man dem heiligen Leopold eine Kirche, weshalb der Kahlenberg in Leopoldsberg umgetauft worden ist. Der benachbarte Sauberg erhielt den Namen Kahlenberg – zugegebenermaßen etwas verwirrend.

Nach dem Zweiten Weltkrieg errichtete man hier oben auch das **Heimkehrerdenkmal** zu Ehren der mehr als 200.000 Kriegsgefangenen, Verschleppten und in fremder Erde Ruhenden. Seit Jahren kann man es aber leider, ebenso wie die Kirche, nicht besichtigen. Angekündigte Sanierungen scheinen zu stocken.

Vom Leopoldsberg aus genießt man dennoch einen **prächtigen Blick auf Wien,** hinüber zum Bisamberg im 21. Bezirk und Richtung Klosterneuburg im Norden. Über den steilen, aber lohnenswerten **Nasenweg** gelangt man hinunter zum **Kahlenbergerdorf** und von hier in zwanzig Minuten an der Donau entlang nach Nussdorf (Straßenbahnlinie D, S-Bahn).

› U4 bis Heiligenstadt, weiter mit Bus 38A bis zum Leopoldsberg

Der Wiener Westen: Schlösserpracht, Natur und Kirchen der besonderen Art

66 Kirche am Steinhof und Baumgartner Höhe ★★ [S. 272]

Baumgartner Höhe und Steinhof sind seit über 100 Jahren die gängigen Begriffe für die einstmals größte und modernste Anstalt für Geisteskranke in Europa. Durch ihre Geschlossenheit blieb sie den Bürgern und Touristen jedoch lange Zeit verborgen. Heute kann man das Areal des offenen Klinikums besuchen und sollte dies auch unbedingt tun! Bekrönt wird die Baumgartner Höhe von Wiens prächtigstem Zeugnis des Jugendstils: der von Otto Wagner erbauten Kirche Sankt Leopold am Steinhof.

Entstanden ist das gewaltige Anstaltsprojekt mit seinen 61 Objekten als „Stadt in der Stadt" zwischen 1904 und 1907. Die vom niederösterreichischen Politiker Leopold Steiner ins Leben gerufene Institution entsprach dem neuen Leitbild, sogenannte Irre nicht mehr wie einst im Narrenturm einfach wegzusperren, sondern als Kranke gesellschaftlich zu akzeptieren und ihnen ein Leben in landschaftlich schöner und gesundheitsfördernder Umgebung zu ermöglichen. Auf der Mittelachse entstanden Gemeinschaftseinrichtungen wie etwa das Gesellschaftshaus mit seinem erhaltenen Jugendstiltheater. Heute ist das Sozialmedizinische Zentrum Baumgartner Höhe ein modernes und offenes Krankenhaus, das neben der psychiatrischen Abteilung noch etliche weitere medizinische Schwerpunkte abdeckt.

Herzstück der Anlage ist die von Wiens damaligem Stararchitekten Otto Wagner entworfene **Kirche Sankt Leopold** – ein bis heute Modernität und zeitlose Schönheit ausstrahlendes Gesamtkunstwerk des Jugendstils, das sich spätestens nach der aufwendigen Restaurierung (2001–2006) verdientermaßen zu einer der Top-Sehenswürdigkeiten Wiens aufgeschwungen hat. Mit ihrer goldenen, mit Blattgold überzogenen Kuppel krönt sie das Krankenhausgelände. Die Ähnlichkeit mit einer halben Zitrone brachte der Baumgartner Höhe im Volksmund den Spottnamen Lemoniberg ein und wenn einen jemand „auf den Lemoniberg schicken" wollte, war das nicht gerade als Kompliment gemeint.

Kein Wunder, dass der funktionalistische und zukunftsweisende Bau von konservativen Wiener Kreisen und vom Kaiserhaus mit Abneigung bedacht war. Lediglich der Standort „oben bei den Irren" und fernab vom Zentrum ermöglichte wohl überhaupt seine Existenz. Der Kaiser ließ sich bei der Eröffnung am 8. Oktober 1907 krankheitsbedingt entschuldigen und sein Thronfolger Franz Ferdinand machte aus seiner kritischen Haltung keinen Hehl. Ein in Wien traditionelles Phänomen: Fast alles Neue und Ungewohnte auf dem Gebiet der Architektur wird zunächst einmal mit Inbrunst abgelehnt, im Laufe der Zeit akzeptiert und schließlich als urwienerische Sehenswürdigkeit in den Himmel gelobt.

Steht man vor der Kirche, fallen die vier bronzenen Engelfiguren auf, die ihren Blick auf die Besucher richten, dahinter ein Glasmosaik der Vertreibung Adams und Evas aus dem Paradies. Auf

LITERATURTIPP

Wittgensteins Neffe

Der Schriftsteller Thomas Bernhard hat der Baumgartner Höhe 66 mit **Wittgensteins Neffe,** einer Geschichte über eine Freundschaft, ein literarisches Denkmal gesetzt. Bernhard war Patient des ebenfalls am Steinhof beheimateten Lungenspitals, sein Freund Paul Wittgenstein regelmäßiger Gast der Psychiatrie. In skurriler Art und Weise und mit viel schwarzem Humor beschreibt Bernhard seine Erlebnisse und die seines Freundes am Steinhof und in der restlichen Welt. Das Buch ist als Suhrkamp-Taschenbuch erhältlich.

den Glockenturmaufsätzen thronen sitzend links der heilige Leopold, Schutzpatron von Niederösterreich und Wien, sowie der heilige Severin, regionaler Missionar und Prediger der Spätantike.

Das Kircheninnere umfängt den Besucher mit einer Harmonie in Gold, Weiß und Blau. Alle Blicke werden auf den golden glänzenden **Baldachin über dem Hauptaltar** gezogen. Das **Mosaikbild** dahinter stellt den segnenden Heiland dar, der linke Seitenaltar die **Verkündigungsszene** und der rechte den **Schutzengel Gabriel,** der zärtlich dem Kind die Hand auf den Kopf legt – ein Kunstwerk, das Geborgenheit und Liebe ausstrahlt.

Trotz des offenen und tagsüber ständig zugänglichen Krankenhauses, dessen **Villen und Pavillons** man ebenso Beachtung schenken sollte, ist die Kirche wohl auch aus Rücksicht auf die Patienten lediglich samstags und sonntags geöffnet. Doch diesen Kompromiss sollte man akzeptieren – schließlich war das Jugendstiljuwel jahrzehntelang für die Öffentlichkeit völlig tabu. Nördlich

EXTRATIPP

Ernst Fuchs Museum

Jugendstil-Fans sollten die Otto-Wagner-Kirche 66 mit einem Besuch der ebenfalls im Westen Wiens gelegenen **Otto-Wagner-Villa** kombinieren, in der sich das **Ernst Fuchs Museum** befindet (s. S. 164).

der Kirche erstrecken sich die **Steinhofgründe,** ein beliebtes naturbelassenes Naherholungsgebiet.

› **Kirche am Steinhof,** Bus 47A, 48A, Klinik Penzing, Tel. 0664 88950800, www.wienmuseum.at/de/standorte/otto-wagner-kirche-am-steinhof, Besichtigung: Mitte März–Ende Okt. Sa. 14–17, So. 11–17 Uhr, Eintritt: 5 €, ermäßigt 4 €, Jugendliche bis 18 Jahre frei

67 Schlossanlage Schönbrunn ★★★ [A9]

Die gesamte Nobeletage von Schloss Schönbrunn sollte man einmal im Leben gesehen haben, heißt es auf der Website des Schlosses. Viele Besucher dürften sich tatsächlich nur einmal im Leben durch die 40 Räume der Grand Tour durchkämpfen. Wenn gerade Massen von Touristen das Schloss belagern – und das ist sehr häufig der Fall – kann eine Besichtigung des Schlossparks mit seinen Attraktionen wie Palmenhaus oder Gloriette zur lohnenswerten Alternative werden.

Die Prunkräume sind im **Spätbarock** schlicht und einfach nicht für zwei Millionen Besucher pro Jahr konstruiert worden, sondern für eine Familie, nämlich die der Habsburger. Da ist es eine echte logistische Meisterleistung, dass Menschen aus aller Herren Länder, oft in gro-

079wi-se

ßen Gruppen, gleichzeitig das Schloss durchkämmen und danach auch noch etwas von der Geschichte und dem Geist des Ortes mitnehmen können. Dank hervorragender Organisation werden die Besucherströme vom Kassenbereich über die Audioguide-Ausgabe erstaunlich gut bis zum Ausgang geleitet.

Dennoch ist man gut beraten, das Schloss ganz früh oder am späteren Nachmittag zu besuchen – im Idealfall außerhalb der Hauptreisezeit an einem Wochentag. Dann eröffnet sich möglicherweise in aller Ruhe eine Türe in die habsburgische Vergangenheit, die es wert ist, betreten zu werden.

Doch auch ohne Innenbesichtigung gehört ein Besuch des **UNESCO-Weltkulturerbes** zum **Pflichtprogramm für Wien-Besucher.** In der ausgedehnten Parkanlage mit Gloriette, Neptunbrunnen, Kronprinzengarten und Irrgarten kann man sich einen halben Tag aufhalten. Wer Schloss, Schlosspark, Palmenhaus und den Tiergarten Schönbrunn 68 besuchen möchte, sollte dafür mindestens einen ganzen Tag einplanen.

Schloss [A9]

Der Name des Schlosses soll der Überlieferung nach auf einen erfreuten Ausruf des Kaisers Matthias aus dem Jahre 1619 Bezug nehmen. Der Monarch entdeckte auf der Jagd durch die damals noch unbesiedelten Wälder westlich der Stadt eine artesische Quelle und soll jubiliert haben: „Welch schöner Brunn!" Dass knapp 400 Jahre später pro Jahr rund 8 Millionen Besucher das gesamte Areal frequentieren werden – davon fast 3 Millionen das Schloss, hätte der Kaiser wohl in seinen kühnsten Träumen nicht für möglich gehalten.

Vorgängerbauten des heutigen Schlosses entstanden im 17. Jahrhundert. Nach der Türkenbelagerung Wiens, die dem ersten Bau schwere Schäden zugefügt hatte, entstand durch Johann Bernhard Fischer von Erlach ab 1687 ein repräsentativer Neubau – ursprünglich

Kaiserliche Pracht in gelb: Schloss Schönbrunn zieht jährlich Millionen von Touristen in seinen Bann

sollten die Ausmaße des Schlosses sogar jene von Versailles übertreffen, doch für das Mammutprojekt fehlte letztlich wie so oft das Geld. Seine heutige Form und den größten Teil der Rokoko-Ausstattung erhielt die Sommerresidenz der Habsburger unter Maria Theresia; ausführende Architekten waren Nikolaus von Pacassi und Johann Ferdinand Hetzendorf von Hohenberg.

Maria Theresia ist bis heute die heimliche Hausherrin und in stillen Momenten scheint ihr Geist noch immer durch die Säle zu wehen. Außer ihnen haben Kaiser Franz Joseph I. und seine Gattin Elisabeth (Sisi) dem barocken Palast einen ähnlich bedeutenden Stempel aufgedrückt. Insofern ist der bis heute lebendige Mythos untrennbar mit der Familie Maria Theresias und der Franz Josephs verbunden und eine Schlossbesichtigung kann als **Zeitreise** in die Lebenswelten der kaiserlichen Familie Ende des 18. sowie Ende des 19. Jh. betrachtet werden. Im Schloss geht es weniger um einzelne Exponate oder herausragende Schätze – die sind in der Schatzkammer 29 der Hofburg zu bewundern. Sichtbar wird der **Alltag der Habsburger**, der trotz aller Pracht angenehm menschlich wirkt und den einstigen Bewohnern sogar seitens hartgesottener Republikaner Sympathien entgegenbringt.

Der **Rundgang** beginnt im westlichen Teil des Schlosses und führt über die **Blaue Stiege** zunächst in die **Wohnräume Franz Josephs und seiner Gemahlin Elisabeth.** Sisis Ehemann würde man heute wohl als Workaholic bezeichnen: Als erster Beamter im Staat arbeitete er mehr als die meisten Monarchen und nahm sogar seine Mahlzeiten zum Teil an jenem Schreibtisch ein, den man

EXTRAINFO

Schloss, Park und Tiergarten – ein Tag in Schönbrunn

Wer einen ganzen Tag in Schönbrunn mit all seinen Sehenswürdigkeiten verbringen möchte, kann sich an folgendem Weg orientieren: Von der U-Bahn-Station Schönbrunn geht es zunächst in etwa zehn Minuten bis vor den Haupteingang des Schlosses. Schon der Anblick des gelben Prachtbaus vom Wiental-Haupteingang aus lässt die Bedeutung dieses Bauwerks erahnen. Ein guter Platz für Fotografen ist die Terrasse zwischen Linker Wienzeile und Schönbrunner Schloßstraße mit den beiden monumentalen Löwen und den beiden Sphinxen.

Nachdem man im Ticket-Bereich die Eintrittskarten erworben hat (zum Beispiel Classic Pass, s. S. 120, mit fast allen Schönbrunner Attraktionen inkl. Tiergarten) geht es zunächst im Rahmen der Imperial Tour oder Grand Tour (empfehlenswert!) durch die **Prunkräume** des Schlosses. Danach kann man einen Besuch des am linken Schlossflügel anschließenden **Kronprinzengartens** einplanen, die **Kaiserliche Wagenburg** (s. S. 164) mit historischen Kutschen besuchen oder direkt den Weg an den **Statuen des Schlossparks** und am **Irrgarten** vorbei zum **Neptunbrunnen** und hinauf zur **Gloriette** nehmen.

Nachdem man sich hier oben bei herrlichem Blick über die Stadt etwas ausgeruht hat, geht es am Nachmittag in den **Tiergarten Schönbrunn** 68 und gegebenenfalls ins **Palmenhaus.** Von hier ist es nicht mehr weit zum Ausgang Hietzing und zur nahe gelegenen U-Bahn-Station Hietzing. Wer noch etwas Zeit hat, sollte einen Blick in die **Wallfahrtskirche Maria Hietzing** mit ihrem Gnadenbild werfen.

im Arbeitszimmer zu Gesicht bekommt. Während die Minister und Generäle auf eine Audienz beim Kaiser warteten, vertrieben sie sich die Zeit am original erhaltenen Biedermeier-Billardtisch.

In den folgenden Räumen erhält man Einblicke in den **intimen Wohnbereich** der kaiserlichen Familie – inklusive des Örtchens, zu dem der Kaiser zu Fuß geht, wie gesagt wird. Dass Franz Joseph ein bescheidener und tief gläubiger Mensch war, zeigt sich in seinem Schlafzimmer mit Betschemel und jenem spartanischen Bett, in dem der Kaiser 1916 im Alter von 86 Jahren verstarb. Im Speisezimmer erfährt man, dass der Herrscher bei Privatmahlzeiten die einfache Wiener Küche mit Gulasch und dem nach ihm benannten Kaiserschmarrn bevorzugte. Das gemeinsame **Schlafzimmer** mit Elisabeth wurde nur in den ersten Jahren nach der Hochzeit genutzt. Sisi fühlte sich am Wiener Hof nie richtig zu Hause. Die heile Welt aus den Romy-Schneider-Filmen war deutlich weniger heil. Franz Joseph, der seine Gemahlin sehr liebte, musste schlimme Schicksalsschläge bewältigen: den Tod einer Tochter, den Selbstmord seines Sohnes, des Kronprinzen Rudolf in Mayerling 80, den Mord an seiner geliebten Gattin und ein missglücktes Attentat auf ihn selbst, das zum Bau der Votivkirche 44 führte.

Der historische Bezug der Räume schwenkt im Laufe des Rundgangs immer mehr in die Epoche Maria Theresias. Man trifft auf **Porträts ihrer Kinder**, die durch ihre anmutigen Blicke mit den Besuchern in Kontakt zu treten scheinen. Ein beklemmendes Gefühl beschleicht einen beim Anblick des Porträts der jungen Maria Antonia, die als französische Königin Marie Antoinette der Französischen Revolution und damit der Guillotine zum Opfer fiel.

Als eine der wenigen Töchter Maria Theresias ging Marie Christine eine Liebesheirat ein, und zwar mit Albert von Sachsen-Teschen, dem Gründer der Albertina 22, der seiner verstorbenen Gemahlin in der Augustinerkirche 24 ein Denkmal setzte. Auch Maria Theresias eigene Ehe war eine der wenigen Liebesehen des barocken Adels. Die Zuneigung zu ihrem Mann Franz Stephan drückt sich unter anderem im Vieux-Laque-Zimmer aus, dem Arbeitszimmer des Kaisers, das die trauernde Witwe nach seinem Tod als Gedächtniszimmer umgestalten ließ. Zu den besonders prunkvollen Räumen der Grand Tour gehören unter anderem der **Gelbe Salon**, der **Spiegelsaal** mit seiner weiß-goldenen Rokokodekoration, die **Große Galerie** – ein 40 Meter langer und 10 Meter breiter Ballsaal mit Deckenfresken – und das **Millionenzimmer** mit seiner kostbaren Rosenholz-Vertäfelung, in die indo-persische Miniaturbildnisse aus dem Leben indischer Mogulherrscher eingearbeitet sind. Das **Reiche Zimmer** beherbergt als besonders kostbares Exponat das einzig erhaltene Paradebett des Wiener Hofs. Auch einige kleine, aber feine Details erfährt man im Rahmen der Führung: etwa, dass der auf einem Hochzeitsbildnis dargestellte junge Mozart nachträglich eingebaut wurde und zum Termin der Hochzeit noch gar nicht auf der Welt war oder dass die engste Vertraute Maria Theresias, die auf einem Porträt in natürlicher Pose abgebildete Gräfin Fuchs, als einzige Nichthabsburgerin in der Kapuzinergruft 21 beigesetzt worden ist.

› Schönbrunner Schloßstraße 47, U4 Schönbrunn, Tel. 811130, www.schoenbrunn.at, geöffnet: Apr.-2. Nov. 8.30-17.30, Nov.-März 8.30-17 Uhr. Ticketverkauf am Haupttor. Hier oder online kann man zwischen unterschiedlichen Kombi- oder Einzeltickets wählen. Eintritt: Imperial Tour (inklusive Audioguide) 24 €, erm. 20 €, bis 18 Jahre 17 €, Grand Tour (inklusive Audioguide) 29 €, erm. 24 €, bis 18 Jahre 21 €. Die auf den Tickets angegebene Eintrittszeit ist unbedingt einzuhalten.

Schlosspark [A9]

Der Schlosspark gehört ebenso wie das Schloss selbst zum UNESCO-Weltkulturerbe und zieht mindestens so viele Besucher in seinen Bann wie das Schloss selbst. Brunnen, Statuen, romantische Grotten und lauschige Winkel wollen individuell entdeckt werden.

Eines vorweg: Der größte Teil des Schlossparks dient auch als Erholungsgebiet für die Wiener und kann deshalb kostenlos besichtigt werden. Nur einzelne Bereiche des Parks kosten Eintritt: der Kronprinzengarten, der Irrgarten, der Orangeriegarten und der Zutritt zur Gloriette (alle vier im Classic Pass inklusive, s. S. 120).

Der exklusive **Kronprinzengarten** (Eintritt: 5 €) grenzt direkt an den östlichen Schlossflügel an und besticht durch seine schattigen Laubengänge. Richtung Gloriette passiert man eine ausgedehnte **Statuenreihe** mythologischer Gestalten – am eindrucksvollsten ist die Figurengruppe der von Paris geschulterten Helena am Anfang. Rechter Hand lädt der **Irrgarten** (Eintritt: 5 €) dazu ein, den individuellen Weg ins Zentrum des Labyrinths zu finden. Labyrinthe existieren bereits seit Menschengedenken und haben eine tiefe spirituelle Bedeutung. Zur Belohnung erwarten einen im Zentrum neben einer erhöhten Plattform zwei große, menhirartige **Feng-Shui-Steine**, die angeblich Energie ausstrahlen sollen.

Keine Angst: Niemand kann sich innerhalb der Hecken so verlaufen, dass er

080wi-se

Die Gloriette bekrönt den höchsten Punkt des Schönbrunner Schlossparks

EXTRATIPP

Volles Schönbrunn-Programm mit dem Classic Pass

Der Schönbrunn Classic Pass (verfügbar zwischen März und Anfang November) berechtigt an einem Tag zum Eintritt in Schloss Schönbrunn (Grand Tour), Gloriette, Orangeriegarten, Irrgarten und Kronprinzengarten. Preis: 34 € (mit der Vienna City Card, s. S. 248, 32 €), Kinder 27 €. Daneben gibt es auch den Classic Pass Plus (inklusive Tiergarten 68, Palmenhaus und Wüstenhaus), einen Family-Pass sowie ein Sisi-Ticket (u. a. mit Kaiserappartements und Sisi Museum in der Hofburg sowie Möbelmuseum).

› www.schoenbrunn.at/alle-tickets/classic-pass

seinen Bus verpasst. Für Kinder gibt es auch ein kleines Labyrinth mit Wasserspiel und Kaleidoskop.

Nicht mehr weit ist es von hier zum monumentalen **Neptunbrunnen** am Übergang vom Großen Parterre vor dem Schloss zur Anhöhe mit der Gloriette. Auch er entstammt der Umgestaltungsphase der Schlossanlage durch Maria Theresia, entstand zwischen 1778 und 1780 und präsentiert sich mit gut 100 Metern Länge und 50 Metern Breite als eine der größten und prunkvollsten Brunnenanlagen der Welt. Über einer künstlichen Felsgrotte thront der Meeresgott Neptun mit Dreizack auf einem Muschelwagen. In kniender Haltung erfleht die Meeresnymphe Thetis Neptuns Gunst für die glückliche Seefahrt ihres Sohnes Achill.

Oberhalb des Brunnens bekrönt die **Gloriette** das gesamte Parkareal und bildet einen prunkvollen Schlusspunkt und Blickfang der Schloss-Park-Achse. Von hier oben aus hat man einen fantastischen Blick auf das Schloss und die nordwestlichen Bezirke Wiens. Über eine Wendeltreppe kann man gegen eine Eintrittsgebühr (5 €) die Gloriette-Aussichtsplattform besteigen. An diesem herrlichen Ort hoch über Wien gibt es auch ein Café.

Weitere entdeckenswerte Plätze sind die östlich des Neptunbrunnens gelegene künstliche **römische Ruine**, der **Obelisk**, das **Taubenhaus** (mit hübschen Tauben) und der **Schöne Brunnen**, der dem Schloss seinen Namen gab. Das Brunnenhaus beherbergt die Statue der Quellnymphe Egira – ein wahrlich lauschiges Plätzchen. Mit dem **Orangeriegarten** liegt im nordöstlichen Teil des Schlossareals ein weiteres Gartenjuwel mit exotischen Pflanzen (Eintritt: 5 €).

Palmenhaus [A9]

Das Palmenhaus ist eines der schönsten Gebäude auf dem gesamten Schönbrunner Areal, wenn nicht gar in ganz Wien. Weltweit gibt es nur zwei ähnlich geartete Institutionen dieser Größe.

Die Sammelleidenschaft in Sachen exotischer Flora geht bei den Habsburgern bis ins 18. Jh. zurück; das heutige Palmenhaus löste 1882 das Alte Palmenhaus ab. Für die Errichtung dieses 111 m langen architektonischen **Meisterwerks aus Stahl und Glas** zeichneten der Hofarchitekt Franz-Xaver von Segenschmid und der Eisenkonstrukteur Ignaz Gridl verantwortlich. Über 700 Tonnen Eisen und 45.000 Glasscheiben fanden Verwendung. Den Wienern war ihr Gewächshaus der Superlative stets lieb und teuer: Die durch den Zweiten Weltkrieg verursachten Schäden wur-

081wi-se

Glanzvolle Architektur: das Palmenhaus neben dem Schönbrunner Tiergarten 68

den behoben und in den 1980er-Jahren fanden umfangreiche Restaurierungsarbeiten statt.

Die insgesamt rund 4500 Pflanzenarten locken nicht nur Hobby-Botaniker aus aller Welt ins warme Innere. In der Gebäudemitte steht eine Palme, die so lange in Richtung Decke wachsen darf, bis irgendwann nichts mehr geht. Dann heißt es Platz machen für die Nachfolgerin. Auch die uralte Sisi-Palme, ihrerseits Nachfahrin der Maria-Theresien-Palme, musste 2007 einer neuen Zentralpalme weichen: der von der österreichischen Schwimmerin Mirna Jukić gepflanzten **Mirna-Palme.** Bis diese aber die Laterne des Palmenhauses erreicht hat, werden noch viele Jahre vergehen.

Sorgen bezüglich des Höhenwachstums braucht man sich beim ältesten Bewohner des Palmenhauses nicht zu machen, einem circa 350 Jahre alten Olivenbaum, den Wien von Spanien anlässlich der Internationalen Gartenausstellung 1974 als Geschenk erhalten hat. Besonderes Aufsehen erregte die Ankunft einer australischen **Wollemia nobilis**, eines lebendigen Fossils aus der Frühzeit der Erdgeschichte. Die bereits als ausgestorben erachtete Pflanze wurde dem Palmenhaus 2005 als Dauerleihgabe anvertraut.

Aufgrund der hohen Energiepreise hat so mancher Wiener vermutlich eine Palmenhaus-Jahreskarte erworben, um der Kälte zu entfliehen, ein Buch zu lesen und den Duft der Pflanzen auf sich wirken zu lassen. Durch das Gebäude sollte man als Besucher nicht hetzen, sondern die Atmosphäre in aller Ruhe genießen.

› Schlosspark Schönbrunn, U4 Hietzing, Tel. 8775087406, www.bundesgaerten.at, geöffnet: Mai–Sept. tägl. 10–18, Okt.–Apr. 10–17 Uhr, Eintritt: 8 €, ermäßigt 6 €, Kombiticket mit Tiergarten 68 und Wüstenhaus: 34 €, Kinder ab 6 Jahren und Jugendliche 21 €

Wüstenhaus [A9]

Die kleine Schwester des Palmenhauses ist heute eine Mischung aus Pflanzenhaus und Tiergarten. Das 1904 erbaute **Sonnenuhrhaus** diente zwischenzeitlich als Schmetterlinghaus, ehe es in Kooperation von den österreichischen Bundesgärten und dem Tiergarten Schönbrunn 68 zum Wüstenhaus umgebaut wurde. Es beherbergt neben seltenen Wüstenpflanzen und Kakteen etliche Wüstenspringmäuse, Reptilien und Vögel – besonders hübsch sind die Diamanttauben.

› gegenüber Palmenhaus, www.zoovienna.at/anlagen/wuestenhaus, geöffnet: Mai–Sept. tägl. 9–18, Okt.–Apr. 9–17 Uhr, Eintritt: 8 €, ermäßigt 6 €, Kombiticket mit Tiergarten 68 und Palmenhaus: 34 €, Kinder ab 6 Jahren und Jugendliche 21 €

68 Tiergarten Schönbrunn ★★★ [A10]

Der Tiergarten Schönbrunn zählt zu Recht zu den schönsten Tierparks der Welt. Der 1752 gegründete Tiergarten gilt als ältester Zoo der Welt. Das barocke Ambiente mit dem Kaiserpavillon im Zentrum allein ist schon einen Besuch wert.

Auf einer Fläche von 17 ha leben die tierischen Bewohner aus allen Kontinenten. Man merkt den Tieren an, dass es ihnen im Großen und Ganzen gut geht und sie die nötige Pflege bekommen, die ihnen gebührt: Man muss schon an einer Safari in Afrika teilnehmen, um so gepflegte und prächtige **Löwen** zu Gesicht zu bekommen. Mittels schützender Scheiben kann man sich den stolzen Katzen mit etwas Glück bis auf wenige Meter annähern.

Besonders beliebt bei den Kindern sind die **Pandas** gleich im Eingangsbereich und die **Eisbären.** Natürlich darf auch ein **Streichelzoo** nicht fehlen. Leider weltweit vom Aussterben bedroht sind die **Nashörner;** in Schönbrunn kann man immerhin zwei Exemplare dieser sanften Riesen bewundern. Generell wird der Artenschutz hochgehalten und bedrohte Tierarten wie der **Waldrapp** werden erhalten. Im **Winter** locken vor allem die tropischen Oasen, das Vogelhaus mit Faultier und das Aquarien-Terrarienhaus mit Krokodil.

› U4 Hietzing, Parkplatz: Seckendorff-Gudent-Weg (Eingang Tiroler Hof), Tel. 87792940, www.zoovienna.at, geöffnet: Nov.–Jan. tägl. 9–16.30, Febr. 9–17, März und Okt. (bis Ende der Sommerzeit) 9–17.30, Apr.–Sept. 9–18.30 Uhr, Eintritt: 26 €, ermäßigt 15 €, Jahreskarte: 65 €, Kinder ab 6 Jahren und Jugendliche 35 €, Kombiticket mit Palmenhaus und Wüstenhaus: 34 €, Kinder ab 6 Jahren und Jugendliche 21 €

69 Weindorf Mauer und Wotrubakirche ★★ [S. 272]

Drei große „W" prägen das Weindorf Mauer: Wohnqualität, Wein und die Wotrubakirche. Die letzten beiden machen den südwestlichen Stadtrand Wiens zu einem in kultureller und kulinarischer Hinsicht attraktiven Ausflugsziel.

Das ehemals selbstständige Dorf Mauer gehört mittlerweile zum 23. Wiener Gemeindebezirk **Liesing** und hat sich längst zur begehrten Wohngegend gut situierter Wiener entwickelt, was zu einem hohen Villenanteil führte. Der Ortskern zwischen Maurer Hauptplatz und Maurer Lange Gasse konnte sich jedoch teilweise seinen dörflichen Charme erhalten. Man pflegt eine **lebendige Weinbaukultur** und es gibt noch etliche authentische Heurigenlokale, die leidenschaftlich von

Einheimischen frequentiert und von Touristenmassen verschont werden.

Einige Kulturbeflissene nehmen dennoch die kleine Weltreise an den Rand der Stadt in Kauf, um einer Kirche ihre Aufwartung zu machen, die wohl wie keine andere Kirche gerade nicht wie eine Kirche aussieht – zumindest nicht wie eine Kirche im herkömmlichen Sinne. Auf den ersten Blick assoziiert man mit dem seltsamen Bauwerk eine überdimensionale Panzersperre, eine zerschnittene Bunkerkonstruktion oder ein futuristisches Denkmal. Oft wird die **Wotrubakirche** – korrekt **Kirche zur Heiligsten Dreifaltigkeit** – von Besuchern auch mit dem südenglischen Stonehenge verglichen; nur dass die Megalith-Blöcke wie von Riesenhand alle auf einen Haufen geworfen wurden.

Errichtet wurde das spektakuläre römisch-katholische Gotteshaus auf dem Georgenberg zwischen 1974 und 1976 nach Entwürfen des Bildhauers Fritz Wotruba und Plänen des Architekten Fritz Gerhard Mayr. Für viele Besucher wirkt das Gebäude zunächst wie ein planloses, chaotisches Konglomerat aus tonnenschweren Betonblöcken. Bei näherer und intensiverer Betrachtung gewinnt jedoch die roh und abweisend wirkende Konstruktion eine harmonische, fast filigrane Struktur. Die wehrhaften Betonklötze stehen im Kontrast zu den zerbrechlichen Glaszwischenräumen, die dem Kircheninneren übrigens eine faszinierende Lichtdurchflutung bescheren. Insofern ist dieses **Werk des Brutalismus** – wie der Architekturstil offiziell bezeichnet wird – in Wahrheit alles andere als brutal: Es symbolisiert Unvollkommenheit und gleichsam Wehrhaftigkeit und Schutz. Das vermeintliche Chaos kann sich für den Betrachter leicht in Schönheit und Harmonie verwandeln.

Einige Meter hinter der Kirche liegt der sogenannte **Sterngarten**, ein Freiluftplanetarium, das in Form einer Stufenpyramide zur allgemein nutzbaren Himmelsbeobachtung einlädt. Hier fängt auch schon der Wienerwald an (lohnenswerter Stadtwanderweg, s. S. 239).

Südlich von Mauer (Straßenbahnendhaltestelle Rodaun) lohnt sich ein Abstecher in den **Weinort Perchtoldsdorf** mit seinem mächtigen Wehrturm, seinen Heurigenlokalen und Wandermöglichkeiten. Ein besonderes Naturjuwel ist die **Perchtoldsdorfer Heide.**

› Anfahrt: U4 bis Hietzing, danach Straßenbahn 60 bis Station Maurer-Lange-Gasse. Von hier selbige Gasse in westlicher Richtung vorbei an einigen Buschenschanken bis zur Georgsgasse und zur Wotrubakirche (ca. 15 Minuten Fußweg).

Kulinarisches

16 **Café Dommayer,** Dommayergasse 1, U4 Hietzing, Tel. 87754650, https://oberlaa-wien.at/standorte/standort-dommayer, geöffnet: tägl. 7.30–20.30 Uhr. Das traditionsreiche ehemalige Konzertcafé – betrieben von der Kurkonditorei Oberlaa – ist der ideale Ort, um einen Schönbrunn-Tag stilvoll ausklingen zu lassen. Hohe Promi-Dichte, gute Küche, köstliche Mehlspeisen.

› **Heidingers Gasthaus** (s. S. 175). Ein echter Geheimtipp unter den Vorstadt-Gasthäusern Wiens. Es liegt im 15. Bezirk nicht allzu weit von Schloss Schönbrunn entfernt.

17 **Heuriger Richard Zahel** €, Maurer Hauptplatz 9, Tel. 8891318, www.zahel.at, geöffnet: während der Aussteckzeiten (s. S. 180), die man telefonisch oder über das Internet erfährt, Mo.–Sa. 16–23 Uhr. Der Weinbaubetrieb Zahel steht für solide Weine.

Tief im Süden: Friedhöfe, Gasometer und ein Mini-Prater

In der österreichischen Kultserie „Ein echter Wiener geht nicht unter" (s. S. 216) behauptete Edmund Sackbauer alias Mundl einmal: „Favoriten und Simmering gehören ja zamm". Auch wenn manche Bewohner dies aufgrund lokalpatriotischer Abgrenzungen zwischen dem 10. und dem 11. Bezirk nicht unterschreiben würden, haben die beiden Bezirke doch einige Gemeinsamkeiten.

Beides sind klassische Wiener Arbeiterbezirke, in denen bis heute ein etwas rauerer Wind weht als im feinen Hietzing oder im noblen Döbling. Hier hört man noch häufig das sogenannte **Meidlinger L**, jenen etwas derben Dialekt der Wiener Unterschichten, der sich Ende des 19. Jahrhunderts entwickelt hat. Daneben trifft man auf Sprachen aller Herren Länder, da die halbwegs günstigen Mieten die beiden Bezirke zu beliebten Wohnquartieren für Zuwanderer gemacht haben. Es gibt auch soziale Brennpunkte und die durchschnittliche Lebenserwartung ist niedriger als in anderen Bezirken. Dennoch haben sich die Bewohner ein etwas herbes, aber herzliches Lebensgefühl erhalten; schließlich wurde von hier der Wohlstand Wiens erarbeitet, hier qualmten die Fabrikschlote. In Favoriten wie in Simmering findet man deutliche Spuren der Industrialisierung, gleichzeitig weisen beide Bezirke an ihren südlichen Stadtgrenzen fast ländliche Strukturen auf. Östlich des Zentralfriedhofs 72 bauen Simmeringer Gärtner Gemüse an und südlich von Wiens einziger Therme existiert mit Oberlaa ein authentischer Weinbauort. Am Laaer Berg und tief im Süden Richtung Schwechat wird Wien zum weiten Land. Am tiefsten Punkt der Stadt, in Albern, befindet sich neben alten Hafenanlagen der Friedhof der Namenlosen 73 – ein besonderer Platz, wie man ihn so weltweit kein zweites Mal findet. Für Unterhaltung ist trotz so viel Totenkult trotzdem gesorgt: Der Böhmische Prater 71 hat als liebenswertes Relikt aus alten Zeiten nichts von seinem Charme verloren. Simmering und Favoriten: Das ist Wien für Fortgeschrittene!

70 Gasometer ★ [S. 272]

Die Wiener Gasometer als Teil des Gaswerks Simmering sind die imposantesten Zeugnisse aus der Zeit von Wiens Industrialisierung. Bis in die 1970er-Jahre standen über die Bezirke verteilt noch etliche dieser Industrie-Kolosse. Lediglich die vier Simmeringer Gasometer haben überlebt, wenn auch architektonisch leicht umgeformt. Die Backsteinbauten sind formschöne Industriedenkmäler und bilden einen urbanen Mix aus Wohnungen, Einkaufszentrum und Unterhaltungsbetrieben.

Auch wenn die Gasometer rein praktischen Zwecken dienten, wurden sie Ende des 19. Jahrhunderts – genauer gesagt zwischen 1896 und 1899 – als schmucke Ziegelsteinbauten errichtet; als ob die Erbauer damals schon geahnt hätten, dass die gewaltigen Rundbauten einst unter Denkmalschutz stehen und neben der großen Zentralfriedhofskirche (s. S. 129) noch immer als **Wahrzeichen des 11. Bezirks Simmering** fungieren würden.

Bei den rund 70 Meter hohen und 60 Meter breiten Gasometern handelte es sich technisch gesehen um sogenannte Niederdruckspeicher für das aus Kohle gewonnene Stadtgas. Das Simmeringer Gaswerk war um 1900 das größte seiner Art in ganz Europa. Als man in Wien ab den 1970er-Jahren vom kohlenmonoxidhaltigen Stadtgas zum ungiftigeren Erdgas wechselte, hatten die Gasometer in ihrer alten Form ausgedient und wurden 1984 stillgelegt. Zu ihrem Glück und dem der interessierten Besucher hatte man sie bereits drei Jahre zuvor unter Denkmalschutz gestellt. Ansonsten gäbe es sie wohl nicht mehr.

Vor ihrer **Revitalisierung** dienten die vier Kolosse als Eventhalle für Techno-Raves in den 1990er-Jahren und als beliebte Drehortkulisse – unter anderem für die österreichische Kultserie „Kottan ermittelt" und den James Bond Film „Der Hauch des Todes". Im Rahmen der Neugestaltung erarbeiteten schließlich vier Architektenbüros ein Umgestaltungskonzept, wobei jedes für einen Gasometer verantwortlich war. Die Umbaukosten zwischen 1999 und 2001 betrugen insgesamt fast 200 Millionen Euro. Ihrer Innereien entledigt, blieben von den Gasometern letztlich nur Ziegelmauern und Dachstuhl übrig. Die gewohnte äußere Gesamtansicht konnte somit erhalten werden. Auf 220.000 Quadratmetern entstand eine **Stadt in der Stadt** mit Wohnungen, Büros, Einkaufszentrum,

EXTRATIPP

Entdeckungen in Simmering

Die Gegend um die Endhaltestelle der U3 zählt sicher nicht zu den Top-Sehenswürdigkeiten Wiens, vermutlich nicht einmal zu den Sehenswürdigkeiten allgemein. Wer sich aber auf der Durchreise Richtung Zentralfriedhof 72 befindet, kann dennoch einige spannende Entdeckungen machen: So steht die kleine **Altsimmeringer Kirche Sankt Laurenz** als ehemalige Dorfkirche beispielhaft dafür, dass auch der Arbeiterbezirk Simmering ursprünglich ländlich geprägt war und nur aus kleinen Dörfern bestand. Das Kirchlein wurde im Jahr 1267 erstmals urkundlich erwähnt und zählt damit zu den ältesten Gotteshäusern Wiens.

Zwei **gastronomische Entdeckungstipps** der urig authentischen Art: Nahe der U3-Station Zippererstraße befindet sich mit dem **Weinhaus Hochmayer** ein fast unverändert erhalten gebliebenes Weinhaus aus den 1920er-Jahren. Touristen wird man hier ebenso selten antreffen wie in der **Wein-Schenke Fabigan** nahe der ehemals verrufenen Hasenleitensiedlung, wo man überraschend günstig essen und trinken kann.

Daneben gibt es in Simmering noch das empfehlenswerte **Gasthaus Stern** in der Braunhubergasse 6 (s. S. 175).

★**18 Altsimmeringer Kirche Sankt Laurenz,** U3 Simmering, Zugang von der Simmeringer Hauptstraße über Müchgasse/Kobelgasse

19 [K9] **Weinhaus Hochmayer** €, U3 Zippererstraße, Simmeringer Hauptstraße 42, geöffnet: Di.–Fr. 9–21, Sa. 9–13 Uhr

20 Wein-Schenke Fabigan €, Fabiganstraße 1. Von der U3-Station Simmering sind es 10 Minuten Fußweg bis zum Kreisverkehr an der Schemmerlstraße, von hier noch 50 Meter weiter, geöffnet: Di.–Sa. 15–23 Uhr

Gastronomie- und Entertainmenteinrichtungen sowie der zweitgrößten Veranstaltungshalle Wiens. Als modernen Kontrast zur Industriefassade erhielt **Gasometer B** den sogenannten **Schild**, einen asymmetrisch-futuristischen Anbau.

› U3 Gasometer

71 Böhmischer Prater ★ [S. 272]

Rummelplatz-Nostalgiker werden hier oben am Laaer Berg auf ihre Kosten kommen. Der kleine Bruder des berühmten Wurstelpraters 57 hatte in seiner Geschichte stets Mühe, nicht unter die Räder zu kommen. Durch den Idealismus und die Beharrlichkeit der Schausteller und Gaststättenbesitzer einerseits und die Treue der Stammgäste andererseits hat der Vergnügungspark im 10. Bezirk bis heute überlebt und freut sich über jeden Besucher.

Der Böhmische Prater existiert bereits seit 1883; das Areal des heutigen Naherholungsgebiets Laaer Wald gehörte damals noch zu Niederösterreich und nicht zum neu geschaffenen Bezirk Favoriten mit seinen großen Ziegelfabriken, von denen heute noch die Ziegelteiche erhalten sind. Die Arbeiter in diesen Fabriken, die den Rohstoff für den Bau der Ringstraße und den Bauboom in ganz Wien lieferten, waren größtenteils zugewanderte **Tschechen aus Böhmen und Mähren** – sogenannte Ziegelbehm bzw. Ziegelböhmen. Sie frequentierten in ihrer spärlichen Freizeit gerne die Gaststätten am Laaer Berg und so bildete sich nach und nach ein neuer Prater mit Ringelspielen, Schießbuden, einem Kasperltheater für die Kinder sowie Bier- und Weinschänken für die Erwachsenen. An Feiertagen spielten Musikkapellen auf und langsam sprach es sich auch in Simmering und Meidling und anderen Bezirken herum, dass man am Böhmischen Prater ebenso viel Spaß haben kann wie am Wurstelprater – und das zu niedrigeren Preisen.

Spaß kann man bis heute haben, wenngleich an manchen Fahrgeschäften und Buden der Zahn der Zeit nagt. Aber vielleicht verleiht ihnen gerade das jenen **nostalgischen Charme.** Unterkriegen ließ man sich trotz schwieriger Zeiten nie: Im Zweiten Weltkrieg brannte der kleine Prater ab und wurde wieder aufgebaut; in den 1960er- und 1970er-Jahren drohte die Schließung, doch mit dem Zusammenschluss einiger Schausteller zum „Club Mente Laa" konnte die liebenswerte Institution gerettet werden.

Attraktionen sind eine historische **Karussellorgel** aus dem Jahre 1913 und gleich daneben das ebenfalls über hundert Jahre alte **Karussell Raupe.** Auch ein **kleines Riesenrad** gibt es. Zur Einkehr empfiehlt sich das traditionsreiche Lokal **Zum Werkelmann** mit seinen berühmten Grillhendln, Surschnitzeln und einem kalten Buffet. Der Namen Werkelmann ist ein Synonym für Drehorgelspieler beziehungsweise Leierkastenmann.

Werkelmänner aus ganz Europa treffen sich einmal im Jahr im Böhmischen Prater.

› U1 Reumannplatz, danach Bus 68A (Haltestelle hinter dem Amalienbad) bis Station Urselbrunnengasse, von hier ca. 10 Minuten Fußweg; Alternative: S60 bis Grillgasse und Fußweg hinauf zum Laaer Berg

21 **Zum Werkelmann** €-€€, Laaerwald 218, Tel. 6887106, www.werkelmann.at, geöffnet: März–Weihnachten Mo.–Fr. 11–23, Sa., So. und feiertags 10–23 Uhr

Spaziergang 4: Zwischen Stadt und Land vom Böhmischen Prater nach Unterlaa

*Dieser Routenverlauf entspricht einem Teilabschnitt des Wiener **Stadtwanderwegs Nr. 7** (www.wien.gv.at/umwelt/wald/freizeit/wandern/wege/wanderweg7.html); insofern kann man sich auch an den Wegweisern orientieren. Der Spaziergang führt in den Süden Wiens über den Laaer Berg und ein kleines Weinbaugebiet hinunter in das weite Land an der Stadtgrenze zu Niederösterreich. Naturgenuss und schöne Weitblicke verbinden sich mit Kultur. Es geht großteils bergab, allerdings auch über ungeteerte Feldwege, weshalb gutes Schuhwerk von Vorteil ist. Für die Wanderung benötigt man etwa 2 Stunden; mit Anfahrt (siehe Böhmischer Prater 71), Rückfahrt, Besichtigungen und Einkehr sollte man etwa einen halben Tag einplanen.*

***Route:** Gleich hinter dem Böhmischen Prater beginnt das Naherholungsgebiet am Laaer Berg. Zunächst wandert man in südlicher Richtung durch das Freizeitgebiet **Löwygrube.** Zur Linken genießt man eine herrliche Aussicht auf Simmering mit seinen Gasometern 70 und bei guter Sicht bis in die slowakischen kleinen Karpaten. Hier gibt es auch Picknickplätze und einen Spielplatz. Man überquert die Bitterlichstraße und ist für kurze Zeit wieder auf urbanem Gebiet, ehe der Weg den Wanderer in die ländliche Weite zwischen Laaer Berg und Ostbahn verschlägt.*

*Über Feld und Flur gelangt man durch das Weinbaugebiet **Goldberg** mit Blick auf den Zentralfriedhof 72 und seine markante Friedhofskirche bis zu einer Wegkreuzung mit einem markanten Kruzifix, dem **Roten Kreuz.** Es gibt unterschiedliche Theorien über den Ursprung dieser in Österreich verbreiteten Marterln (Bildstöcke). Möglicherweise handelt es sich um Plätze, an denen einst ein Unglück passierte. Spekuliert wird aber auch darüber, dass die Kreuze ehemalige Bezirksgrenzen und Gerichtsstätten markierten, möglicherweise sogar vorchristliche Kult- und Opferplätze anzeigen beziehungsweise auf uralten geomantischen Kraftlinien liegen. Wie dem auch sei: Auf jeden Fall sind die Roten Kreuze ein volkskundlich noch wenig erforschtes Phänomen. An der Weggabelung in Oberlaa scheint tatsächlich eine ganz eigentümliche Atmosphäre zu herrschen - doch das möge jeder für sich selbst beurteilen.*

*Wer den Stadtwanderweg hier beenden möchte, folgt dem Schild nicht weiter durch die dunkle Unterführung auf die andere Seite der Bahngleise, sondern erreicht entlang der Gleise in wenigen Minuten das **Kurzentrum Oberlaa.** Wer seine Badesachen dabei hat, kann der **Therme Wien** einen Besuch abstatten (s. S. 238). Hier endet auch die U-Bahn-Linie 1.*

*Wer die Unterführung passiert hat, erreicht über einen Feldweg in etwa 10 Minuten die Liesingbachbrücke in Unterlaa mit der Statue des heiligen Nepomuk. Der **Brückenwirt** (s. S. 128) eignet sich für eine Einkehr. Hier kann man gut essen und nach so viel frischer Luft und Bewegung bewältigt man eventuell die großen Portionen. Insbesondere am Wochenende sollte man sicherheitshalber reservieren.*

Vor der Einkehr empfiehlt es sich jedoch, noch ein paar Hundert Meter dem Liesingbach flussabwärts bis zur kleinen ***Johanneskirche*** *zu folgen. Dieser bezaubernde Platz ist ein schönes Beispiel eines wohl schon seit Jahrtausenden bestehenden Kultortes. Am Platz des Kirchleins stand einst ein römischer Tempel; das legen die Ausgrabungen im archäologischen Schauraum und das erhaltene Mauerwerk nahe. Möglicherweise wurde der Ort sogar schon vor den Römern kultisch verehrt – schließlich belegen Bodenfunde eine Besiedelung der Gegend bis in die Jungsteinzeit. Von Mai bis Oktober findet jeden ersten Sonntag im Monat um 14 Uhr eine Führung statt. Treffpunkt ist vor der Kirche. Auch die Kirche selbst stammt ursprünglich aus dem 10. oder 11. Jahrhundert und wäre damit prinzipiell sogar älter als die Ruprechtskirche* **15** *im Herzen Wiens, die allgemein als ältestes Gotteshaus der Stadt angesehen wird. Allerdings muss man bedenken, dass die Gemeinde bis ins 20. Jahrhundert zu Niederösterreich gehörte. Hier fühlt man sich auch eher auf dem Land. In die Stadt zurück gelangt man mit dem Bus 70 und über die U-Bahn-Linie 1 mit den Stationen Oberlaa, Neulaa, Alaudagasse, Altes Landgut und Troststraße.*

Natürlich kann man auch den gesamten Stadtwanderweg 7 zu Fuß bewerkstelligen (ca. 14 Kilometer, 4 Stunden). Er beginnt und endet am Alten Landgut (U1) und ermöglicht auch einen Blick auf die Generali Arena, in welcher der Fußballclub Austria Wien seine Heimspiele bestreitet (www.wien.gv.at/umwelt/wald/freizeit/wandern/wege/wanderweg7.html).

22 ***Brückenwirt*** *€€, Unterlaaer Straße 27, U1 Endstation Oberlaa und Bus 70A bis Sebastianbrücke, Tel. 6883883, www.brueckenwirt-wien.at, geöffnet: Di.–Sa. 10–23, So. 9–20 Uhr*

119wi-se

Im Böhmischen Prater **71**

72 Zentralfriedhof ★★★ [S. 272]

Wer Friedhöfe mag, wird den Wiener Zentralfriedhof lieben. Der Gottesacker ganz im Süden Wiens ist nicht nur einer der größten der Welt, er ist Freilichtmuseum und Naturraum, in Stein manifestierte Geschichte und Spiegel der Wiener Seele. Die alte jüdische Abteilung strahlt eine ganz besondere Atmosphäre von Melancholie, Wildwuchs und Ruhe aus; im Bereich der Ehrengräber kann man den Wiener Berühmtheiten einen Besuch abstatten – von Johann Strauss bis Falco.

Als der Liedermacher Wolfgang Ambros in den 1970er-Jahren mit der 71er-Straßenbahn am Zentralfriedhof vorbeifuhr, fiel ihm ein Schild mit der Aufschrift „100 Jahre Zentralfriedhof" auf. Der Gedanke, dass ein Friedhof Geburtstag feiert, faszinierte den Wegbereiter des Austropop dermaßen, dass er ihn am gleichen Tag seinem Freund und Kollegen Joesi Prokopetz mitteilte, welcher daraus einen der bis heute populärsten Songs Österreichs komponierte: **Es lebe der Zentralfriedhof!**

Der Friedhof der Superlative im Südosten Wiens gehörte und gehört zu den größten Anlagen Europas. Hier liegen mehr Menschen begraben als die Stadt Einwohner hat.

Längst hat sich der Zentralfriedhof zu einem Touristenmagnet entwickelt. Besonders in den **Herbstmonaten um Allerheiligen** macht ihn das bunte Laub besonders attraktiv. Auch Tierliebhaber kommen auf ihre Kosten: Vom Eichhörnchen über diverse Krähenarten bis hin zu Rehen tummelt sich allerhand Getier innerhalb der Friedhofsmauern und verleiht der Totenstadt eine liebenswerte Lebendigkeit. Im Untergeschoss der Aufbahrungshalle 2 beim Haupteingang (Tor 2) befindet sich das **Bestattungsmuseum** (s. S. 167).

Als Wien bereits Mitte des 19. Jahrhunderts – als zeitweise eine der größten Städte der Welt – rasant auf zwei Millionen Einwohner hin zusteuerte, beschloss der Gemeinderat 1863 die Errichtung einer riesigen Friedhofsanlage, die noch in ferner Zukunft Kapazitäten haben sollte und bis heute hat.

Bei der Bevölkerung stieß das trostlose Areal tief im Südosten anfangs auf wenig Begeisterung; schließlich musste man für den Besuch der verstorbenen Angehörigen eine halbe Weltreise in Kauf nehmen. Auch die Organisation und Logistik der unzähligen Leichentransporte im Hochsommer oder im Winter bei starkem Schneefall verursachte Kopfzerbrechen, ganz abgesehen davon, dass die Anrainer nicht gerade begeistert waren ob der dauernden Trauerzüge vor ihrer Haustür. Doch wie so oft in Wien hat sich die Bevölkerung nach und nach an die neue Institution gewöhnt; längst vergessen sind die wütenden Vorbehalte konservativer Kreise gegen den interkonfessionellen Charakter des Friedhofs, der auch der jüdischen Gemeinde einen größeren Bereich zur Verfügung stellte. Zum positiven Image hat sicherlich die Errichtung der **Ehrengräberanlage** im Jahr 1881 beigetragen, verbunden mit der Überführung solch prominenter Gebeine wie jene der Komponisten Ludwig van Beethoven oder Franz Schubert, deren Ehrengräber bis heute vor allem asiatische Touristen in ihren Bann ziehen.

Ein weiterer Glanzpunkt war die Einweihung der **Friedhofskirche zum Heiligen Karl Borromäus**, ehemals Dr.-Karl-Lueger-Gedächtniskirche, die zwischen 1908 und 1910 errichtet wurde und Elemen-

- 1 Gräber Torberg und Schnitzler
- 2 Grab Anzengruber
- 3 Grab Bürgermeister Prix
- 4 Grab Thonet
- 5 Bundespräsidentengruft
- 6 Grab Bruno Kreisky
- 7 Grab Udo Jürgens
- 8 Romagräber
- 9 Mahnmal für die Opfer des Faschismus
- 10 Falcos Grab
- 11 Musiker-Hain

23 Concordia Schlössl
55 Bestattungsmuseum

te aus Jugendstil, Historismus und ägyptischer Baukunst vereint. Gewisse Ähnlichkeiten zur Jugendstil-Kirche am Steinhof 66 sind kein Zufall. Zwischen dem Haupteingang (Tor 2) und der Kirche trifft man auf prunkvolle Grabdenkmäler und Grüfte aus der Belle Epoque um 1900 mit teils überlebensgroßen Engelsdarstellungen und kunstvoller Jugendstil-Dekoration. Doch auch bei den Ottonormalgräbern sind der Fantasie kaum Grenzen gesetzt: Schlichte Grabsteine findet man ebenso wie wahre Meisterwerke der Steinmetzkunst oder kitschig anmutende Orte der Erinnerung und Verehrung. Sogar das eine oder andere Lieblingsauto als Prestigeobjekt durfte mit auf den Grabstein.

Neben der großen katholischen existieren eine neue und eine alte jüdische Abteilung sowie ein evangelischer, ein orthodoxer, ein mormonischer, ein islamischer und ein buddhistischer Bereich. Daneben gibt es etliche Gedenkstätten und Kriegsgräberanlagen. In der Präsidentengruft sind alle Staatsoberhäupter der Zweiten Republik beigesetzt.

Die **Ehrengräber und ehrenhalber gewidmeten Gräber** gehören zu Personen wie Paul Hörbiger, Hans Moser, Curd Jürgens, Bruno Kreisky, Helmut Zilk, Adolf Loos, Johannes Brahms, Johann Strauss, Arnold Schönberg, Gerhard Bronner oder Helmut Qualtinger. 2023 fand das Begräbnis des bedeutenden Medien- und Aktionskünstlers Peter Weibel statt. Jeder Besucher kann seinen persönlichen Liebling aus Kunst und Kultur, Wissenschaft und Technik oder Politik mit der dazugehörigen Gruppe im Internet bei Wikipedia unter „Liste gewidmeter Gräber auf dem Wiener Zentralfriedhof" finden. Auch die Urne des 2014 überraschend verstorbenen Sängers **Udo Jürgens** ist hier, in einem Ehrengrab in Form eines Flügels, bestattet. Im Wiener Rathaus 43 nahmen Tausende Abschied von dem Ausnahmekünstler, der Österreich mit dem Titel „Merci Chérie" 1966 einen Erfolg beim Grand Prix Eurovision bescherte.

Wer ein bis zwei Stunden Zeit mitbringt, dem sei folgende grobe Route

Die Legende Falco

Von den jüngeren Gräbern auf dem Wiener Zentralfriedhof 72 hat sich keines zu einer ähnlichen Wallfahrtsstätte entwickelt wie jenes von Hans Hölzel, der als Popstar Falco Weltruhm erlangte. Songs wie „Der Kommissar", „Rock me Amadeus" und „Jeanny" machten ihn zum Star in Deutschland, England und den USA. Der frühe Tod mit 40 Jahren bei einem Autounfall in der Dominikanischen Republik bescherte ihm im Februar 1998 ein letztes großes Spektakel auf dem Zentralfriedhof. Tausende Fans nahmen Abschied von Österreichs größtem Popstar, dessen Grabstätte – ein Obelisk und eine Glasplatte mit dem Bildnis Falcos – bis heute von Fans geschmückt wird. Aus dem Wiener Nachtleben ist Falcos Musik bis heute nicht wegzudenken. Seine Popularität ist ungebrochen: Die wichtigste Hymne an der Donau ist das in Deutschland weniger bekannte Stück „Ganz Wien". Nicht nur mit diesem Hit wird der „Falke" jeden Februar anlässlich seines Geburtstags in der Diskothek U4 von Wegbegleitern und Fans gefeiert.

133wi-se

Letzte Ruhestätte von Udo Jürgens: ein zugedeckter Flügel mit einer Rose, davor etliche Gaben von Fans

EXTRATIPP

Steinmetz-Atelier für Hungrige: Schloss Concordia

Im revitalisierten Kontor eines bedeutenden Steinmetzunternehmens des 19. Jahrhunderts – direkt gegenüber von Tor 1 des Zentralfriedhofs und unschwer an der monumentalen Christus-Statue zu erkennen – kann man nach ausgiebiger Friedhofsbesichtigung mit **kreativen Schnitzelkreationen** seinen Hunger stillen. Von außen wirkt das Atelier unheimlich und verwunschen, auch im Inneren sorgen Spiegel, ein knarzender Holzboden und flackerndes Kerzenlicht für einen **morbid-nostalgischen Charme.** Doch keine Angst: Sowohl das Ambiente als auch die Speisen begeistern – beispielsweise das Concordia-Schnitzel, mit Linsen gefüllt.

23 [S. 130] **Concordia Schlössl** €, Simmeringer Hauptstraße 283, Straßenbahn 71 Zentralfriedhof Tor 1, Tel. 7698888, www.concordia-schloessl.at, geöffnet: Mo.–Fr. 12–23, Sa., So. 11.30–23 Uhr

durch den Zentralfriedhof empfohlen: Man beginnt den Besuch am Haupteingang (Tor 2), passiert die monumentalen Ehrengräber in Richtung Friedhofskirche und hält sich dann schräg links Richtung Aufbahrungshalle und Ehrenhain (mit Falco-Grab in Gruppe 40). Über das Areal von Kirche und Präsidentengruft geht es danach in nordwestlicher Richtung bis in den Bereich des **Alten jüdischen Friedhofs.** Dieses leicht verwilderte Areal mit teils schiefen Grabsteinen, viel Efeu und seiner ganz speziellen Ausstrahlung entführt in die selbstbewusste und facettenreiche Epoche des Wiener Judentums um 1900. Mit etwas Glück läuft dem Besucher hier das eine oder andere Reh über den Weg. Über das Tor 1 verlässt man den Zentralfriedhof.

› U3 Simmering, weiter mit Straßenbahnlinie 71 oder 6: Zentralfriedhof 2. Tor (Haupteingang), 1. Tor (Alter jüdischer Friedhof), 3. Tor (Evangelische Abteilung), Straßenbahn 6: 4. Tor (Neue Israelitische Abteilung, Besuch nur mit Kopfbedeckung); Öffnungszeiten: Nov.–Febr. tägl. 8–17, März, Okt. tägl. 7–18, April, Sept. tägl. 7–19, Mai–Aug. Fr.–Mi. 7–19, Do. 7–20 Uhr

73 Friedhof der Namenlosen und Alberner Hafen ★ [S. 272]

Erstens: Wien liegt an der Donau. Zweitens: Wien ist bekannt für seine Morbidität. Drittens: In Wien gibt es Dinge, die es sonst nirgends auf der Welt gibt. Es wäre einfach zu behaupten, dass diese drei Prämissen allein schon schuld daran sind, dass tief im Süden Wiens, am tiefsten Punkt der Stadt, kurz vor den Industrieanlagen und dem Flughafen von Schwechat, dieser weltweit einzigartige Gottesacker existiert: ein liebevoller Gedenkort für tragische Schicksale der Vergangenheit, für Ermordete und Selbstmörder, für die erkalteten Opfer der Donau – ein Friedhof für Wasserleichen!

Denn weder Morbidität noch Donau noch Wien an sich hätten diesen magischen Platz erschaffen können. Es waren Männer aus Simmering, die ihn geschaffen und gepflegt haben.

Doch der Reihe nach: Im 19. Jh. wurden durch einen Wasserwirbel der Donau regelmäßig bis zur Unkenntlichkeit verunstaltete Leichen ans Ufer südlich des Alberner Hafens gespült. Dort hat man sie dann auch eingegraben, doch die Gräber wurden regelmäßig vom Hochwasser weggespült. Deshalb entschlossen sich der Tischlermeister und christlichsoziale Politiker Albin Hirsch und weitere Simmeringer Bürger zum Bau eines neuen Friedhofs der Namenlosen hinter dem Damm. An den alten Friedhof mit mehreren Hundert Toten erinnert bis heute ein Kreuz.

Liebevoll gepflegt wurde der Friedhof bis zu dessen eigenem Tod 1996 über Jahrzehnte vom Totengräber Josef Fuchs, an den eine Gedenktafel erinnert. Seit 1935 existiert am Friedhofseingang die runde Auferstehungskapelle.

Im Gegensatz zu anderen Friedhöfen sind am Friedhof der Namenlosen alle gleich, alle haben das gleiche kleine gusseiserne Kreuz mit der silbernen Christusfigur über sich stehen. Allerdings sind nicht alle namenlos: Einige Leichen konnten identifiziert werden – teils anrührende Schicksale eröffnen sich auf den Erinnerungstafeln. Seit einigen Jahren werden insbesondere die Kindergräber geschmückt und verehrt.

Trotz aller Traurigkeit strahlt der Platz auch Friede und Geborgenheit aus. Hier scheinen besonders viele Vögel zu zwitschern und man möchte hoffen, dass die Toten ihre Schicksale längst hinter sich gelassen haben. Wenn es dunkel wird, kann es trotzdem ein bisschen unheimlich werden; so manches Geistwesen wurde angeblich schon gesichtet. Seit einigen Jahren regiert im Sommer einmal pro Jahr der Geist des Austropop auf der nahe gelegenen Wiese. Beim **Hafen Open Air** (s. S. 203) treten neben Newcomern Urgesteine wie Wolfgang Ambros und Ulli Bäer auf. Eine besondere Ausstrahlung hat auch der **Alberner Hafen** selbst mit seinen monumentalen Speicheranlagen aus den 1940er-Jahren. Er galt als Geheimtipp für Fotografen, hat aber durch Sanierungsmaßnahmen in den letzten Jahren ein wenig von seiner Industrie-Morbidität verloren.

› U3 Enkplatz, danach Bus 76A bis Alberner Hafen, reine Busfahrzeit: 21 Minuten

KLEINE PAUSE

In einem Container beheimatet, bietet die einfache **Hafenkneipe** Speis und Trank.

24 Hafenkneipe €, Alberner Hafenzufahrtstraße/Ecke 1. Molostraße, geöffnet: Mo.–Fr. 7.30–15.30 Uhr

Wien jenseits der Donau: Entdeckungen in Transdanubien

Früher wurde der Name Transdanubien etwas verächtlich für die östlich der Donau liegenden Bezirke Floridsdorf (21. Bezirk) und Donaustadt (22. Bezirk) verwendet. Obwohl es im wilden Osten Wiens auch heute noch hässliche Plattenbausiedlungen und öde Vororte gibt, hat das Stadtgebiet in den vergangenen Jahren enorm an Popularität gewonnen und zieht immer mehr neue Bewohner in die Gegend jenseits der Donau. Schuld an diesem Boom sind auch die zusätzlich entstandenen Bahnhöfe der U1 und insbesondere der neuen U2 in Richtung Seestadt Aspern, welche eine gute Anbindung an die Innenstadt ermöglichen.

Wer etwas länger Zeit hat, Wien zu erforschen, sollte sich einen Ausflug nach Transdanubien nicht entgehen lassen. Besonders Natur- und Wasserliebhaber kommen auf ihre Kosten. In der Lobau existiert ein einzigartiges Naturschutzgebiet; in **Kaisermühlen** stehen die höchsten Gebäude Wiens und in Stammersdorf am Bisamberg kann man noch authentische Weinbaukultur erleben. Die Alte und die Neue Donau bieten im Sommer echte Bade- und Urlaubsfreuden.

74 Donau City ★ [K3]

Die Donau City als Teil des 22. Bezirks (Donaustadt) erstreckt sich zwischen Neuer und Alter Donau im Bereich der Reichsbrücke. Sie hat sich in den vergangenen circa 50 Jahren als multifunktionaler und moderner Stadtteil entwickelt – inklusive markanter Wolkenkratzer-Skyline, die sich mit jenen der Londoner City und des Frankfurter Bankenviertels messen kann.

Rund um das im Volksmund lapidar als UNO-City bezeichnete Vienna International Centre 76, das in den 1970er-Jahren hier das erste bauliche Großprojekt bildete, entstanden in den darauf folgenden Jahrzehnten nach und nach neue Büro-, Kongress- und Wohngebäude. Charakteristische Hochhäuser sind neben dem DC Tower 75 und den geschwungenen VIC-Gebäuden 76 der 130 Meter hohe IZD-Tower mit seiner nasenähnlich hervorstehenden Spitze, das 150 Meter hohe Hochhaus Neue Donau, das an ein großes weißes Segelschiff erinnert und der neu errichtete Hochhauskomplex Danubeflats an der Reichsbrücke. Direkt an der U1-Station VIC-Kaisermühlen steht der moderne Kubus der römisch-katholischen **Donaucity-Kirche**.

Einen Kontrast zur futuristischen Architektur der Donau City bildet das traditionelle **Arbeiterviertel Kaisermühlen**, das sich südöstlich der Wagramer Straße erstreckt; nördlich grenzt der **Donaupark** 77 an.

Die Donau City steht symbolisch für Wiens Aufbruch ins 21. Jahrhundert und die Entwicklung zu einer zentraleuropäischen Metropole nach dem Fall des Eisernen Vorhangs.

› U1 VIC-Kaisermühlen

Österreichs höchster Wolkenkratzer: die imposante Fassade des DC Towers

75 DC Tower ★ [K3]

Der DC Tower, Österreichs höchster Wolkenkratzer, bildet im wahrsten Sinne des Wortes einen Höhepunkt in der jüngeren Architekturgeschichte der Stadt.

Von den Aussichtspunkten des Ersten Bezirks oder vom Haus des Meeres 48 aus betrachtet, wirkt Österreichs höchster Wolkenkratzer gar nicht so spektakulär – eher wie ein fantasielos hinaufgezogener schwarzer Monolith. Seine Eleganz und Schönheit erschließt sich erst bei näherer Betrachtung. Insbesondere die Südost-Fassade mit ihrer wellenartig abgestuften Struktur macht den vom französischen Architekten Dominique Parrault entworfenen, 250 Meter hohen Turm einzigartig.

Wie seit Jahrhunderten bei vielen neuen Gebäuden, so gilt auch hier: gemosert wird immer. Seit 2014 hat sich der DC (Donau City) Tower zu einem viel fotografierten **Wahrzeichen Transdanubiens** gemausert. Von der Bar und dem Restaurant des Hotels Melia (57 Restaurant & Lounge, s. S. 176) genießt man einen **atemberaubenden Blick** über das Wiener Becken, die Altstadt und zum zweiten großen Riesen, dem Millennium-Tower in der Brigittenau, der mit seinen 202 Metern Höhe nur mehr Platz 2 in der Wiener Hochhaus-Rangliste belegt.

Wer sich die Fahrt sparen will, kann zumindest einen Blick in die Lobby des nagelneuen Hotels Melia werfen; auch im Bereich der Innenarchitektur wurden weder Kosten noch Mühen gescheut.

Ursprünglich sollte der DC Tower noch einen 168 Meter hohen kleinen Bruder erhalten. Ob dieses Projekt jemals ausgeführt wird, steht derzeit noch in den Sternen. Es wäre nicht das erste Mal in der Geschichte Wiens, dass ein groß angelegtes Architekturensemble nur teilweise vollendet worden ist: Auch das geplante Kaiserforum am Heldenplatz 30 und der Nordturm des Stephansdoms 2 blieben letztlich unvollendet.

› Donau-City-Straße 7, www.fiftysevenrestaurant.at

150wi-se

76 Vienna International Centre (UNO-City) ★ [K3]

Vor der Jahrtausendwende war der Gebäudekomplex des VIC – im Volksmund meist lapidar und unkorrekt als UNO-City bezeichnet – das architektonische Highlight am Ufer der Neuen Donau.

Mittlerweile sind die markant **geschwungenen Bürogebäude in Ypsilon-Form** in den Schatten der deutlich höheren Nachbarn wie DC Tower 75 und IZD Tower gerückt und versprühen angesichts ihrer hypermodernen Umgebung den nostalgischen Charme der 1970er-Jahre, in denen sie entstanden sind.

Gebaut wurden die sechs Kolosse mit einer Gesamtgeschossfläche von 230.000 Quadratmetern nach Plänen des Architekten Johann Staber für das United Nations Office at Vienna (UNOV) und für weitere internationale Institutionen. Das VIC genießt übrigens einen exterritorialen Status.

Unter anderem ist hier die **Internationale Atom-Energieorganisation IAEO** ansässig. Besucher können sich im Rahmen von Führungen ein Bild über die Aktivitäten der ansässigen Organisationen machen.

In den 1980er-Jahren entstand in unmittelbarer Nachbarschaft das Kongresszentrum **Austria Center Vienna (ACV)** mit seinem futuristisch geschwungenen Eingangstor.

› Vienna International Centre, Visitors Service, Wagramer Straße 3–5, Haupteingang Gate 1, Tel. 26060-3328, www.unis.unvienna.org, Führungen Mo.–Fr. 11, 14 und 15.30 Uhr, Buchungen online, Eintritt: 15,90 €, ermäßigt 13,78 €, Schüler 7,42 €

084wi-se

77 Donaupark und Donauturm ★ [K2]

Gleich hinter der UNO-City 76 beginnt Donaupark und erstreckt sich zwischen der Autobahn A22 und der Arbeiterstrandbadstraße [K/L2] über ein 800.000 Quadratmeter großes Areal. In die Freizeitlandschaft mit Spiel- und Sportplätzen bohrt sich der 252 Meter hohe Donauturm mit Aussichtsplattform und Restaurant.

Was auf den ersten Blick idyllisch klingt, blickt auf eine ganz und gar nicht idyllische Vorgeschichte zurück: Bis 1945 existierte hier ein Schießplatz, auf dem durch die Nationalsozialisten Exeku-

Die UNO-City vor dem Kaiserwasser in Kaisermühlen

Spaziergang 5: Schauplatz Kaisermühlen zwischen Neuer und Alter Donau

„I steh auf's Gänsehäufel, auf Italien pfeif i." Mit dieser Textzeile aus dem Song „Strada del Sole" machte der Sänger Reinhard Fendrich Wiens Strandbad an der Alten Donau über die Grenzen der Alpenrepublik bekannt. Berühmt geworden ist der kleine Stadtteil (wienerisch: Grätzel) Kaisermühlen auch durch die beliebte ORF-Fernsehserie ***Kaisermühlen Blues*** *von Autor Ernst Hinterberger (s. S. 232), der dem Arbeiterviertel ein filmisches Denkmal setzte. Im Folgenden wird ein kleiner Spaziergang zwischen Gemeindebau und Freizeitidyll geschildert (im Sommer die Badekleidung nicht vergessen!):*

Ausgangspunkt ist die U-Bahn-Station Alte Donau (U1), von der die Arbeiterstrandbadstraße zunächst in südöstlicher Richtung unter der Wagramer Straße hindurchführt und in die Straße Fischerstrand mündet. Von hier geht es eine ganze Weile immer an der Alten Donau entlang dem Fischerstrand (nicht den Fischerweg!), der sich zwischen Schrebergartenhäusern und kleinen Villen hindurchwindet. Auf Fußgängerbrücken werden kleine Altwasserarme überquert, danach geht es den Laberlweg entlang, vorbei am Restaurant „Zum Schinakl" (s. S. 140) bis zum Ernst-Sadil-Platz, an dem man sich links hält und in wenigen Minuten die Brücke zum Strandbad ***Gänsehäufel*** *(s. S. 238) erreicht. Die kleine Insel inmitten der Alten Donau wurde im Jahr 1900 vom Naturheilkundler Florian Berndl entdeckt, der den Wienern die Badekultur näherbrachte. 1907 wurde das Gelände von der Stadt übernommen und das Strandbad der Commune Wien am Gänsehäufel eröffnet. Das über hundert Jahre alte Bad mit gepflegten Liegewiesen, altem Baumbestand, einem Nacktbadebereich, einem Swimmingpool und breit gefächertem Gastronomieangebot hat bis heute nichts von seiner Schönheit verloren und sich seinen historischen Charme bewahrt. Am angenehmsten ist ein Besuch im Früh- oder Spätsommer; an heißen Hochsommertagen kann es schon mal eng werden. Und keine Angst vor der Alten Donau: Das Wasser ist angenehm und sauber. Selbst in der etwas kühleren Neuen Donau wird im Hochsommer gebadet.*

Die Route führt über die Moissigasse – benannt nach dem um 1900 berühmten albanisch-österreichischen Schauspieler Alexander Moissi, dem in einer Grünanlage ein modernes Denkmal errichtet wurde – in Richtung Schüttauplatz, dem Zentrum Kaisermühlens mit der ***Herz-Jesu-Kirche*** *und einem frei stehenden Campanile aus Beton im Zentrum. Hier gibt es den sehr beliebten Eissalon Trento (s. S. 139).*

Die Moissigasse führt dann weiter zum Kaisermühlendamm (Rudolf-Nurejew-Promenade) an der Neuen Donau. Auch dieser Seitenarm dient den Wienern als Naherholungsgebiet, egal ob zum Inlineskaten, Schwimmen, Joggen oder Radfahren. Wer möchte, kann von hier einen Abstecher über die Kaisermühlenbrücke auf die Donauinsel machen (eignet sich besonders für Radfahrer). Wer möchte, kann hier Kaisermühlens ältestem und architektonisch durchaus ansprechenden

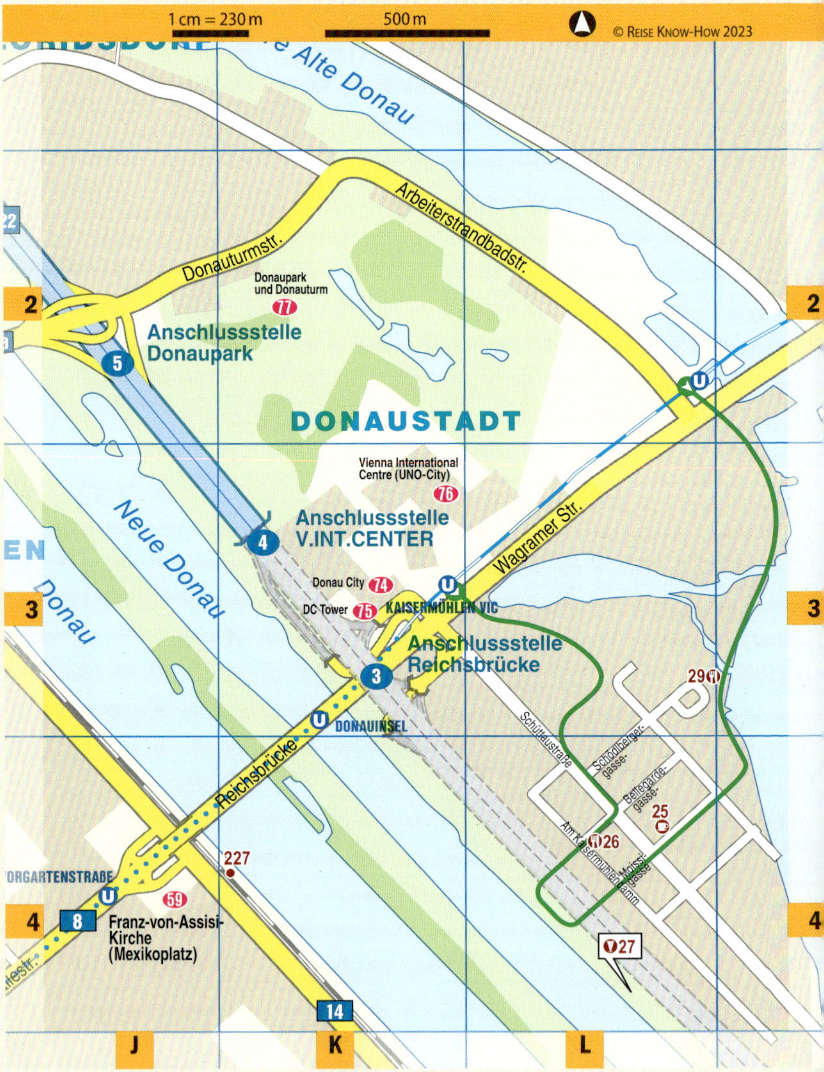
1 cm = 230 m
500 m
© Reise Know-How 2023
Alte Donau
Arbeiterstrandbadstr.
Donauturmstr.
Donaupark und Donauturm
77
Anschlussstelle Donaupark
5
DONAUSTADT
Vienna International Centre (UNO-City)
76
Anschlussstelle V.INT.CENTER
4
Neue Donau
Donau
Wagramer Str.
Donau City
74
DC Tower
75
KAISERMÜHLEN VIC
Anschlussstelle Reichsbrücke
3
DONAUINSEL
Reichsbrücke
Schüttaustraße
Schödlberger-gasse
Bellegarde-gasse
25
26
29
27
Am Kaisermühlendamm
Moissi-gasse
227
VORGARTENSTRAßE
59
8
Franz-von-Assisi-Kirche (Mexikoplatz)
14
2
3
4
J
K
L

Gemeindebau, dem ***Schüttauhof,*** *einen Besuch abstatten. In seinen Innenhöfen wurde die berühmte Serie hauptsächlich gedreht (Am Kaisermühlendamm 55–61, Schiffmühlenstraße 58–64). Hier existiert mit dem* ***Pizzakeller*** *eine Einkehrmöglichkeit mit schöner Terrasse und großer Auswahl an schmackhaften Pizzen. In nordwestlicher Richtung geht es ansonsten ein Stück an der Neuen Donau entlang, ehe man den Damm wieder verlässt und über die Bellegardegasse oder die Jungmaisstraße die Schüttaustraße erreicht, die man überquert und ihr ebenfalls in nordwestlicher Richtung etwa 100 Meter folgt, ehe man auf den monumentalen Haupteingang des* ***Goethehofs*** *stößt. Der nach dem deutschen Dichterfürsten benannte Gemeindebau wurde 1928 bis 1930 in der Zeit des Roten Wiens errichtet. Wie der Karl-Marx-Hof* **62** *und andere große Gemeindebauten aus den 1920er-Jahren war auch der Goethehof als Arbeiterfestung während der bürgerkriegsähnlichen Kämpfe 1934 ein Zentrum der Kampfhandlungen. Durch den Goethehof kann man laufen und gelangt auf der dem Haupteingang gegenüberliegenden Seite zum Donausportplatz und zum links davon gelegenen Kaiserwasser. Hier bietet sich noch einmal ein kostenloses Bad an, ehe der Spaziergang an der U-Bahn-Station Kaisermühlen VIC (U1) endet.*

Dauer: *circa 1½ Stunden; mit Badepause im Sommer oder Einkehr dementsprechend länger.* ***Einkehrmöglichkeit:*** *Schinakl (s. S. 140),* ***Pizzakeller.***

Eine Erweiterung wäre eine Fahrt vom Kaisermühlendamm mit Bus 92 Richtung Donaustadtbrücke (U2): Dort kann man den Wakeboardern auf der Neuen Donau in der Strandbar wake up bei ihren Kunststücken zuschauen und nebenbei gute Burger und andere Snacks verdrücken.

25 *[S. 138]* ***Eissalon Trento,*** *Schüttauplatz 2, Tel. 2633677, www.trento.at*

26 *[S. 138]* ***Pizzakeller*** *€, Am Kaisermühlendamm 53, Tel. 2692120*

27 *[S. 138]* ***wake up,*** *Am Wehr 1, U2 Donaustadtbrücke, Tel. 2025123, http://wakeup.at*

Die Alte Donau bietet Urlaubsidylle mitten in der Stadt

147wi-se

tionen durchgeführt worden sind; nach dem Krieg diente das Gelände teilweise als Müllhalde.

Zu buchstäblich neuer Blüte gelangte es erst durch die Internationale Gartenschau 1964 (WIG 64). Damals beförderte ein Sessellift die Besucher über das Gelände, der leider schon lange nicht mehr existiert. Stattdessen kann man den Park heute mit einer 3,3 Kilometer langen **Schmalspurbahn** befahren.

Im Park befinden sich die große **Papstwiese** mit dem überdimensionalen Papstkreuz, das an den Wien-Besuch Papst Johannes Pauls II. 1983 erinnert sowie der hübsche Irissee mit seinen alten Silberpappeln. Daneben stößt man laufend auf **Denkmäler** – vom Gedenkstein für den Mystiker und Arzt Paracelsus bis hin zur umstrittenen Bronzebüste des südamerikanischen Revolutionärs Che Guevara. Daneben gibt es Spielplätze, Sportstätten und eine Bühne, auf der im Sommer kostenlose Konzerte stattfinden. Bedeutendstes Bauwerk ist der insgesamt 252 Meter hohe **Donauturm.** Er wurde zwischen 1962 und 1964 im Rahmen der WIG errichtet und ist seitdem Österreichs höchstes Bauwerk – davor hatte dieses Privileg noch der Stephansdom 2 inne.

Er wurde grundsätzlich **als Aussichtsturm geplant und war niemals ein Fernsehturm,** wie manche denken; lediglich einige Radiosender werden von der Antenne ausgestrahlt. Der ORF sendet sein Fernsehprogramm von der wesentlich höher gelegenen Sendeanlage am Kahlenberg 64. Als reinen Besucherturm in dieser Zeit und in diesen Ausmaßen kann man den Donauturm durchaus als Prestigeprojekt für Höhenluft-Luxus bezeichnen. Insofern sollte man sich diesen Luxus auch gönnen, wenn man schon mal in der Gegend ist. Der Blick reicht weit über das Wiener Becken hinaus bis in die Alpen oder in Richtung Bratislava. Der Turm beherbergt auch ein **360-Grad-Restaurant** und ein **Kaffeehaus.**

› Donauturmstraße 4, U1 VIC-Kaisermühlen oder Alte Donau, Tel. 2633572, www.donauturm.at, geöffnet: tägl. 10–22.30 Uhr (letzte Auffahrt 21.45 Uhr), Restaurant: Mi.–So. 11.30–22.15 Uhr, Online-Tischreservierung nötig (vergünstigte Auffahrt), Eintritt: 18 €, ermäßigt 14,40 €, Kinder 6–14 Jahre 10,80 €, 3–5 Jahre 5,40 €, verschiedene Kombitickets, u. a. mit Riesenrad 25,20 €, Kinder 13,80 €/9,50 €

› **Schmalspurbahn:** www.liliswelt.at/portfolio/donauparkbahn, geöffnet: März–Okt., Rundfahrt 6 €, Kinder 3,50 €, Kombiticket mit Donauturm 20 €/11,50 €/7 €

Kulinarisches

An der **Alten Donau** gibt es etliche nette Terrassenlokale. Hier drei Klassiker:

28 [J1] **Strandgasthaus Birner** €, An der Oberen Alten Donau 47, U6 Neue Donau, Tel. 2715336, tägl. 10–22 Uhr. Hier sitzt man wunderschön am Ufer der Alten Donau. Ordentliche Hausmannskost (Tipp: Gulasch).

29 [S. 138] **Zum Schinakl** €€, Laberlweg 19, U1 Alte Donau, Tel. 2633656, www.schinakl.com, geöffnet: So.–Mi. 11–21, Do.–Sa. 11–22 Uhr. Gutes Lokal direkt an der Alten Donau, auch Fischspezialitäten.

Blick auf Klosterneuburg mit seiner markanten Stiftskirche

116wi ©thongsee, stock.adobe.com

Entdeckungen im Wiener Umland

78 Stift Klosterneuburg ★★ [S. 272]

Die Stadt Klosterneuburg grenzt nördlich von Döbling direkt an Wien und lässt sich mit der S-Bahn schnell und unkompliziert erreichen. Auf einer Anhöhe über der Donau thront das imposante Ensemble des Stifts Klosterneuburg. Hier treffen Mittelalter, Barock und Moderne zusammen – ein absolut lohnenswertes Ausflugsziel für Geschichtsinteressierte, Kunstliebhaber und Romantiker!

Romantisch ist allein schon die Gründungslegende des Klosters, die sogenannte **Schleier-Legende:** Am Tage der Vermählung des **Babenbergers Leopold III.** von Österreich mit **Agnes von Waiblingen** im Jahr 1105 riss ein Windstoß den Brautschleier mit sich, als das frisch vermählte Paar den Söller der Burg auf dem Leopoldsberg betrat. Man deutete dies als schlechtes Omen und Leopold gelobte, an der Stelle, an der man den Schleier wiederfinden würde, ein Kloster zu errichten. Die Jahre zogen ins Land, doch während einer Jagd hinunter in die Donau-Auen bellten die Hunde plötzlich laut an einem **Holunderbaum** – und siehe da: Der Schleier hing unversehrt in den Ästen. Von Glückseligkeit erfüllt, machte der edle Herrscher sein Gelübde wahr. Noch heute kann man Schleier und Holzstücke des Baumes in der Schatzkammer des Stifts bewundern. Ob sich die Legende wirklich so zugetragen hat, sei dahingestellt. Vermutlich war der Platz des heutigen Stifts schon Jahrhunderte früher besiedelt. Der Baum könnte auf ein altes keltisch-germanisches Baumheiligtum hindeuten, das im frühen Mittelalter christianisiert wurde. Immerhin verband man mit dem Holunder noch bis in die Neuzeit hinein die Vorstellung, er stehe in Verbindung zur Unterwelt; auch der Sagenschatz der Frau Holle wird volkskundlich teilweise in diese Richtung gedeutet und letztlich lassen auch die weißen Blüten des Holunders Assoziationen mit einem Brautschleier zu.

Möglicherweise plante der tief gläubige Babenberger in Klosterneuburg die Errichtung eines Bischofssitzes, was jedoch nie verwirklicht wurde.

Wie dem auch sei – lassen wir die Spekulationen und wenden uns den geschichtlichen Fakten zu: 1133 übernahmen die **Augustiner-Chorherren** die Leitung des Stifts, 1136 wurde die Stiftskirche geweiht. Abwechselnd mit Wien war Klosterneuburg zwischenzeitlich Residenz des Babenberger Herrschergeschlechts. Zur kulturellen Blüte gelangte das Kloster Anfang des 14. Jahrhunderts durch Probst Stephan von Sierndorf, der die Anlage nach einem schweren Brand im gotischen Stil wiedererrichten ließ. In den darauf folgenden Jahren entwickelte sich das Stift zu einem europaweit anerkannten geistigen Zentrum und konnte sich einer umfangreichen Bibliothek rühmen. Obwohl Leopold III. bereits kurz nach seinem Tode stark verehrt wurde, fand seine Heiligsprechung erst 1485 statt; er trägt seither den Beinamen „der Heilige“. Bis heute ist er **Schutzpatron Österreichs,** insbesondere Niederösterreichs; am Leopolditag, dem 15. November, haben die Kinder dort schulfrei.

Gegen Ende des Mittelalters wurde es unruhig: Türkenbelagerung, Reformation und Gegenreformation machten auch vor dem Stift keinen Halt. In Zeiten schwerster Bedrängnis wurde der Klosterschatz stets nach Passau in Sicherheit gebracht.

Im 17. Jahrhundert begann die barocke Umgestaltung der Stiftskirche, im 18. Jahrhundert wollte der habsburgische Kaiser Karl VI., der Vater Maria Theresias, die Anlage zu einem **österreichischen Escorial,** einer gewaltigen barocken Klosterresidenz umgestalten. Verwirklicht wurde letztlich aber nur ein Viertel des Mammutprojekts; nach dem Tode des Kaisers konzentrierte sich die Tochter in bautechnischer Hinsicht mehr auf Schloss Schönbrunn 67.

Während der Napoleonischen Kriege und der Zeit des Nationalsozialismus kamen nochmals schwere Zeiten auf das Stift zu, das sich in der Nachkriegszeit jedoch langsam erholen konnte und seit einigen Jahren frisch renoviert in neuem Glanz erstrahlt.

Das Chorherrenstift ist heute nicht nur ein religiöses Zentrum Niederösterreichs, sondern auch ein **bedeutendes Wirtschaftsunternehmen;** insbesondere durch Forstwirtschaft, Weinbau und Tourismus erzielt man Einnahmen, von denen ein nicht unerheblicher Teil sozialen Projekten zugutekommt.

Einen halben Tag sollte man für einen Klosterneuburg-Besuch mindestens einplanen, besser einen ganzen Tag. Es gibt viel zu besichtigen: Die **Stiftskirche Maria Geburt** ist ein barockes Schmuckkästchen und beherbergt eine der kostbarsten Orgeln des 17. Jahrhunderts. Aus dem Mittelalter hat sich der **Kreuzgang** erhalten. Im Rahmen der **Sakralen Tour** kann man auch die **Leopoldskapelle mit dem Reliquienschrein** des Heiligen und den berühmten **Verduner Altar** besichtigen. Letzterer, benannt nach dem Künstler Nikolaus von Verdun, gilt mit als eins der besterhaltenen Goldschmiedearbeiten des Mittelalters und besteht aus einzelnen Emailplatten mit Szenen aus dem Alten und Neuen Testament. Im ehemaligen **Brunnenhaus** steht ein **siebenarmiger Leuchter** (um 1135), der an den Holunderbaum der Gründungslegende erinnern soll und in den Holz des Gewächses eingearbeitet wurde.

KLEINE PAUSE

Kleine Pause beim Heurigen

30 Buschenschank Pötsch €, Kardinal-Piffl-Platz 11, Klosterneuburg, Tel. 02243 37707, https://weinbau-poetsch.at, geöffnet: während der Aussteckzeiten (siehe Website) Mo.–Fr. ab 15, Sa., So., Fei. ab 10 Uhr. Netter, familiärer Heuriger mit gutem Büfett und ordentlichen Weinen, mit Vinothek (Sa. 9–13 Uhr).

Wunderbare Kunstwerke sind in der **Schatzkammer** ausgestellt, für deren Besichtigung man im Rahmen einer Audioguide-Führung etwa eine Stunde benötigt. Zu den wertvollsten Exponaten zählen neben der **Schleier-Reliquie** und dem **Erzherzogshut** aus dem Jahr 1616 auch grandiose **Werke aus Elfenbein**, wie die Darstellung eines Jüngsten Gerichts mit unzähligen winzigen geschnitzten Figuren. Wer noch etwas mehr Zeit mitbringt, kann im Rahmen der **Imperialen Tour** auch Einblicke in die barocke Klosterresidenz Karls VI. gewinnen. Sehenswert sind die unvollendete **Sala Terrena**, die als Grotte geplant war, der **Marmorsaal mit Deckenfresko** „Glorie des Hauses Österreich" und die **Kaiserzimmer.**

› Stiftsplatz 1, 3400 Klosterneuburg, Tel. 02243 4110, www.stift-klosterneuburg.at. **Anreise:** S-Bahn Linie 40 vom Franz-Josephs-Bahnhof, Spittelau (U4/U6) oder Heiligenstadt (U4). **Geöffnet:** Mitte Nov.–April 10–16, Mai–Mitte Nov. 9–18 Uhr. **Führungen/Eintritt:** 9 € inklusive Schatzkammer mit Erzherzogshut und 4 Stunden kostenfreiem Parken, Tageskarte 15 € (beinhaltet zusätzlich alle am jeweiligen Tag angebotenen Touren wie Stiftsführung und Weinkellerführung, Dauer je 60–90 Minuten).

79 Stift Heiligenkreuz ★★★ [S. 272]

Das mitten im Wienerwald 15 Kilometer südwestlich von Wien gelegene Zisterzienserkloster ist ein kulturhistorisches Schatzkästchen. Schon allein die Tatsache, dass im Stift seit seiner Gründung 1133 bis heute ohne Unterbrechung die hochmittelalterliche Tradition des Ordens gelebt wird, ist bemerkenswert. Auf ihrer Internetseite bezeichnet sich die Zisterzienserabtei selbst als mystisches Herz des Wienerwalds, als Harmonie von Natur und Kultur, als Einheit von Mittelalter und Barock und als Symphonie von Geschichte und Spiritualität.

Hier pflegt man die uralten Traditionen. Als Besucher kann man im Rahmen der Chorgebete selbst in den Genuss der **gregorianischen Choräle** kommen und spürt dann noch mehr die tiefe Spiritualität dieses Ortes im Wald, den Papst Benedikt XVI. anlässlich seines Besuchs 2007 explizit als „Ort der Kraft" bezeichnet hat. Obwohl der Verkehr der Autobahn nur wenige Hundert Meter vom Stift vorbeirauscht, scheint an diesem entrückten Platz die Zeit stehengeblieben zu sein.

Gründung und Bedeutung des Stifts sind untrennbar verbunden mit dem altösterreichischen **Herzogsgeschlecht der Babenberger** – gestiftet wurde es von keinem Geringeren als dem **heiligen Leopold III.**, dem Landespatron Niederösterreichs. 1182 schenkte Herzog Leopold V. dem Stift einen handgroßen **Holzpartikel vom Kreuze Christi**, den er selbst vom Kreuzzug aus Jerusalem mitgebracht hatte und nach dem Stift und Ortschaft benannt sind. Die heilige Reliquie wird in einem Glasschrein in der modernen Kreuzkirche aufbewahrt.

Keinesfalls verpassen sollte man die einzelnen Bereiche der Abtei, die man mit Audioguide besichtigen kann: Die **Abteikirche** verfügt über ein wunderbar erhaltenes romanisches Langhaus aus dem 12. Jahrhundert sowie ein hochgotischen Hallenchor aus dem 13. Jahrhundert. Dort befinden sich auch das kunstvoll gearbeitete barocke Chorgestühl von Giovanni Giuliani sowie die Orgel von Ignaz Kober. In der Sakristei sind Rokokofresken und die wertvollen Intarsienschränke der Laienbrüder Lucas Barth und Caspar Wiler zu bewundern.

Der **frühgotische Kreuzgang** bildet das Zentrum der Anlage. Im ehrwürdigen **Kapitelsaal** haben bedeutende Familienmitglieder aus dem Adelsgeschlecht der Babenberger ihre letzte Ruhestätte gefunden, unter anderem der schon erwähnte Leopold V. oder Friedrich II., genannt „der Streitbare", für den ein eindrucksvolles Hochgrab errichtet worden ist.

Im Rahmen der Führung passiert man unter anderem auch die makaber-barocke Totenkapelle, die original erhaltene **mittelalterliche Fraterie** – einen der vollkommensten romanischen Räume weltweit – sowie das prachtvolle gotische Brunnenhaus.

› 2532 Heiligenkreuz im Wienerwald, Tel. 02258 87030, www.stift-heiligenkreuz.org. **Anreise:** über die Wiener Außenring Autobahn A21 bis Ausfahrt Heiligenkreuz, von hier nur wenige Kilometer bis zum Stift (beschildert). **Klosterbesichtigung mit Audioguide:** Mo.–Sa. 9–11.30 (letzter Einlass 10.30 Uhr) und 14–17.15 (letzter Einlass 16.30 Uhr), So. und feiertags 14–17.15 Uhr (letzter Einlass 16.30 Uhr), Eintritt 11,30 €, Senioren 10,20 €, Kinder und Studenten 6,80 €, Familien 22,50 €, Kombiticket mit Karmel Mayerling 80 16,90 €. Teilnahme am **Chorgebet** von 11.55 bis 12.20 Uhr möglich (ruhiges Verhalten erforderlich, kein Fotografieren). **Klosterladen:** geöffnet Mo.–Sa. 9–17, So. und feiertags 11–17 Uhr

80 Karmel Mayerling ★ [S. 272]

Nur wenige Kilometer von Stift Heiligenkreuz 79 entfernt liegt das **ehemalige Jagdschloss Mayerling.** Oberflächlich betrachtet liegt es in ähnlich idyllischer Landschaft wie die Abtei. Doch im Gegensatz zu deren positiver Energie scheint über Mayerling ein dunkler Schatten zu liegen.

Dieser reicht zurück bis 1889, als sich im Schloss eine der größten Tragödien der ausgehenden Habsburgermonarchie ereignete. Bis heute zieht das traurige Ende von Kronprinz Rudolf und Mary Vetsera Besucher in ihren Bann: In der Nacht zum 30. Januar 1889 soll der österreichische Thronfolger zunächst seine siebzehnjährige Geliebte und danach sich selbst erschossen haben. Aufgrund etlicher Ungereimtheiten und Vertuschungsversuche seitens des Wiener Hofes sind die genauen Umstände des angeblichen Doppelselbstmords bis heute nicht eindeutig geklärt, weshalb der **Mythos Mayerling** noch immer Anlass für diverse Spekulationen und Verschwörungstheorien bietet.

Kaiser Franz Joseph ließ den Unglücksort seines Sohnes kurz danach in ein Kloster verwandeln, das noch heute vom Orden der unbeschuhten Karmeliterinnen betreut wird und offiziell Karmel Sankt Josef heißt. Das Sterbezimmer wurde dabei in eine Kirche verwandelt. Teile des renovierungsbedürftigen Klosters wurden in den vergangenen Jahren aufwendig umgestaltet und beherbergen unter anderem eine Ausstellung, die über die geschichtlichen Hintergründe der Tragödie informiert. Zu sehen ist auch der ursprüngliche Sarg von Mary Vetsera, der nach dem Zweiten Weltkrieg Grabschändern zum Opfer fiel.

› Mayerling 3, 2534 Alland, Anfahrt über die Wiener Außenring Autobahn A21 bis Ausfahrt Mayerling, Tel. 02258 2275, www.karmel-mayerling.org, geöffnet: April–Okt. Di.–So. 10–17.30, Nov.–März Sa., So. und feiertags 10–17 Uhr, Eintritt: 7,20 €, erm. 6,70 €, Kinder 6–14 Jahre 4,20 €, Kombiticket mit Stift Heiligenkreuz 79 16,90 €

81 Schloss Orth ★ [S. 272]

Nicht nur das Schloss, sondern auch der herrliche Nationalpark Donau-Auen ist von Wien aus ein beliebtes, nicht weit entferntes Ausflugsziel. Die viertürmige Wasserburg stammt ursprünglich aus der Babenbergerzeit und wurde 1201 erstmals urkundlich erwähnt.

Im 15. Jahrhundert in allerlei kriegerische Wirrnisse verwickelt und während der Ersten Türkenbelagerung 1529 zerstört, wurde die Burg zunächst im Stil der Renaissance wiedererrichtet und später im Barock noch einmal erweitert. Als habsburgischen Familienbesitz hat Kronprinz Rudolf das Jagdschloss im 19. Jahrhundert neu ausgestattet.

Seit Schloss Orth vor etwa 20 Jahren aufwendig renoviert wurde, ist es ein echtes Schmuckkästchen, beherbergt das **Nationalpark-Zentrum Donau-Auen** ein Museum, die Ausstellung Donauräume sowie das **Au-Erlebnisgelände Schlossinsel** mit Unterwasserbeobachtungsstation. Von Schloss Orth als dem Tor zur Au werden auch unterschiedliche Exkursionen in das einzigartige Auwaldgebiet angeboten, welches wie ein grünes Band zwischen Wien und Bratislava Heimat unzähliger Pflanzen und Tiere ist.

› **schlossORTH Nationalpark-Zentrum,** die öffentliche Anreise in den Nationalpark Donau-Auen erfolgt am Nordufer der Donau über die ÖBB-Postbus-Linie 391. Abfahrt bei der U2 Aspernstraße, Wonkaplatz Süd, Fahrtrichtung Hainburg, Station Orth an der Donau. Tel. 02212 3555, www.donauauen.at, geöffnet: 21. März–30. Sept. 9–18, Okt.–1. Nov. 9–17 Uhr, Eintritt: 12 €, ermäßigt 9 €, Kinder und Jugendliche 6 €, Familie 25 €

Kulinarisches

31 **Humer's Uferhaus** €€, Uferstraße 20, 2304 Orth an der Donau, www.uferhaus.at, Tel. 0664 1800322, geöffnet: Mai–Sept. Do.–Di. 12–21, Febr.–Apr. und Okt. Do.–So. 12–21 Uhr. Was könnte besser zu den Donau-Auen passen als ein Fischrestaurant! Von Orth an der Donau aus erreicht man das Uferhaus in herrlicher Landschaft direkt an der Donau über eine kleine Seitenstraße (Beschilderung). Spezialitäten sind unter anderem die klassischen Karpfenkreationen oder Forellen.

82 Römerstadt Carnuntum ★ [S. 272]

Der Archäologische Park Carnuntum umfasst ein rund zehn Quadratkilometer großes Areal in der Umgebung der Ortschaften Petronell und Bad Deutsch-Altenburg in Niederösterreich nahe der slowakischen Grenze, auf dem bislang erst circa 0,5 Prozent der Bausubstanz der einstigen Römersiedlung ausgegraben sind. Sein Zentrum befindet sich im sogenannten **Spaziergarten des Schlosses Petronell.** Zehn Gehminuten entfernt

086wi-se

liegt das **Amphitheater.** Wahrzeichen der Region ist das weitere zehn Fußminuten entfernte **Heidentor** mitten in einem Feld (Beschilderung und Parkplatz). Es ist das größte und beeeindruckendste römische Monument in ganz Österreich und kann das ganze Jahr über kostenlos besichtigt werden, der Archäologische Park mit einem zweiten Amphitheater kostet Eintritt. Darüber hinaus informiert das **Museum Carnuntinum** in Bad Deutsch-Altenburg über die römische Geschichte der Region; dort sind wertvolle Funde aus Bernstein ausgestellt.

Carnuntum war in der Antike eine der bedeutendsten Metropolen des Römischen Reiches. Neueste wissenschaftliche Erkenntnisse zur Bedeutung und zum zivilisatorischen Niveau des römischen Carnuntum flossen in die Präsentation der Überreste der ehemaligen Großstadt ein. Weltweit einmalig wurden in der **Römerstadt Carnuntum** die wesentlichsten architektonischen Typen eines römischen Stadtviertels am Originalstandort funktionstüchtig mit den Mitteln der experimentellen Archäologie rekonstruiert: ein Bürgerhaus, ein römisches Stadtpalais und eine öffentliche Thermenanlage öffnen ein Zeitfenster in die Zeit des frühen 4. Jahrhundert n. Chr.

› 2404 Petronell-Carnuntum, Hauptstraße 1a, Tel. 02163 33770, www.carnuntum.at, geöffnet von Mitte März bis Mitte Nov. tägl. 9–17 Uhr, Eintritt: 13 € (ermäßigt 11 €, Kinder 11–14 Jahre 6 €), Anfahrt von Wien: A4 (Richtung Budapest/Flughafen), Ausfahrt Fischamend/Bratislava, B9 (Pressburger Bundesstraße, Richtung Hainburg an der Donau) bis Petronell-Carnuntum oder Bad Deutsch-Altenburg, Fahrzeit: ca. 35 Minuten

M **32 Museum Carnuntinum,** Badgasse 42, 2405 Bad Deutsch-Altenburg, www.carnuntum.at/museumcarnuntinum, im Carnuntum-Ticket inklusive

Monumentales Zeugnis aus römischer Zeit: das Heidentor in Carnuntum 82

Bratislava (Pressburg)

Nirgendwo kann man eine zweite europäische Hauptstadt so leicht und unkompliziert besuchen wie von Wien aus. Bratislava ist vom Wiener Hauptbahnhof aus in gut einer Stunde zu einem sehr günstigen Preis erreichbar.

In der warmen Jahreshälfte verkehren auch regelmäßig Schiffe über die Donau. Ein Tagesausflug oder auch ein paar Tage lohnen sich bei Wiens kleiner Schwester auf jeden Fall. Die **quirlige slowakische Metropole** besticht durch eine hübsche Altstadt, eine belebte Fußgängerzone und ein breites kulinarisches Angebot sowie durch einen aufregenden Kontrast zwischen Moderne und verstaubtem österreichisch-ungarischen Charme. Nicht versäumen sollte man einen Besuch auf der Burg. Obwohl die Hauptstadt eines der kleinsten EU-Länder – in dem man übrigens mit dem Euro zahlt – insgesamt knapp 500.000 Einwohner zählt, haben sich im Innenstadtbereich und speziell in der Altstadt eine Beschaulichkeit und Gemütlichkeit ohne Hektik und Lärm erhalten. Bratislava ist im Vergleich zu anderen europäischen Hauptstädten eine sichere Stadt, eine junge Stadt mit buntem Nachtleben und gutem Bier, einfach eine Stadt zum Wohlfühlen. Die meisten Sehenswürdigkeiten sind bequem zu Fuß erreichbar.

Nicht weit vom Zentrum entfernt befinden sich zwei ganz besondere Ausflugsziele: Die Burg Devín 91, eine Art slowakisches Nationalheiligtum auf markantem Felssporn an der Mündung der March in die Donau sowie der Sandberg 92 am Thebener Kogel – eine geologisch einzigartige Besonderheit mit markanten Sandfelsen, Höhlen, uralten Fossilienfunden und prähistorischen Siedlungsspuren.

EXTRATIPP

Stadtplan in der Tourist-Info besorgen!

Um sich innerhalb der Innenstadt von Bratislava zielgerichtet zu orientieren, empfiehlt es sich, den kostenlosen Stadtplan zu ergattern. Diesen erhält man unter anderem bei der Tourist-Information in der Klobučnícka 2 in der Fußgängerzone nahe dem Primitialpalast. Dort kann man sich auch über freie Unterkunftsmöglichkeiten erkundigen.

i 33 [S. 152] **Tourist-Info Bratislava,** Klobučnícka Ulica 2, www.visitbratislava.com/de/besuch/touristinfos, geöffnet: Mo.–Sa. 9–12.30, 13–17, So. 10–12.30, 13–16 Uhr

Zur Not kann man Devín 91 und Bratislava zusammen an einem Tag besuchen. Wer etwas mehr Zeit hat, plant besser eine Übernachtung in Bratislava ein (s. S. 159).

Uraltes Siedlungsgebiet mit bewegter Geschichte

Die Gegend rund um Bratislava kann gut und gerne als **vorzeitliche Keimzelle Mitteleuropas** bezeichnet werden. Kontinuierliche Besiedelung ist am Thebener Kogel 92 und am Burgberg bis in die prähistorische Zeit nachweisbar. Die Burg Devín 91 wird als Wiege der Slowakei bezeichnet. Hier an der March standen sich über Jahrtausende feindliche Heere gegenüber und unzählige Völkerschaften haben ihre Spuren hinterlassen: Römer, Kelten, Germanen, Awaren, Türken, Ungarn, Slowaken und viele an-

115wi-ck

dere mehr. Lange Zeit war die Slowakei ein Teil der österreichisch-ungarischen Doppelmonarchie und gehörte zum Königreich Ungarn. Nach Ende des Ersten Weltkriegs wurde Bratislava Teil des neu gegründeten Staates Tschechoslowakei. Während des Zweiten Weltkriegs war die Stadt kurzzeitig Hauptstadt eines slowakischen Nationalstaates, ehe sie nach Kriegsende in die sowjetisch besetzte Tschechoslowakei eingebunden wurde. Stets stand Bratislava in der Folgezeit im Schatten der Zentralhauptstadt Prag, ehe sich die Slowakei nach der samtenen Revolution 1989 im Jahre 1993 für unabhängig erklärte und Bratislava zur Hauptstadt des neuen europäischen Staates werden sollte, der bald darauf in die EU aufgenommen wurde.

Seitdem hat sich das Stadtbild deutlich verändert. Wenngleich große Plattenbausiedlungen, etwa das rechts der Donau gelegene Petržalka, noch immer große Teile Bratislavas prägen, wurden große Teile der Altstadt renoviert und neue Denkmäler entstanden, die zur Identitätsstiftung der jungen Republik beitragen sollen. Auch der Kontakt zwischen Wien und Bratislava hat sich in diesen Jahren wieder intensiviert. Täglich findet ein kleiner Grenzverkehr zwischen den beiden Donau-Hauptstädten statt. Zwar sind die Preise für westeuropäische Touristen immer noch vergleichsweise günstig, die einfache Bevölkerung kann sich die Annehmlichkeiten und den Luxus der neuen Zeit aber nur schwer leisten, weshalb viele Slowaken ihr Glück in Österreich suchen und dort arbeiten.

⌃ *Beliebtes Fotomotiv: Blick vom Burgberg auf den Kirchturm des Martinsdoms*

EXTRAINFO

Anreise von Wien nach Bratislava

Mit der Eisenbahn:

Eine bequeme und günstige Anreise vom Wiener Hauptbahnhof [H9] aus bietet das **Bratislava-Ticket** der ÖBB. Das Ticket gilt am ersten aufgedruckten Geltungstag für die Hinfahrt nach Bratislava und dort zugleich als **Tageskarte für den öffentlichen Stadtverkehr** (MHD) bis 1 Uhr des Folgetages (am 1. Januar bis 6 Uhr). Die Hin- und Rückfahrt von und nach Wien zum **Preis von nur 18 Euro** (Kinder 6–14 Jahre 9 Euro) kann binnen einer **Geltungsdauer von vier Tagen** erfolgen. Die Tickets können direkt an den ÖBB-Automaten gekauft werden (Bratislava-Ticket).

› www.oebb.at/de/regionale-angebote/ueberregionale-angebote/bratislava-ticket

Vom Hauptbahnhof in Bratislava (Bratislava hlavná stanica bzw. Bratislava hl.st.) kommt man innerhalb von 15 Minuten ins Stadtzentrum oder man nimmt die Buslinie 93 (Ausstieg 2. Haltestelle Hodzovo nam. neben dem Präsidentenpalast oder 3. Haltestelle Zochova und durch die Unterführung zu Fuß ins Zentrum). Ebenso kann man die Straßenbahnlinie 1 verwenden (Ausstieg 5. Haltestelle Postová am Rande der Fußgängerzone). Vom zweiten von Wien aus angesteuerten Bahnhof im Stadtteil Petržalka fährt man mit der Buslinie 80 ins Stadtzentrum – Ausstieg 5. Haltestelle Zochova.

- **•34 Hauptbahnhof Bratislava**
- **•35 Bahnhof Petržalka**

Auch die **Buslinien** nach **Devín** 91, zum **Sandberg** 92 und zum Grenzbahnhof nach Devínska Nová Ves gehören zum öffentlichen Stadtverkehrsnetz und können mit dem Bratislava-Ticket am ersten Tag ebenfalls kostenlos benutzt werden.

Mit dem Auto:

Von Wien fährt man auf der A4 Richtung Budapest bis Knoten Bruckneudorf und danach weiter auf die A6 bis zur Staatsgrenze. Beim Knoten Krizovatka Jarovce geht es auf die slowakische Autobahn D2 (Brno, Bratislava) und dann weiter über die D1 Richtung Centrum. Über die Donaubrücke erreicht man die Innenstadt. Für slowakische Autobahnen ist eine Vignette nötig; für die 10-Tages-Vignette zahlt man aktuell 12 €. Diese Kosten kann man umgehen, indem man auf der österreichischen A6 noch vor der Grenze die Ausfahrt Kittsee nimmt, Richtung Hainburg an der Donau fährt und beim Kreisverkehr die Landstraße nach Bratislava nimmt. Achtung: Nach dem Grenzübertritt muss man aufpassen, sich nicht sofort auf die Autobahn (blaue Beschilderung) zu verirren, sondern man hält sich geradeaus Richtung Petržalka und folgt der Beschilderung Richtung Centrum. Auch in diesem Fall gelangt man über die SNP-Brücke 88 in die Innenstadt.

83 Bratislavaer Burg (Bratislavský hrad) ★★★ [S. 152]

Besiedelt war der Burghügel bereits von den Römern und danach in der großmährischen Periode des frühen Mittelalters. 907 ist die Burg urkundlich benannt. Zur Blüte entwickelte sie sich als Krönungsstätte des Ungarischen Reichs. Hier befanden sich auch die ungarischen Krönungsjuwelen.

Bereits der Weg vom Martinsdom hinauf zur Burg durch die kleinen, kopfsteingepflasterten Gassen besticht mit seinen pittoresken Häusern. Auf dem steil zur Donau abfallenden Ausläufer der Kleinen Karpaten thront Bratislavas stolze Feste.

Auf dem Burgplateau angekommen, genießt man im Rahmen einer Verschnaufpause die **herrliche Aussicht** auf die Donauebene, den modernen Plattenbau-Stadtteil Petržalka sowie in Richtung Österreich und Ungarn. Alle möglichen Völker haben an diesem Sporn über der für Europa so bedeutenden Handelsroute ihre Spuren hinterlassen: Kelten, Römer, Slawen, Germanen und viele andere mehr. 907 ist die Burg erstmals offiziell in den Salzburger Annalen erwähnt. Ihre heutige unverwechselbare Form, die auch die slowakische 10, 20 und 50-Cent-Münzen ziert, erhielt sie im 16. und 17. Jahrhundert, wobei erwähnt werden muss, dass sie nach einem verheerenden Brand 1811 für 150 Jahre ein Dasein als Ruine fristete.

Zwischen 1953 und 1968 hat man sie wiedererrichtet und nach Renovierungsarbeiten Anfang des Jahrtausends präsentiert sie sich den Touristenströmen in gleißend hellem Weiß. Auf dem Vorplatz reckt der legendäre **König Svatopluk I.** sein Schwert in die Höhe. Das **Reiterstandbild** erinnert an einen großmährischen Herrscher aus dem 9. Jahrhundert und wurde bei seiner Enthüllung 2010 aufgrund der nationalistischen Symbolik kritisch betrachtet.

Die Burg selbst dient heute als **Repräsentationsgebäude** und **Museum** mit etlichen Ausstellungen und dem besteigbaren Kronturm. An der Nordseite der Burg schließt sich ein **Barockgarten** an, der aus der Zeit Maria Theresias stammt. In der Parkanlage auf dem Burgplateau steht ein Denkmal für die heilige Elisabeth von Thüringen.

› **Historické múzeum,** Zámocká 2, Tel. 00421 254411444, www.snm.sk, Museumsöffnung: April–Okt. tägl. 10–18, Nov.–März Mi.–Mo. 10–18 Uhr, Eintritt: 12 €, ermäßigt 6 €, Familienticket ab 18 €

Im quirligen Zentrum von Bratislava wird es nicht langweilig

Strahlend weiß: die Burg von Bratislava (83) mit Reiterstandbild

088wi-se

Spaziergang 6: Durch die Altstadt zur Burg

Vom Bahnhof gelangt man mit der Buslinie 93 zur Haltestelle Zochova (3. Haltestelle) und über den Župné námestie zum großen Platz ***Námestie SNP*** *mit seinem auffälligen Hochhaus. Über die Klobučnícka, die hier beginnt, sind es nur wenige Minuten zur Tourist-Info von Bratislava (Klobučnícka 2), in der man sich mit einem kostenlosen Stadtplan eindecken kann.*

Geradeaus gelangt man über den ***Primatialpalast*** *(s. S. 156) zum* ***Hauptplatz*** *(Hlavné námestie)* 87 *mit dem Alten Rathaus. Hier folgt man rechter Hand dem anschließenden langgezogenen Franziskanerplatz (Františkánske námestie) und biegt nach etwa 50 Metern halblinks in die Zámočnícka ein, worauf man in wenigen Minuten das Michaelertor (Michalská brána) mit seinem historischen Museum erreicht.*

Über die Altstadtgasse Michalská und dann links haltend die Sedlárska gelangt man wieder zurück zum Hauptplatz, passiert den Rolandsbrunnen und gelangt geradeaus zum ***Glotzer (Čumil),*** *einem beliebten Fotomotiv (s. S. 156). Geradeaus weiter über die Rybárska brána ist es von hier nur noch einen Katzensprung zur* ***Promenade (Hviezdoslavovo námestie)*** 85 *mit dem Slowakischen Nationaltheater, das die Szenerie beherrscht. In südwestlicher Richtung durchschreitet man die* ***Promenade*** *mit ihren Denkmälern und Brunnen bis zum Ende und sieht links die* ***Brücke des Slowakischen Nationalaufstandes*** *(SNP Most)* 88*. Rechter Hand erreicht man über den Platz Rybné námestie den gotischen* ***Martinsdom*** 84*. Durch eine Autobahn-Unterführung am Rybné námestie gelangt man schließlich hinüber zum steilen Burgberg mit der berühmten* ***Burg*** 83*, den man entweder über etliche Stufen oder über die kopfsteingepflasterte Gasse Beblavého erklimmt. Vom Busbahnhof unter der Stadtautobahnbrücke (SNP Most) kann man öffentlich entweder zur* ***Burg Devín*** 91 *oder zurück zum Bahnhof gelangen.*

089wi-se

1 cm = 80 m   200 m

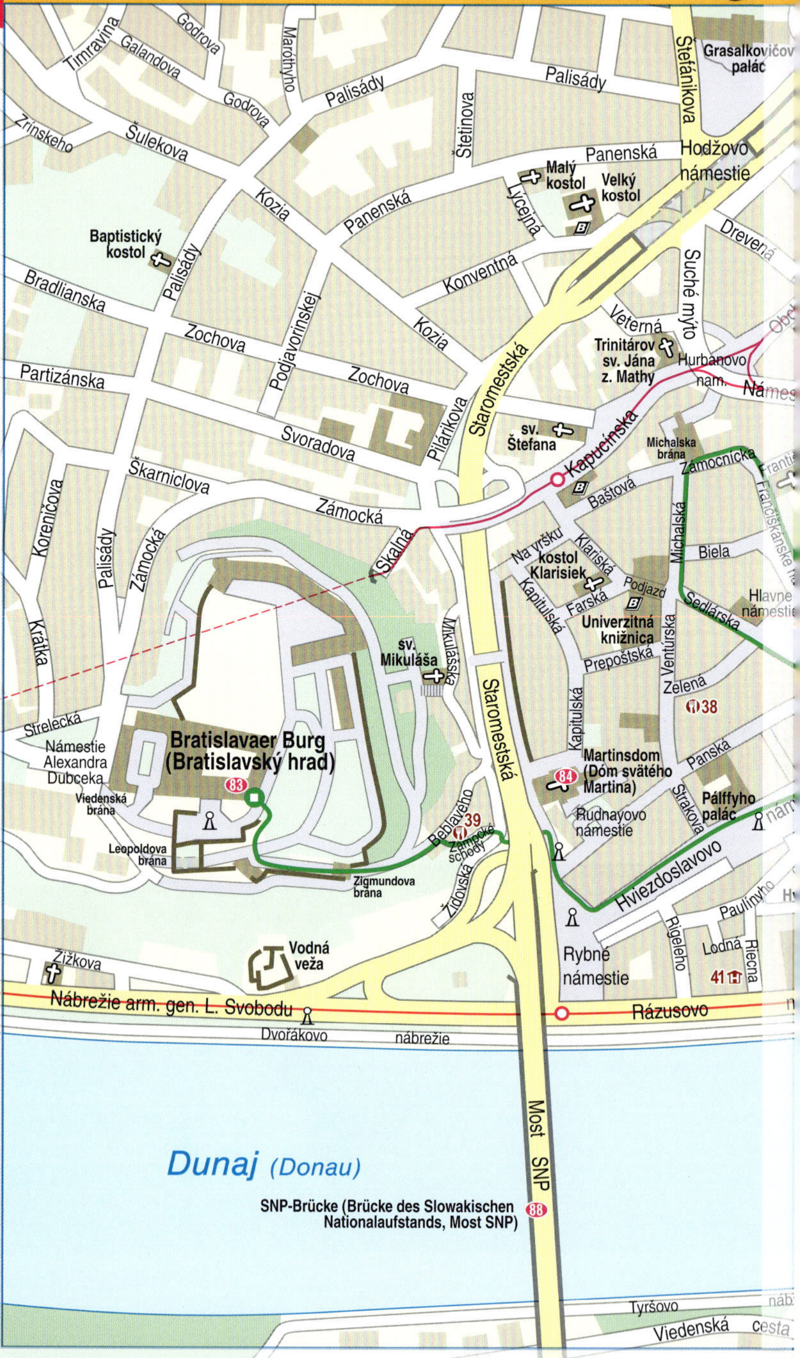
Grasalkovičov palác
Hodžovo námestie
Malý kostol
Velký kostol
Baptistický kostol
Trinitárov sv. Jána z. Mathy
Hurbanovo nám.
sv. Štefana
Michalska brána
kostol Klarisiek
Univerzitná knižnica
sv. Mikuláša
Bratislavaer Burg (Bratislavský hrad)
83
Námestie Alexandra Dubčeka
Viedenská brána
Leopoldova brána
Zigmundova brána
Martinsdom (Dóm svätého Martina)
84
Rudnayovo námestie
Pálffyho palác
Rybné námestie
Vodná veža
39
38
41
Nábrežie arm. gen. L. Svobodu
Rázusovo
Dvořákovo nábrežie
Dunaj (Donau)
Most SNP
SNP-Brücke (Brücke des Slowakischen Nationalaufstands, Most SNP)
88
Tyršovo
Viedenská cesta
Staromestská
Palisády
Panenská
Zochova
Partizánska
Svoradova
Zámocká
Kapucínska
Hviezdoslavovo

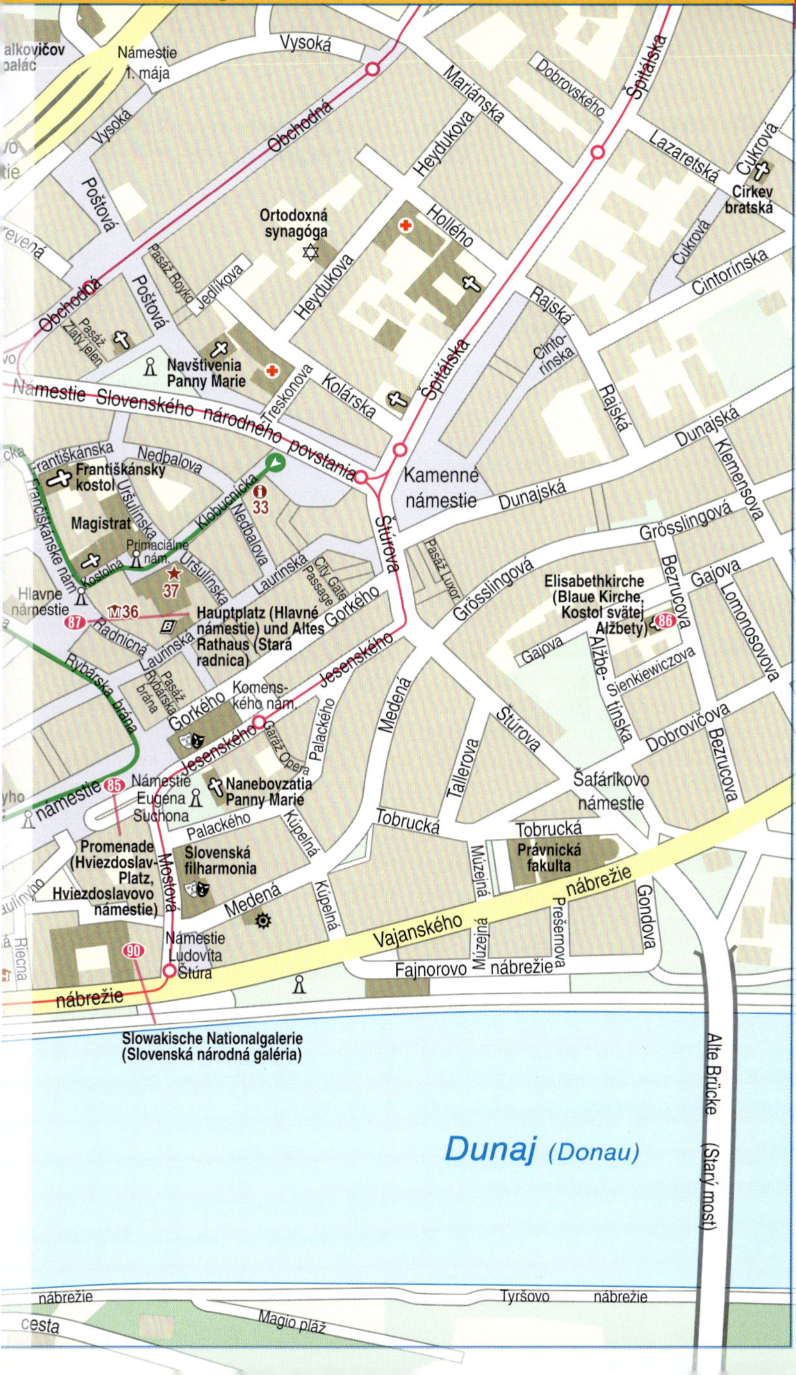
Námestie 1. mája
Vysoká
Obchodná
Poštová
Mariánska
Dobrovského
Špitálska
Heydukova
Lazaretská
Cukrová
Církev bratská
Ortodoxná synagóga
Hollého
Cukrová
Cintorínska
Pasáž Royko
Jedlíkova
Pasáž Zlatý jeleň
Navštívenia Panny Marie
Treskonova
Kolárska
Rajská
Cintorínska
Námestie Slovenského národného povstania
Františkánska
Františkánsky kostol
Nedbalova
Uršulínska
Klobučnícka
33
Kamenné námestie
Dunajská
Klemensova
Magistrat
Františkánske nám.
Primaciálne nám.
Kostolná
37
Laurinská
City Gate Passage
Štúrova
Pasáž Luxor
Grösslingová
Elisabethkirche (Blaue Kirche, Kostol svätej Alžbety)
86
Bezručova
Gajova
Lomonosovova
Hlavné námestie
87
M 36
Hauptplatz (Hlavné námestie) und Altes Rathaus (Stará radnica)
Gorkého
Radničná
Rybárska brána
Pasáž Rybárska brána
Komenského nám.
Jesenského
Garáž Opera
Palackého
Medená
Alžbetínska
Sienkiewiczova
Dobrovičova
Tallerova
Šafárikovo námestie
námestie
85
Námestie Eugena Suchoňa
Nanebovzatia Panny Marie
Kúpeľná
Tobrucká
Právnická fakulta
Promenade (Hviezdoslav-Platz, Hviezdoslavovo námestie)
Mostová
Slovenská filharmonia
Múzejná
Prešernova
Gondova
Vajanského nábrežie
Riečna
90
Námestie Ľudovíta Štúra
Fajnorovo nábrežie
nábrežie
Slowakische Nationalgalerie (Slovenská národná galéria)
Alte Brücke (Starý most)
Dunaj (Donau)
Tyršovo nábrežie
Magio pláž
cesta

84 Martinsdom (Dóm svätého Martina) ★★★ [S. 152]

Der Martinsdom steht am westlichen Rand der Altstadt, nicht weit entfernt vom Donauufer und direkt unterhalb des Burghügels; einst war er in die Stadtbefestigung der Altstadt integriert. Die Bauarbeiten an der gotischen Hallenkirche begannen im 13. Jahrhundert und dauerten bis 1452, dem Jahr der Kirchweihe.

Den 85 Meter hohen Turm – nach einem Blitzeinschlag 1760 und einem Brand 1835 bereits der dritte Turmbau – ziert an der Spitze seit 1847 die goldene ungarische Stephanskrone. Sie erinnert daran, dass der Martinsdom eine bedeutende ungarische Krönungskirche war.

Während die Kathedrale – auch bedingt durch ihre geduckte Lage unterhalb des Burgberges – äußerlich im Vergleich zu anderen gotischen Kathedralen wie etwa dem Wiener Stephansdom 2 eher unscheinbar wirkt, präsentiert sie sich im Innern mächtig und erhaben. Das Kircheninnere war im Laufe der Jahrhunderte einigen Veränderungen ausgesetzt: Im 18. Jahrhundert großteils barockisiert, wurde es im 19. Jahrhundert teilweise wieder in den gotischen Originalzustand versetzt.

Der Kirchenpatron steht als monumentale Reiterstatue im östlichen Seitenschiff. Das aus Blei gestaltete Kunstwerk wurde vom Bildhauer Georg Raphael Donner gestaltet, der auch den Donnerbrunnen am Neuen Markt in Wien entwarf.

› Rudnayovo námestie 1, geöffnet: Mo.–Sa. 9–11.30, 13–18, So. 13.30–16 Uhr, Eintritt frei

85 Promenade (Hviezdoslav-Platz, Hviezdoslavovo námestie) ★★ [S. 152]

Hier pulsiert das Leben der jungen europäischen Hauptstadt. Die begrünte Fußgängerzone lädt ein zum Flanieren, etliche Kaffeehäuser reihen sich aneinander, Brunnen und Denkmäler wechseln sich alle paar Meter ab. Ein beliebtes Fotomotiv ist das **Denkmal des dänischen Märchendichters Hans Christian Andersen**, der Bratislavas Altstadt einst als die schönste Europas bezeichnet haben soll. Deutlich monumentaler fällt das den Platz dominierende Brunnen-Denkmal für den slowakischen Dichter **Pavol Országh Hviezdoslav** aus, welchem die Promenade ihren Namen verdankt.

Bedeutende Gebäude sind die **neoklassizistische Reduta**, in der die Slowakische Philharmonie beheimatet ist, und das Hotel Carlton, das ehemalige Hotel Savoy – immer noch eine der feinsten Adressen der Stadt. Den Abschluss der Promenade bildet das im Neorenaissance-Stil errichtete **Slowakische Nationaltheater**, davor der Ganymed-Brunnen.

Im Sommer werden an Ständen regionale Produkte angeboten, unter anderem der oft unterschätzte slowakische Wein; ab Ende November vergnügen sich Einheimische und Touristen auf dem Adventsmarkt. Die Promenade ist ein schönes Beispiel für die Lebendigkeit und Lebensfreude der Stadt, die es in positiver Hinsicht verstanden hat, dass ihre Altstadt nicht zu einer austauschbaren Shoppingmeile verkommen ist.

▷ Die blaue Elisabethkirche ist ein Werk des ungarischen Jugendstils

86 Elisabethkirche (Blaue Kirche, Kostol svätej Alžbety) ★★ [S. 152]

Nicht nur die zartblaue Farbe der Kirche, auch der zylindrische – an ein Minarett erinnernde – Kirchturm und die reich verzierte Außenfassade machen das katholische Gotteshaus zu einem Unikat. Die im Slowakischen Kostol svätej Alžbety genannte Kirche ist ein **Werk des ungarischen Jugendstils** und wurde 1908 nach Plänen des Budapester Architekten Öden Lechner verwirklicht – wohl auch ein wenig beeinflusst vom spanischen Architekten Antoni Gaudí.

Sie liegt etwas versteckt in der Altstadtstraße Bezručova ulica 4. Über dem Haupteingang ist ein rundes Mosaik angebracht, auf dem das Rosenwunder der heiligen Elisabeth von Ungarn (in Deutschland Elisabeth von Thüringen genannt) dargestellt ist: Als Elisabeth gerade dabei ist, den Armen trotz Verbot und Strafandrohung Brot zu geben, wird sie zur Rede gestellt und das Brot unter ihrer Schürze verwandelt sich in Rosen. Auch im Kircheninneren dominiert ein blauer Pastellton, mit dem auch die Kirchenbänke bemalt sind. Bei den Einwohnern von Bratislava ist die Elisabethkirche traditionell eine beliebte Hochzeitskirche.

› Bezručova ulica 4, Blick ins Innere zumindest durch das Eingangsgitter möglich

87 Hauptplatz (Hlavné námestie) und Altes Rathaus (Stará radnica) ★★★ [S. 152]

Der Hauptplatz Hlavné námestie ist Bratislavas gute Stube und das Zentrum der Altstadt. Neuere archäologische Untersuchungen legen nahe, dass sich hier

bereits ein keltisches Oppidum (befestigte Siedlung) befunden haben könnte.

Markanter Blickfang ist das **Alte Rathaus**, ein Konglomerat verschiedener Baustile, das ursprünglich aus dem 14. Jahrhundert stammt. Charakteristisch sind der Turm und der Erker über dem Eingang mit seinem bunten Ziegeldach. Im Alten Rathaus ist heute das Museum der Stadt Bratislava untergebracht, das die Geschichte der Stadt von der Vorzeit bis in die Moderne dokumentiert.

36 [S. 152] **Múzeum mesta Bratislavy**, www.muzeum.bratislava.sk, geöffnet: Di.–So. 10–18 Uhr, Eintritt: 7 €, erm. 3 €, Familie 14 €

Weitere bedeutende Bauwerke des Platzes sind das **Rokoko-Palais Kutscherfeld (Palais Esterházy)**, in dem der russische Pianist und Komponist Anton Rubinstein lebte und in dem sich heute die französische Botschaft befindet sowie das im Secessionsstil errichtete noble **Stadtpalais Roland** mit dem **Maximilian-Brunnen** (besser bekannt als **Rolandsbrunnen**). Von dem Ritter auf der Säule berichtet die Legende, dass er sich in der Neujahrsnacht umdreht und am Karfreitag das Schwert als Beschützer der Stadt in alle vier Himmelsrichtungen schwingt. Sehen können diese Bewegungen allerdings nur Stadtbürger, die reinen Herzens sind. Falls sich der Ritter vor den Augen eines Touristen bewegt, könnte es aber auch an einem Übermaß des süffigen slowakischen Bieres liegen. Zu den neueren Skulpturen zählt ein über eine Bank gebückter **Napoleonischer Soldat** aus Bronze, der als beliebtes Fotomotiv herhalten muss. Nicht nur hier zeigt sich der oft spitzbübische Humor, den die Einwohner der Stadt an den Tag legen. Zu einer skurrilen Hauptsehenswürdigkeit hat sich **der Glotzer (Čumil)** entwickelt: ein Kanalarbeiter, der aus einem Gulli herausschaut (Rybárska brána/Ecke Panská).

Weitere Sehenswürdigkeiten der Altstadt, die alle nicht weit vom Hauptplatz entfernt sind und bequem zu Fuß erreicht werden können: Mit dem Hauptplatz verwachsen ist der Franziskanerplatz mit der Franziskanerkirche. Ebenfalls nur einen Steinwurf entfernt liegt der **Primatialpalast** (Primaciálne námestie 1). In der ursprünglich erzbischöflichen Residenz wurde 1805 der Friede von Pressburg zwischen Österreich und Frankreich nach der Schlacht von Austerlitz unterzeichnet.

Heute dient der Palast als Sitz des Bürgermeisters und beherbergt eine **kostbare Tapisserien-Serie.** Die Gobelins wurden in der königlichen Tapisserie-Manufaktur im englischen Mortlake bei London zwischen 1630 und 1640 in der Technik der Bildwirkerei gefertigt.

Als einziges Stadttor der mittelalterlichen Befestigungsanlagen hat das **Michaelertor** aus dem 14. Jahrhundert am Ende der Straße Michalská überlebt. Die Spitze des 51 Meter hohen barocken Turms ziert eine Statue des Erzengels Michael. Das **Turmmuseum** ist **derzeit** aufgrund von Sanierungsarbeiten **geschlossen.**

★**37** [S. 152] **Primatialpalast**, Primaciálne námestie 1, Tel. 00421 259356394, geöffnet: Di.–So. 10–17 Uhr, Eintritt: 3 €

Die SNP-Brücke mit ihrem „UFO" auf den Brückenpfeilern

88 SNP-Brücke (Brücke des Slowakischen Nationalaufstands, Most SNP) ★★★ [S. 152]

Sie ist die markanteste Sehenswürdigkeit des modernen Bratislava, wobei man richtigerweise sagen muss, dass die eigentliche Sehenswürdigkeit der futuristische Brückenpfeiler ist. Die Architekten der zwischen 1967 und 1972 errichteten Brücke Jozef Lacko und Arpád Tesar entschieden sich dafür, die Prestigekonstruktion lediglich an einem Brückenpfeiler aufzuhängen. Auf der Spitze des 80 Meter hohen Pfeilers scheint ein **UFO** gelandet zu sein. Im Innern der markanten Konstruktion befindet sich ein Restaurant und darüber eine Aussichtsplattform, von der aus man den vermutlich schönsten Blick über die Stadt genießt.

Die 432 Meter lange Donaubrücke verbindet die Altstadt und die Burg 83 mit der gegenüberliegenden Plattenbausiedlung **Petržalka.** Hier kann man architektonisch in die Zeit des real existierenden tschechoslowakischen Sozialismus eintauchen. Über 100.000 Menschen leben in den riesigen Plattenbausiedlungen und machen den Stadtteil zum Gebiet mit der höchsten Bevölkerungsdichte in der gesamten Slowakei. Durch die hübsche Parkanlage Sad Janka Král'a gelangt man zur **Alten Brücke,** über die man die Donau Richtung Innenstadt überqueren kann.

› **Most SNP,** von der Altstadt aus überquert man die Brücke über den Fußgängerweg (ca. 10 Min.), Tel. 00421 262520300, www.u-f-o.sk, geöffnet: tägl. 10–23 Uhr, Ticket für den Lift: 9,90 €, ermäßigt 7,90 €, Kinder über 111 cm bis 15 Jahre 6,90 €, Behinderte kostenlos, Eintritt bei zweimaliger Auffahrt (tagsüber und nachts) 12,90/10,50/8,90 €

134wi-se

89 Slavín ★

Das gewaltige **sowjetische Kriegerdenkmal mit Friedhof** hoch über der Stadt erinnert an die 6845 Soldaten der Roten Armee, die während der Schlacht um Bratislava im April 1945 ihr Leben lassen mussten. Eine Ähnlichkeit mit dem sowjetischen Denkmal am Wiener Schwarzenbergplatz 52 ist nicht zu verleugnen. Auch hier steht auf einem 39 Meter hohen Obelisken eine 11 Meter hohe Soldatenstatue. Darunter bildet ein symbolischer, von Säulen umgebener Marmorsarkophag, zu dem man über mehrere Stufen gelangt, einen zentralen Erinnerungsraum.

Trotz seines Symbolcharakters als Stätte, die an die Befreiung von den Nationalsozialisten erinnert, versinnbildlichte das zwischen 1957 und 1960 entstandene Denkmal für etliche Slowaken auch die sowjetische Unterdrückung der Tschechoslowakei – insbesondere seit der gewaltsamen Niederschlagung des Prager Frühlings 1968. Der russische Krieg in der Ukraine ab 2022 ist dem Image des Slavín zusätzlich nicht dienlich.

Egal wie man zu dem Denkmal stehen mag: Mittlerweile ist es auch ein geschichtliches Denkmal, ein unübersehbares **Wahrzeichen der Stadt** und ein **wunderbarer Aussichtsplatz.** Über eine steile Treppe (Puškinova) gelangt man flott hinunter zur Hauptstraße Štefánikova, von wo es nicht mehr weit zum Hauptbahnhof Bratislavas hlavná stanica (Bratislava hl.st.) ist.

› Slavín 1, Bus 93 vom Hauptbahnhof bis SAV, von hier 20-minütiger Fußweg über die Štefánikova, die Puškinova und die Havlíčkova, oder Bus 203, 207 bis Búdková und 15 Min. Fußweg über die Stará vinárska und die Pažického

90 Slowakische Nationalgalerie (Slovenská národná galéria) ★★ [S. 152]

Die Slowakische Nationalgalerie wurde 1948 als staatliche Institution für Kunsthistorik, Kunstsammlung, wissenschaftliche Forschung, Kultur und Bildung gegründet. Das zentrale Gebäude war die Barockresidenz **Palais Esterházy** mit vier Seitenflügeln direkt am Donauufer aus den Jahren 1759–1763. Aufgrund von Platzmangel entstand zwischen 1969 und 1977 ein großer Anbau im Stil des Brutalismus, der vom slowakischen Architekten Vladimír Dedeček entworfen worden war. Von der Donaulände aus erinnert der Betonklotz eher an ein sozialistisches Parkhaus als an einen Kunsttempel. Über 20 Jahre lang war dieser Teil der Nationalgalerie geschlossen und wurde zusammen mit der dahinter liegenden historischen **Wasserkaserne** aufwendig saniert. Seit der Wiedereröffnung bildet die moderne Brücke die Verbindung zwischen den beiden Gebäudekomplexen. Entstanden sind helle und lichtdurchflutete Räumlichkeiten, die die Nationalgalerie zu einem echten Highlight für Kunstliebhaber machen. 2023 wurde bereits eine erste große Ausstellung unter dem Titel „12 Colours of Reality" realisiert.

Die Sammlung der Nationalgalerie reicht von **mittelalterlichen Meisterwerken** der Gotik über Gemälde aus dem **Barock** bis hin zu **zeitgenössischer Kunst.** Neben einer permanenten Ausstellung gibt es **wechselnde Sonderausstellun-**

gen. Zusätzlich verfügt das Haus über einen angeschlossenen **Büchershop** und das **Berlinka Café** (tägl. 10–22 Uhr).

› Námestie Ľudovíta Štúra, mehrere Straßenbahnen, Tel. 00421 220476238, www.sng.sk, geöffnet: Do. 12–20, Fr.–So. 10–18 Uhr, Eintritt: 4 €, ermäßigt 2 €, Familienticket 10 €

Kulinarisches

38 [S. 152] **Kobila Kamzík** €€, Zelená 5, Tel. 00421 903703111, https://zelena.kamzik.sk, geöffnet: tägl. 11–23 Uhr. Freundliches Lokal im Herzen der Altstadt. Etwas touristisch, aber solide und schmackhafte slowakische Küche.

39 [S. 152] **Modra Hviezda** €€, Beblavého 14, Tel. 00421 948703070, http://modrahviezda.sk/en, geöffnet: tägl. 11–23 Uhr. Das urige Wirtshaus liegt in einer kleinen Gasse, die hinauf zur Burg führt; im romantischen Felsengewölbe kann man den Gaumen von hervorragender slowakischer Küche verwöhnen lassen. Saisonale Gerichte und großartige Weine. Nicht günstig, aber für die Qualität und das Ambiente ein ordentliches Preis-Leistungs-Verhältnis. Kulinarischer Geheimtipp! Es gibt auch einen sprechenden Papagei, der verschiedene Sprachen beherrscht.

Übernachten

40 Hotel Apollo €-€€, Dulovo nám. 1, Tel. 00421 255968922, www.apollohotel.sk. Dieses westlich der Altstadt gelegene Hotel mit viel Charme atmet noch immer den Geist der 1950er-Jahre, wurde aber komplett renoviert und bietet gute Qualität zu annehmbaren Preisen – und nebenbei von den höheren Stockwerken aus auch einen schönen Blick.

41 [S. 152] **Hotel Devín** €€, Riečna 4, Tel. 00421 259985111, www.hoteldevin.sk. Sehr schönes Hotel, zentral und direkt an der Donau gelegen. Freundlicher Service.

LITERATURTIPP

Literaturtipp

› **Kauderwelsch Slowakisch Wort für Wort,** John Nolan, Reise Know-How Verlag

Medizinische Versorgung

42 Ružinovská poliklinika, a. s., Ružinovská 10, Straßenbahn 8, 9 Nemocnica Ružinov, Tel. 00421 248279111, www.ruzinovskapoliklinika.sk. Täglich geöffnete Poliklinik.

› **Notruf:** 112

Öffentlicher Nahverkehr

Die meisten Sehenswürdigkeiten befinden sich im Stadtzentrum und sind zu Fuß von der Altstadt aus zu erreichen. Im öffentlichen Nahverkehr von Bratislava (MHD) verkehren Busse und Straßenbahnen täglich bis etwa 23 Uhr, morgens fahren die ersten ab etwa 4.20 Uhr. Zwischen 23.30 und 5 Uhr fahren mehrere Nachtbusse (mit „N“ gekennzeichnet), von welchen die meisten vom Hauptbahnhof losfahren. Nach dem Einstieg muss man den vorher gekauften Fahrschein in einem der roten Entwerter in Türnähe abstempeln. **Fahrscheine** sind in Kiosken und Automaten erhältlich. Ein Einzelfahrschein mit 30 Min. Gültigkeit innerhalb der zwei zentralen Zonen kostet 1,10 €, 60 Min. 1,60 €, eine 24-Std.-Karte 4,80 €, die 72-Std.-Karte 10,80 € und eine Wochenkarte (e-Ticket) 14,40 €. Das Bratislava-Ticket (vormals Euregio Slowakei) der ÖBB gilt am ersten aufgedruckten Geltungstag als Tageskarte für den öffentlichen Stadtverkehr (MHD) bis 1 Uhr des Folgetages.

› http://imhd.sk

093wi-se

Entdeckungen außerhalb des Zentrums von Bratislava

91 Burg Devín (Hrad Devín) ★★★ [S. 272]

Die deutsche Bezeichnung für Devínsky hrad lautet Burg Theben, woraus sich schon der Symbolcharakter dieses für die Slowaken so bedeutsamen Ortes andeutet. Der Name wird von manchen Autoren vom slawischen Wort für Magd oder Mädchen hergeleitet, andere verbinden ihn mit der altslawischen Göttin Deva, was den Platz als vorchristliche Kultstätte ausweisen würde. Vielleicht steht der Name aber auch mit Ausblick in Verbindung – einen großartigen Ausblick genießt man auf jeden Fall. Seit 1961 ist die Burg Devín ein (tschecho-) slowakisches Nationaldenkmal.

Sicherlich spielte die exponierte Felsnadel bereits seit Jahrtausenden eine bedeutende Rolle, gerade angesichts der geografisch wichtigen Flussmündung, welche die **Grenze zwischen der Slowakei und Österreich** bildet. Bis 1989 verlief hier mitten im Fluss der Eiserne Vorhang, heute tauschen sich die Fischer über die Ufer hinweg aus oder man besucht sich kurz mal mit dem Fischerboot.

Inwieweit die Burg Devín das Herz eines frühmittelalterlichen Großmährischen Reiches und somit gleichzeitig die Keimzelle des slowakischen Volkes darstellt, wie es der **Nationalmythos** gerne für sich in Anspruch nimmt, ist wissenschaftlich umstritten. Ebenso wie auf der Burg von Bratislava dürften aber auch hier verschiedene Völker Ausschau nach Feinden gehalten haben und die Bewoh-

⌃ Eindrucksvolle Ruine an der Mündung der March in die Donau: die Burg Devín

ner wechselten sich über die Jahrhunderte immer wieder ab.

Gesicherter wird die Quellenlage erst mit Beginn der ungarischen Herrschaft über die Region ab ca. 1000 n. Chr.; bedeutende Adelsgeschlechter machten es sich hoch über der Donau bequem. Schuld daran, dass die Thebener Burg heute nur noch aus Ruinen besteht, sind napoleonische Truppen, welche die Anlage 1809 in die Luft sprengten. Vielleicht verleiht aber gerade dieses etwas verwitterte Ruinen-Ensemble der Burg ihren romantischen Charme. Besonders das Türmchen auf einer dünnen, nur wenige Meter breiten Felsnadel, der sagenumwobene **Jungfrauenturm**, ist ein beliebtes Fotomotiv und diente bereits in früheren Jahrhunderten als romantische Vorlage berühmter Maler.

Der im Sommer etwas schweißtreibende Aufstieg lohnt sich: Alleine schon die fantastische Aussicht ist den Eintritt wert.

Zum Burgareal gehören auch ein kleines Museum und die Fundamente einer frühchristlichen Kirche.

› **Hrad Devín,** Muránská, Tel. 00421 265730105, Burganlage geöffnet: Di.–So. Nov.–Febr. 10–16, März, Okt. 10–17, Apr.–Jun., Sept. 10–18, Juli, Aug. 10–19 Uhr, Eintritt: 6 €, ermäßigt 3 €, Familienticket 12 €

Unterhalb der Burg gibt es **zwei Kioskgaststätten,** in denen man bei einem süffigen slowakischen Bier seinen Durst stillen kann. In der Saison wird an einem kleinen Stand auch der selbst gemachte Ribiselwein (Johannisbeerwein) aus der Region angeboten. Man kann auch unterhalb des Felsens schön an March und Donau entlangspazieren. Obwohl der Ort an der Marchmündung mitten in der Natur liegt, gehört er ebenso wie der Grenzort Devínska Nová Ves offiziell zum Stadtgebiet von Bratislava, weshalb auch die Busfahrt dorthin zumindest am ersten Tag im **Bratislava-Ticket der ÖBB** enthalten ist (s. S. 149). Zur Not kann man Devín und Bratislava zusammen an einem Tag besuchen, dann sollte man aber von Wien aus schon sehr früh starten. Idealerweise fährt man am ersten Tag nach Devín, am Nachmittag oder Abend dann weiter nach Bratislava und plant dort eine Übernachtung ein, um vom dortigen Hauptbahnhof wieder nach Wien zurückzukehren (Geltungsdauer des Tickets für Züge: 4 Tage, davon der erste Tag für Busse und Straßenbahnen).

› **Anreise:** Man erreicht die Station Devín (nicht in Devín-záhrady aussteigen!) und den Sandberg 92 mit dem Bus 29 entweder vom Grenzbahnhof Devínska Nová Ves oder von der Bushaltestelle Nový Most aus, die sich unterhalb der Martinskirche und der SNP-Brücke befindet. Im Bratislava-Ticket der ÖBB ist diese Busfahrt enthalten.

92 Sandberg ★★ [S. 272]

Geheimtipp für Natur- und Wanderfreunde: Nicht weit entfernt von Burg Devín 91 am Westhang des 514 Meter hohen **Thebener Kogels (Devínska Kobyla),** der einen Teil der Kleinen Karpaten bildet, liegt der **Sandberg** – eine einzigartige, unter Naturschutz stehende Landschaftsformation. Besonders an sonnigen Tagen im Frühling und Sommer bilden die klippenartigen Sandfelsen mit ihren von der Natur geformten Dünen und Höhlen einen faszinierenden Kontrast zum bunten Blütenteppich und den dunkelgrünen Sträuchern rundherum. Der Sandberg ist ein **wahres Schatzkästchen der Erdgeschichte.** Die 15 Millionen

Jahre alten Gesteinsschichten aus dem Tertiär brachten Fossilien von über 300 Tierarten zum Vorschein.

Doch nicht nur die Natur hat diesen Ort geprägt, auch Menschen besiedelten den Thebener Kogel seit Jahrtausenden. Somit gehört die Anhöhe über der March-Donau-Mündung zu einem der ältesten Siedlungsgebiete Mitteleuropas. Wenn man den Sandberg schließlich erklommen hat (**Vorsicht:** steile Abbrüche und keine Sicherungen oder Absperrungen!), kann man nachvollziehen, warum unsere Vorfahren sich hier wohlfühlten. Es ist einfach ein paradiesisches Fleckchen Erde mit **herrlichem Weitblick** auf das Marchfeld, auf Schloss Hof und bei guter Sicht bis nach Wien; in südlicher Richtung fließt die March in die Donau und man erspäht die Burg Devín 91 auf ihrem Felssporn. Einen Kontrast zu dieser Urlandschaft bilden die Plattenbauten von Devínska Nová Ves, dem modernen Vorort von Bratislava.

Es existiert übrigens ein blau markierter **Wanderweg**, der den Sandberg mit der Burg Devín verbindet (ca. eine Stunde Gehzeit). Ebenfalls in einer Stunde erreicht man über eine Fußgänger- und Radfahrerbrücke über die March (Landesgrenze) Schloss Hof – ein monumentales barockes Marchfeldschloss, das einst als Residenz für Prinz Eugen von Savoyen diente (www.schlosshof.at).

› Anreise: Ebenfalls **Bus 29,** von Burg Devín aus vier Stationen in Richtung Devínska Nová Ves/Opletalova. Aussteigen bei Station Pri Sandbergu. Von hier aus die Straße Primoravská hinauf bis zur Pension Helios und rechts abbiegen in die Straße Slovinec, die bis zum Naturschutzgebiet führt.

Beeindruckende Landschaftsformation unweit von Bratislava: der Sandberg 92

WIEN ERLEBEN

007wi-se

Wien für Kunst- und Museumsfreunde

Museen

Kunst, Kultur und Geschichte

M 43 [G7] **Albertina modern,** Karlsplatz 5, U4/U1 Karlsplatz, Tel. 534830, www.albertina.at/albertina-modern, geöffnet: Do., Sa.–Di. 10–18, Mi., Fr. 10–21 Uhr, Eintritt: 14,90 €, ermäßigt 12,90 €, bis 18 Jahre frei, Kombiticket mit Albertina 22 24,90 € (19,90 €). Hochkarätiges neues Museum moderner Kunst im renommierten Künstlerhaus mit regelmäßig wechselnden Sonderausstellungen.

M 44 [G6] **Dommuseum,** Stephansplatz 6, Durchgang Wollzeile, Tel. 515523300, www.dommuseum.at, geöffnet: Mi.–So. 10–18, Do. bis 20 Uhr, Eintritt: 10 €, ermäßigt 8 €, Kinder 3 €, Familienticket 18 €. Sakrale Kunstwerke und das berühmte Porträt des Habsburgers Herzog Rudolfs IV. sind zu bestaunen. Nach jahrelanger Neugestaltung präsentiert sich dieses Museum alles andere als angestaubt.

M 45 **Ernst Fuchs Museum,** Hüttelbergstraße 26, U4 Hütteldorf und Bus 52A/B bis Freyenthurmgasse, 5 Min. Fußweg, Tel. 9148575, www.ernstfuchsmuseum.at, geöffnet: Di.–So. 10–16 Uhr, Eintritt: 14 €, ermäßigt 9 €. Der Jugendstil-Architekt Otto Wagner hat die prächtige Villa im Grünen mit viel Liebe für sich und seine Gattin Louise 1886 bis 1888 erbauen lassen. Der 2015 verstorbene Maler Ernst Fuchs, seines Zeichens Hauptvertreter des Wiener Phantastischen Realismus, hat die Villa leicht verändert. In dem Privatmuseum sind seine Gemälde, Skulpturen und wertvolle Möbel zu sehen.

◁ *Vorseite: Atemberaubende Baukunst im Inneren des Stephansdoms* 2

M 46 [F6] **Haus der Geschichte Österreich,** Neue Burg, Heldenplatz, Tel. 53410805, www.hdgoe.at, geöffnet: Di.–So. 10–18 Uhr, Do. bis 21 Uhr, Eintritt: 9 €, erm. 7,50 €/7 €, Kinder und Jugendliche frei, Familien 15 €. Anlässlich des 100. Jubiläums der Gründung der Ersten Republik eröffnete das zeitgeschichtliche Museum im Jahr 2018. Im Eintritt inkludiert ist auch der Besuch des Ephesos-Museums mit seinen antiken Exponaten (www.khm.at/besuchen/sammlungen/ephesos-museum).

54 [I9] **Heeresgeschichtliches Museum.** Weniger für Militaristen als für Geschichtsinteressierte. Besonders gelungen ist die Ausstellung zum Ersten Weltkrieg mit Exponaten zum Attentat von Sarajevo (s. S. 93).

› **Hermesvilla** (s. S. 199). Sisis Schloss der Träume, idyllisch im Lainzer Tiergarten eingebettet, ist ein echter Geheimtipp für Kultur- und Naturliebhaber.

20 [G6] **Jüdisches Museum.** An zwei Standorten taucht man ein in die bewegte Vergangenheit und lebendige Gegenwart der Israelitischen Kultusgemeinde Wiens (s. S. 50).

› **Kaiserliche Wagenburg,** Schloss Schönbrunn 67 (westlich des Haupteingangs), Tel. 525242710, www.kaiserliche-wagenburg.at, geöffnet: Mitte März–Ende Nov. 9–17, Dez.–Mitte März 10–17 Uhr, Eintritt: 12 €, ermäßigt 9 €, bis 18 Jahre frei. In dem Museum sind die prächtigsten Kutschen der österreichischen Monarchie zu bestaunen (s. S. 115).

› **Kunst Haus Wien, Museum Hundertwasser** (s. S. 95). Das Ausstellungszentrum mit Hundertwasser-Werkschau sowie wechselnden Ausstellungen würdigt die Arbeit des Künstlers Friedensreich Hundertwasser in der Nähe des berühmten Hundertwasserhauses 55 **(2023 geschlossen).**

33 [F7] **Kunsthistorisches Museum (KHM).** Der Kunsttempel spielt in einer Liga mit Prado und Louvre und beherbergt Schätze von unermesslichem Wert. Besonders beliebt sind die Renaissance-Meisterwerke, unter anderem die weltberühmten Gemälde von Pieter Bruegel (s. S. 68).

38 [F7] **Leopold Museum.** Kunstmuseum der Spitzenklasse mit der weltweit größten Schiele-Sammlung (s. S. 73).

M47 [H6] **MAK – Österreichisches Museum für angewandte Kunst/Gegenwartskunst,** Stubenring 5, U2 Stubentor, Tel. 711360, www.mak.at, geöffnet: Mi.–So. 10–18, Di. 10–21 Uhr, Eintritt: 15 € (Di. ab 18 Uhr 7 €), ermäßigt 12 €, Jugendliche bis 18 Jahre frei. Im Museum mit dem Fokus auf Gegenwartskunst steht Design im Mittelpunkt. Vom Mittelalter bis in die Gegenwart werden Möbel, Glas und Porzellan, Silber und Textil präsentiert – Biedermeier-Möbel, Jugendstil-Exponate und Kunst, die den Bogen in die Zukunft spannen. Etliche Objekte von Franz West.

Im Ernst Fuchs Museum finden sich kunstvolle Darstellungen der Weiblichkeit

M48 [E7] **Möbelmuseum,** Andreasgasse 7, U3 Zieglergasse, Tel. 5243357, www.moebelmuseumwien.at, geöffnet: Di.–So. 10–17 Uhr, Eintritt: 13 €, ermäßigt 12 €, Kinder 6–18 Jahre 8,50 €, Kombiticket (Sisi-Ticket) mit Schönbrunn 67 und Sisi-Museum 28 55 €. Eine der größten Möbelsammlungen der Welt. Geheimtipp für Design-Liebhaber.

17 [G6] **Mozarthaus.** Für echte Mozart-Fans ist das ehemalige Wohnhaus des Genies eine Fundgrube (s. S. 47).

37 [F7] **mumok.** Das Museum Moderner Kunst Stiftung Ludwig im auffälligsten Gebäude des MuseumsQuartiers ist spezialisiert auf die Kunst des 20. und 21. Jahrhunderts (s. S. 73).

12 [G6] **Neidhard Festsaal.** Einzigartige mittelalterliche Wandmalereien (s. S. 38).

M49 [G7] **Otto Wagner Pavillon,** Karlsplatz, U2/U4 Karlsplatz, Tel. 505874785177, www.wienmuseum.at, geöffnet: Mitte März–Okt. Di.–So. 10–13 und 14–18 Uhr, Eintritt: 5 €, ermäßigt 4 €, bis 18 Jahre frei, jeden ersten So. im Monat Eintritt frei. Kompakte Information zu Leben und Werk des Jugendstil-Architekten Otto Wagner.

M50 [H4] **Porzellanmuseum im Augarten,** Schloss Augarten, Obere Augartenstraße 1, U2 Taborstraße, Tel. 21124200, www.augar

159wi ©mitzo_bs, stock.adobe.com

ten.com, geöffnet: Mo.-Sa. 10-17 Uhr, Eintritt: 8 €, ermäßigt 6 €. Das moderne Museum beschreibt die Geschichte der Wiener Porzellanherstellung mittels kunstvoller Exponate.

51 [G6] **Römermuseum,** Hoher Markt 3, U1/U3 Stephansplatz, Tel. 5355606, www.wienmuseum.at, geöffnet: Di.-So. und feiertags 9-18 Uhr (außer 1.1., 1.5. und 25.12.), Eintritt: 8 €, ermäßigt 6 €, Kinder und Jugendliche bis 18 Jahre frei. Spannende Zeitreise in die Epoche des römischen Legionslagers Vindobona: Mauerreste, Artefakte und der neueste Stand der Forschung werden hier vorgestellt.

52 [G6] **Uhrenmuseum,** Schulhof 2, Tel. 5332265, www.wienmuseum.at, geöffnet: Di.-So. und feiertags 10-18 Uhr (außer 1.1., 1.5. und 25.12.), Eintritt: 8 €, ermäßigt 6 €. Einzigartige Uhrensammlung in einem Alt-Wiener Innenstadthaus. Nicht verpassen sollte man das Schlagen, Läuten und Spielen der Uhren zur vollen Stunde.

53 [F6] **Weltmuseum,** Heldenplatz, Tel. 534305052, www.weltmuseumwien.at, Do. 10-18, Di. 10-21 Uhr, Eintritt: 16 €, erm. 12 €, Kinder und Jugendliche frei. Das neu konzipierte ehemalige Völkerkundemuseum beherbergt in seiner umfangreichen Schausammlung Schätze aus aller Welt. Im Eintritt inbegriffen sind auch der Besuch der ebenfalls in der Neuen Burg (s. S. 63) befindlichen Hofjagd- und Rüstkammer mit ihrer vielfältigen Sammlung historischer Rüstungen sowie der Sammlung alter Musikinstrumente (www.khm.at).

Natur und Technik

35 [F6] **Naturhistorisches Museum (NHM).** Einzigartige historische Sammlungen – vom Lurch in Alkohol über Meteoritenbrocken aus dem All bis hin zur Venus von Willendorf aus der Wachau (s. S. 70).

54 [B8] **Technisches Museum,** Mariahilfer Straße 212, Straßenbahn 52 und 58 Penzinger Straße, Tel. 899980, www.technisches-museum.at, geöffnet: Mo.-Fr. 9-18, Sa., So. und feiertags 10-18 Uhr (außer 1.1., 1.5., 1.11., 25.12., 31.12.), Eintritt: 16 €, ermäßigt 14,50 €, Kinder und Jugendliche bis 18 Jahre frei. Unterhaltsame und informative Einblicke in die geschichtliche Entwicklung der Technik auf insgesamt 22.000 Quadratmetern. Großer Kinderbereich.

Skurriles und Spezielles

55 [S. 130] **Bestattungsmuseum,** Simmeringer Hauptstraße 234, im Untergeschoss der beim Haupteingang bestehenden Aufbahrungshalle 2, Straßenbahn 71 Zentralfriedhof 2. Tor, Tel. 76067, www.bestattungsmuseum.at, geöffnet: Mo.–Fr. 9–16.30 Uhr, jeden ersten Sa. im Monat 9–16.30 Uhr mit Führung, Eintritt: 7 €, ermäßigt 5 €, Jugendliche 2 €. Der Tod muss ein Wiener sein, heißt es. Deshalb muss in Wien ein Bestattungsmuseum stehen – mit historischen Sargmodetrends, Totengräberutensilien und vielem mehr.

56 [F8] **Dritte Mann Museum,** Pressgasse 25, U4 Kettenbrückengasse, Tel. 5864872, www.3mpc.net, geöffnet: Sa. 14–18 Uhr, Eintritt: 11 €, ermäßigt 9 €. Das mit Herzblut gestaltete Privatmuseum ist ein Muss für Fans des Wiener Filmklassikers.

57 [H5] **Kriminalmuseum,** Große Sperlgasse 24, U2 Taborstraße, Tel. 0664 3005677, www.kriminalmuseum.at, geöffnet: Do.–So. und feiertags 10–17 Uhr, Eintritt: 10,90 €, ermäßigt 9 €. Nichts für schwache Nerven: Wiens berühmteste Kriminalfälle werden hier aufgerollt – mittels Fotos, Dokumenten und teils makaberen Exponaten.

58 [E5] **Pathologisch-anatomische Sammlung im Narrenturm,** Spitalgasse 2, Straßenbahn 5 Lazarettgasse, Tel. 52177606, www.nhm-wien.ac.at/narrenturm, geöffnet: Mi. 10–18, Do., Fr. 10–15, Sa. 12–18 Uhr, Eintritt: 8 €, ermäßigt 6 €, Kombiticket mit Naturhistorischem Museum **35** 20 €. In den Narrenturm wurden bis 1866 Geisteskranke gesteckt. Heute dient er als Ausstellungsfläche für eine der welt-

Fauna aus allen Teilen der Welt in einem Haus: im Naturhistorischen Museum **35**

EXTRATIPP

Musikerwohnungen

In Wien lebten und wirkten einige der berühmtesten Komponisten der Musikgeschichte. So manches Haus verströmt bis heute den Geniegeist seines Bewohners. Mozart beispielswiese war in der Altstadt nicht sehr sesshaft: Allein zwischen 1781 und 1784 ist das Genie sieben mal umgezogen. Vom Wien Museum werden neben der **Mozartwohnung** **17** weitere Musikerwohnungen instand gehalten und der Öffentlichkeit zugänglich gemacht. Es handelt sich dabei um Geburts-, Sterbe- oder Wohnhäuser, die oft noch im Originalzustand erhalten sind. Neben Alltagsgegenständen zählen zu den Exponaten oft original erhaltene Notenblätter und Schriftstücke. Informationstafeln geben Einblicke in die jeweilige Musikepoche und das historische Umfeld des Künstlers. Eintrittspreise auf der Website www.wienmuseum.at, Kombiticket 20 €, ermäßigt 15 €.

59 [F6] **Beethoven Pasqualatihaus,** Mölker Bastei 8, geöffnet: Di.–So. und feiertags 10–13 und 14–18 Uhr

60 [S. 262] **Beethoven Museum Heiligenstadt,** Probusgasse 6, geöffnet: Di.–So. und feiertags 10–13 und 14–18 Uhr

61 [D8] **Haydnhaus,** Haydngasse 19, geöffnet: Di.–So. und feiertags 10–13 und 14–18 Uhr

62 [I5] **Johann Strauss Wohnung,** Praterstraße 54, geöffnet: Di.–So. und feiertags 10–13 und 14–18 Uhr

63 [E4] **Schubert Geburtshaus,** Nußdorfer Straße 54, geöffnet: Di.–So. und feiertags 10–13 und 14–18 Uhr

64 [F8] **Schubert Sterbewohnung,** Kettenbrückengasse 6, geöffnet: Mi., Do. 10–13 und 14–18 Uhr weit größten Sammlungen pathologischer Präparate.

› Das **Pratermuseum** bekommt eine neue Heimat. Derzeit entsteht ein neues Gebäude an der Straße des 1. Mai (im Vergnügungspark 56). Es soll 2024 eröffnen. Dann kann man eintauchen in die schaurig-schöne Geschichte der Wiener Unterhaltungskultur. Aktuelle Infos: www.wienmuseum.at/de/standorte/pratermuseum.

Kunstgalerien

65 Atelier 10, Brotfabrik Wien, Puchsbaumgasse 1c, Eingang über Absberggasse 27, Straßenbahn D Absberggasse, Tel. 6411281, www.atelier10.eu, geöffnet: Di.–Fr. 10–16.30 Uhr. Das Atelier in einer ehemaligen Brotfabrik bietet Künstlern aus sozialen Randlagen Raum, sich zu entfalten; es teilt sich räumlich in zwei Module: ein Atelier und eine Galerie.

66 [H9] **Belvedere 21,** Schweizergarten, Arsenalstraße 1, Straßenbahn D Quartier Belvedere, Tel. 795570, www.belvedere21.at, geöffnet: Di.–So. 11–18, Do. bis 21 Uhr, Eintritt: 9,30 €, ermäßigt 6,90 €, Kinder und Jugendliche frei. Hier trifft sich die Avantgarde der Wiener Kunst-Szene: Im Belvedere 21, das vom Museum Schloss Belvedere mitverwaltet wird, finden hochkarätige Ausstellungen zeitgenössischer Künstler statt.

67 [F6] **MUSA Museum Startgalerie Artothek,** Felderstraße 6–8, U2 Rathaus, Tel. 505874785169, www.musa.at, geöffnet: Di.–So. u. feiertags 10–18 Uhr, Eintritt: 8 €, ermäßigt 6 €. Die Kunstsammlung der Stadt Wien zeigt bei freiem Eintritt zeitgenössische österreichische Gegenwartskunst in wechselnden Ausstellungen. Eine integrierte Startgalerie ermöglicht jungen Künstlern den Einstieg in den Kunstmarkt.

Kunst unter freiem Himmel

Kunst wird in Wien nicht nur in Museen gezeigt, man begegnet ihr vielmehr an **allen Ecken und Enden der Stadt.** Selbst unbedeutende Gemeindebauten werden in Wien mit Kunstwerken verziert. So manche Parkanlage scheint einzig und allein dafür errichtet worden zu sein, um die vielen Denkmäler und Kunstwerke darin unterzubringen.

Auch die Innere Stadt ist gespickt mit teils permanenten, teils temporären Kunstwerken und Installationen.

In Wien ist selbst ein Heizkraftwerk nicht einfach nur ein Heizkraftwerk: Markantestes Beispiel ist die von Friedensreich Hundertwasser gestaltete Fassade der **Müllverbrennungsanlage Spittelau** (U6 Spittelau) mit dem minarettartig gestalteten Schlot. Ein herausragendes Beispiel für die Verbindung von Kunst und Architektur ist auch das **Hundertwasserhaus** 55.

In den Sommermonaten wird regelmäßig der **Ringturm**, ein Hochhaus am Donaukanal (Schottenring 30 [F5]), auf 4000 m² Fläche künstlerisch verhüllt.

Kunstwerke, die an die Verbrechen des Nationalsozialismus erinnern, sind das von Alfred Hrdlicka gestaltete **Denkmal gegen Krieg und Faschismus** am Albertinaplatz 23 und das **Mahnmal für die österreichischen jüdischen Opfer** der Shoa von Rachel Whiteread am Judenplatz 9. Die größte Ansammlung frei zugänglicher Kunstwerke Wiens findet sich auf dem **Zentralfriedhof** 72: Von monumentalen Grabdenkmälern bis zu modernen Grabskulpturen wie jener zu Ehren des Künstlers Franz West (gegenüber Udo Jürgens) reicht die Bandbreite. Infos erhält man unter www.koer.or.at.

024wi-se

Wien für Architekturinteressierte

Für Architekturinteressierte ist Wien eine wahre Fundgrube: Kaum eine andere mitteleuropäische Hauptstadt vereint so viele unterschiedliche Architekturstile auf so engem Raum. Das wird bereits am Stephansplatz 1 deutlich, wo die Romanik der Westfassade und die **Gotik** des Stephansdoms 2 im direkten Kontrast zum verglasten Haas-Haus stehen. Der Südturm der Kathedrale (Steffl) ist eines der seltenen Beispiele eines komplett im Mittelalter fertiggestellten Kathedralenturms und lässt in seiner umwerfenden Schönheit jedem Liebhaber gotischer Kirchenbauten das Herz aufgehen.

Natürlich ist Wien auch ein Aushängeschild des **Barock:** Peterskirche 11, Karlskirche 51 und der Prunksaal der Nationalbibliothek 25 sind leuchtende Beispiele dieser selbstbewussten und dem Prunk aufgeschlossenen Architekturepoche.

Der Karl Marx-Hof 62 ist ein Beispiel für die Architektur des Roten Wien in den 1920er-Jahren

Zu einer Wiedergeburt gelangten die historischen Baustile des alten Wiens im Rahmen des Ringstraßenbaus: **Neogotik, Neorenaissance und Neobarock** waren die prägenden Stile im Historismus des 19. Jahrhunderts.

Ab 1900 erfolgte in Wien eine kleine architektonische Revolution: An der Donau hielt der **Jugendstil** Einzug und mit ihm sein wohl berühmtester Vertreter: Otto Wagner. Mit der Kirche am Steinhof 66, den Jugendstil-Bahnhöfen und den verzierten Fassaden fasziniert er bis heute Touristen aus aller Welt. Zusammen mit Adolf Loos gilt Wagner als Wegbereiter der architektonischen Moderne. Diese drückt der Stadt nach dem Ersten Weltkrieg in unterschiedlicher Form ihren architektonischen Stempel auf: in Form der monumentalen, auf Funktionalität ausgerichteten **Gemeindebau-**

023wi-se

ten wie dem Karl-Marx-Hof 62 oder im Bau der **Werkbundsiedlung** in Hietzing (13. Bezirk). Wer genauer hinschaut, findet in Wien auch immer wieder Anklänge an den Bauhausstil. Das Dritte Reich hat mit Ausnahme der sechs **Flaktürme** (s. S. 104) in Wien kaum architektonische Spuren hinterlassen, die Nachkriegszeit umso mehr: In den 1950er-und 1960er-Jahren entstanden die ersten **Hochhäuser** wie der Ringturm am Donaukanal und ausgedehnte Mietshaussiedlungen an den Stadträndern. Nach und nach wurden die Bauprojekte immer gewagter und kolossaler. Beispielhaft für die Architektur der späten 1970er-Jahre steht der **Wohnpark Alterlaa** im 23. Bezirk mit seinen terrassenartig abgestuften Blöcken.

Für internationales Aufsehen sorgte in den 1980er-Jahren der Künstler Friedensreich Hundertwasser. Er durfte in Form des **Hundertwasserhauses** 55 einen der eigenwilligsten Gemeindebauten Wiens gestalten. Ein weltweit beachtetes Architekturprojekt der 1990er-Jahre war die Umgestaltung der vier **Gasometer** 70 in Simmering (11. Bezirk). Gleichzeitig wurden die Hochhäuser an der Donau in Kaisermühlen immer höher. Zur markanten **UNO-City** 76 gesellten sich weitere Hochhäuser und Wolkenkratzer und bilden heute in Form der **Donau City** 74 eine einzigartige Skyline als Kontrast zum „alten Wien" der Inneren Stadt (1. Bezirk). Der monolithische **DC Tower** 75 ist derzeit nach dem Donauturm 77 Österreichs höchstes Gebäude.

Internationale Architekten lassen sich meist nicht zweimal bitten, wenn sie sich in Wien architektonisch austoben dürfen. Jüngstes Beispiel futuristischer Bauweise ist der in Praternähe gelegene **WU-Campus** 58, an dem die 2016 verstorbene britisch-irakische Stararchitektin Zaha Hadid beteiligt war.

Futuristische Architektur von Zaha Hadid am WU-Campus 58

Wien für Genießer

Von allen deutschsprachigen Großstädten ist Wien wohl die absolute Genießer-Metropole. Und das liegt längst nicht allein am Wiener Schnitzel, Apfelstrudel und Kaiserschmarrn. In den vergangenen Jahren hat sich ein unglaublich **breites kulinarisches Angebot** entwickelt, das keine Wünsche offenlässt. Die **internationale Küche** hat in all ihren Facetten Einzug gehalten: Asiatische Restaurants kochen mittlerweile wie in Hongkong oder Tokyo, Burger werden wie in Texas gemacht und selbst Italiener loben die Kochkünste ihrer Landsleute in den italienischen Restaurants. Seit dem Fall des Eisernen Vorhangs hat auch die osteuropäische Küche wieder Einzug in die Stadt gehalten. Egal ob slowakische Krautsuppe, tschechisches Bier oder polnische Piroggen – es gibt nichts, was es nicht gibt.

Während diese kulinarische Internationalisierung anderen Großstädten zu schaffen macht und die heimische Küche teilweise zu verdrängen scheint, muss man sich um die **klassische österreichische Küche** in Wien keine Sorge machen: Es gibt sie zum Glück immer noch, die kleinen **Beisel** an der Ecke mit ihrer deftigen Hausmannskost. Daneben hat sich eine junge kreative Küche entwickelt, die heimische Produkte in ungewohnt neuer Aufmachung auf den Tisch bringt – der Fantasie der Wiener Küche sind hier keine Grenzen gesetzt. Auch die **Heurigenlokale** sind nicht vom Aussterben bedroht. Zwar hat der eine oder andere Weinbauer seinen Ausschank aufgegeben, dafür haben gleichzeitig neue Winzergenerationen die alte Tradition wieder aufleben lassen, mit dem Ergebnis, dass viele Heurigenlokale heute nicht nur wegen der lauschigen Gärten oder des Buffets, sondern gerade wegen der teils ausgezeichneten Wiener Weine, die sich mit den besten Tropfen in Europa messen lassen können, aufgesucht werden.

Zum Wien-Genuss gehört natürlich auch die einzigartige Kaffeehauskultur.

Vorsicht: Aus Wien kommt man gerne mit ein bis zwei Kilo mehr nach Hause.

Essen und Trinken

Die Wiener Küche hat ein Genusspotenzial zu bieten, um das es andere Städte beneiden: Würstelstände ebenso wie Schnitzellokale und Gourmettempel, Wein und Bier ebenso wie Kaffee, der noch nach solchem schmeckt; deftige Heurigenbuffets ebenso wie verführerische Mehlspeisen.

012wi-ck

☒ *Kaffee wird in Wien nicht einfach nur getrunken – er ist fester Bestandteil der Genusskultur*

Doch alles der Reihe nach. Die Gründe für die Vielfalt der Wiener Küche liegen im habsburgischen Vielvölkerstaat des 19. Jahrhunderts. Aus sämtlichen Kronländern zog die Hauptstadt des Kaiserreichs auch sämtliche kulinarischen Finessen an Land. Man ließ sich inspirieren von der ungarischen Küche und entwickelte das Gulasch, zeigte sich offen gegenüber mediterranen Einflüssen und behielt dennoch auch die klassisch überlieferten österreichischen Schmankerl im Programm – in Deutschland am ehesten mit der bayerischen Küche verwandt. Dazu kamen osteuropäische Einflüsse; wer etwas auf sich hielt, hatte in der „guten alten Zeit" eine böhmische Köchin.

EXTRATIPP

Die Wiener Auster ist eine Schnecke

Einst war Wien ein Zentrum des Schneckenhandels. Es gab sogenannte Schneckenweiber, welche ihre Beute einmal pro Woche auf dem großen Wiener Schneckenmarkt feilboten. Da Fleisch für die einfache Bevölkerung teuer war, dienten Schnecken als wertvoller Eiweißlieferant und die Weinbergschnecke wurde sogar mit dem Ehrentitel **Wiener Auster** geadelt. Im 10. Bezirk hat Andreas Gugumuck sich der Wiederentdeckung dieser alten Delikatesse verschrieben und züchtet Weinbergschnecken auf einem 400 Jahre alten Bauernhof. Die im Freiland gehaltenen Tiere werden zu eigenwilligen Spezialitäten wie Schneckenleber und Schneckenkaviar verarbeitet und finden sich mittlerweile auf Speisekarten angesehener Restaurants der Stadt. Im Hofladen mit Bistro tief im Wiener Süden kann man die Produkte vor Ort erwerben. Regelmäßig werden auch Führungen angeboten.

68 Hofladen Andreas Gugumuck, Roswaldigasse 44, lange Anfahrt: U1 Neulaa, Bus 16A Rosiwalgasse, danach Fußweg, Tel. 0650 6185749, www.wienerschnecke.at, geöffnet: Mo.–Fr. 8–16, Sa. 9–12 Uhr, Gartenbar Do.–So. 13–22 Uhr

Die Küche wird immer noch dominiert von **Fleisch,** wenngleich sich in den vergangenen Jahren immer mehr vegetarische Gerichte in den Speisekarten etabliert haben und es auch rein **vegetarische Restaurants** gibt (s. S. 176). Berühmtheit genießt das **Wiener Schnitzel.** Beim Original handelt es sich um ein **Kalbswiener,** das seinen Preis hat. Gerne wird aber auch die Variante vom Schwein bestellt. Als Beilage gibt es in der Regel Erdäpfelsalat (Kartoffelsalat). Seit der Kaiserzeit genießen **Rindfleischgerichte** in Wien höchstes Ansehen – allen voran der Tafelspitz. Er wird traditionell in einer heißen Rinderbrühe mit Einlage serviert. Zunächst isst man die Suppe, danach genießt man das Fleisch mit Bratkartoffeln und Apfelkren (Apfelmeerrettich). Für ihre Rindfleischspezialitäten berühmt sind das noble Plachutta (s. S. 174) und das Gasthaus Zum Renner in Nussdorf (s. S. 174), ein Geheimtipp! In den einfachen Beiseln darf natürlich das **Gulasch** mit Semmelknödel oder Gebäck nicht fehlen. Eine besondere Variante stellt das Fiakergulasch dar, bei dem neben Rindfleisch auch Würstel, Spiegelei und Essiggurken auf den Teller kommen. Typische **Beiselgerichte** sind unter ande-

Das berühmte Wiener Schnitzel findet sich fast auf jeder Speisekarte

rem **Krautfleckerl** (Nudeln mit Kraut und Zwiebeln), **Eiernockerl** mit Salat oder **Würstel mit Saft** (Gulaschsaft). Fisch wird gerne freitags gegessen. Besonderer Beliebtheit erfreut sich der Karpfen in unterschiedlicher Zubereitung – beispielsweise auf serbische Art mit Mehl und Paprika bestäubt und in Butterschmalz herausgebraten. Man erhält ihn oft in Lokalen an der Alten Donau, z.B. in Humer's Uferhaus (s. S. 145).

Legendär sind neben deftiger Hausmannskost auch die süßen Verführungen. Zu den beliebtesten **Mehlspeisen** gehören **Kaiserschmarrn, Apfelstrudel und Palatschinken.** Weitere leckere Nachspeisen sind **Germknödel, Marillenknödel, Powidltascherl** (Teigtaschen mit Pflaumenmus) oder die traditionelle – nicht ganz politisch korrekte – Süßspeise **Mohr im Hemd,** ein kleiner Gugelhupf mit Schokoladensoße und Schlagobers (Sahne).

In den **Kaffeehäusern** genießt man zu seinem braunen Heißgetränk am liebsten einen Apfelstrudel, eine **Cremeschnitte,** eine **Schaumrolle** oder die berühmte Sachertorte.

Gastro- und Nightlife-Areale
Bläulich hervorgehobene Bereiche in den Karten kennzeichnen Gebiete mit einem dichten Angebot an Restaurants, Bars, Clubs, Discos etc.

Auch in Wien ist es wie in Deutschland und der Schweiz üblich, bei gutem Service ein **Trinkgeld** von 10 Prozent zu geben.

Hervorhebenswerte Lokale

Wiener Küche/österreichische Küche

Innere Stadt (Erster Bezirk)

69 [G6] **Brezlgwölb** €€, Ledererhof 9, U3 Herrengasse, Tel. 5338811, www.brezl.at, geöffnet: tägl. 11.30–24 Uhr. Das romantisch-düstere, geschichtsträchtige Gewölbe bietet gute Küche und frische Brezen bei klassischer Musik.

70 [G6] **Gasthaus Pöschl** €€, Weihburggasse 17, U1/U3 Stephansplatz, Tel. 5135288, www.gasthauspöschl.com, geöffnet: Mo.–Sa. 12–23 Uhr. Kleines, empfehlenswertes

015wi-se

Preiskategorien

€	bis 15 Euro
€€	16 bis 23 Euro
€€€	über 23 Euro

Angabe ohne Gewähr für ein Hauptgericht pro Person ohne Getränk. Generell empfiehlt es sich bei den meisten Lokalen, rechtzeitig telefonisch einen Tisch zu reservieren.

Gasthaus mit ambitionierter Wiener Küche. Besitzer und Koch ist der bekannte österreichische Schauspieler Hanno Pöschl. Aufgrund des geringen Platzangebots unbedingt reservieren!

71 [G6] **Gastwirtschaft zu den 3 Hacken** €€, Singerstraße 28, U3 Stubentor, Tel. 5125895, www.zuden3hacken.at, geöffnet: Mo.–Sa. 11.30–23 Uhr. Am Rande der Inneren Stadt gelegen, bietet das Lokal authentische und schmackhafte Altwiener Küche zu einem hervorragenden Preis-Leistungs-Verhältnis. Große Portionen!

72 [H6] **Plachutta** €€€, Wollzeile 38, U3 Stubentor, Tel. 5121577, www.plachutta-wollzeile.at, geöffnet: tägl. 11.30–23.30 Uhr. Liebhaber von Wiener Rindfleischgerichten werden hier auf ihre Kosten kommen. Neben dem klassischen Tafelspitz gibt es noch etliche weitere Leckereien, wie sie schon der Kaiser schätzte.

73 [G6] **Reinthaler's Beisl** €, Dorotheergasse 2, U1/U3 Stephansplatz, Tel. 5131249, www.reinthalersbeisl.com, geöffnet: tägl. 11–23 Uhr. Uriges Wiener Wirtshaus im Herzen der Stadt.

Andere Bezirke

74 [H2] **Gasthaus Kopp** €, Engerthstraße 104, U6 Handelskai, Tel. 3304392, www.gasthaus-kopp.at, geöffnet: Mi.–So. 10–23 Uhr. Uriges Wirtshaus in der Brigittenau (20. Bezirk) nahe von Millennium Tower und Donau in der nicht gerade feinsten Gegend Wiens. Deftiges Essen und große Portionen; stets gut besucht und manchmal etwas dicke Luft. Auf jeden Fall authentisch wienerisch! Nach einer Frittatensuppe (Pfannkuchensuppe) und einem Zwiebelrostbraten geht hier niemand hungrig hinaus.

75 **Gasthaus Mariabrunn** €-€€, Hauptstraße 48, S50 Wien Hadersdorf, Tel. 0664 1741715, www.gasthausmariabrunn.at, geöffnet: Di.–Sa. 10–22, So. 10–15 Uhr. Dieses im äußersten Wiener Westen gelegene Gasthaus bietet hervorragende österreichische Küche.

76 [C8] **Gasthaus Quell** €€, Reindorfgasse 19, Straßenbahn 5, 9, 18, 49, 52, 60 Kranzgasse, Tel. 8932407, www.gasthausquell.at, Mo.–Fr. 11–24 Uhr. Beliebtes Vorstadt-Wirtshaus mit sehr guter Küche und langer Tradition. Reservierung unbedingt empfohlen.

77 [E8] **Gasthaus Woracziczky** €€, Spengergasse 52, U4 Pilgramgasse, Tel. 0699 11229530, www.woracziczky.at, geöffnet: Mo.–Fr. 11.30–14.30 und 18–23 Uhr. Das hübsche Lokal mit dem unaussprechlichen Namen (sprich: Woraschitzki) hat in kurzer Zeit die Herzen von Liebhabern bodenständiger und gleichzeitig kreativer österreichischer Küche erobert. Geheimtipp!

78 **Gasthof Zum Renner** €€, Nußdorfer Platz 4, Straßenbahn D Nußdorfer Platz, Tel. 3785858, www.zum-renner.at, geöffnet: Di.–Sa. 11.30–23, So. 11.30–22 Uhr. Traditionsreiches Gasthaus im Heurigenort Nussdorf, das berühmt ist für seine Rindfleischgerichte. Anständiges Preis-Leistungs-Verhältnis angesichts der großen Portionen. Dazu bayerisches Bier vom Kloster Andechs.

79 [E6] **Gastwirtschaft Blauensteiner „Zur Stadt Paris"** €, Lenaugasse 1, Straßenbahnlinie 2 Rathaus, Tel. 40514 67, geöffnet: tägl. 11–23.30 Uhr, Küche bis 22 Uhr. Authentisches Beisel in der Nähe des Wiener Rathauses 43 mit dem Charme vergangener Zeiten, in das sich kaum Touristen verirren. Bei den Stammgästen ist das Lokal für seine Hausmannskost und seine Innereiengerichte geschätzt.

80 [B7] **Heidingers Gasthaus** €, Selzergasse 38, U3 Johnstraße, Tel. 9859911, www.heidingers.at, geöffnet: Mo.–Fr. 11.30–14.30 und 17.30–22 Uhr. Das Heidingers ist ein echter Geheimtipp unter den Vorstadt-Gasthäusern Wiens (15. Bezirk). Einerseits stellt es ein bis heute unverfälscht erhaltenes Beisel mit Originalinterieur und Holzvertäfelung dar, andererseits besticht das Lokal durch ausgezeichnete Wiener Gerichte zu moderaten Preisen. Dazu gibt es feine Biere vom Fass.

81 **Stern** €€, Braunhubergasse 6, U3 Simmering, Tel. 7493370, www.gasthausstern.at, geöffnet: Mi.–Sa. 11–23, So. 11–16 Uhr. Die Fahrt tief hinunter nach Simmering lohnt sich aufgrund der kreativen Küche! Auch raffinierte Innereienspezialitäten stehen auf der Karte.

82 [B4] **Wein- und Bierhaus Brandstetter** €, Hernalser Hauptstraße 134, Straßenbahn 43 Harnalser Hauptstraße/Wattgasse, Tel. 4864625, www.derbrandstetter.at, geöffnet: So.–Fr. 11–23.30, Sa. 16–23.30 Uhr. Günstiges Hernalser Beisel mit bodenständiger Hausmannskost. Empfehlenswert: Zwiebelrostbraten, Gulasch und Schnitzel, dazu tschechisches Bier.

83 [D6] **Weinhaus Sittl (Pelikanstüberl)** €, Lerchenfelder Gürtel 51, U6 Josefstädter Straße, Tel. 4050205, www.sittl.at, geöffnet: Mo.–Fr. 17–23 Uhr. Dieses urige Beisel ist eine Zeitreise in die Vergangenheit: Der Schankbereich und das Interieur sind seit Jahrzehnten unverändert; auf der Karte stehen Altwiener Gerichte und die freundlichen Kellnerinnen lassen sich durch nichts aus der Ruhe bringen. Im idyllischen Gastgarten unter einem gewaltigen Götterbaum, dessen Fuß wie der eines Elefanten wirkt, ist der Lärm des Gürtels plötzlich ganz weit weg. Am Abend treffen sich mittlerweile viele junge Menschen im Sittl, um zu plaudern und Bier zu trinken.

EXTRATIPP

Wiener Innereien

Wer Innereien schätzt, wird sich in Wien pudelwohl fühlen. In keiner anderen deutschsprachigen Stadt gibt es noch so viele Lokale, in denen die inneren Organe nach alten überlieferten Rezepten zubereitet werden. Neben der **Leber** in verschiedenen Variationen gehört das **Beuschel** zu den Wiener Nationalgerichten – ein Ragout aus Lunge und Herz, zu dem Semmelknödel gereicht werden. Manchmal findet man auch noch **Hirn mit Ei** oder gebackenes Hirn auf den Speisekarten. Besondere Beliebtheit – speziell bei den Heurigenbuffets – genießt auch die **Blunzn** (Blutwurst).

014wi-se

Asiatische Küche

84 [F7] **Market** €€, Linke Wienzeile 36, U4 Kettenbrückengasse, Tel. 5811250, www.market-restaurant.at, geöffnet: Mo.–Fr. 11–24, Sa., So. 9–24 Uhr. Hier wird chinesische Küche zelebriert: fantasievolle kreative Gerichte, teils auch etwas extravagant,

EXTRATIPPS

Der erste Kaffee

Die meisten **Wiener Kaffeehäuser** (s. S. 182) öffnen zwischen 7 und 8 Uhr morgens. In allen Traditionscafés hängen Zeitungen aus, die man am Tisch kostenlos lesen kann. In den über ganz Wien verteilten Aida-Filialen und in vielen Backshops erhält man ebenfalls ab 7 Uhr den ersten Kaffee des Tages.

Lokale mit guter Aussicht

Wien ist prädestiniert für Lokale mit tollen Ausblicken – allein schon durch seine Vielzahl an Anhöhen, Weinbergen und den damit verbundenen Aussichtspunkten. Paradelokale sind in dieser Hinsicht die Heurigenlokale hoch oben in Nussdorf (s. S. 112) oder Grinzing 63 oder die Ausflugsgaststätten im Wienerwald. Daneben bieten auch die Restaurants in den oberen Etagen einiger Wiener Hochhäuser fantastische Aussichten.

› **57 Restaurant & Lounge** €€€, im DC Tower 75, Tel. 901042080, www.fiftysevenrestaurant.at, geöffnet: Di.–Fr. 18–24, Sa. 17–24, So. (Brunch) 12–15 Uhr, Lounge Mo.–Do. 17–24, Fr., Sa. 16–1, So. 15–22 Uhr. Tafeln im feinen Ambiente von Österreichs höchstgelegenem Restaurant. Reservierung unbedingt notwendig! Zusätzlich kann man ein Stockwerk höher in der Lounge einen Drink genießen.

85 [H5] **Das Loft**, Praterstraße 1, U1/U4 Schwedenplatz, Tel. 906168110, www.dasloftwien.at, geöffnet: So.–Do. 16–1, Fr., Sa. 16–2 Uhr. Elegante Bar mit herrlichem Blick über die Innere Stadt. Hier am Abend einen Cocktail zu sich zu nehmen, ist ein schönes Erlebnis für besondere Anlässe. Auch Restaurant.

86 [S. 262] **Häuserl am Stoan** €, Zierleitengasse 42 a, Straßenbahn 43 bis Neuwaldegg, danach Autobus 43A bis Cobenzl Parkplatz und fünf Minuten Fußweg, Tel. 4401377, www.amstoan.com, geöffnet: Do.–Sa. 11–21, So. 11–20 Uhr, teils Urlaub (siehe Website). Das Häuserl am Stoan ist ein uriges Familienunternehmen mit massenhaft Gartenzwergen und einem fantastischen Blick über Wien. Es eignet sich als Einkehrmöglichkeit im Rahmen eines Ausflugs zum Kahlenberg und Leopoldsberg. Deftige Hausmannskost. Nicht verwechseln mit dem benachbarten Häuserl am Roan.

› **Heuriger Mayer am Nussberg** (s. S. 113). Mitten in den Weinbergen gelegener Heuriger mit schöner Aussicht.

› **Restaurant im Donauturm** 77. Das Drehrestaurant, das hoch über dem Donaupark thront, bietet einen fantastischen Panoramablick über die Stadt, die Wolkenkratzer der Donau City 74 und bis in die Slowakei. Schwindelfrei sollte man allerdings sein. Nur wegen des Essens muss man das sehr touristisch geprägte Lokal aber nicht besuchen.

› **Strandgasthaus Birner** (s. S. 140). Auch hier kann man direkt an der Alten Donau wunderbar die Seele baumeln lassen.

Köstlich vegetarisch

Noch vor zwei Jahrzehnten hatte man es als Vegetarier in den Wiener Gaststätten nicht leicht; Fleischgerichte dominierten die Speisekarten. Mittlerweile findet man auch in den traditionellen Beiseln fleischlose Gerichte und es gibt einige vegetarische und vegane Restaurants:

87 [E7] **Amerlingbeisl** €, Stiftgasse 8, U2 Volkstheater, Tel. 5261660, www.amerlingbeisl.at, geöffnet: tägl. 12–2 Uhr. Hier stehen stets auch abwechslungsreiche vegetarische Gerichte auf der Karte. Zudem besitzt

das Lokal am Spittelberg einen lauschigen Innenhof.

88 [B9] **Hollerei** €€, Hollergasse 9, U4 Schönbrunn, Tel. 8923356, www.hollerei.at, geöffnet: Mo.–Sa. 11–23 Uhr. In der Nähe von Schloss Schönbrunn gelegen, ist die Hollerei eines der beliebtesten vegetarischen Restaurants in Wien. Kreative Küche und sympathisches Ambiente. Sehr gefragt sind die süßen Verführungen zum Nachtisch.

89 [F6] **Lebenbauer Vollwert Restaurant** €€, Teinfaltstraße 3, U3 Herrengasse, Tel. 5335556, www.lebenbauer.wien, geöffnet: Mo.–Fr. 11–15 und 17.30–22.30 Uhr. Vegetarische und vegane Köstlichkeiten auf höchstem Niveau in der Inneren Stadt. Daneben werden auch einige Fischgerichte angeboten.

257 [F6] **Swing Kitchen** €, Universitätsring 10, U2 Schottentor, www.swingkitchen.com, geöffnet: tägl. 11–22 Uhr. Die vegane Burgerkette hat sich mittlerweile in Wien etabliert. Neben Burgern gibt es auch sehr gute Pommes und köstliche Limonaden zum selbst Nachfüllen, so oft man Lust hat.

Dinner for one

In vielen Wiener Lokalen muss man kein schlechtes Gefühl dabei haben, sein Essen allein einzunehmen. Auch ohne Begleitung bieten unter anderem die folgenden Lokale eine angenehme, ungezwungene Atmosphäre:

› **Buffet Trześniewski** (s. S. 28): Wer sich unweit des Stephansdomes schnell und unkompliziert stärken möchte, kann dies bei den leckeren Brötchen im Trześniewski tun.
› **Cafe Korb** (s. S. 184): Generell ist es in den Wiener Kaffeehäusern üblich, allein – beziehungsweise nur mit einer Zeitung oder einem Buch – zu sitzen. Im Cafe Korb gibt es neben den Kaffeehausklassikern auch gute Speisen.
› **Gasthaus Kopp** (s. S. 174): Nichts für schüchterne Zeitgenossen, eher etwas für Kommunikationsfreudige: Hier wird man vom Kellner traditionell einfach an einen Tisch dazugesetzt. In dem urigen Brigittenauer Beisel kann man dadurch waschechte Wiener kennenlernen.
› **Weinhaus Sittl** (s. S. 175): In dem alten Beisel mit dem großen Gastraum sitzen häufig Personen allein am Tisch. Auch im lauschigen Garten findet man in der Regel problemlos ein Plätzchen.

Für den späten Hunger

Würstelstände: Der Würstelstand ist eine Wiener Institution, um die viele deutsche Städte die österreichische Hauptstadt beneiden. Nicht nur im Innenstadtbereich findet man an jeder Ecke einen Würstelstand, auch in den Außenbezirken: vorwiegend an den U-Bahn-Stationen – beispielsweise am Gürtel oder an den Donaukanal-Brücken. Viele Würstelstände haben bis weit nach Mitternacht geöffnet und dienen als Kalorientankstelle für Nachtschwärmer. Klassiker sind **Käsekrainer** (eine gegrillte Bratwurst mit zerlaufenem Käse im Inneren) mit Brot oder als Hot Dog, **Burenwurst** (eine grobe Brühwurst) oder scharfe **Debreziner** – je nach Wunsch mit Senf, Ketchup oder beidem. Dazu gibt es oft Dosenbier – eine Dose Ottakringer Hell heißt im Fachjargon „16er Blech" nach dem 16. Bezirk Ottakring – oder eine eingelegte Peperoni oder Essiggurke. An vielen Würstelständen erhält man auch Leberkäse – manchmal sogar den für Wien typischen Pferdeleberkäse. Speziell nach Mitternacht kann es an Würstelständen oft richtig lustig und kommunikativ werden.

die im Vergleich zur China-Standardküche besondere Geschmackserlebnisse entstehen lassen. Dazu eine coole Atmosphäre, wie man sie sonst nur in Hongkong oder New York vorfindet.

Nordafrikanische Küche

90 [E6] **Le Petit Maroc** €€, Neubaugasse 84, U2/U3 Volkstheater, Tel. 9445566, www.petitmaroc.at, geöffnet: Mo.–Fr. 12–15 und 18–23, Sa.17–23 Uhr. Winziges marokkanisches Restaurant mit großartigen Gerichten aus dem Tajine-Tontopf.

Italienische Küche

91 [H6] **Da Capo** €€, Schulerstraße 18, U1/U3 Stephansplatz, Tel. 5124491, www.dacapo.co.at, geöffnet: So.–Di. 11.30–23, Mi.–Sa. 11.30–23.45 Uhr. Zentral in der Innenstadt gelegen, zählt das Da Capo zu den besten italienischen Restaurants der Stadt. Großartige Pizzen und fantasievolle Küche in hübschem Ambiente. Faires Preis-Leistungs-Verhältnis.

92 [H7] **Pizzeria Grado** €-€€, Beatrixgasse 24, U4 Stadtpark, Tel. 5237494, www.pizzeria-grado.at, geöffnet: Di.–So. 11–22 Uhr. Gemütlicher Italiener mit ordentlichen Pizzen, Pastavariationen und saisonalen Gerichten.

93 [G8] **Pizzeria Ischia** €, Mozartplatz 1, U1 Taubstummengasse, Tel. 5043280, geöffnet: Mo.–Fr. 11.30–14.30 und 17.30–23 Uhr. Der versteckte Italiener auf der Wieden (4. Bezirk) wirkt eher unscheinbar, die Pizzen und Pasta-Kreationen können sich aber sehen lassen – und das zu sehr annehmbaren Preisen.

94 [H6] **Ristorante Al Borgo** €€-€€€, An der Hülben 1, U3 Stubentor, Tel. 5128559, www.alborgo.at, geöffnet: Mo.–Fr. 11.30–15 und 18–23, Sa. 18–23 Uhr. Köstlichkeiten aus der italienischen Küche, stets frische Produkte und saisonale Gerichte haben das Al Borgo längst zu einer der beliebtesten kulinarischen Adressen im 1. Bezirk gemacht.

Osteuropäische und südosteuropäische Küche

95 [H4] **Am Nordpol 3** €-€€, Nordwestbahnstraße 17/Ecke Nordpolstraße, Straßenbahn 2 u. 5 Am Tabor, Tel. 3335854, www.amnordpol3.at, geöffnet: Mo.–Fr. 17–24, Sa., So. und feiertags 12–24 Uhr. Hier gibt es hinter dem Augarten deftige tschechische Hausmannskost, die beim studentischen Publikum aus der Umgebung sehr beliebt ist. Hübscher Gastraum und lauschiger Gastgarten.

96 [E6] **Konoba** €€, Lerchenfelder Straße 66–68, Straßenbahn 46 Strozzigasse, Tel. 9294111, www.konoba.at, geöffnet: Mo.–Sa. 17–23 Uhr. Hervorragendes kroatisches Fischrestaurant. Hier holt man sich die Adria an die Donau. Reservierung notwendig. Tipp: die Fischplatte.

97 [E5] **Zur Böhmischen Kuchl** €-€€, Schlösselgasse 18, Straßenbahnlinie 2 Rathaus, Tel. 4025731, www.zurboehmischenkuchl.at, geöffnet: Mo.–Sa. 11–15 und 17.30–23 Uhr. Deftige tschechische Spezialitäten gibt es hier in der Josefstadt (8. Bezirk). Klassiker: die altböhmischen Kartoffelpuffer.

Südamerikanische Küche

98 [G5] **Qero – Peruvian Cuisine & Bar** €€, Börsegasse 9/16, U2/U4 Schottenring, Tel. 5320395, www.qero-viena.at, geöffnet: Mo.–Sa. 11–24 Uhr. Peruanisches Lokal mit guten Steaks, landestypischen Spezialitäten und südamerikanischen Cocktails (Nationalgetränk Pisco!).

Britische Küche, Burger

99 [J8] **The Oak Irish Pub & Restaurant**, Rennweg 95, Straßenbahn 71 St.

Marx (Rennweg), Tel. 2955382, https://theoak1030.at, geöffnet: Mo.–Fr. 11–0.30, Sa. 15–24, So. 15–23 Uhr. Irischer Pub, der auch gute Küche bietet. Am Sonntag gibt es oft die 16 Stunden geschmorte Lammhaxe.

Französische Küche

100 [F5] **Café Francais** €-€€, Währinger Straße 6–8, U2 Schottentor, Tel. 3190903, www.cafefrancais.at, geöffnet: Mo.–Sa. 9–24 Uhr. Im quirligen Uni-Viertel neben der Votivkirche gelegen, bietet das Lokal sehr gute, authentisch französische Küche – von Quiche bis Coq au vin.

Wien und Wein – eine himmlische Beziehung

In Wien existiert neben der Kaffeehaus- auch eine einzigartige Weinkultur. Immerhin etwa halb so groß wie das Weinbaugebiet der Wachau in Niederösterreich sind die Wiener Rebenbestände: 700 Hektar Fläche werden von mehreren Hundert Weinhauern bewirtschaftet.

Keine andere Metropole auf der Welt kann eine derartige **Vielfalt und Menge an Wein innerhalb der eigenen Stadtgrenzen** aufweisen. Die Anbaugebiete sind an den Stadträndern; jedes hat seinen eigenen Charakter und seine eigene **Heurigenkultur:** Die Weindörfer Grinzing 63, Heiligenstadt, Nussdorf (s. S. 112), Sievering und Neustift am Walde im 19. Bezirk (Döbling), Stammersdorf, Jedlersdorf und Strebersdorf im 21. Bezirk (Floridsdorf) oder Mauer 69 und Rodaun im 23. Bezirk (Liesing). Selbst im 10. Bezirk (Favoriten) am Laaer Berg wird zwischen Gemeindebauten und Zentralfriedhof 72 Wein kultiviert. Die wichtigsten Weinberge sind der Nussberg unterhalb des Kahlenbergs 64 und der Bisamberg im 21. Bezirk an der Grenze zum Weinviertel.

In den vergangenen Jahren hat der **Wiener Wein ein regelrechtes Revival** erlebt: Etliche junge Winzer haben die Betriebe ihrer Eltern übernommen und sorgten mit Fleiß, Kreativität und Liebe zu ihrem Beruf dafür, dass der Wiener Rebensaft wieder zu den besten Weinen Österreichs aufschließen konnte. Man setzt sich auch leidenschaftlich dafür ein, dass die verbliebenen Weinberge erhalten und vor Verbauung verschont bleiben – zu viele Villen haben sich bereits in die alten Bestände eingenistet. Nirgendwo anders kann man die süffigen Tropfen authentischer genießen als bei den Heurigen vor Ort. Der Begriff Heuriger steht dabei sowohl für das Gasthaus als auch für den Wein selbst: Es handelt sich

016wi-se

⌃ *Authentischer Genuss: ein Glas Wein mitten in den Wiener Weinbergen*

dabei stets um den jungen Schankwein, der in der Regel als halber Liter und Liter zusammen mit Wasser serviert wird. Daneben stehen auch Flaschenweine ausgewählter Lagen auf der Weinkarte, die üblicherweise als Achterl bestellt werden. Neben klassischen frischen Weißweinen – die häufigste Rebsorte ist der **Grüne Veltliner** – haben sich in den vergangenen Jahren auch vollmundige Rotweine etabliert. Besonders in der warmen Jahreszeit wird der Schankwein gerne als **Spritzer** (Weinschorle) genossen.

Zu jedem Heurigen gehört das klassische **Heurigenbuffet**, an dem man selbst seine Mahlzeit zusammenstellen kann. Neben Aufstrichen, Pasteten, Grammelschmalz und Käse gibt es auch warme Speisen wie Surbraten, Kraut, Aufläufe oder Würstel. Bei vielen Heurigen kann man mittlerweile auch Gerichte à la carte bestellen.

Die echten Heurigen, die von den Winzern selbst betrieben werden, sind **Buschenschanken** und haben nicht das ganze Jahr geöffnet, sondern zu festgelegten Zeiten. Dann hängt vor dem Lokal ein Buschen aus Zweigen. Grund dafür ist einerseits die Tatsache, dass sich die Winzer nicht das ganze Jahr um die Gastronomie kümmern können, andererseits sind die Weinmengen auch begrenzt. Ausgeschenkt werden nämlich stets die eigenen Produkte. Verwandte Lokalitäten in Deutschland sind die Straußen- und Besenwirtschaften, die man unter anderem in Baden-Württemberg und der Pfalz vorfindet.

Daneben gibt es aber auch ganzjährig geöffnete Heurigenlokale und Stadtheurige in der Wiener Innenstadt. Die großen Touristenheurigen in Grinzing sollte man lieber den Busgruppen überlassen.

Fast alle Buschenschanken und Heurigenlokale verfügen über einen **Gastgarten (Schanigarten)**. Falls sich die Heurigen in den Weinbergen befinden, genießt man oft einen herrlichen Blick über Wien, der den Besuch nicht selten zu einem unvergesslichen Erlebnis macht.

Über die **Aussteckzeiten**, also die Öffnungszeiten des Heurigenlokals, informieren die örtlichen Weinbauvereine mittlerweile im Internet. Hier einige nützliche Adressen:

- **www.wienerwein.at** (unter Kalender, Ausg'steckt)
- **www.maurerheurigen.at**
- **www.weinbauverein-strebersdorf.at**
- **www.weinort-stammersdorf.at**
- **www.weinort-oberlaa.at**
- **www.wien-nussdorf.at/heurigede.htm**
- **www.neustift-am-walde.at**

Ausgewählte Heurige

Die nachfolgenden Heurigen sind nach den unterschiedlichen Wiener Weindörfern unterteilt. Um nicht vor verschlossenen Türen zu stehen, ist es empfehlenswert, sich im Internet über die **Aussteckzeiten** zu informieren.

Stadtheurige

101 [G6] **Esterházykeller,** Haarhof 1, Tel. 5333482, https://www.esterhazykeller.at, geöffnet: Mi.–Fr. 11–22 Uhr

102 [G6] **Zwölf-Apostelkeller,** Sonnenfelsgasse 3, Tel. 5126777, www.zwoelf-apostelkeller.at, www.facebook.com/12apostelkeller, geöffnet: tägl. 11–24 Uhr

Grinzing/Nussdorf/Sievering (19. Bezirk)

103 [S. 262] **Buschenschank Haslinger** €, Agnesgasse 3, Bus 39A bis Sievering, Tel. 4401347, www.buschenschank-haslinger.at,

017wi-se

geöffnet (wenn ausgesteckt): Di.–Fr. ab 14, Sa., So. und feiertags ab 11.30 Uhr. Authentischer Sieveringer Heuriger mit lauschigem Gastgarten und gutem Büfett. Geheimtipp!

104 Kierlinger €, Kahlenberger Straße 20, Straßenbahn D Nußdorf Beethovengang, Tel. 3702264, www.kierlinger.at, geöffnet: Aussteckzeiten beachten! Klassischer Heuriger mit guten Weinen und den klassischen Schmankerln am Buffet wie Kümmelbraten und Aufstriche.

105 [S. 262] **Mayer am Pfarrplatz** €-€€, Pfarrplatz 2, Bus 38A bis Fernsprechamt Heiligenstadt, Tel. 3701287, https://pfarrplatz.at, geöffnet: tägl 12–24 Uhr. Großer und renommierter Heuriger an geschichtsträchtigem Ort: Hier wohnte und zechte bereits der Komponist Ludwig van Beethoven (s. S. 167).

› **Obermann** (s. S. 110)

EXTRATIPP

Die Amtsstraße – ein unerwartetes Heurigenidyll

Der **21. Bezirk Floridsdorf** ist an und für sich nicht das klassische Ausflugsziel für Touristen – am ehesten wird noch der Heurigenort Stammersdorf mit seiner bekannten Kellergasse angesteuert. Hier ein weiterer Geheimtipp, der sonst nur von Anwohnern frequentiert wird: Die **Amtsstraße** in Großjedlersdorf ist ein echtes Idyll zwischen riesigen Betonburgen und der nicht sehr idyllischen Brünner Straße. Hier gibt es eine kleine Kirche, einige alte Häuser und neben dem Heurigen Christ (siehe rechts) noch weitere Heurige.

Stammersdorf/Jedlersdorf (21. Bezirk)

106 Christ €, Amtsstraße 10–14, U6 Floridsdorf, weiter mit Straßenbahn 30 oder 31 bis Station Großjedlersdorf (Brünner Straße), Tel. 2925152, www.weingut-christ.at, geöffnet: jeden ungeraden Monat Mo.–Fr. ab 15, Sa.,

Die Heurigenlokale sind berühmt für ihre deftigen Brotzeiten. Daneben gibt es aber auch warme Gerichte.

So. ab 12 Uhr. Gepflegter Heuriger in der hübschen Amtsstraße, die man in dieser mit modernen Wohnhäusern zubetonierten Gegend nicht vermuten würde. Es gibt einen großen schattigen Innenhof und eine gute Speisenauswahl. Die Weißweine (Veltliner, Gemischter Satz) vom Bisamberg gehören zu den besten Tropfen Wiens. Man kann Flaschen auch ab Hof erwerben.

107 **Wieninger** €-€€, Stammersdorfer Straße 78, Straßenbahn 31 bis Stammersdorf (Endhaltestelle), danach 10 Minuten Fußweg, Tel. 2924106, www.heuriger-wieninger.at, geöffnet: siehe Aussteckzeiten. Leo Wieninger hat sich den Ruf eines Wiener Spitzenwinzers erworben. Kredenzt werden Weine vom nahe gelegenen Bisamberg ebenso wie vom Nussberg im 19. Bezirk. Auch die Speisen können sich sehen lassen.

Mauer

Es empfiehlt sich, vor dem Heurigenbesuch die moderne **Wotrubakirche** 69 zu besichtigen oder einen Spaziergang in den Wienerwald zum Pappelteich einzuplanen.

108 **Edlmoser** €, Maurer-Lange-Gasse 123, U4 Hietzing, weiter mit Straßenbahn 60 bis Station Maurer-Lange-Gasse, Tel. 8898680, www.edlmoser.com, geöffnet: während der Aussteckzeiten Mo.–Fr. ab 16, Sa., So. und feiertags ab 14 Uhr. Auch ein absoluter Tipp für Liebhaber guter Weißweine. Der Heurige ist bei den Wienern schon etwas „in“, sodass es speziell an den Wochenenden voll werden kann. Reservierung empfehlenswert.

109 **Zahel** €, Maurer Hauptplatz 9, U4 Hietzing, weiter mit Straßenbahn 60 bis Station Maurer Hauptplatz, Tel. 8891318, www.zahel.at, geöffnet: während der Aussteckzeiten Mo.–Sa. 16–24 Uhr. Die lange Anreise bis in den äußersten Südwesten Wiens lohnt sich: Der urige Heurige in einem der ältesten Häuser von Mauer ist berühmt für seinen Wein und seine hervorragende Küche. Hier trifft man vor allem Einheimische.

☐ *Mischung aus Kaffeehaus und Kneipe: das Kaffee Alt Wien (s. S. 186)*

Zweites Wohnzimmer des Wieners: das Kaffeehaus

Wiener Kaffeehäuser sind legendär: Der Legende nach fand das schwarze Heißgetränk seit der Türkenbelagerung Wiens 1683 den Weg in die österreichische Lebensart. Heute spricht man die Gründung des ersten Wiener Kaffeehauses dem Armenier Johannes Theodat zu. Von Wien aus eroberte die Kaffeebohne das gesamte Kaiserreich. Neben traditionellen Kaffeehäusern haben sich auch moderne Cafés etabliert. Typische Kaffeevarianten sind der **Große und der Kleine Braune**, ein kräftiger Kaffee mit Milch, der Verlängerte, der vermutlich am ehesten der klassischen deutschen Tasse Kaffee entspricht, und die Melange, ein Kaffee mit viel Milchschaum. Italienische Kaffeespezialitäten wie der Cappuccino dürfen allein schon durch die Nähe zum Nachbarland nicht fehlen.

Doch die **traditionellen Wiener Kaffeehäuser** sind weit mehr als „lediglich“ Cafés im herkömmlichen Sinne: Sie sind Ausdruck Wiener Lebensart, kleine Biotope für Dichter, Denker und Lebenskünstler, Zeitlöcher in der modernen Großstadthektik und Rückzugsgebiete für Muße und innere Einkehr. Im Vergleich zu deutschen Cafés herrscht in Wiener Kaffeehäusern eine fast andächtig-feierliche Stimmung – mit einer steten, meditativ anmutenden Geräuschkulisse, da-

013wi-se

für ohne viel Geschrei und Musikbeschallung aus der Konserve. Hie und da gibt es noch einen Klavierspieler, ansonsten regieren die „Herrn Ober" ihre Kaffeehäuser – und einige alteingesessene Exemplare dieser Zunft sind manchmal nicht ganz unkompliziert und haben sich schon den einen oder anderen allzu ungeduldigen Gast zum Feind gemacht. Deshalb vier kurze Regeln, damit es auch mit dem Wiener Ober klappt: Immer höflich bleiben, immer die Ruhe bewahren, nicht unterwürfig bestellen und mit dem Trinkgeld nicht sparen. So wird auch der schwierigste Kaffeehaus-Kommandant lammfromm und zur Höflichkeit in Person. In den vergangenen Jahren sind mürrische Ober ohnedies seltener geworden.

Noch ein Rat: In „ihre" Kaffeehäuser gehen viele Wiener gerne alleine, um Zeitung zu lesen oder in sich zu gehen. Man sollte sie dabei nicht stören oder in ein Gespräch verwickeln – das Kaffeehaus ist als zweites Wohnzimmer ein **intimer und fast heiliger Ort.** Nicht wundern sollte man sich übrigens darüber, dass gerade die traditionsreichsten Betriebe etwas verstaubt und heruntergekommen wirken. Genau diesen anachronistischen Charme wollen die Stammgäste nicht missen.

Daneben existieren natürlich moderne Cafés und die unvermeidlichen internationalen Ketten wie Starbucks haben längst Einzug gehalten. Eine Besonderheit stellen die Filialen der **Konditoreikette Aida** dar: Waren sie in der Nachkriegszeit noch topmodern, so haben sie sich mittlerweile auch schon zu echten Oldtimern entwickelt – gemeinsam mit ihrem Stammpublikum. In den Selbstbedienungs-Cafés dominiert die Farbe rosa: von der Fassadengestaltung über die Kuchenglasuren bis hin zu den Socken der uniformierten weiblichen Bedienungen.

Traditionelle Kaffeehäuser

110 [H7] **Café am Heumarkt,** Am Heumarkt 15, U4 Stadtpark, Tel. 7126581, geöffnet: Mo.–Fr. 10–22 Uhr. Hier scheint die Zeit stehen geblieben zu sein. Der Kaffeehaussaal mit Billardtisch wirkt wie eine Filmkulisse – etwas angestaubt, skurril und altwienerisch. Ordentliche Küche.

111 [G7] **Café Bel Étage,** Kärntner Str. 38, Tel. 514561053, www.sacher.com/de/restaurants/cafe-bel-etage, geöffnet: tägl. 10–22 Uhr. Filiale des Café Sacher (s. rechts), praktischerweise direkt nebenan.

112 [G6] **Café Bräunerhof,** Stallburggasse 2, Tel. 5123893, geöffnet: Mo.–Fr. 8–19, Sa. 8–18, So. 10–18 Uhr. Wiener Kaffeehausklassiker, der einst als zweites Wohnzimmer des Schriftstellers Thomas Bernhard diente. Einfach einen großen Braunen bestellen und die Atmosphäre genießen! Manchmal auch Klaviermusik.

113 [F6] **Café Central,** Herrengasse 14, U3 Herrengasse, Tel. 533376324, www.cafecentral.wien, geöffnet: Mo.–Sa. 8–22, So. und feiertags 10–22 Uhr, Klaviermusik ab 17 Uhr. Das Central im Palais Ferstel ist eine Institution. Mit etwas Fantasie kann man sich in der ehemaligen Schalterhalle mit seinen Säulen Hugo von Hofmannsthal, Adolf Loos, Alfred Polgar oder Egon Friedell als Tischnachbarn herbeiträumen. Auch der russische Revolutionär Leo Trotzki war Stammgast. Sehr touristisch, oft lange Schlange.

114 [G6] **Cafe Korb,** Brandstätte 9, U1/U3 Stephansplatz, Tel. 5337215, www.cafekorb.at, geöffnet: Mo.–Sa. 8–24 Uhr. Sehr angenehmes Künstlercafé mitten in der Innenstadt, das nicht von Touristen überlaufen ist. Hier kann man auch gut essen.

115 [F6] **Café Landtmann,** Universitätsring 4, U2 Schottentor, Tel. 24100120, www.landtmann.at, geöffnet: tägl. 7.30–22 Uhr. Das legendäre Ringstraßen-Café beim Burgtheater beherbergte Berühmtheiten wie Peter Altenberg, Sigmund Freud, Gustav Mahler, Max Reinhardt, Marlene Dietrich und Romy Schneider. Eher hochpreisig.

116 [G6] **Café Leopold Hawelka,** Dorotheergasse 6, U1/U3 Stephansplatz, Tel. 5128230, www.hawelka.at, geöffnet: Mo.–Do. 9–24, Fr., Sa. 9–1, So. 10–20 Uhr. Das Hawelka war in den 1970er-Jahren *das* Künstlercafé der Stadt. Auch wenn Leopold Hawelka und seine Frau Josefine mittlerweile beide verstorben sind und Touristen aus aller Welt Künstler wie Wolfgang Ambros, Georg Danzer & Co. längst als Gäste abgelöst haben, spürt man zu bestimmten Stunden immer noch den Geist der alten Zeit.

117 [H6] **Café Prückel,** Stubenring 24 (Luegerplatz), Tel. 5126115, www.prueckel.at, geöffnet: tägl. 8.30–22 Uhr (außer 24.–26.12.). Das denkmalgeschützte Ringstraßen-Kaffeehaus mit Interieur der 1950er-Jahre ist von außen wie von innen ein Augenschmaus. Trotz touristischer Innenstadtlage nippt man seinen Kaffee großteils zusammen mit Wiener Stammgästen – vom Studentenpärchen bis zum pensionierten Hofrat.

118 [E8] **Cafe Rüdigerhof,** Hamburgerstraße 20, U4 Kettenbrückengasse, Tel. 5863138, geöffnet: tägl. 11–2 Uhr. Gemütliches Kaffeehaus mit bunt gemischtem Publikum im Rüdigerhof, einem herrlichen Jugendstilhaus am Wienfluss.

119 [G7] **Café Sacher,** Philharmonikerstraße 4, U1/U4 Karlsplatz, Tel. 514561053, www.sacher.com, geöffnet: tägl. 8–22 Uhr. Man sollte wenigstens einmal im Leben im Sacher die berühmteste Torte der Welt kosten. Freilich zahlt man hier etwas mehr als in anderen Cafés, doch allein die hübschen nostalgischen Kleider der Bedienungen sind den Mehrpreis wert. Wem die Schlange vor dem Café zu lang ist: Im Café Bel Étage (s. S. 184) nebenan findet man leichter einen Platz.

120 [D8] **Café Westend,** Mariahilfer Straße 128, U6 Westbahnhof, http://cafe-westend.at, geöffnet: tägl. 8.30–24 Uhr. Wer mit der Eisenbahn am Westbahnhof ankommt, kann im gegenüber gelegenen Westend bereits echte Wiener Kaffeehausatmosphäre schnuppern. In dem über hundert Jahre alten Traditionscafé trifft man eine illustre Mischung aus Studenten, Reisenden und Anwohnern und kann an den Fensterplätzen den Trubel des Gürtels beobachten.

Smoker's Guide

2019 trat ein umfassendes generelles Rauchverbot auch für Gastronomiebetriebe in Kraft. Seither darf öffentlich nur noch im Freien geraucht werden. Lediglich in als Raucherraum eingerichteten Nebenräumen von Hotels darf noch gequalmt werden, sofern dort keine Speisen und Getränke konsumiert werden.

Zigaretten bzw. ***Tschicks*** *– wie man in Österreich gerne sagt – gibt es in Österreich nicht an jeder Ecke in Zigarettenautomaten zu erwerben. Verkauft werden Tabakprodukte in sogenannten* ***Trafiken,*** *staatlich monopolisierten kleinen Geschäften, die daneben auch Zeitschriften und Kleinigkeiten verkaufen. Traditionell war und ist die Trafik auch ein Wiener Kommunikationsraum, in dem man sich über Neuigkeiten in der Nachbarschaft austauscht. Falls die Tabakvorräte des Nächtens ausgehen: Oft verkaufen auch Restaurants und Bars Zigaretten.*

Wien am Abend

Noch Anfang der 1970er-Jahren konnte man die Lokale, die nach Mitternacht noch auf hatten, an einer Hand abzählen. Mit der österreichischen Bundeshymne zum ORF-Sendeschluss wurden auch die Gehsteige in Wien hochgeklappt. In den späten 1970er- und 1980er-Jahren entstand nach und nach eine bunte und ausgeflippte Szene und das Angebot an Kneipen und Discos konnte langsam zu anderen europäischen Großstädten aufschließen. Spätestens seit den 1990er-Jahren gibt es in Wien ein **abwechslungsreiches Nachtleben**, das keine Wünsche offen lässt.

Egal ob man in einem gemütlichen Pub versumpfen möchte oder lieber das Tanzbein schwingt – auch unter der Woche kann man sich in Wien die Nacht um die Ohren schlagen. Allerdings ist nicht in allen Bezirken gleich viel los: Das Nachtleben spielt sich vorwiegend im inneren Stadtbereich ab. Im **1. Bezirk** liegen die Schwerpunkte im sogenannten Bermudadreieck am Schwedenplatz 16 und im Bereich von Schönlaterngasse [H6] und den Seitenstraßen der Kärntner Straße 19. Im **2. Bezirk (Leopoldstadt)** gibt es einige Kneipen und Clubs zwischen Taborstraße [H5] und Prater 56. Einen weiteren Hotspot im Wiener Nachtleben stellt der **6. Bezirk (Mariahilf)** zwischen Gumpendorfer Straße [F7] und Mariahilfer Straße 47 dar. Etwas weiter nordwestlich spielt sich schließlich noch einiges im Bereich der **Stadtbahnbögen am Gürtel** ab. Der Schwerpunkt liegt zwischen der U6 Station Thaliastraße [D6] und der Station Josefstädter Straße [D6]. In vielen Lokalen wird nur Barzahlung akzeptiert.

⌃ *Nachts spiegelt sich die Skyline der Donau City 74 im Wasser*

Nachtleben

Kneipen und Bars

121 [G6] **Eden Bar,** Liliengasse 2, U1/U3 Stephansplatz, Tel. 5127450, www.edenbar.at, geöffnet: Mi.–Fr. 17–4, Sa. 20–4 Uhr. Schon ein Blick in die Schaukästen vor der über 100 Jahre alten Eden Bar zeigt: Hier ging das Who is who der Wiener Gesellschaft ein und aus. Noch heute ist die Bar ein ebenso exklusiver wie kostspieliger Ort. Angemessene Kleidung und Krawatte sind Pflicht.

122 [D6] **Grande – die Cocktailbar,** Josefstädter Str. 56, Tel. 0676 3619760, http://grandebar.at, geöffnet: Mo.–Do. 17–1, Fr., Sa. 17–3 Uhr. Gepflegte und geräumige Cocktailbar in der Josefstadt. Die Barkeeper verstehen ihr Handwerk und es herrscht eine entspannte Stimmung. Kein Dresscode.

123 [G6] **Gutruf,** Milchgasse 1, U1/U3 Stephansplatz, Tel. 5339562, geöffnet: Mo.–Sa. 10–23 Uhr. Das winzige Gutruf ist wahrlich ein geschichtsträchtiger und legendärer Ort hinter der Peterskirche 11. Hier trafen sich Helmut Qualtinger und sein Freundeskreis aus der Kunst- und Kulturszene regelmäßig. Hier trinken ältere Wiener noch immer ihr Achterl. Es gibt jeden Tag ein paar Gerichte; es kocht der chinesische Wirt. Speziell und besonders!

124 [F7] **If Dogs Run Free,** Gumpendorfer Straße 10, Bus 57A Getreidemarkt, Tel. 9132132, www.ifdogsrunfree.com, geöffnet: Mo.–Fr. 18–24, Sa. 18–1 Uhr. Manhattan in Mariahilf: angesagte Cocktail-Bar mit einzigartiger Deckenkonstruktion und einer behaarten mumienartigen Figur am Toilettenabgang. Wer ausgefallene Cocktails liebt, sollte den raffinierten Last Word aus den 1920er-Jahren probieren. Er ist sein Geld wert.

125 [G6] **Kaffee Alt Wien,** Bäckerstraße 9, U1/U3 Stephansplatz, Tel. 5125222, www.facebook.com/KaffeeAltWien, geöffnet: So.–Mi. 8–24, Do. 8–1, Fr., Sa. 8–2 Uhr. Das traditionelle Kaffeehaus hat sich im Laufe der Jahre eher zu einer bei Studenten und Nachtschwärmern angesagten Mischung aus Café und Kneipe entwickelt.

126 [G6] **Kleines Cafe,** Franziskanerplatz 3, U1/U3 Stephansplatz, geöffnet: tägl.

10–2 Uhr. Mehr Kneipe als Café, entworfen in den 1970er-Jahren vom Architekten Hermann Czech mit Spiegeln und Ledergarnituren, geleitet vom Schauspieler Hanno Pöschl. Nettes Kultlokal!

127 [G6] **Loos American Bar,** Kärntner Durchgang 10, U1/U3 Stephansplatz, Tel. 5123283, www.loosbar.at, geöffnet: tägl. 12–4 Uhr. Das von Adolf Loos entworfene Architekturjuwel ist ein Klassiker im Herzen Wiens. Sehr klein, oft sehr voll, nicht günstig, aber mit Stil.

128 [H5] **Tachles,** Karmeliterplatz 1, Tel. 2120358, www.cafe-tachles.at, geöffnet: Mo.–Do. 16–24, Fr., Sa. 16–1 Uhr. Gemütliches und beliebtes Lokal im Herzen der Leopoldstadt mit guter Bierauswahl, Musikkeller, freundlichem Service. Hier kann man auch hervorragend essen – berühmt ist das Tachles für seine polnischen Piroggen.

129 [G6] **Weinorgel,** Bäckerstraße 2, U1/U3 Stephansplatz, Tel. 5131227, www.weinorgel.at, geöffnet: Mo.–Do. 16–2, Fr., Sa. 16–3, So. 16–24 Uhr. Kleine Altstadt-Weinbar, in der man sein Achterl vorwiegend im Stehen trinkt. Zu späterer Stunde wird es voll, kommunikativ und buchstäblich weinselig. Stündliches Highlight: das Erklingen der historischen Weinorgel. Zum Wein werden Massen an Erdnüssen geknackt.

130 [H6] **Wunderbar,** Schönlaterngasse 8, U1/U4 Schwedenplatz, Tel. 5127989, geöffnet: tägl. 17–2 Uhr. Diese kleine Kneipe ohne Lokalschild wird vor allem von jungem, studentischem Publikum bevölkert. Bei tschechischem Bier und Wein zu moderaten Preisen versumpft man entweder an der Bar oder auf den gemütlichen Ledersofas.

Clubs und Diskotheken

131 [G7] **Club U im Otto-Wagner-Pavillon,** Karlsplatz/Künstlerhauspassage, U2/U4 Karlsplatz, Tel. 5059904, www.club-u.at, geöffnet: Mi.–Sa. 21–4 Uhr. Kleiner, angesagter Club mit wechselnden DJ-Sets: von Avantgarde-Pop über Electro bis Hip-Hop.

132 [C9] **Diskothek U4,** Schönbrunner Straße 222, U4 Meidlinger Hauptstraße, Tel. 8171192, www.u-4.at, geöffnet: Di.–Sa. 22–6 Uhr. In den 1980er-Jahren war das U4 der angesagte Szenetreff in Wien – insbesondere aufgrund seines prominentesten Stammgastes: Falco. Noch heute ist an den Wochenenden ein Hauch der guten alten Zeit zu spüren. Rock, Pop und unterschiedliche Mottopartys wechseln sich ab.

133 [I5] **Fluc und Fluc Wanne,** Praterstern 5, U1 Praterstern, www.fluc.at, Öffnungszeiten siehe Website. Angesagter Szenetreff – speziell in Sachen Electro-Sound – am Praterstern mit Konzerten und DJs im kostenlosen oberirdischen Bereich und in der unterirdischen Wanne mit Eintritt.

134 [F3] **Grelle Forelle,** Spittelauer Lände 12, U4, U6 Spittelau, www.grelleforelle.com, geöffnet: Fr., Sa. 23–6 Uhr, bei Konzerten früher. Über Wien hinaus bekannter House-, Electro-, Techno- und Hip-Hop-Club mit zwei Tanzflächen, in dem sich Szenegrößen aus aller Welt bei DJ-Sets und Konzerten ein Stelldichein geben.

135 [E7] **Tanzcafé Jenseits,** Nelkengasse 2, U3 Neubaugasse, Tel. 5871233, geöffnet: Di.–Sa. 21–4 Uhr. Früher war dieser schräge Laden ein Animierlokal, was man noch heute an der plüschig-verruchten Einrichtung erkennen kann. Am Wochenende wird es hier sehr eng, voll und fröhlich – neue Kontakte sind nicht ausgeschlossen.

136 [F6] **Volksgarten,** Burgring, U3 Volkstheater, Tel. 5324241, http://volksgarten.at, geöffnet: Do.–Sa. 22–6 Uhr. Seit vielen Jahren eine der angesagtesten Tanzadressen Wiens. Während man am Wochenende jüngeres Publikum antrifft, tanzen und flirten am Donnerstag die älteren Semester.

020wi-se

Theater und Konzerte

Wien ist *die* europäische **Musik- und Theaterstadt.** Hier wirkten Beethoven und Mozart, Schubert und Strauss. Hier gibt es nicht nur **drei renommierte Opernhäuser** – allen voran die weltberühmte **Wiener Staatsoper** (32), hier wirken auch etliche der berühmtesten Schauspieler im deutschsprachigen Raum. Egal ob **Burgtheater** (42), **Volkstheater oder Theater in der Josefstadt** – jede der Bühnen lässt die Herzen von Theaterliebhabern höherschlagen. Daneben hat sich Wien in den vergangenen Jahrzehnten auch zu einem wichtigen **Musical-Standort** entwickelt – Raimund Theater und Ronacher ziehen jedes Jahr Massen von Besuchern an.

Warum nicht mal ins **Kabarett?** Die österreichische Kabarettszene ist seit jeher eine der Hochburgen im deutschsprachigen Raum. Man denke nur an so klingende Namen wie Helmut Qualtinger (s. S. 218) oder Josef Hader, der sich in den vergangesnen zwei Jahrzehnten auch in Deutschland und der Schweiz ein großes Stammpublikum erobert hat. Zu den Großmeistern der Szene gehören auch Lukas Resetarits, Michael Niavarani oder Roland Düringer. Es wachsen auch junge Talente nach und irgendwo ist in Wien jeden Abend Kabarett zu genießen.

Auch **Cineasten** werden in Wien auf ihre Kosten kommen: Neben den üblichen Hollywood-Palästen gibt es etliche Programmkinos, die regelmäßig Filmjuwelen auf die Leinwand zaubern.

Oper, Operette, Musical, klassische Konzerte

137 [H7] **Konzerthaus,** Lothringerstraße 20, U4 Stadtpark, Tel. 242002, www.konzerthaus.at. Mit dem Konzerthaus und dem Musikverein ist es ein bisschen wie zwischen zwei Fußballmannschaften in derselben Stadt. Beide haben ihre treue Anhängerschaft. Zweifellos ist auch das Konzerthaus – ein prächtiger Jugendstilbau nahe dem Stadtpark – ein Hort höchster klassischer Konzertgenüsse. Hier spielen die Wiener Symphoniker.

138 [G7] **Musikverein,** Musikvereinsplatz, U1/U4 Karlsplatz, Tel. 5058190, www.musikverein.at. Wenn Wien die musikalische Welthauptstadt ist, ist der Große (Goldene) Musikvereinssaal der Thronsaal dieser Hauptstadt. Seine Akustik ist einzigartig, die Darbietungen sind hochkarätig. Hier findet auch das jährliche Neujahrskonzert der Wiener Philharmoniker statt.

139 [D8] **Raimund Theater,** Wallgasse 18–20, U6 Gumpendorfer Straße, Tickets: Tel. 58885111, www.musicalvienna.at/de/die-theater/raimund-theater. Hier im 6. Bezirk schlagen die Herzen von Musical-Fans höher. Kassenschlager wie „Die Schöne und das Biest", „Tanz der Vampire" und „Elisabeth" kamen hier zur Aufführung. Erfolgreiche Stücke werden in der Regel mehrere Monate lang aufgeführt, manche sogar mehrere Jahre. Ab 2024 läuft hier der Klassiker „Das Phantom der Oper".

140 [G6] **Ronacher,** Seilerstätte 9, U3 Stubentor, Tickets: Tel. 58885111, www.musicalvienna.at/de/die-theater/ronacher. Wiens zweiter Musical-Palast – zentral in der Inneren Stadt gelegen. Ab Herbst 2023 auf dem Spielplan: „Rock me Amadeus – das Falco Musical".

141 [F7] **Theater an der Wien,** Linke Wienzeile 6, U1/U4 Karlsplatz, Tickets: Tel. 58885111, www.theater-wien.at. Mit dem Zusatz „das Opernhaus" schmückt sich die traditionsreiche Einrichtung, seit sie wieder als klassisches Musiktheater bespielt wird. Kein geringerer als Emanuel Schikaneder, Librettist der „Zauberflöte", ließ das Haus 1801 im Geiste Mozarts erbauen.

Heimstätte für hochkarätige Klassik: das Gebäude des Wiener Musikvereins

142 [E4] **Volksoper,** Währinger Straße 78, U6 Währinger Straße/Volksoper, Info: Tel. 514443670, Tickets: Tel. 5131513, www.volksoper.at. In Wiens zweitgrößtem Opernhaus kommen vor allem Freunde der „etwas leichteren" Muse – der Operette und des Musicals – auf ihre Kosten.

32 [G7] **Wiener Staatsoper.** Das Haus an der Ringstraße zählt zu den bedeutendsten Opernhäusern der Welt. Für einzelne Aufführungen erhält man mit etwas Glück auch noch kurzfristig Karten (s. S. 65).

Theater

42 [F6] **Burgtheater.** Was die Staatsoper für das Musiktheater, ist die Burg für das Sprechtheater: eine der edelsten Adressen in Sachen „Bretter, die die Welt bedeuten" (s. S. 77). Zugehörig ist das:

143 [H7] **Akademietheater,** Lisztstraße 1, U4 Stadtpark, Tel. 514444145, www.burgtheater.at/akademietheater. Die zweite Spielstätte des Wiener Burgtheaters, in der hauptsächlich zeitgenössische Werke inszeniert werden.

144 [J8] **Rabenhof Theater,** Rabengasse 3, U3 Kardinal-Nagl-Platz, Tel. 7128282, www.rabenhoftheater.com. Das in einem Gemeindebau aus dem Jahr 1927 im 3. Bezirk beheimatete Theater war einst ein Kino und strahlt bis heute ein Stück proletarisches Selbstbewusstsein des Roten Wiens aus. Kein Wunder, dass hier der jährliche Protestsongcontest stattfindet.

145 [E6] **Theater in der Josefstadt,** Josefstädter Straße 26, Straßenbahn 2 Lederergasse, Tel. Karten: 42700300, www.josefstadt.org. Das altehrwürdige Theater stammt aus dem 18. Jahrhundert, ist damit Wiens älteste bespielte Bühne und mit seinen bekannten Schauspielern eine feste Größe im Wiener

157wi ©Roman Babakin, stock.adobe.com

Kulturleben. Hier werden gerne österreichische Klassiker gegeben.

146 [F6] **Volkstheater,** Arthur-Schnitzler-Platz 1, U3 Volkstheater, Tickets: Tel. 52111400, www.volkstheater.at. Das repräsentative, nahe dem MuseumsQuartier 36 gelegene Theater brauchte sich in seiner langen Geschichte nicht vor dem Burgtheater 42 zu verstecken – weder was die schauspielerischen Leistungen noch was die hochrangige Intendantenriege betrifft. In den vergangenen Jahren hatte das Theater mit Zuschauerschwund zu kämpfen. Die Inszenierungen sind eher progressiv und nicht jedermanns Fall.

Kabarett und Kleinkunst

147 [H6] **Kabarett Simpl,** Wollzeile 36, U3 Stubentor, Tel. 5124742, www.simpl.at. Die älteste Kabarettbühne Österreichs bietet selbst erarbeitete Programme.

148 [B5] **Kulisse,** Rosensteingasse 39, Straßenbahnen 9 und 44 Mayssengasse, Tel. 4853870, www.kulisse.at. In dem kleinen Hernalser Vorstadtgasthaus mit Kleinkunstbühne geben sich Österreichs bedeutendste Kabarettisten die Klinke in die Hand.

149 [E7] **Stadtsaal,** Mariahilfer Straße 81, U3 Neubaugasse, Tel. 9092244, www.stadtsaal.com. Eine Kleinkunstbühne, die auch jungen aufstrebenden Kabarettisten ein Forum bieten soll.

Pop, Rock, Jazz und Schlager

150 [K9] **Arena,** Baumgasse 80, U3 Gasometer, Tel. 7988595, http://arena.wien. Die Arena sollte in den 1970er-Jahren abgerissen werden und war hart umkämpft. Schließlich einigte man sich auf einen Kompromiss. Noch heute herrschen hier eher raue Klänge vor – von Punk über Metal bis hin zu HipHop. Im Sommer auch Freiluftkino.

151 [G8] **ORF RadioKulturhaus,** Argentinierstraße 30a, U1 Taubstummengasse, Tel. 50170377, radiokulturhaus.orf.at. Im altehrwürdigen ORF-Funkhaus stehen regelmäßig unterschiedliche Veranstaltungen auf dem Programm – darunter auch jede Menge interessante Konzerte.

152 [H6] **Porgy & Bess,** Riemergasse 11, U3 Stubentor, Tel. 5128811, www.porgy.at. Jazz- und Musikclub, der neben klassischen Jazzkonzerten ein breites musikalisches Spektrum bietet – von experimentellen Klängen bis hin zu Weltmusik.

153 [C7] **Wiener Stadthalle,** Roland-Rainer-Platz 1, U6 Burggasse-Stadthalle, Tickets: Tel. 7999979, www.stadthalle.com. Über 300 Veranstaltungen pro Jahr werden von rund 1 Million Gästen aus dem In- und Ausland besucht. Die große Halle wurde 1958 fertiggestellt und ist Österreichs größte Veranstaltungshalle. Hier treten internationale und nationale Stars auf. Daneben gibt es große Show-Events und Musicals.

Nach dem Burgtheater Wiens zweites Haus: das Volkstheater

154 [E4] **WUK,** Währinger Straße 39, U6 Währinger Straße/Volksoper, Tel. 401210, www.wuk.at. Alternatives Kulturzentrum mit einem breiten Angebot an Konzerten und anderen kulturellen Veranstaltungen.

Kinos

155 [A7] **Breitenseer Lichtspiele,** Breitenseer Straße 21, U3 Hütteldorfer Straße, Tel. 9822173, https://breitenseer-lichtspiele.at., www.bsl-wien.at. Laut Eigenwerbung ist dieses Lichtspielhaus das „älteste dauernd bespielte Kino der Welt“. Auf jeden Fall ist es herrlich altmodisch und wird liebevoll als Familienbetrieb geführt. Hier werden immer wieder verschollene Filmperlen neu zum Leben erweckt.

156 [H2] **Cineplexx Millenium City,** Wehlistraße 66, U6 Handelskai, Tel. 33760, www.cineplexx.at/center/cineplexx-millennium-city. Das modernste Megaplex verfügt über 21 Säle und 3524 Sitzplätze sowie die größte Leinwand der Alpenrepublik und befindet sich im Millennium Tower am Brigittenauer Donauufer.

157 [H6] **Gartenbaukino,** Parkring 12, U3 Stubentor, Tel. 5122354, www.gartenbaukino.at. Kein Insider-Treff für Schrebergärtner; vielmehr ist das Gartenbaukino das wohl bedeutendste Premierenkino und eines der letzten betriebenen Einsaalkinos Wiens.

158 **Hollywood Megaplex im Gasometer,** Guglgasse 11, U3 Gasometer, Tel. 74033, www.megaplex.at. Der Name sagt alles: Hier laufen dieselben Blockbuster wie überall. Aber immerhin laufen sie in einem der renovierten Gasometer 70 – einem Industriedenkmal Simmerings.

159 [G6] **Metro Kinokulturhaus,** Johannesgasse 4, U1/U3 Stephansplatz, Tel. 5121803, www.filmarchiv.at. Schönes, zentral gelegenes Programmkino. Hochkarätige Filme und Retrospektiven.

Wien zum Stöbern und Shoppen

Die wichtigsten Einkaufsviertel und Shoppingmeilen

- **Mariahilfer Straße** 47: Der Bereich zwischen Westbahnhof und Museumsquartier ist Wiens längste Shoppingmeile. Allzu viel typisch Wienerisches wird man hier jedoch nicht finden – dafür jede Menge internationale Ketten und große Kaufhäuser. In den Seitengassen des 6. und 7. Bezirks sind jedoch auch kleine Geschäfte anzutreffen, insbesondere in der pulsierenden Neubaugasse.
- **Kärntner Straße** 19: Die belebte Fußgängerzone zwischen Oper und Stephansplatz wird ebenfalls von global agierenden Labels und Souvenirläden dominiert.
- **Graben** 3, **Kohlmarkt** [G6], **Tuchlauben** [G6]: In diesem Bereich liegen Wiens exklusive Boutiquen in Sachen Mode und Schmuck und es existieren auch etliche typisch wienerische Traditionsunternehmen und ehemalige k.u.k. Hoflieferanten.

EXTRATIPP

Luxusshops am Kohlmarkt

Am Kohlmarkt, der Verbindung zwischen Michaelerplatz und Graben sowie seiner Verlängerung in den Tuchlauben, reiht sich eine Luxus-Boutique an die nächste. Und wer nichts kaufen will: Schauen kostet bekanntlich nichts. Hier einige angesagte Labels und Adressen: Dior (Kohlmarkt 6), Chanel (Tuchlauben 1), Gucci (Kohlmarkt 5), Burberry (Kohlmarkt 2), Massimo Dutti (Kohlmarkt 9), Cartier (Kohlmarkt 1), Louis Vuitton (Graben 20), Jimmy Choo (Tuchlauben 4), Miu Miu (Tuchlauben 7), Michael Kors (Tuchlauben 8).

› **Servitenviertel** 46: Speziell in der hübschen Servitengasse im 9. Bezirk (Alsergrund) findet man noch einige Alt-Wiener Geschäfte mit historischen Geschäftsschildern.

Antiquitäten und Kunsthandwerk

160 [G6] **Augarten Flagshipstore,** Spiegelgasse 3, U1/U3 Stephansplatz, Tel. 5121494, www.augarten.at, geöffnet: Mo.–Sa. 10–18 Uhr. Die Wiener Porzellanmanufaktur Augarten (s. S. 104) betreibt in der Innenstadt ein Geschäft mit aktuellen Kollektionen. Eine riesige Auswahl findet man natürlich auch im Shop der Manufaktur selbst.

161 [G6] **Kirsch Antiquitäten,** Plankengasse 4, U1/U3 Stephansplatz, Tel. 5124809, www.antik-wien.at, geöffnet: Mo.–Fr. 10.30–18, Sa. 10.30–16 Uhr, Juli/August Sa. geschlossen. Hübsches Antiquitätengeschäft, das sich dem Restaurierungshandwerk nach überlieferter Technik verschrieben hat.

162 [G6] **Palais Dorotheum,** U1/U3 Stephansplatz, Dorotheergasse 17, Tel. 515600, www.dorotheum.com, geöffnet: Mo.–Sa. 10–17 Uhr. Das bekannte österreichische Auktionshaus ist spezialisiert auf Schmuck, Antiquitäten, historische Möbel und alles, was alt und wertvoll ist. Neben den Auktionen gibt es auch Exponate, die auf konventionelle Weise erworben werden können. Allein das Anschauen der Kostbarkeiten lohnt den Besuch.

Bücher

163 [G6] **Buchhandlung Frick,** Graben 27, U1/U3 Stephansplatz, Tel. 53399140, www.buchhandlung-frick.at, geöffnet: Mo.–Fr. 9–18, Sa. 10–18 Uhr. Traditionsbuchhandlung (seit 1875) im Herzen Wiens.

164 [G6] **Morawa,** Wollzeile 11, U1/U3 Stephansplatz, Tel. 5137513450, www.morawa.com, geöffnet: Mo.–Fr. 9–18.30, Sa. 9–18 Uhr. Große Buchhandlung in der Inneren Stadt. Neben Büchern gibt es auch eine

Der traditionsreiche Herrenausstatter Knize (s. S. 195)

010wi-se

große Auswahl an DVDs und Blu-Rays mit österreichischen Filmklassikern (Standard Edition, siehe auch S. 232) und Höhepunkten des österreichischen Kabaretts.

165 [F7] **Phil,** Gumpendorfer Straße 10–12, U2 Museumsquartier, Tel. 5810489, http://phil.business.site, geöffnet: Mo. 15–24, Di.–Do., So. 9–24, Fr., Sa. 9–1 Uhr. Buchhandlung und Café in einem. Man fühlt sich wie in einem gemütlichen Wohnzimmer und kann neben Büchern auch CDs und sogar Möbel erwerben.

Delikatessen und Süßigkeiten

166 [G6] **Altmann & Kühne,** Graben 30, U1/U3 Stephansplatz, Tel. 5330927, https://shop.altmann-kuehne.at, geöffnet: Mo.–Fr. 9–18.30, Sa. 10–17 Uhr. Bereits seit 1928 werden hier Pralinen verkauft. Die Spezialität des Hauses ist das handgefertigte Liliputkonfekt. Es wird in hübschen Schatullen verpackt und gilt als „kleinste Verführung Wiens“. Liliputpreise gibt es hier am feinen Graben allerdings nicht.

167 [G6] **Julius Meinl am Graben,** Graben 19, U1/U3 Stephansplatz, Tel. 5323334, www.meinlamgraben.eu, geöffnet: Mo.–Fr. 8–19.30, Sa. 9–18 Uhr. Auf zwei Etagen bietet das Traditionshaus Kulinarisches aus aller Herren Länder. Besonders bekannt ist das Feinkostgeschäft für seine Kaffeespezialitäten. Das umfangreiche Delikatessensortiment umfasst Tausende Köstlichkeiten, darunter edle Tropfen, französische Feinkost und Kaviar. Insbesondere auch österreichischen Delikatessen hat man sich verschrieben.

168 [G6] **Manner-Shop,** Stephansplatz, U1/U3 Stephansplatz 7/Ecke Rotenturmstraße, Tel. 5137018, www.manner.com, geöffnet: tägl. 10–21 Uhr. Die berühmten Nougat-Waffeln in ihrer rosaroten Verpackung haben von Wien aus längst die Welt erobert. Im Flagshipstore gegenüber vom Stephansdom erhält man jeden Morgen frische Manner-Schnitten aus der aktuellen Produktion, daneben süße Mitbringsel. Apropos Stephansdom: Der Süßwarenhersteller ist die einzige Marke, die den „Steffl“ auf ihrer Verpackung abbilden darf. Im Gegenzug finanziert sie seit Jahren das Gehalt eines am Dom tätigen Steinmetzen.

169 [F7] **Urbanek am Naschmarkt,** Naschmarkt 46, Tel. 5872080, geöffnet: Mo. 10–18.30, Di.–Do. 9–18.30, Fr. 8–18.30, Sa. 7.30–18.30 Uhr. Traditionsreiches Delikatessengeschäft, bei dem einem allein schon beim Blick ins Schaufenster das Wasser im Mund zusammenläuft. Große Auswahl an Schinken- und Käsesorten. Vielleicht das beste Roastbeef Wiens! Draußen laden ein paar Tische zur Brotzeit ein.

Shoppingareale

Die wichtigsten Shoppingbereiche der Stadt sind im Kartenmaterial mit einer rötlichen Fläche markiert.

Kaufhäuser

170 [E7] **Gerngross,** Mariahilfer Straße 42–48, U3 Neubaugasse, Tel. 521800, www.gerngross.at, geöffnet: Mo.–Mi. 9.30–19, Do., Fr. bis 20, Sa. bis 18 Uhr, Öffnungszeiten der Gastronomiebetriebe weichen ab. Auf fünf Ebenen bietet der Kaufhausgigant in der Mariahilfer Straße alles, was man braucht: von Mode über Elektroartikel bis hin zu einem facettenreichen Gastro-Angebot von österreichisch bis asiatisch.

171 [G6] **Steffl,** Kärntner Straße 19, U1/U3 Stephansplatz, Tel. 930560, www.stefflvienna.at, geöffnet: Mo.–Fr. 10–20, Sa. 10–18 Uhr. Kaufhaus-Platzhirsch auf der Kärntner Straße, der täglich von bis zu 30.000 Menschen frequentiert wird. Im Dachgeschoss gibt es eine Sky-Bar.

Passagen/Galerien

172 [F6] **Ferstel-Passage,** Freyung 2, Herrengasse 16, U3 Herrengasse, www.palaisevents.at. Diese Passage ist ein echtes Kleinod und erinnert an Mailand. Kleine, feine Geschäfte, Antiquitätenhändler und das berühmte Café Central (s. S. 184) befinden sich im Palais Ferstel.

› **Hauptbahnhof Wien** (s. S. 223): Unter den Bahnsteigen des Wiener Hauptbahnhofs sind moderne Einkaufspassagen auf mehreren Ebenen entstanden.

173 [G7] **Ringstraßen Galerien,** Kärntner Ring 5–7 und 9–13, U1/U4 Karlsplatz, Tel. 5125181, geöffnet: Mo.–Fr. 10–19, Sa. 10–18 Uhr, Lokale auch sonntags geöffnet, teils bis 24 Uhr. Noble Shoppingmeile mit vielen Shops und Lokalen. Angenehm wenig Hektik.

Einkaufszentren/Shoppingmalls

174 **Auhof Center,** Albert-Schweitzer-Gasse 6, Tel. 9791888, www.auhofcenter.at, geöffnet: Mo.–Fr. 9–20, Sa. 9–18 Uhr. Das große Einkaufszentrum im äußersten Wiener Westen eignet sich besonders gut für jene, die direkt vor der Heimfahrt in Richtung Deutschland nahe der Westautobahn noch einmal österreichische Einkäufe erledigen wollen. Gastro-Tipp: die belegten Brötchen in der Filiale der Firma Tauber probieren (www.tauber.at).

175 **Westfield Donau Zentrum und Donau Plex,** Wagramer Straße 81, U1 Kagran, Tel. 2034722222, www.donauzentrum.at, geöffnet: Donau Zentrum Mo.–Fr. 9–20, Sa. 9–18 Uhr, Gastronomie teilweise länger. Zusammen mit einem großen Multiplexkino ist das Donau Zentrum eines der größten Wiener Einkaufs- und Entertainmentcenter. Auf einer Gesamtfläche von circa 225.000 Quadratmetern befinden sich über 260 Einzelhandels-, Gastronomie- und Unterhaltungsbetriebe – von der Bäckerei bis zur Cocktailbar.

009wi-se

Mode/Kleidung

176 [G6] **Emis Modegalerie,** Wildpretmarkt 7/Tuchlauben 18, U1/U3 Stephansplatz, Tel. 5352819, www.emis.at, geöffnet: Mo.-Fr. 10.30-18.30, Sa. 11-18 Uhr. Exklusives japanisches Modedesign von Yohji Yamamoto, Comme des Garçons und Issey Miyake.

177 [F7] **FLO Vintage,** Schleifmühlgasse 15a, U4 Kettenbrückengasse, Tel. 5860773, www.flovintage.com, geöffnet: Mo.-Fr. 11-18, Sa. 11-15 Uhr. Nostalgische Mode von 1880 bis 1980, die auch heutige Designer inspiriert; ausschließlich originale Stücke in erlesener Qualität.

178 [H6] **Herzilein,** Wollzeile 17, Tel. 0676 6577106, www.herzilein-wien.at, geöffnet: Mo.-Sa. 10-18 Uhr. Handgemachte Mode für Kinder „Made in Vienna". Wirklich herzig. Filialen auch in der Amerlingstraße 8 im 6. Bezirk sowie in der Josefstädter Straße 29 im 8. Bezirk.

179 [G6] **Knize,** Graben 13, U1/U3 Stephansplatz, Tel. 5122119, www.knize.at, geöffnet: Mo.-Fr. 10-18.30, Sa. 10-17 Uhr. Wiener Herren von Welt tragen Knize-Hemden. Für Textilien des traditionsreichen Herrenausstatters sollte man jedoch einen prall gefüllten Geldbeutel mitbringen.

180 [G6] **Mühlbauer Hutmanufaktur,** Seilergasse 10, U1/U3 Stephansplatz, Tel. 5122241, www.muehlbauer.at, geöffnet: Mo.-Fr. 10-18.30, Sa. 10-18 Uhr. Das Familienunternehmen stellt neben trendigen Hüten, die auch bei Hollywood-Größen wie Brad Pitt begehrt sind, auch klassische Kopfbedeckungen, Mützen und edle Pelzkappen her.

Ein Hauch von Mailand: die Ferstel-Passage an der Freyung 6

Schuhe

181 [F7] **Humanic Flagship Store,** Mariahilferstr. 37-39, U3 Neubaugasse, www.humanic.net, geöffnet: Mo.-Fr. 10-19, Sa. 10-18 Uhr. Der österreichische Schuhgigant bietet eine Riesenauswahl an Fußbekleidung für Damen, Herren und Kinder. Geliebt und gehasst wurden in den 1960er-, 1970er- und 1980er-Jahren die schrägen Werbespots des Unternehmens.

182 [F6] **Ludwig Reiter,** Mölkersteig 1, U2 Schottentor, Tel. 533420422, www.ludwig-reiter.com, geöffnet: Mo.-Fr. 10-18.30, Sa. 10-17 Uhr. Edles Schuhwerk „Made in Vienna": Das im Dreimäderlhaus auf der Mölker Bastei 45 beheimatete namhafte Schuhgeschäft hat für Herren die berühmten Budapester, Brogues und Stiefeletten im Programm, für Damen feine Loafer und Ballerinas.

Besonderes und Seltenes, Souvenirs

183 [F6] **Klosterladen im Schottenstift,** Freyung 6, Tel. 53498600, www.klosterladen.at, geöffnet: Mo.-Fr. 10-18, Sa. 10-12.30 und 13-17 Uhr. Sympathischer und gut sortierter Laden mit Klosterprodukten aus Österreich und Europa. Neben Lebensmitteln, Likören und Schnäpsen auch Naturkosmetik, Devotionalien und Bücher.

184 [C4] **Original Wiener Schneekugelmanufaktur,** Schumanngasse 87, Straßenbahn 42 Antonigasse oder 9 Sommarugagasse, Tel. 4864341, www.viennasnowglobe.at, geöffnet: Mo.-Do. 9-15 Uhr. Seit über 120 Jahren werden hier im 17. Bezirk Schneekugeln produziert. Angeschlossen ist auch ein Schneekugelmuseum.

185 [G6] **Wiener Seife**, Herrengasse 6, U3 Herrengasse, Tel. 5322225, https://wiener

011wi-se

seife.at, geöffnet: Mo.-Sa. 10-18 Uhr. Über 70 verschiedene Sorten handgemachter Seifen dienen als wohlriechende Mitbringsel. Für die Seifen werden natürliche Duft- und Rohstoffe verwendet.

Wein

Bei den meisten **Heurigen** und vielen **Wiener Weinbauern** kann man Wein ab Hof kaufen. Daneben führen auch Delikatessengeschäfte, Vinotheken und Supermärkte wie Spar und Billa die edlen Wiener Tropfen im Sortiment. Ein sehr großes Weinangebot mit einer Vielzahl Wiener Weine (auch Verkostung vor Ort) gibt es bei Billa Corso am Hohen Markt:

- **186** [G6] **Billa Corso,** Hoher Markt 12, Mo.-Fr. 7.40-20, Sa. 7.40-18 Uhr
- **187** [H6] **Magazin,** Riemergasse 14, U3 Stubentor, Tel. 5127787, https://magazin-riemergasse14.at, geöffnet: Mo.-Sa. 11.30-23, So. 11.30-22 Uhr. Große Auswahl österreichischer Weine. Vom klassischen weißen Veltliner über den raffinierten Muskateller bis hin zu Rotweinen erhält man hier alles, was Österreichs Winzer aus ihren Weingärten herausholen. Zusätzlich zum Shop gibt es auch ein Restaurant.
- **188** [C8] **Weinhandlung Rudolf Polifka,** Reindorfgasse 22, http://wein-polifka.at, Straßenbahnlinie 52 oder 58, Öffnungszeiten siehe Website (meist nur einmal pro Woche). Mit seinem kleinen Weinlokal hat sich der Lehrer Dietmar Müller einen Traum erfüllt und sein Hobby der Öffentlichkeit zugänglich gemacht. Zu kosten und kaufen gibt es österreichische und französische Tropfen, die man teilweise sonst kaum bekommt.

Märkte

In Wien gab es früher in jedem Stadtteil einen Markt. Leider hat in den vergangenen Jahrzehnten ein Marktsterben eingesetzt, sodass alteingesessene Institutio-

Vitamin-Meile: Der Naschmarkt **49** *ist ein Touristenmagnet* nen wie der Simmeringer Markt von der Bildfläche verschwunden sind. Einige haben jedoch überlebt, unter ihnen der bekannte **Naschmarkt** (49) und der **Karmelitermarkt** (60) in der Leopoldstadt. Hier noch einige weniger bekannte Märkte.

- 189 [D6] **Brunnenmarkt und Yppenmarkt,** geöffnet: Mo.–Fr. 6–19.30, Sa. bis 17 Uhr, U3 Josefstädter Straße. Der Brunnenmarkt ist einer der buntesten Märkte und gleichzeitig der längste Markt Wiens. Hier werden Massen an Obst und Gemüse verkauft. Er erstreckt sich über die Brunnengasse zwischen Thaliastraße und Ottakringer Straße. Hier ist Wien orientalisch – türkisch, arabisch, mediterran. Gehandelt wird wie auf Basaren. Der Brunnenmarkt geht am Yppenplatz direkt in den Yppenmarkt mit seinen festen Ständen und seinem Bauernmarkt über.
- 190 [C9] **Meidlinger Markt,** U6 Niederhofstraße, Mo.–Fr. 6–21, Sa. bis 17 Uhr, Gastronomie bis 23 Uhr. Der traditionsreiche Meidlinger Markt stand wie etliche andere Märkte kurz vor der Auflösung, wurde aber zum Glück gerettet. Neben typischen Marktständen gibt es ein buntes Gastroangebot, das auch Studenten und Nachtschwärmer anzieht.

Flohmärkte

- › **Flohmarkt am Naschmarkt** (49). Er ist einer der berühmtesten Flohmärkte Europas und jeden Samstag ein Erlebnis (s. S. 86).
- 191 **Riesenflohmarkt am Wienerberg,** Wienerbergstraße 27a, U6 Bahnhof Meidling, Bus 12A Eibesbrunnergasse, https://flohmarkt-wienerberg.at. Der große Flohmarkt findet (fast) jeden Sonntag von 7 Uhr bis 13 Uhr auf einem Parkplatzgelände statt.

025wi-ck

Willkommene Verschnaufpause im Schlosspark von Schönbrunn (67)

Wien zum Durchatmen

Wien ist eine Stadt für Romantiker, die sich trotz aller positiven wie negativen Errungenschaften der Moderne ihr zeitlos nostalgisches Flair erhalten konnte. Es gibt sie nicht nur in den verwinkelten Gassen der Inneren Stadt: die Hinterhöfe und von Laternen beschienenen Plätze, an denen die Zeit stehen geblieben zu sein scheint. Es gibt sie in ganz Wien: am Wienfluss – insbesondere an der Promenade im Stadtpark – am Donaukanal, in den Vorstädten, in den Heurigendörfern und sogar in den Arbeitervierteln.

„Ganz Wien hat den Blues", heißt ein Lied des Wiener Singer-Songwriters Peter Cornelius und dieser Blues bezieht sich nicht nur auf Traurigkeit. Vielmehr symbolisiert er den Hang der Wiener zu Nostalgie, Melancholie und der „guten alten Zeit". Auch wenn es die gute alte Zeit nie wirklich gab, verbinden auch die Wien-Touristen etwas damit: Oft sind es der Prunk der Habsburgermonarchie, der sich in **Schloss Schönbrunn** (67) oder **Schloss Belvedere** (53) ausdrückt oder das Flair des **Fin de Siècle** um 1900 mit seinen Ausprägungen in Kunst und Architektur. Etliche Plätze strahlen den Zauber der Vergangenheit bis heute aus: etwa die **Strudlhofstiege** 46 und das benachbarte **Servitenviertel** oder das Wienflussportal und die Promenade am **Stadtpark** 18.

Romantiker kommen auch im gesamten 1. Bezirk auf ihre Kosten: seien es die verwinkelten Gassen im Schatten des Stephansplatzes (siehe Stadtspaziergang S. 18), der rosenbepflanzte **Volksgarten** 41 mit dem blütenweißen Theseustempel oder die **Mölker Bastei** 45. Leicht ins Träumen gerät man auch oben auf der Plattform der mit Efeu bewachsenen **Ruprechtskirche** 15 mit Blick auf den Donaukanal, obwohl die lauten Kneipen gleich um die Ecke liegen.

Überhaupt lässt es sich wunderbar am Wasser entspannen und Wien ist speziell im Osten auch eine Wasserstadt: egal ob im Prater 56, auf der Donauinsel oder an den Ufern der Alten Donau – speziell im Sommer kann man unter den Pappeln und Weiden herrlich baden und relaxen.

Im Norden und Westen der Stadt lädt der bergige Wienerwald zu Wanderungen und idyllischen Herbstspaziergängen ein. Auch die unzähligen Parks der Stadt lassen den Trubel an Stephansplatz, Ringstraße und Gürtel schnell vergessen. Einige wichtige Grünoasen, die nicht als Hauptsehenswürdigkeit beschrieben sind, sollen im Folgenden erläutert werden.

☐ Rückzugsort für Kaiserin Elisabeth: die Hermesvilla im Lainzer Tiergarten

Wiens grüne Lungen

Kaum eine andere europäische Metropole hat so viel Grün zu bieten wie Wien. Wer sich länger in der Stadt aufhält, kann neben einem Kultururlaub auch einen **fantastischen Naturulaub** verbringen. Dies bedeutet nicht nur, dass man berühmte Parkanlagen der Stadt wie **Prater** 56, **Augarten** 61 oder **Donaupark** 77 besucht. In Wien gibt es auch einzigartige Naturreservate wie den Nationalpark in der **Lobau**, den man gut und gerne als Donaudschungel bezeichnen kann.

Aber auch Bergwanderer kommen auf ihre Kosten: Von Südwesten bis Nordwesten lockt der Wienerwald mit unzähligen Wanderwegen; wer Wiens höchsten Berg, den **Hermannskogel**, besteigen will, sollte schon etwas Kondition mitbringen. Etliche Stadtwanderwege führen unter anderem über den **Laaer Berg** oder zu den Weinhängen des **Bisambergs** bei Stammersdorf. Oft verbindet sich Kultur mit Natur ganz von selbst, wie beispielsweise am **Zentralfriedhof** 72: Dort kann einem mit etwas Glück das eine oder andere Reh über den Weg laufen.

Neben den oben schon erwähnten und näher beschriebenen Hauptsehenswürdigkeiten hier einige weitere hübsche Parkanlagen zum Träumen, Entspannen und Energietanken:

Lainzer Tiergarten

Der Lainzer Tiergarten ist eigentlich schon ein Ausläufer des Wienerwalds und liegt ganz im Westen der Stadt. Das Naturschutzgebiet ist bekannt für seine vielen Wildschweine, die ihre Scheu gegenüber den Menschen fast abgelegt haben. Mit der **Hermesvilla** (s. S. 199)

Kaiserin Elisabeths beherbergt der Lainzer Tiergarten auch ein kulturelles Kleinod.

•**192 Lainzer Tiergarten,** www.lainzer-tiergarten.at; Eingang Lainzer Tor: Straßenbahn 60 bis Hermesstraße, Autobuslinie 60B bis Lainzer Tor, geöffnet: je nach Jahreszeit von 8 bis maximal 21, im Winter bis 17 Uhr, Eintritt frei (außer Hermesvilla)

Türkenschanzpark und Pötzleinsdorfer Schlosspark

Der Türkenschanzpark im 18. Bezirk Währing befindet sich auf geschichtsträchtigem Boden: Hier lag eine der wichtigsten türkischen Befestigungsanlagen während der Belagerung Wiens. Kaiser Franz Joseph eröffnete den Park im Jahr 1888. Markantestes Bauwerk ist die begehbare **Paulinenwarte.** Daneben befinden sich im Park einige Teiche, **Denkmäler** – unter anderem für die Schriftsteller Adalbert Stifter und Arthur Schnitzler – sowie der **Yunus-Emre-Brunnen** als Zeichen der österreichisch-türkischen Freundschaft. Einkehrtipp: Die **Meierei Diglas** im Türkenschanzpark (www.meierei-diglas.at, Hasenauerstraße 56, Tel. 4794376).

•**193** [C3] **Türkenschanzpark,** Straßenbahn 41 bis Türkenschanzplatz

Nicht allzu weit entfernt liegt – ebenfalls im 18. Bezirk – der wildromantische Pötzleinsdorfer Schlosspark mit überlebensgroßen Statuen, die sich einst auf dem Dach des abgebrannten Wiener Ringstraßentheaters befanden.

•**194** [A2] **Pötzleinsdorfer Schlosspark,** Straßenbahn 41 bis Endstation Pötzleinsdorf. Die Öffnungszeiten variieren je nach Jahreszeit. Infos: www.wien.gv.at/umwelt/parks/anlagen/poetzleinsdorf.html.

156wi ©balakate, stock.adobe.com

EXTRATIPP

Sisis Schloss der Träume

Schloss der Träume nannte Kaiserin Elisabeth die im Lainzer Tiergarten idyllisch gelegene **Hermesvilla.** Den Namen verdankt das kleine Lustschloss der Statue Hermes als Wächter, die im Garten steht. Viele persönliche Gegenstände und Dokumente im 1. Stockwerk geben Einblick in die Privatsphäre des Kaiserpaares. Glanzlicht unter den Räumlichkeiten ist das Prunkschlafzimmer mit Wandmalereien aus Shakespeares Sommernachtstraum nach Entwürfen von Hans Makart und einem Prunkbett, das noch aus der Zeit Maria Theresias stammt. Regelmäßig finden in der Hermesvilla viel beachtete Sonderausstellungen statt.

★**195 Hermesvilla,** Lainzer Tiergarten, Eingang über Lainzer Tor, www.wienmuseum.at/de/standorte/hermesvilla, Tel. 8041324, geöffnet: Mitte März bis 1. Nov. Di.–So. und feiertags 10–18 Uhr, Eintritt: 8 €, ermäßigt 6 €, Kinder und Jugendliche bis 18 Jahre frei

158wi ©bettina sampl, stock.adobe.com

⌃ *Ursprüngliche Naturlandschaft und Wanderparadies im Wiener Südosten: die Lobau*

Lobau

Lust auf einen echten Dschungel in Wien? Die Lobau im äußersten Südosten der Stadt umfasst 2300 Hektar, gehört zum **Nationalpark Donau-Auen** und bietet eine in Mitteleuropa selten gewordene, unberührte Auwald-Landschaft. Es gibt Hunderte, teils seltene Pflanzen- und Tierarten. Tipp: Im März und April blühen Unmengen von Schneeglöckchen und Veilchen.

Besonders bei Ornithologen ist der Wasserwald beliebt, sein Wahrzeichen ist der Eisvogel. Mit etwas Glück sieht man sogar einen Seeadler. Etliche beschilderte **Wander- und Radwege,** die man nicht verlassen sollte, durchziehen den Nationalpark; in einigen Tümpeln ist im Sommer auch Baden erlaubt (beispielsweise FKK-See Dechantlacke sowie Panozzalacke).

Das **Nationalparkhaus wien-lobAU** mit Shop informiert rund um das Thema Auwald. Auf dem elf Kilometer langen **Napoleon-Rundwanderweg** erfährt man geschichtliche Details zur Schlacht bei Aspern, in welcher Erzherzog Carl Napoleon seine erste Niederlage bescherte.

- ●**196 Nationalparkhaus,** U2 bis Donaustadtbrücke, dann Autobus 91A Raffineriestr./Biberhaufenweg, geöffnet: März–Okt. Mi.–So. 10–18 Uhr
- › **Napoleon-Rundwanderweg:** Bus 92B bis Lobgrundstraße
- › Von der Altstadt gelangt man über den Wiener Donaukanal mittels **Boot in die Lobau.** Abfahrt: 9 Uhr, Salztorbrücke, Abgang Franz-Josefs-Kai, Tel. 400049495, ab 15 Personen, Anmeldung erforderlich, 2. Mai–26. Okt. täglich, Dauer: 4½ Std., Preis: 42 €, 6–18 Jahre 21 €.

KLEINE PAUSE

Einkehrtipps in der Lobau

Das traditionsreiche Gasthaus **Roter Hiasl** in der Nähe des Nationalparkhauses bietet gute Hausmannskost und man kann im Sommer schön im Freien sitzen. An der Panozzalacke (Napoleon-Rundwanderweg) lädt der Kiosk **Zum Knusperhäuschen** zu einer Stärkung ein.

- **197 Roter Hiasl** €, Biberhaufenweg 228, Bus 91A Raffineriestr./Biberhaufenweg, www.roterhiasl.at, Tel. 2807122, geöffnet: tägl. 11–22 Uhr
- **198 Zum Knusperhäuschen,** Raffineriestraße/Lobgrundstraße, Tel. 0676 9658451, www.knusperkahr.at, bei schönem Wetter geöffnet

Wien mit Kindern

Die Musik- und Kulturstadt Wien ist für Kinder alles andere als ein langweiliges Pflaster. Es gibt etliche Sehenswürdigkeiten und Museen, die nicht nur für Erwachsene spannend sind. Dazu gehört beispielsweise auch das **Naturhistorische Museum** mit seinen vielen Tier-Exponaten und einer kindgerechten Museumspädagogik sowie das **Technische Museum** (s. S. 166) mit seinem großen Kinderspielbereich. Noch lieber haben die Kleinen natürlich lebendige Tiere: Die gibt es im **Tiergarten Schönbrunn** 68 zu bewundern; in die faszinierende Unterwasserwelt entführt das **Haus des Meeres** 48. Für Pferdeliebhaber(innen) ist der Besuch der **Spanischen Hofreitschule** 27 ein unvergessliches Erlebnis.

In der warmen Jahreszeit fast ein Muss für Familien: ein Besuch im **Wurstelprater** 57. Er gehört zwar nicht zu den modernsten Vergnügungsparks Europas, dafür aber zu den liebenswertesten und skurrilsten – und er kostet keinen Eintritt, lediglich die einzelnen Attraktionen. Ein Highlight für die ganz Kleinen: der Praterkasperl. Die Älteren werden sich lieber an die Karussells und die gruseligen Geisterbahnen halten.

Apropos gruselig: Ältere Kinder haben in der Regel auch Freude daran, die Sehenswürdigkeiten der Inneren Stadt zu erkunden: etwa die **Katakomben unter Sankt Stephan** (s. S. 26) oder eine **Turmbesteigung** hinauf zum Südturm.

Auch Schloss Schönbrunn kann zusätzlich zum Zoo kindgerecht angesteuert werden: Es gibt Kinderführungen mit Kostümen und der Irrgarten im Schlosspark sorgt stets für gute Laune.

Spielplätze gibt es über die ganze Stadt verteilt, unter anderem im **Stadtpark** 18 oder im **Augarten** 61. Letzterer bietet auch ein speziell auf Kleinkinder ausgerichtetes Schwimmbad, das Augartenbad (Eingang Karl-Meißl-Straße). Eine Übersicht weiterer Familienbäder erhält man unter: www.wien.gv.at/freizeit/baeder/uebersicht/familienbaeder.

Sommerliche Badefreuden für die ganze Familie bieten auch die städtischen

Beliebt bei Alt und Jung: die Liliputbahn im Wiener Prater 56

027wi-se

Bäder an der Alten Donau, allen voran das Strandbad Gänsehäufel (s. S. 238). Wer im Winter Lust auf Schlittschuhlaufen hat: Der Platz vor dem Wiener Rathaus 43 verwandelt sich jedes Jahr zwischen Ende Januar und Anfang März in eine Eislauflandschaft. Schlittschuhe können ausgeliehen werden (www.wienereistraum.com).

Hier einige weitere Adressen für den Nachwuchs:

199 [J7] **Figurentheater Lilarum,** Göllnergasse 8, U3 Rochusgasse, Tel. 7102666, www.lilarum.at. Liebenswert gestaltetes Puppentheater. Sehr beliebt, daher reservieren!

› **Kasperl und Pezi – Wiener Urania Puppentheater,** in der Urania (s. S. 44), Tel. 7143659, www.kasperlundpezi.at. Traditionsreiches Kasperltheater unter der Leitung von André Heller mit der typischen Wiener Note für Kinder im Grundschulalter. Reservierung erbeten.

200 [J5] **Original Wiener Praterkasperl,** Wurschtelplatz 1, U2 Messe-Prater, Tel. 0660 3450022, www.praterkasperl.com, Aufführungen: Sa., So. und feiertags um 15 und 16 Uhr, Eintritt: 5,60 €. Zeitloses Kasperltheater, das noch immer ein Renner bei den Gästen ist.

201 [F7] **ZOOM Kindermuseum,** Museumsplatz 1, U2 Museumsquartier, Tel. 5247908, www.kindermuseum.at, geöffnet: Di.–Fr. 8.30–16, Sa., So., feier- und ferientags (außer Montag): 9–16.30 Uhr, Eintritt je nach Ausstellung 4,50–7 €. Kinder erkunden hier mit allen Sinnen die Welt. Auch Eltern können aktiv an den Programmen teilnehmen. Es gibt einzelne Abteilungen für unterschiedliche Altersgruppen: einen Spiel- und Erlebnisbereich (ZOOM Ozean), eine ZOOM-Mitmachausstellung, ein Atelier, ein Trickfilmstudio sowie Kindervorlesungen. Reservierung empfohlen.

Zur richtigen Zeit am richtigen Ort

Januar bis April

› **Neujahrskonzert** der Wiener Philharmoniker im Goldenen Saal des Musikvereins (s. S. 189), www.wienerphilharmoniker.at

› **Wiener Ballsaison** (bis Faschingsdienstag): Die Stadt bewegt sich in den Wintermonaten im Walzertakt. Nicht nur an den Wochenenden finden Bälle statt: vom Kaiserball an Silvester über den Zuckerbäckerball im Januar (beide in der Hofburg) bis hin zum weltberühmten Opernball am Unsinnigen Donnerstag.

› **Wiener Eistraum** (Ende Januar bis Anfang März): Der Platz vor dem Rathaus 43 verwandelt sich in eine große Eislauflandschaft. Schlittschuhe können ausgeliehen werden, www.wienereistraum.com.

› **Vienna City Marathon** (April): Die besten Langstreckenläufer der Welt treffen sich an der Donau, www.vienna-marathon.com.

Mai/Juni

› **1. Mai im Wiener Prater:** Der Tag der Arbeiterklasse ist gleichzeitig wichtigster Feiertag des Wiener Vergnügungsparks. Hier trifft man am 1. Mai halb Wien, es gibt mehrere Bühnen und es herrscht trotz der Menschenmassen eine authentische Wiener Gemütlichkeit.

› **Wiener Genussfestival** (Mai): Jedes Jahr am Muttertagswochenende verwandeln über 100 Stände den Stadtpark 18 in eine verführerische Schmankerlmeile mit jeder Menge regionalen Spezialitäten, www.genussfestival.at.

› **Donauinselfest** (üblicherweise letztes Juniwochenende): Seit Jahrzehnten zieht das Mega-Event jedes Jahr Millionen Besucher auf die Donauinsel. Auf über einem Dutzend Bühnen ist für jeden Musikgeschmack etwas dabei. Nationale und internationale Stars geben sich auf der Insel ein Stelldichein – und das ganz zum Nulltarif, www.donauinsel fest.at.

Juli bis September

- **Popfest** (Ende Juli): Viertägiges, kostenloses Musikfestival am Karlsplatz 51 und in Locations rundherum. Junges, urbanes, eher alternatives Publikum, https://popfest.at.
- **ImPuls Tanz Festival** (Juli/August): Tänzerinnen und Tänzer aus der ganzen Welt treffen sich mehrere Wochen zu Aufführungen und Workshops, www.impulstanz.com.
- **Filmfestival am Rathausplatz** (Juli/August): Vor der Kulisse des Rathauses 43 werden kostenlos auf großer Leinwand Konzerte und andere kulturelle Highlights gezeigt, http://filmfestival-rathausplatz.at.
- **Hafen Open Air** (August): Am Alberner Hafen 73 tief im Süden Wiens wird österreichischen Nachwuchsbands eine Bühne bereitet. Am Abend treten dann auch schon mal Austropop-Urgesteine wie Wolfgang Ambros auf (kein Eintritt!), www.hafen openair.at.
- **Neustifter Kirtag** (August): Der Döblinger Weinort lockt Tausende Besucher an – die meisten von ihnen in Dirndl und Lederhosen gewandet. Am späten Abend wird es ziemlich lebhaft – dann zeigt der Wein seine Wirkung, https://neustifterkirtag.at.
- **Waldviertelpur** (September): Die niederösterreichische Region Waldviertel präsentiert auf dem Rathausplatz ihr Können und verwöhnt die Gaumen mit Schmankerl aller Art, www.waldviertelpur.at.

Spielwiese der Eitelkeiten: der Wiener Opernball

Er ist zweifellos der berühmteste Ball der Welt, ein Auftrieb für Prominente und solche, die es gerne wären, und zugleich eine Zeitreise in eine Epoche, die eigentlich längst untergegangen ist: der Wiener Opernball – letztes Gesellschaftsrelikt aus der „guten alten Zeit" und gleichzeitig Schaulaufen der Schönen, geliftet Schönen, Reichen und Möchtegern-Reichen. Traditionell findet der Ball mit Gästen aus Wirtschaft, Politik und Kultur immer am „Unsinnigen" Donnerstag vor Faschingsdienstag statt. Auf Österreichs wichtigstem roten Teppich lächeln Stars und Sternchen in die Kameras und nutzen die Chance, ins Rampenlicht zu gelangen. Die Damenwelt präsentiert ihre Traumkleider der Weltöffentlichkeit. Männer müssen sich zumindest kleidungstechnisch keine Gedanken machen, für sie gilt Frackpflicht. Hat sich das illustre Publikum dann in den Logen und auf den billigen Plätzen versammelt, beginnt der feierliche Teil des Abends mit der österreichischen Bundeshymne und der Europahymne. Danach folgt die Fächerpolonaise und es gibt musikalische Einlagen, bevor die Debütantinnen und Debütanten Einzug halten. Mit dem Kommando „Alles Walzer" wird der Opernsaal für die Allgemeinheit zum Tanzparkett und der Wiener Baulöwe Richard Lugner stellt sich mit seiner jährlich wechselnden, mehr oder weniger prominenten Ballbegleitung den Kameras. Im Laufe des Abends werden dann noch etliche Gläschen Sekt gekippt und Netzwerke gepflegt, ehe kurz danach wieder der übliche Kulturbetrieb in der Wiener Staatsoper 32 das Zepter übernimmt.

Feiertage

In Österreich gibt es sehr viele Feiertage. Hierzu zählen insbesondere viele katholische, die sich größtenteils mit denen des Bundeslandes Bayern überschneiden und teilweise auch mit den gesamtdeutschen Feiertagen. Neben dem österreichischen Nationalfeiertag am 26. Oktober ist Mariä Empfängnis am 8. Dezember eine Besonderheit.

- *1. Jänner (Januar):* ***Neujahr***
- *6. Jänner (Januar):* ***Dreikönigstag***
- ***Karfreitag*** *(beweglich, zwei Tage vor Ostersonntag)*
- ***Ostersonntag*** *und* ***Ostermontag*** *(beweglich, Sonntag und Montag nach dem ersten Frühlingsvollmond)*
- *1. Mai:* ***Tag der Arbeit***
- ***Christi Himmelfahrt*** *(beweglich, stets donnerstags, 39 Tage nach Ostersonntag)*
- ***Pfingstsonntag*** *und* ***Pfingstmontag*** *(beweglich, immer 50 Tage nach Ostersonntag)*
- ***Fronleichnam*** *(beweglich, stets donnerstags, 60 Tage nach Ostersonntag)*
- *15. August:* ***Mariä Himmelfahrt***
- *26. Oktober:* ***Österreichischer Nationalfeiertag***
- *1. November:* ***Allerheiligen***
- *8. Dezember:* ***Mariä Empfängnis*** *(die Geschäfte haben dennoch geöffnet)*
- *25. Dezember:* ***Weihnachten*** *(Christtag)*
- *26. Dezember:* ***Weihnachten*** *(Stephanitag)*

Oktober bis Dezember

- **Sturmsaison** (September, Oktober): Im Herbst schenken die Wiener Winzer Sturm (gegorener Traubenmost) und Staubigen (junger Wein) aus. Bei schönem Wetter kann man im Weinberg nochmal die Sonne genießen.
- **Wiener Kaiser Wiesn** (Sept., Okt.): Vor der Kulisse des Wiener Riesenrades geht im Herbst seit einigen Jahren das kleine Pendant zum Münchner Oktoberfest über die Bühne. Tausende strömen in Tracht ins Prater-Bierzelt, https://kaiserwiesn.at.
- **Österreichischer Nationalfeiertag:** Am 26. Oktober ist großes Remmidemmi zwischen Heldenplatz 30 und Rathaus 43 – insbesondere das Bundesheer präsentiert sich auf der jährlichen Leistungsschau.
- **Viennale** (Ende Oktober/Anfang November): Österreichs größtes Filmfestival hat sich internationales Renommee erworben. Die meisten Filme werden im traditionsreichen Gartenbaukino an der Ringstraße gezeigt (s. S. 191), www.viennale.at.
- **Allerheiligen/Allerseelen:** Am 1. und 2. November besuchen Tausende Wiener ihre verstorbenen Angehörigen auf dem Zentralfriedhof, der sich in ein riesiges Lichtermeer verwandelt. An den Eingängen öffnen dafür an Allerheiligen sogar extra mobile Würstelstände.
- **Christkindlmärkte** (Mitte November bis Weihnachten): In Wien hat sich die Unsitte breitgemacht, Christkindlmärkte bereits weit vor dem 1. Advent beginnen zu lassen. Doch sobald Schnee liegt, verwandelt sich so mancher Weihnachtsmarkt in ein bezauberndes Winterwunderland. Die bekanntesten Christkindlmärkte finden am Rathaus 43, an der Freyung 6, am Karlsplatz und am Oberen Belvedere 53 statt.

WIEN VERSTEHEN

Wien – ein Porträt

Wien ist die Hauptstadt Österreichs – klar. Wien ist eine pulsierende Metropole im Herzen Europas – schön und gut. Wien ist ein Freiluftmuseum, das die Fantasien von Romantikern nicht erst seit den Sisi-Filmen inspiriert hat – egal. Denn Wien ist noch etwas ganz anderes: **Wien ist ein eigener Planet!**

Was beim ersten Lesen leicht größenwahnsinnig erscheinen mag, entpuppt sich bei genauerer Betrachtung als gar nicht so sehr aus der Luft gegriffen. Da wären zum einen die Bewohner selbst: Freilich sind sie Österreicher, aber letztendlich sind sie alle doch in erster Linie Wiener – egal ob sie aus Wien selbst, aus Böhmen und Mähren oder aus Serbien und Kroatien stammen. Als echte Wiener lieben und hassen sie ihre Stadt gleichermaßen und würden doch niemals dulden, dass ein Fremder schlecht über ihre Stadt redet. Sie selbst sind in Österreich auch etwas Besonderes, teils werden sie belächelt, teils beneidet und von etlichen Restösterreichern sogar zutiefst verabscheut. Doch was stört es den Wiener, ob ihn der Kärntner und der Tiroler mögen, er genügt sich selbst und sucht seinerseits gerne Kärnten und Tirol auf, wenn er seine Freizeit nicht gerade beim Heurigen (s. S. 180) oder an der Alten Donau verbringt. Doch vorerst weg vom Wiener an sich – der wird im Verlaufe dieser Annäherung an die Stadt und seine Bewohner noch näher vorgestellt (s. S. 216).

Vorseite: Blick vom Nordturm des Stephansdoms auf die Fiaker am Stephansplatz 1

Blick über die dicht besiedelten Bezirke Favoriten und Simmering Richtung Südosten

029wi-se

Auch die Stadt selbst ist ein eigener Planet, zumindest ein eigener Kontinent, der von seinen Kontrasten lebt: Im Westen und Norden liegt der **Wienerwald** mit seinen steilen Anhöhen; die Besteigung des Hermannskogels ist eine echte Bergtour und diese bewaldeten Berge sind ein Teil von Wien. Ebenso wie die **pannonische Tiefebene:** In der Lobau, in der Donaustadt oder in Albern fühlt man sich an die Weite Ungarns erinnert. Die Stadt liegt genau am Übergang des östlichsten Teils der Alpen in die pannonische Tiefebene. Im Norden bilden Leopoldsberg 65 und Bisamberg mit der **Wiener Pforte** eine Art Tor, welches von der mächtigen Donau durchflossen wird, ehe sie ihren Weg Richtung Bratislava und Budapest nimmt. Im Süden geht Wien in die Thermenregion über. Die östlichen Ausläufer der Stadt gehen fließend in Weinviertel und Marchfeld über. Dieser Übergang vom Wienerwald, dem äußersten Ausläufer der Alpen, hin zum osteuropäischen Tiefland zeigt sich auch klimatisch: Oft regnet sich ein atlantischer Tiefausläufer in den westlichen Wienerwald-Bezirken ab, während im Osten Wiens die Sonne scheint. Oder aber es herrscht im Süden und Osten Nebel, während am Hermannskogel der blaue Himmel zu sehen ist.

So kontrastreich sich die Natur präsentiert, so kontrastreich ist auch die **Architektur.** Im Westen der Stadt gibt es viele kleine Wienerwaldhäuser und wie im übrigen Wien auch die beliebten Schrebergartensiedlungen. Hier wirkt Wien kleinbürgerlich; kaum anderswo in Mitteleuropa trifft man auf eine derartige Gartenzwergdichte. Dann wiederum gibt es die Arbeiterbezirke mit ihren **Gemeindebauten** (sozialer Wohnungsbau) und an den Stadträndern auch gewaltige Wohnsiedlungen. Wer über die Autobahn A21 vom Wienerwald hinunter nach Wien fährt, sieht als Erstes die riesigen Bauten von Alterlaa mit ihrer markanten terrassenartigen Struktur. In Favoriten (10. Bezirk) und Floridsdorf (21. Bezirk) gibt es weitere **Trabantenstädte**, in denen Hunderttausende Menschen leben – derzeit

größtes Entwicklungsprojekt ist die **Seestadt Aspern.**

Trotz viel Beton und Straßenschluchten besteht die Stadt gleichzeitig aus einem Grünlandgürtel und einer ungeheuren Vielzahl an Parks, aus noblen Vororten wie Hietzing mit seinem **Schloss Schönbrunn 67**, aus Heurigendörfern und gleichzeitig aus orientalisch anmutenden Märkten voller Multikulti. Sie besteht aus winzigen Gasthäusern und doppelt so großen Kaffeehäusern, aus dem großen Vergnügungspark Wurstelprater 57, aus Jugendstil-Hallenbädern und dem Freibad der Alten Donau, aus Riesenrad und dem höchsten Wolkenkratzer Österreichs 75.

Und dann gibt es natürlich den inneren Stadtbereich zwischen Gürtel und Donau und die berühmte **Innere Stadt mit dem Stephansdom 2** als gewaltigen Monolithen im Zentrum. Hier ist Wien gleichzeitig Mittelalter, Barock und Moderne. Hier weht der Atem der Habsburgermonarchie durch die Gassen und ein paar Sträßchen weiter der Schmalzgeruch der Wiener Schnitzel durch die Nase. **Wien ist so facettenreich wie seine Bewohner:** von der Hofrats-Witwe aus dem Alsergrund (9. Bezirk) bis zum arabischen Obstverkäufer aus Ottakring (16. Bezirk), vom Jung-DJ aus der Donaustadt (22. Bezirk) bis zum Punk aus der Leopoldstadt (2. Bezirk), vom Burgschauspieler aus der Josefstadt (8. Bezirk) bis hin zum Herrn Swoboda, Trambahnfahrer aus Simmering (11. Bezirk). Diese Stadt ist wirklich ein eigener Planet!

Stadtbezirke

Wien besteht aus insgesamt 23 Bezirken, die sich gleich einem Schneckenhaus vom Innenstadtbereich bis zu den Stadträndern erstrecken.

Die **Bezirke 2–9** umgeben dabei das Stadtzentrum: Innere Stadt (1.), Leopoldstadt (2.), Landstraße (3.), Wieden (4.), Margareten (5.), Mariahilf (6.), Neubau (7.), Josefstadt (8.), Alsergrund (9.).

Darum gruppieren sich Favoriten (10.), Simmering (11.), Meidling (12.), Hietzing (13.), Penzing (14.), Rudolfsheim-Fünfhaus (15.), Ottakring (16.), Hernals (17.), Währing (18.), Döbling (19.), Brigittenau (20.), Floridsdorf (21.), Donaustadt (22.), Liesing (23.).

Man erkennt den jeweiligen Bezirk an den Zahlen, die vor den Straßenschildern stehen. Außerdem verweisen bei der Wiener Postleitzahl die mittleren zwei Ziffern auf den Bezirk (z. B. 1**13**0 Wien = 13. Bezirk).

Wien in Zahlen

- **Gegründet:** Besiedelung des Wiener Beckens seit mindestens 4000 Jahren, im 1. Jahrhundert n. Chr. Gründung der Römersiedlung Vindobona, seit 1155 Hauptstadt Österreichs unter den Babenbergern
- **Einwohner:** ca. 2 Mio. (2023)
- **Ausländeranteil: 34,3** % (2023), größte Zuwanderungsgruppen: Deutsche, Serben und Türken
- **Anteil der Einwohner mit Migrationshintergrund: 46** % (2019)
- **Bevölkerungsdichte: 4656** Einwohner je km²
- **Fläche:** 414,87 km²
- **Höhe ü. M.:** tiefster Punkt im Donauauengebiet Lobau: 151 m; höchster Berg: der Hermannskogel in Döbling mit 543 m Höhe
- **Nord-Süd-Ausdehnung:** 22,8 km
- **West-Ost-Ausdehnung:** 29,4 km

Ölgemälde im Heeresgeschichtlichen Museum 54, das die Türkenbelagerung im Jahr 1683 darstellt

Von den Anfängen bis zur Gegenwart

Wiens Vorgeschichte: von Kelten, Römern, Slawen und Baiern

Die **Donau** ist seit Jahrtausenden die bedeutendste Lebensader Mittel- und Osteuropas – dementsprechend finden sich an ihren Gestaden auch die Spuren der ältesten Zivilisationen: von frühzeitlichen Besiedelungen am Bogenberg bei Straubing oder der in Wachau bis hin zur March-Mündung bei Bratislava oder zu Ausgrabungen der sogenannten Vinča-Kultur am Donauufer bei Belgrad.

Dementsprechend waren auch die Ausläufer des Wienerwaldes und das Wiener Becken bereits seit der Steinzeit besiedelt. Auf dem Gebiet des heutigen Weinviertels, das nördlich des 21. Bezirks beginnt, existierten von ca. 3000 bis 500 v. Chr. rätselhafte Kulturen, deren gewaltige Kreisgrabenanlagen und monumentalen Grabhügel bis heute nicht endgültig entschlüsselt sind. In den westlichen Bezirken Wiens wurden ebenso **prähistorische Funde** gemacht wie am Leopoldsberg 65 oder in den transdanubischen Bezirken Floridsdorf und Donau City 74. Vor über 2000 Jahren haben die **Kelten** das Areal geprägt, ehe dann im 1 Jh. n. Chr. die **Römer** der Stadt ihren Stempel aufgedrückt und das Militärlager **Vindobona** gegründet haben. Bis heute kann man römische Mauerreste unter anderem am Michaelerplatz [G6] vor der Hofburg, am Hohen Markt 13 oder neben der Johanneskirche von Unterlaa (s. S. 128) besichtigen.

In den folgenden Jahrhunderten war die Region um Wien immer wieder umkämpft; germanische Stämme drangen vom Norden her vor, **slawische Stämme** und **Awaren** von Osten. Im 6. Jahrhundert ließen sich die **Langobarden** sehen. Auch wenn aus dieser vermeintlich dunklen Phase zwischen dem Zerfall des römischen Imperiums und dem frühen Mittelalter kaum Siedlungsspuren vorhanden sind, geht man heute von einer kontinuierlichen Besiedelung Wiens aus – wenn auch auf niedrigem Niveau – und nicht

030wi-se

135wi-se

Lauschiges Plätzchen: der „Schöne Brunnen“ im Schlosspark von Schönbrunn 67

mehr von der Annahme, dass sich zwischen den Ruinen des antiken Wiens lediglich ein paar Schäfer mit ihren Herden getummelt haben, wie man vor ein paar Jahrzehnten noch glaubte.

Ab Mitte des 6. Jahrhunderts wurden bairische Stämme entlang der Donau sesshaft und brachten den **christlichen Glauben vom Bistum Passau** aus in Richtung Osten. Die erste Dynastie der **Agilolfinger** dehnte ihr Herrschaftsgebiet bis nach Wien aus.

Zunächst entstand die Awarenmark – zum Schutz und als Bollwerk vor selbigen – später die Mark im Osten *(Marcha orientalis)* als Teil des Herzogtums Baiern. Der erwünschte Schutzwall hielt allerdings nicht lange: Im 10. Jahrhundert überrannten ungarische Reiterhorden Mitteleuropa und konnten erst in der Schlacht auf dem Lechfeld bei Augsburg im Jahr 955 gestoppt und zurückgedrängt werden. Erst nach diesem geschichtsträchtigen Ereignis begann unter den **Babenbergern** der Aufstieg Wiens zu einer Stadt von europaweiter Bedeutung und späterem Weltruhm.

Wien vom Hochmittelalter bis heute – ein geschichtlicher Abriss

976: Gründung der Markgrafschaft Ostarrichi mit der Einsetzung des Babenbergers Leopold I. als Markgrafen. Leopold war ursprünglich Graf eines bairischen Donaugaues. Aufgrund seiner Loyalität zum deutschen Kaiser Otto II. wurden ihm von diesem Teile des heutigen Niederösterreichs (mit Wien) überlassen.

Ca. 1000–1250: Wien entwickelt sich zu einem aufstrebenden und blühenden Handelsplatz des Heiligen Römischen Reichs, die Handelsbeziehungen reichen bis nach Venedig. 1155 macht der Babenberger Heinrich Jasimirgott Wien zu seiner Hauptstadt. Die romanische Stephanskirche (der spätere Dom) wird 1137 erstmals urkundlich erwähnt und bis 1250 noch einmal vergrößert.

1276: Ein schwerer Stadtbrand legt Wien in Schutt und Asche, zwei Drittel der Stadt fallen den Flammen zum Opfer.

1278: Mit Rudolf I. beginnt die Herrschaft der Habsburger in Wien.

1358–1365: Unter der trickreichen Herrschaft Rudolfs IV. wird als Ersatz für den immer noch nicht vorhandenen Bischofssitz ein Metropolitankapitel gegründet, dessen Mitglieder wie Kardinäle rot gekleidet sind; Sankt Stephan bekommt ein gotisches Langhaus und Wien erhält seine erste Universität. In Würdigung seiner Gründungen wurde der Habsburger auch mit dem Beinamen der Stifter belegt.

1438: Nach der Wahl Herzog Albrechts V. zum deutschen König wird Wien zur Residenzstadt des Reichs.

1469: Wien wird Bischofssitz. Die Stephanskirche wird endgültig in den Rang einer Kathedrale erhoben; bereits 1433 wurde mit dem Südturm (im Volksmund „Steffl") das zwischenzeitlich höchste Gebäude der Welt fertiggestellt.

1529: Die erste Belagerung durch die Türken wird abgewehrt. In den folgenden Jahrzehnten entstehen gewaltige Befestigungsanlagen (Basteien). Sie werden im Laufe der folgenden Jahrhunderte weiterentwickelt und prägen bis zum Bau der Ringstraße im 19. Jahrhundert das Stadtbild.

1558: Mit der Krönung von Erzherzog Ferdinand zum Kaiser wird Wien zur Hauptstadt des Heiligen Römischen Reiches Deutscher Nation und bleibt dies mit Unterbrechung bis 1806.

1619–1645: Im Dreißigjährigen Krieg sieht sich die katholische Reichshauptstadt zahlreichen Angriffen ausgesetzt, die letztendlich jedoch alle abgewehrt werden konnten.

1679: In Wien wütet die Pest. Tausende Wiener werden vom Schwarzen Tod dahingerafft. Dennoch schienen die Wiener ihren schwarzen Humor nicht verloren zu haben, wie das Lied vom Lieben Augustin beweist.

1683: Zweite Wiener Türkenbelagerung: Unter Graf Ernst Rüdiger von Starhemberg wird die Stadt gegen eine Übermacht von 120.000 Osmanen zwei Monate lang tapfer verteidigt. Als Aussichtspunkt dient dem Kommandanten der Südturm des Stephansdoms; dort kann man bei der Turmbesteigung bis heute auf dem Starhembergbankerl Platz nehmen und den Blick nach Osten richten. Mit Unterstützung der sogenannten polnischen Flügelreiter gelingt es einem kaiserlichen Heer schließlich, vom Kahlenberg 64 aus die Türken am 12. September vernichtend zu schlagen und Wien zu befreien. Der Legende nach bleibt der Kaffee den Wienern erhalten.

1713: Zweite Pestepidemie; Kaiser Karl VI. gelobt den Bau der Karlskirche 51.

1714–1800: Im Barock erlebt Wien eine Blüte. Die Bevölkerung wächst rapide (1790: ca. 200.000 Einwohner); es werden bedeutende Prachtbauten fertiggestellt: unter Kaiserin Maria Theresia Schloss Schönbrunn, unter Prinz Eugen das Belvedere. Der beim Volk unbeliebte Kaiser Joseph II. fühlt sich der Aufklärung verpflichtet und reformiert 1783 die Stadtverwaltung. Die innerstädtischen Friedhöfe werden aufgelöst.

1752: In Schönbrunn entsteht der erste Tierpark der Welt 68. 1770 sorgt der Einzug eines indischen Elefanten für helle Aufregung.

1791: Mozarts Zauberflöte feiert im Theater auf der Wieden Uraufführung.

1805–1809: Napoleon in Wien; während der französische Feldherr 1805 kampflos in Wien einzieht und von der Bevölkerung eher neugierig als bekümmert in Empfang genommen wird, erobert er 1809 gewaltsam die Befestigungsmauern, residiert provokativ in Schloss Schönbrunn und feiert in Wien seinen 40. Geburtstag.

1814–1815: Nach den Befreiungskriegen wird Europa auf dem Wiener Kongress neu geordnet – wichtigster Akteur ist dabei Graf von Metternich. Da nicht nur debattiert, sondern auch zünftig gefeiert worden ist, entstanden die geflügelten Worte: „Der Kongress tanzt". Tatsächlich nahm mit dem Wiener Großereignis der Siegeszug des Walzers seinen Lauf.

1815–1847: In der Epoche des Biedermeiers herrscht in Wien eine längere Phase des Friedens, 1824 wird mit dem ersten Pferdeomnibus der Vorläufer der Straßenbahn in Betrieb genommen, 1826 wird der jüdische Stadttempel in der Seitenstettengasse geweiht, 1830 überschwemmt ein starkes Hochwasser die Stadt.

1848: Märzrevolution und Wiener Oktoberrevolution, die von kaiserlichen Truppen blutig niedergeschlagen wird; ca. 2000 Revolutionäre kommen ums Leben.

1858–1865: Auf Anordnung Kaiser Franz Josephs werden die alten Stadtmauern geschleift. Dadurch wird die Grundlage zum Bau der für Wien prägenden Ringstraße geschaffen. Für die Bauarbeiten werden tschechische Arbeiter angeworben, die sich im Bereich des späteren 10. Bezirks (Favoriten) ansiedeln. Gleichzeitig treffen in der zweiten Hälfte des 19. Jahrhunderts viele Juden aus den östlichen Reichsterritorien in Wien ein und prägen jüdisches Leben im 2. Bezirk (Leopoldstadt).

1873: Im Prater findet die Weltausstellung statt, die „Fledermaus" von Johann Strauss feiert ihre Uraufführung, die Hochquellleitung versorgt die Bevölkerung mit Trinkwasser aus den Alpen und die Abholzung des Wienerwalds wird in letzter Minute abgewendet.

1870–1875: Die Donau wird großflächig reguliert, ihre Seitenarme werden abgedämmt, der Hauptstrom in ein neues Flussbett verlegt und der zur Inneren Stadt führende Seitenarm in den Donaukanal verwandelt. Mit der Alten Donau entsteht ein stehendes Gewässer.

1890: Die Wiener Arbeiterschicht wird selbstbewusster und feiert die erste Maifeier.

1890–1910: Durch Stadterweiterung und weiteren Zuzug wächst Wien weiter an und erreicht über 2 Mio. Einwohner – einen bis heute nicht erreichten Höchststand. Um 1900 gilt Wien als Weltmetropole in Sachen Kunst und Kultur; Künstler wie Otto Wagner und Gustav Klimt geben dem Wiener Jugendstil ein Gesicht. Bürgermeister Karl Lueger prägt die Stadtentwicklung. Einerseits macht er sich durch populäre Entscheidungen wie der Schaffung des Wald- und Wiesengürtels rund um Wien bei großen Teilen der Bevölkerung beliebt, andererseits fördert seine antisemitische Einstellung den Nährboden für deutschnationalistische Kreise. Der Linienwall wird 1894 abgetragen und schafft Platz für den Bau des Gürtels. Die Wien (Fluss) wird in ein Betonbett verbannt.

1914–1918: Das Attentat von Sarajevo auf Thronfolger Franz Ferdinand gilt als Startschuss für den Ersten Weltkrieg; Kaiser Franz Joseph stirbt im Jahr 1916, ihm zu Ehren gibt es einen großen Trauerzug zur Kapuzinergruft 21. Mit der Niederlage im Ersten Weltkrieg ist das Ende der österreichisch-ungarischen Doppelmonarchie besiegelt.

1919–1930: Rotes Wien; über ein Jahrzehnt dominiert die Sozialdemokratie die Stadtpolitik; es entstehen große moderne Gemeindebauten wie der kasernenartig konstruierte Karl-Marx-Hof 62 und öffentliche Bäder wie das Amalienbad (s. S. 238).

1934: Unter Engelbert Dollfuß gewinnt der als Austrofaschismus bezeichnete autoritäre Ständestaat die Oberhand; im Februar kommt es in Wien zu einem dreitägigen Bürgerkrieg, bei dem die von Arbeiterwehren verteidigten großen Gemeindebauten beschossen werden. Im Juli putschen Nationalsozialisten gegen den Ständestaat und ermorden Dollfuß.

1938: Der „Anschluss" Österreichs an das Deutsche Reich wird vollzogen – verbunden mit einer Rede Hitlers am Wiener Heldenplatz. Infolgedessen wurde der „Reichsgau Groß-Wien" ins Leben gerufen. Es kommt zu gehässigen Aktionen gegen die jüdische Bevölkerung, die unter anderem dazu gezwungen wird, die Straßen zu wischen. Während der Novemberpogrome werden 92 Synagogen vernichtet. In den folgenden Jahren verlassen viele Juden die Stadt. Tausende derer, denen dies nicht gelingt, werden in KZs und Vernichtungslagern ermordet. Nur ca. 5000 Juden überleben in Wien.

1944/1945: Im März 1944 kommt es zu massiven Bombardierungen; etliche Zivilisten finden in den Flaktürmen (s. S. 104) Unterschlupf. Im April 1945 kommt es zum Sturm sowjetischer Truppen auf Wien, der Tausende Tote fordert. Die Stadt wird nach Kriegsende unter Verwaltung der Alliierten zur Vier-Sektoren-Stadt.

1950: Im Apollo-Kino hat der Film „Der dritte Mann" Premiere, der die Stimmung im Nachkriegs-Wien ausdrückt.

1955: In Schloss Belvedere 53 wird der Österreichische Staatsvertrag unterzeichnet, mit dem die junge Republik ihre volle Souveränität erlangt. Die vier Besatzungstruppen ziehen aus Wien ab.

1955–1976: Auch wenn Wien wie andere Städte vom Wirtschaftswunder profitiert, herrscht eher Tristesse und Bevölkerungsschwund, was der Randlage nahe des „Eisernen Vorhangs" geschuldet ist. Wien droht zu vergreisen. Ende der 1960er-Jahre werden die ersten Gastarbeiter aus der Türkei und Jugoslawien angeworben. Am östlichen Donauufer entsteht das Vienna International Centre 76 – im Volksmund auch als UNO-City bezeichnet. Die nahe gelegene Reichsbrücke über die Donau stürzt 1976 ein.

1978: Das erste Teilstück der Wiener U-Bahn wird eröffnet. Bei den Bauarbeiten unter dem Stephansplatz entdeckt man die Virgilkapelle (s. S. 17).

1979–1987: Wiener Fernseh- und Popkultur erobert Deutschland und den Rest der Welt: Die Fernsehserie „Kottan ermittelt" begeistert Millionen Fernsehzuschauer (s. S. 232) und der Sänger Falco (s. S. 131) wird in den 1980er-Jahren zum Weltstar.

1993: Im Januar versammeln sich 250.000 Wiener zum Lichtermeer auf den Straßen, um gegen Fremdenfeindlichkeit zu protestieren. Im selben Jahr findet der erste Wiener Life Ball statt, der sich den Rechten Homosexueller und dem Kampf gegen Aids verschreibt.

1994–2000: Seit die Grenzen zum Ostblock gefallen sind, wächst und gedeiht die Stadt wieder. In Wien entstehen etliche Hochhauskomplexe. Der zwischenzeitlich höchste Wolkenkratzer ist der Millennium-Tower im 20. Bezirk.

2001–2013: Die Stadt verändert ständig ihr Gesicht. Hypermoderne Gebäudekomplexe entstehen in der Nähe des Wiener Praters; in Transdanubien wird mit der Seestadt Aspern ein komplett neuer Stadtteil aus dem Boden gestampft.

2015: Schlagerstar Udo Jürgens erhält ein Ehrengrab auf dem Zentralfriedhof. Tausende Fans nehmen Abschied von dem Sänger. Im Mai findet der Eurovision Song Contest in Wien statt, nachdem die österreichische Dragqueen Conchita Wurst alias Thomas Neuwirth im Jahr zuvor den Musikwettbewerb in Kopenhagen für sich entscheiden konnte.

2016: Bis zur Schließung der sogenannten Balkanroute kommen seit Herbst 2015 Tausende Flüchtlinge am Wiener Westbahnhof an, um von dort weiter Richtung Deutschland zu reisen. Etliche bleiben auch in Österreich. Der Prater 57 feiert 250. Geburtstag.

2018: Nach über 23 Jahren im Amt übergibt Bürgermeister Michael Häupl das Zepter an seinen Nachfolger Michael Ludwig.

2019: Die sogenannte Ibiza-Affäre um Vizekanzler Heinz-Christian Strache von der FPÖ und die darauffolgende Regierungskrise erregen die Gemüter und sind Hauptgesprächsthema in der Stadt.

2020: Am 2. November tötet ein Islamist während eines Terroranschlags in der Wiener Innenstadt vier Personen und verletzt zahlreiche weitere. Er wird von der Polizei erschossen.

2020–2023: Während der Coronapandemie wird in keiner anderen deutschsprachigen Stadt so viel getestet und die Maskenpflicht im ÖPNV so lange aufrechterhalten wie in Wien.

033wi-ck

Leben in der Stadt

Wien ist das unumstrittene Zentrum Österreichs und dessen **Bundeshauptstadt.** Daneben bildet es auch ein eigenes Bundesland – jenes mit der kleinsten Fläche, aber der höchsten Einwohnerzahl – noch vor Niederösterreich. Fast jeder vierte Österreicher lebt in Wien, denn die Stadt hat fast 2 Mio. Einwohner.

In der Zeit des Kalten Krieges rückte Wien geografisch an den Rand der westlichen Welt, was dazu führte, dass viele Firmen und Arbeitsplätze nach Westösterreich verlagert wurden. Viele junge Menschen wanderten ab, die Stadt drohte zu überaltern. Mit dem **Fall des Eisernen Vorhangs** rückte Wien gewissermaßen wieder ins Herz Mitteleuropas und wächst seither wie kaum eine andere deutschsprachige Stadt. Mittlerweile hat man sogar Hamburg überholt und belegt Platz Nr. 2 hinter Berlin.

Allerdings sprechen in Wien nicht alle Bewohner perfekt Deutsch. Einige Bezirke wie der 15. (Rudolfsheim-Fünfhaus), 16. (Ottakring), 20. (Brigittenau), der 5. (Margareten) oder der 10. Bezirk (Favoriten) weisen einen sehr **hohen Anteil an Ausländern und Migranten** auf. Von den überwiegend jugoslawischen Gastarbeitern, die in den 1960er-Jahren angeworben wurden, besitzen mittlerweile die meisten die österreichische Staatsbürgerschaft. Ähnliches gilt für die türkischstämmigen Migranten. Im nördlichen Teil des 10. Bezirks beispielsweise rund um den Reumannplatz ist die türkische Prägung des Viertels deutlich sichtbar. Vom Metzger über den Obststand bis zum Friseur hat sich die Community ihre eige-

⌃ *Selbstbewusst: die LGBT+ Community präsentiert sich bei der jährlichen Regenbogenparade* nen Institutionen geschaffen und ganze Geschäftszeilen übernommen. In etlichen Wiener Bezirken ist in den vergangenen Jahren ein deutlicher Anstieg an arabischstämmigen Einwanderern (u.a. aus Syrien, Irak und Nordafrika) zu verzeichnen. Von Teilen der alteingesessenen Bevölkerung wird diese Veränderung mit Sorge betrachtet. Es wäre übertrieben, in Wien von einer allgemeinen Ausländerfeindlichkeit zu sprechen. Allerdings zeigen die starken Ergebnisse der rechtspopulistischen FPÖ (Freiheitliche Partei Österreichs) gerade in ehemaligen Arbeiterbezirken, dass bei manchen Bewohnern Unzufriedenheit herrscht. Interessanterweise wählen mittlerweile auch eingebürgerte Migranten aus dem ehemaligen Jugoslawien häufig die FPÖ und wettern gegen die neuen Zuzügler.

Dies muss der SPÖ (Sozialdemokratische Partei Österreichs) Sorgen bereiten. Viele Jahrzehnte lang war Wien für die Sozialdemokraten eine **rote Festung**, in den Gemeindebauten gab es kaum Abweichler und man konnte meist mit absoluter Mehrheit regieren. Zwar ist mit Michael Ludwig noch immer ein Sozialdemokrat Bürgermeister der Stadt, derzeit muss er sich die Macht allerdings mit den Neos (Liberalen) teilen. In den kommenden Jahren ist wohl nicht damit zu rechnen, dass die SPÖ wieder die allein regierende Partei in Wien wird – zu sehr haben sich wichtige Wählerschichten wie die Arbeiterschaft von ihr abgewendet.

Eine allgemeine Unzufriedenheit mit den herrschenden politischen Verhältnissen ist dem Wiener schon immer zu eigen und man wird nur wenige Menschen treffen, die nicht irgendetwas zu kritisieren haben. Das **Granteln** liegt dem Wiener im Blut, sagt man, und er wäre nicht glücklich, wenn es nichts zu schimpfen gäbe. Im Großen und Ganzen möchte er/sie aber auch nicht allzu viel verändern und ist eigentlich recht froh darüber, wie alles bestellt ist.

Im **ökologischen Bereich** hat sich jedoch in den vergangenen Jahren einiges getan: Man versucht, den Autoverkehr einzudämmen und neue Fußgängerzonen zu schaffen – wichtigstes Beispiel: die Umgestaltung der Mariahilfer Straße 47. Über schlechte Luft kann man sich in Wien eigentlich nicht beklagen: Im Gegensatz zu Linz und Graz besitzen die meisten Bezirke regelrecht das Niveau von Luftkurorten. Dazu tragen insbesondere der häufige Wind und das breite Band des Wienerwaldes bei, der die Stadt als grüne Lunge umringt.

146wi-se

Traditionelle Kaffeehäuser gehören zur Wiener Lebensart

035wi-se

Wenn man mit den Wienern spricht, so leben letztlich doch die meisten sehr gerne in ihrer Stadt und ein echter Wiener würde die Donaumetropole nur unter Zwang verlassen. Im Gegenteil: Es strömen immer mehr Menschen in die Stadt. **Jährlich wächst die Bevölkerung** um mehre Zehntausend Menschen und es wird wohl bereits 2023 so weit sein, dass die Stadt wie schon 1910 die Zwei-Millionen-Einwohnermarke durchbricht. Dementsprechend ändert Wien auch sein Gesicht: Im Osten der Stadt sind komplett neue Stadtteile wie die **Seestadt Aspern** (Endstation U2) entstanden.

Im Hochsommer sind die Pferde am Heldenplatz 30 *besonders durstig*

Die Wiener an sich

„Ein echter Wiener geht nicht unter", so hieß eine bekannte ORF-Fernsehserie aus den 1970er-Jahren, die teilweise auch in Deutschland ausgestrahlt wurde und eine bestimmte Sichtweise des Wieners an den Tag legte: der Wiener als ständig grantelnder und unzufriedener, aber in seinem tiefsten Herzen liebenswürdiger Prolet.

Solche Wiener gab es und gibt es, allerdings sind sie seltener geworden. Eine Reihe dieser wienerischen Stereotype findet man auch in der Serie „Kaisermühlen Blues" (s. S. 232) aus den 1990er-Jahren: den redseligen Rentner mit seinem Hund, den kleinkriminellen Strizzi oder die neugierige Hausbesorgerin – die Hausbesorger, einst Herrscher ihrer Gemeindebauten, hat man mittlerweile übrigens größtenteils abgeschafft. Und doch findet man sie, wenn man sie nicht gerade bei den Wiener Hauptsehenswürdigkeiten sucht: diese **skurrilen Typen mit ihrem oft derben Dialekt** und einer oft kabarettistisch wirkenden Individualität. Man findet sie an Würstelständen, in kleinen Beiseln an der Ecke oder einfach nur im Billa-Supermarkt oder im Park vor dem Gemeindebau beim Ausführen ihrer Hunde. Apropos Hunde: Deren Hinterlassenschaften („Hundstrümmerl") sind ein altes Wiener Ärgernis.

Und dann gibt es natürlich noch die andere Seite der Medaille: die selbstbewusste **Wiener Oberschicht** aus Hietzing oder Döbling mit ihrem oft etwas näselnd wirkenden, feinen Tonfall, der an den habsburgischen Duktus Kaiser Franz Josephs erinnert; die gepflegten Damen und adretten Herren in den Kaffeehäusern oder das Stammpublikum in Burgtheater 42 und Staatsoper 32. Deren Nachwuchs wiederum amüsiert sich in den angesagten Clubs der Stadt. Die **Wiener Schnösel** mit Porsche vom Papa gab und gibt es natürlich, allerdings ist diese Spezies nicht so ausgeprägt wie in München.

Im Gegensatz zu München weist Wien stattdessen eine **ausgeprägte alternative Szene** auf, die sich in verschiedenen Facetten zeigt: Lebenskünstler und Künstler zog und zieht es immer schon nach Wien. Manche werden erfolgreich, andere scheitern und enden als Obdachlose auf der Straße. In Wien liegt **Arm und Reich** eng beisammen. Beispielsweise kauft sich am schon erwähnten Würstelstand, einer ganz besonderen Wiener Institution, der Banker nach der Arbeit genauso sein Bier und seine Burenhaut wie der Sandler (österreichisch für Penner). Am Würstelstand sind alle gleich. Dann gibt es natürlich noch die in den hippen Vierteln angesiedelten **Bobos und Hipster** – lebensfrohe, eher besser verdienende Individualisten mit ideologischen Überschneidungen zur alternativen Szene. Und schließlich darf man auch nicht die Abertausenden **Migrantenfamilien** außer Acht lassen. Einst kamen sie aus der Türkei, aus Kroatien und Serbien nach Wien und stellen in einigen Stadtvierteln die Mehrheit der Bevölkerung. Draußen in den Weinbaudörfern lebt stattdessen die alteingesessene Bevölkerungsschicht ihre alten Traditionen, auf den Weinfesten tragen die Jugendlichen Lederhose und Dirndl.

In der Regel leben diese verschiedenen Wiener Spezies friedlich nebeneinander her nach dem Motto: **Leben und leben lassen!** Hin und wieder begegnen sie einander auf den großen Festen wie dem Maifest (s. S. 202) im Prater 56 oder dem Donauinselfest (s. S. 202). Eines haben sie aber alle gemeinsam: Sie sind Wiener und fühlen sich als Wiener! Dieser Kitt schweißt die meisten Bewohner mehr zusammen, als es ihnen bewusst ist. Die **Wiener Nationalität** zählt oft mehr als die österreichische oder die des Ursprungslands. Auch wenn man sich untereinander streitet und kritisch beäugt, gegen einen Kärntner oder einen Piefke (Deutschen), der schlecht über Wien redet, ist man sich allemal einig. Ein Wiener sagte mir einmal, dass es völlig egal sei, ob man in Wien geboren ist oder nach Wien zugezogen ist, ob man reich oder arm ist, ursprünglicher Serbe, Tiroler, Simmeringer oder Norddeutscher – man muss Wien im Blut haben, muss die Wiener Seele in sich spüren. Dann ist man Wiener – sogar als Tourist.

Helmut Qualtinger, sein Sohn und der Herr Karl

In einem Gespräch mit dem Autor erzählt der Maler, Schriftsteller, Musiker und Kabarettist Christian Heimito Qualtinger über seinen Vater und das Wien seiner Jugend. Außerdem verrät er spezielle Wiener Plätze.

Helmut Qualtinger hat geschafft, was nur wenigen österreichischen Künstlern gelungen ist: Er gilt auch außerhalb der Alpenrepublik als einer der bedeutendsten Kabarettisten und Humoristen des letzten Jahrhunderts, wird in einem Atemzug genannt mit Karl Valentin und hat auch als Schauspieler Weltruhm erworben – nicht nur in seiner letzten Rolle in der Verfilmung von Umberto Ecos Roman „Der Name der Rose". Um eine derartige internationale Anerkennung zu erreichen, hat er sich im eigenen Land wiederholt und genüsslich in die Nesseln gesetzt. Noch heute erinnert sich Christian Qualtinger an die Droh- und Beleidigungsanrufe nach den Ausstrahlungen von „Der Herr Karl", jenes legendären Ein-Personen-Stücks, in dem Helmut Qualtinger der österreichischen Nachkriegsgesellschaft den Spiegel vor die Nase hält und das Verhältnis vieler seiner Landsleute zum Nationalsozialismus entlarvt. Als heranwachsendem Buben hat es dem Sohn sogar Spaß gemacht, wenn er – allein zu Hause – die Anrufe entgegennehmen und frech zurückreden konnte.

Dass der Vater überhaupt seinen künstlerischen Werdegang angetreten hat, verdankt er unter anderem dem Schriftsteller Heimito von Doderer, der ihn als Jugendlicher ermutigt hat, seine schauspielerischen Aktivitäten weiter voranzutreiben. Sohn Christian verdankt dieser Begegnung seinen zweiten Vornamen.

Bereits 1949 sorgte Qualtinger mit dem Stück „Jugend vor den Schranken" für einen Theaterskandal. In den 1950er- und 1960er-Jahren gelang ihm der Durchbruch als Kabarettist zusammen mit seinen Mitstreitern Gerhard Bronner, Carl Merz, Louise Martini, Peter Wehle, Georg Kreisler und Michael Kehlmann. Besondere Popularität erlangten seine Travnicek-Dialoge. Mit großer Leidenschaft trieb Qualtinger Schabernack – beispielsweise, als er den Wien-Besuch des angeblich berühmten Eskimodichters Kobuk mit seinem Werk „Das brennende Iglu" über Zeitungen lancierte und den anwesenden Reportern am Wiener Westbahnhof, nach dem ersten Eindruck von Wien befragt, zur Antwort gab: „Haaß is'" (heiß ist's). Im Alter von 57 Jahren starb der Ausnahmekünstler kurz nach den Dreharbeiten zum Namen der Rose am 29. September 1986. Sein Ehrengrab befindet sich auf dem Wiener Zentralfriedhof **12** *(Gruppe 33 G, Nummer 73).*

Das wohl berühmteste Werk des Multitalents, den Herrn Karl, hat Christian Qualtinger zusammen mit dem Weinviertler Comiczeichner Reinhard Trinkler als illustriertes Comicbuch veröffentlicht (Amalthea Verlag). Der 1958 geborene Qualtinger-Sprössling verbrachte seine Jugend im Wien der 1960er- und 1970er-Jahre. „Die Standards waren zwar nur halb so hoch, die Preise dafür höchstens ein Viertel so hoch wie heute. Wien war die billigste Stadt Westeuropas; es gab viel mehr alte Leute und alles war leicht verfal-

len, aber nicht ganz verfallen", erinnert sich Christian Qualtinger. In den vergangenen Jahren ändere sich ständig etwas in Wien, es erinnere ihn an den München-Boom nach den Olympischen Spielen von 1972. Seine Kindheit verbrachte er in einem Gemeindebau in Untersievering, Daringergasse 12–20, in dem auch andere österreichische Berühmtheiten wie der Radio- und Fernsehjournalist Teddy Podgorsky und die Schauspielerin Louise Martini Wohnungen hatten. Seit 1989 heißt die Wohnanlage zu Ehren seines berühmtesten Bewohners Helmut-Qualtinger-Hof. „Es ist mit dem Kulturinspektorat der Erde abgesprochen, dass der Qualtinger-Hof einer der schönsten Plätze auf der Welt ist – noch vor Hawaii und vor Tahiti. Hier leben die letzten glücklichen Ureinwohner." Sein humoristisches Gen hat Christian Qualtinger auf jeden Fall vom Vater geerbt. „Früher war Wien die Hauptstadt Niederösterreichs. Seit Sankt Pölten Hauptstadt geworden ist, ist die Welt aus den Geleisen geraten" – da ist er sich sicher.

Auf die Frage, was er Wien-Touristen und Fans seines Vaters in der Stadt empfehlen würde, meint Christian Qualtinger, dass ein bis zwei Tage jedem Besucher für die klassischen Sehenswürdigkeiten zustünden; danach sollte man einfach mal den Donaukanal entlangspazieren, beispielsweise von der Innenstadt hinauf in den 19. Bezirk zu einem Heurigen (s. S. 180) – „wo sich das pannonische Klima mit dem alpinen Klima paart, an den wilden Hängen des Leopoldsbergs 65, mit einer Flora wie sonst nur in Sardinien, Zwergeichen sich neigend im Wind". Weniger lyrischer, eher praktisch kulinarischer Art ist sein Tipp für die Innenstadt: „Im Lokal Gutruf (s. S. 186) sitzt man zwei Meter Luftlinie von der Zubereitungsstelle seiner Speisen." Im winzigen Gutruf verbrachte schon Helmut Qualtinger viele Stunden seines Lebens mit dem einen oder anderen Achterl Wein – alte Fotografien erinnern noch heute an ihn. Für echte Fans nach dem Qualtinger-Hof und seiner Wohnstätte im idyllischen Heiligenkreuzerhof mit Gedenktafel (Zugang über Schönlaterngasse 5 oder Grashofgasse [G/H6]) vielleicht der drittschönste Platz auf Erden …

036wi

„Der Herr Karl" von Helmut Qualtinger ist auch als Comicbuch erschienen

Das neue Wien Museum und der Walfisch

Jahrzehntelang fristete das **Wien Museum am Karlsplatz** ein Schattendasein neben der berühmten **Karlskirche** [51]. An der **Dauerausstellung** selbst lag es mit Sicherheit nicht. Die war auch schon vor der **Schließung** vor etlichen Jahren spannend und präsentierte einen tiefen Einblick in die Seele der Donaumetropole. Möglicherweise lag es an dem Gebäude aus den 1950er-Jahren, das von manchen Besuchern als wenig anziehend empfunden wurde, vielleicht hatte es auch mit der großen Konkurrenz an hochkarätigen Museen in Wien zu tun. Und wenngleich das Wien Museum reich an **Außenstellen** ist, so fehlte nach der Schließung doch ein Hauptgebäude und die Wiener Museenlandschaft wurde ein Stück ärmer.

In den vergangenen Jahren wurde das Museum einer **umfangreichen Sanierung und Umgestaltung** unterzogen. Ende 2023 ist diese Durststrecke nun endlich vorbei: Voraussichtlich im Dezember öffnet das Wien Museum wieder seine Pforten. Über 100 Mio. € war es der Stadt wert, das von Architekt Oswald Haerdtl entworfene Nachkriegsgebäude zum neuen Schmuckstück zu machen. Herausgekommen ist ein **komplett neu gestalteter Eingangsbereich** mit einem Glasvorbau, der gleich einer ausgestreckten Hand die Besucher ins Innere einladen soll. Dort erwartet die Gäste dann eine 25 Meter hohe Halle, die künftig Platz für Großobjekte bieten wird.

Ein für das Museum neues und gleichzeitig schon recht altes Objekt ist bereits am Karlsplatz eingetroffen: ein **monumentaler Walfisch** aus Holz und Kupferblech, der jahrzehntelang über dem Eingang des gleichnamigen Gasthauses im Wiener Wurstelprater [57] verwitterte. Als das Gasthaus, bereits vor vielen Jahren geschlossen, schließlich abgerissen wurde, kümmerte sich niemand um das **skurrile Prater-Wahrzeichen** und beinahe wäre der mächtige Ozeanbewohner verschwunden, hätte nicht ein Abrissunternehmer Mitleid mit dem Wal gehabt. In einem Hinterhof hat er ihn aufbewahrt, ehe man sich irgendwann seiner erinnerte, ihn restaurierte und als Star des neuen Museums ins Spiel brachte. Viele Wiener freuen sich bereits, das liebgewonnene Objekt neben unzähligen anderen Ausstellungsstücken wiederzusehen.

Ein zusätzliches Highlight des neuen Museums wird ein 1200 Quadratmeter großes **Schwebegeschoß aus Beton** in der obersten Etage sein. Die erste Wechselausstellung soll im Februar 2024 stattfinden und dem Barockbaumeister Fischer von Erlach gewidmet sein.

Informationen zu Öffnungszeiten, Eintrittspreisen und Ausstellungen findet man auf der Homepage des Museums:
› www.wienmuseumneu.at

154wi-se

Der Walfisch – als er noch im Prater zu Hause war

001wi-mt

PRAKTISCHE REISETIPPS

An- und Rückreise

Mit dem Flugzeug

Wer auf das Flugzeug angewiesen ist, landet am Flughafen **Wien-Schwechat (VIE)**, der etwa 16 Kilometer vom Zentrum Wiens entfernt liegt. Neben der Lufthansa-Tochter Austrian Airlines und **Lufthansa** selbst fliegen unter anderem folgende Airlines Wien direkt an: Wizz Air, Ryanair, Eurowings und Swiss Airlines.

Innerhalb von nur 16 Minuten fährt man mit dem **City Airport Train CAT** ins Stadtzentrum (Bahnhof Wien Mitte, Anschluss zur U3 und U4, einfache Fahrt für Erwachsene 14,90 €, Hin- und Rückfahrt 24,90 €, Kinder bis 14 Jahre kostenlos, www.cityairporttrain.com).

Etwas länger braucht man mit der **Schnellbahnlinie** S7, dafür kostet die einfache Fahrt (zwei Zonen inkl. Fahrten im Wiener Liniennetz) nur 4,40 €. Eine schnelle und günstige Variante ist der regelmäßig zwischen Flughafen und Wiener Hauptbahnhof verkehrende **Railjet** (RJ, ebenfalls 4,40 €, www.oebb.at).

Die vierte Möglichkeit ist eine **Busfahrt** mit den **Vienna Airport Lines** (www.viennaairportlines.at) zu den wichtigen Knotenpunkten (Westbahnhof, Meidling, Schwedenplatz, Kagran u. a.) für 9,50 €. Natürlich fahren auch **Taxis** vom Flughafen nach Wien, allerdings muss man hier je nach Ziel mit Kosten von 40 € bis 70 € rechnen.

[<] *Vorseite: Blick auf den Donaupark und den Donauturm* 77

[>] *Die meisten Züge fahren zum Wiener Hauptbahnhof*

Mit dem Auto

Wer von Deutschland aus mit dem Auto anreist, kommt entweder über **München und Salzburg** (via deutsche A8) oder über **Passau** (via deutsche A3 und österreichische A8) auf die **Westautobahn (A1)** in Richtung Wien. Am Knoten Steinhäusl teilt sich die Autobahn; über die A1 gelangt man auf direktem Weg in den Westen Wiens und von dort weiter ins Zentrum, über die A 21 geht es durch den Wienerwald in den Südwesten Wiens und weiter Richtung Budapest und Graz.

Von Kärnten und der Steiermark gelangt man über die A2 nach Wien, von der Wachau und dem Weinviertel aus über die A22.

Mit der Eisenbahn

Fast alle wichtigen Fernverbindungszüge fahren den **Hauptbahnhof** sowie den Bahnhof Wien Meidling an. Innerhalb von vier Stunden fährt man z. B. mit dem **ÖBB-Hochgeschwindigkeitszug Railjet** vom Münchner zum Wiener Hauptbahnhof. Direkte ICE-Verbindungen bestehen von Frankfurt am Main und Leipzig aus über Regensburg und Passau. Die komfortablen Nachtzüge **ÖBB-Nightjet** mit reservierten Sitzplätzen sowie Liege- und Schlafwagen verkehren von Hamburg, Berlin, Frankfurt am Main, Köln, Düsseldorf und Zürich.

Eine schnelle, bequeme und günstige Verbindung zwischen München/Innsbruck und Wien Westbahnhof bietet die private **westbahn** (Tickets im Zug, teils Sparpreise online). Von der Schweiz aus bestehen regelmäßige direkte Bahnverbindungen nach Wien von Basel und Zürich.

- **Österreichische Bundesbahnen:** www.oebb.at, www.nightjet.com
- **Deutsche Bahn:** www.bahn.de
- **Schweizer Bundesbahnen:** www.sbb.ch
- **westbahn:** www.westbahn.at

Autofahren

Prinzipiell ist man in Wien nicht auf das eigene Fahrzeug angewiesen. Fast alle beschriebenen Sehenswürdigkeiten sind mit öffentlichen Verkehrsmitteln zu erreichen. Große Bereiche der Innenstadt lassen sich auch gut zu Fuß erobern. Selbst einige außerhalb Wiens gelegene Ziele wie Klosterneuburg 78 sind gut an den öffentlichen Nahverkehr angebunden und auch die slowakische Hauptstadt Bratislava (s. S. 147) erreicht man am günstigsten und ohne Stress mit dem Bratislava-Ticket der ÖBB (s. S. 149). Lediglich für die Gegend um Orth an der Donau und Carnuntum 82 erscheint die Anfahrt mit dem eigenen Auto die praktikabelste Lösung.

KURZ & KNAPP

Der Hauptbahnhof [H9]

Nachem der alte Wiener Südbahnhof mit seiner einzigartigen Bahnhofshalle zum Leidwesen vieler Wiener dem Erdboden gleichgemacht worden war, erfolgte 2010 der Spatenstich zu einer der größten Baustellen Europas: dem neuen Hauptbahnhof. Auf 109 Hektar entstand rund um den Bahnhof mit dem Sonnwendviertel ein komplett neues Stadtviertel mit Wohn- und Bürogebäuden, die teils in herbem Kontrast zu den alten Mietshäusern im Bezirk Favoriten stehen. Zusätzlich gibt es unter den Bahnsteigen ausgedehnte Einkaufs- und Imbisspassagen. Im Vergleich zum aufwendig sanierten West- und ehemaligen Südbahnhof – beide Sackbahnhöfe – ist der neue Hauptbahnhof ein Durchgangsbahnhof. Architektonisch ist das milliardenschwere Prestigeprojekt nicht besonders spektakulär. Am auffälligsten ist das 31.000 Quadratmeter große **gezackte Rautendach**, für das etwa 7000 Tonnen Stahl verbaut wurden, was in etwa der Menge des für den Pariser Eiffelturm verwendeten Materials entspricht.

Generell sei von ausgiebigen Autofahrten in Wien auch deshalb abgeraten, da es speziell auf den Ein- und Ausfallstraßen, am Gürtel und auf der Tangente fast täglich zu nervenaufreibenden Staus kommt – besonders morgens und während des Feierabendverkehrs. Autolenkern mit dünnem Nervenkostüm könnte auch der teilweise hektische und manchmal leicht aggressive Fahrstil in Wien Probleme bereiten, wenngleich man sich nicht aus der Ruhe bringen lassen sollte. Besonders auf ausländische Kennzeichen wird mehr Rücksicht genommen als auf inländische – angehupt wird man allerdings gerne einmal.

Wer in kleinere Gassen einbiegt, muss sich teilweise auf ein heilloses Gewirr von Einbahnstraßen einstellen. Bei den **Ampeln** muss man sich auf eine Besonderheit einstellen: Bevor sie auf Gelb und Rot umschalten, blinken sie einige Zeit lang grün. In dieser Zeit kann man noch fahren. Bei Gelb sollte man aber auf jeden Fall schon zum Stehen kommen.

An den **Tankstellen** erhält man die üblichen europäischen Kraftstoffe. Die Spritpreise sind in Österreich etwas günstiger als in Deutschland.

› **Autobahnvignette:** In Österreich muss man beim Befahren fast aller Autobahnen eine Vignette an die Frontscheibe kleben. Sie ist bei Automobilclubs oder an Raststätten und Tankstellen im Grenzgebiet erhältlich, beispielsweise an der Tankstelle vor dem Grenzübergang Salzburg–Walserberg. Die Jahresvignette kostet 96,40 €, die 2-Monats-Vignette 29 € und die 10-Tages-Vignette 9,90 € (Motorräder: 38,20/14,50/5,80 €).
› **Warnweste:** In Österreich müssen Automobillenker eine Warnweste mitführen, die an Tankstellen und Raststätten sowie bei Automobilclubs erworben werden kann.
› **Geschwindigkeitsbegrenzungen:** in Ortschaften 50 km/h, außerorts 100 km/h, auf Autobahnen 130 km/h

⌃ *Viele Wiener Bezirke fungieren als Kurzparkzonenbereiche (s. S. 225)*

- **Pannennotrufnummer ÖAMTC:** Tel. 120
- **Tanken:** Die Benzinpreise in Österreich sind etwas günstiger als in Deutschland, insbesondere abseits der Autobahnen. Es gibt alle üblichen Spritsorten.

Parken

Parken ist für Touristen in Wien so eine Sache. Alle Wiener Bezirke sind **kostenpflichtige Kurzparkzonen,** in denen nur Anwohner mit Berechtigung dauerhaft stehen dürfen (s. rechts). Für auswärtige Autofahrer ist ein längerfristiges kostenloses Parken in Wien mehr oder weniger unmöglich geworden. Wenn die Unterkunft keinen eigenen Parkplatz zur Verfügung stellen kann, fragt man am besten an der Rezeption nach der Hotelparkkarte. Mit der sogenannten **H-Karte** können Hotels und Pensionen ihren Gästen das Parken auf Straßen in Hotelnähe ermöglichen.

In den Wiener **Park-&-Ride-Garagen** parkt man relativ günstig für 4,10 €/Tag (20,90 €/Monat). Alle Park-&-Ride-Parkhäuser sind direkt an eine U-Bahnlinie angebunden. Für all jene, die von Deutschland oder Westösterreich über die Westautobahn anreisen, empfiehlt sich das Park-&-Ride-Parkhaus in Wien-Hütteldorf.

Alternativ kann man sich in der weiteren Umgebung in Niederösterreich einen Parkplatz suchen und von dort mit der **S-Bahn** nach Wien weiterreisen bzw. zunächst sein Gepäck abliefern, um danach einen „sicheren" Parkplatz im Wiener Umland zu suchen.

In der Innenstadt gibt es natürlich auch eine Vielzahl von normalen **Parkhäusern,** die allerdings nicht günstig sind.

- www.parkeninwien.at

KURZ & KNAPP

Vorsicht: Kurzparkzone

Seit 2022 ist ganz Wien eine flächendeckende Kurzparkzone, für die folgende Regelung gilt: Man benötigt einen **Parkschein** (1,25 € pro halbe Stunde) oder ein Parkpickerl (nur für Bezirksbewohner), um das Fahrzeug auf öffentlichen Stellplätzen zu parken. Diese Regelung gilt von montags bis freitags (außer feiertags) von 9 bis 22 Uhr.

In Geschäftsstraßen kann die Parkdauer abweichen, man sollte deshalb die jeweiligen Verkehrszeichen beachten. Kurzparkscheine erhält man in den meisten Tabak-Trafiken, in Tankstellen, bei den Vorverkaufsstellen und Fahrscheinautomaten der Wiener Linien sowie mobil mit der App „Handy Parken". Detaillierte Infos gibt es unter www.handyparken.at.

Barrierefreies Reisen

Wien hat in den vergangenen Jahren viel dafür getan, dass Menschen mit Behinderung einen angenehmen Aufenthalt in der Stadt genießen können. Auch wenn es immer noch einiges in diesem Bereich zu tun gibt, wurde seitens der Stadtverwaltung einiges erreicht: vom abgeschrägten Gehsteig bis zu Leitlinien für blinde Menschen in U-Bahn-Stationen.

Diese Verbesserungen beginnen bereits bei der **Anreise:** Am Wiener Flughafen Schwechat ist der Terminal 3 durchgängig barrierefrei ausgebaut. Passagiere mit Handicap müssen ihren Hilfsbedarf dem Reiseunternehmen oder der Fluglinie mindestens 48 Stunden vor der für den Flug veröffentlichten Abflugzeit melden.

Viele frequenzstarke **Bahnhöfe** in Wien wie der Westbahnhof, Wien-Floridsdorf und Wien-Meidling sind für mobilitätseingeschränkte Reisende barrierefrei zugänglich. Die Bahnsteige neun bis zwölf des Wiener **Hauptbahnhofs** [H9] sind über zwei Eingänge erreichbar: bei der Karl-Popper-Straße und über den Vorplatz Süd bei der Sonnwendgasse. Barrierefreie WCs, Parkplätze und induktive Höranlagen sind vorhanden. Mobilitätseingeschränkte, sehbehinderte und blinde Personen müssen zum Teil Umwege in Kauf nehmen, um barrierefrei zu den Bahnsteigen zu gelangen.

Auf nahezu allen **Straßen- und Buslinien** in Wien sind auch **Fahrzeuge in Niederflur-Bauweise** unterwegs, um mobilitätseingeschränkten Personen das Ein- und Aussteigen zu erleichtern. Ausnahme ist die Linie 30, die jedoch nur ein Verstärkerzug einer regulären Linie ist. Sehr gut gerüstet für Fahrgäste mit Behinderung und speziellen Bedürfnissen ist das Wiener **U-Bahn-Netz.** Alle U-Bahn-Stationen und Züge sind für Rollstuhlfahrer nahezu barrierefrei erreichbar. In fast allen Stationen weisen Taststreifen blinden und sehbehinderten Menschen den Weg zu Stiegen, Rolltreppen und Aufzügen.

Thema Parken: Gäste mit Behinderung sind von der Parkgebühr in Kurzparkzonen befreit, sie parken dort kostenlos und unbegrenzt (Ausweis hinter die Windschutzscheibe legen!). Generell sind im gesamten Stadtgebiet auch spezielle Behindertenparkplätze ausgewiesen.

Kontakt- und Informationsadressen

Einen umfassenden Überblick für Menschen mit Behinderung bietet die Wiener **Tourist-Info** (s. S. 228). Sämtliche Tipps können als Dokument auf der Internetseite **www.wien.info/de/reiseinfos/wien-barrierefrei** heruntergeladen werden.

Das Informationsmaterial umfasst ausführliche Listen über behindertengerechte Sehenswürdigkeiten, Kultureinrichtungen sowie Gaststätten, Heurigenlokale, Cafés und Bars. Daneben findet sich auch eine umfangreiche Zusammenstellung behindertengerechter **Hotels,** eine Liste öffentlicher **Toiletten** sowie spezialisierte **Stadtführerinnen und Stadtführer** für Gäste mit Behinderung.

Weitere Kontaktadressen:

- **Flughafen:** Flughafen-Infos inklusive Übersichtspläne mit Angabe der behindertengerechten WCs sowie Informationen über den Mobilitätsservice für Personen mit Behinderung oder eingeschränkter Mobilität, Blinde, Gehörlose findet man unter www.viennaairport.com/handicap.
- **Behindertenberatungszentrum BIZEPS,** Telefonberatung 5238921 Mo.–Do. 10–15, Fr. 10–13 Uhr, www.bizeps.or.at. Auf der Website findet man viele Informationen.
- **Blinden- und Sehbehindertenverband Österreich (BSVÖ),** Hägelingasse 4–6, Tel. 981890, www.blindenverband-wnb.at., www.blindenverband.at. Selbsthilfeorganisation blinder und sehbehinderter Menschen.
- **Österreichischer Gehörlosenbund (ÖGLB),** Waldgasse 13/2, Tel. 6030853, www.oeglb.at

Kostspieliges Andenken oder kluge Geldanlage? Der Wiener Philharmoniker.

Diplomatische Vertretungen

•**202** [H7] **Botschaft der Bundesrepublik Deutschland,** Strohgasse 14C, U4 Stadtpark, Tel. +431 711540, www.wien.diplo.de, nach Voranmeldung

•**203** [H8] **Schweizerische Botschaft,** Prinz Eugen-Straße 9a, Straßenbahnlinie D Gußhausstraße, Tel. +431 79505, www.eda.admin.ch/wien, geöffnet: Mo.–Do. 9–12 Uhr

Geldfragen

Die **Preise** in Wien sind zwar nicht günstig, im Vergleich zu anderen europäischen Metropolen wie London oder Paris jedoch vergleichsweise erschwinglich. In der Regel bekommt man in Wien für sein Geld **ordentliche Qualität** – insbesondere im Gastronomie- und Hotelgewerbe. Die Speisen in den Restaurants sind preislich mit denen in Deutschland vergleichbar. Bier ist etwas teurer, dafür kann man in Wien vergleichsweise günstig Wein trinken. Insbesondere die nicht touristischen Heurigen (s. S. 180) bieten teils hervorragende Tropfen zu günstigen Preisen. Preiswerte Hotels sind leider etwas dünn gesät, nach oben gibt es hier hingegen keine Grenzen.

Die Bezahlung mit **Debit-/Giro-Karten** (Maestro, VPAY) funktioniert in Österreich in der Regel problemlos. In Wien wird allerdings noch viel bar gezahlt und nicht alle Geschäfte und Gastronomiebetriebe akzeptieren Kartenzahlung. Dies sollte vorher abgeklärt werden. Ein gewisser Vorrat an **Bargeld** ist auf jeden Fall sinnvoll.

161wi ©Jonathan, stock.adobe.com

Dem Schilling trauert vielleicht noch mancher Urlauber aus sentimentalen Gründen nach. Die **österreichischen Euromünzen** haben immerhin landestypische Motive: z. B. den Enzian (1 Cent), das Edelweiß (2 Cent) und die Alpenschlüsselblume (5 Cent). Die mittleren Münzen sind der Architektur gewidmet: Stephansdom (10 Cent), Schloss Belvedere (20 Cent) und Wiener Secessionsgebäude (50 Cent). Auf der Ein-Euro-Münze ist das Porträt des Komponisten Wolfgang Amadeus Mozart abgebildet, die Zwei-Euro-Münze ziert die Pazifistin und Friedensnobelpreisträgerin Bertha von Suttner.

Mit dem **Wiener Philharmoniker** existiert auch eine Goldmünze als Anlagemünze, die in größeren Bankhäusern erworben werden kann (auch als Halb- oder Viertel-Philharmoniker). Auch als Silbermünze ist der Philharmoniker erhältlich.

Wien preiswert

*Mit der **Vienna City Card** für 24, 48 oder 72 Stunden kann man mit öffentlichen Verkehrsmitteln kreuz und quer durch ganz Wien fahren und genießt gleichzeitig die Vergünstigungen vieler Museen, Sehenswürdigkeiten und sonstiger Einrichtungen, wenngleich die Preisnachlässe nicht gerade üppig ausfallen (s. S. 248).*

*Wer sehr viele **Museen** besichtigen möchte, für den lohnt sich möglicherweise der **Vienna Pass** ab 78 € für einen Tag (www.viennapass.de). Manche Museen wie das Heeresgeschichtliche Museum* 54 *gewähren am ersten Sonntag im Monat **freien Eintritt.***

*Man sollte sich generell gut überlegen, was man alles besichtigen möchte. Teilweise kann man mit **Kombi-Tickets** statt Einzeltickets einiges an Geld sparen. Solche Kombinationsangebote gibt es beispielsweise für die unterschiedlichen Attraktionen in Schönbrunn* 67 *oder in der Hofburg (s. S. 52). Auch Riesenrad* 57 *und Donauturm* 77 *lassen sich gemeinsam günstiger genießen.*

*Apropos Genießen: Obwohl **Restaurants** in der Inneren Stadt rund um den Stephansplatz* 1 *nicht unverschämt teuer sind und in der Regel ein ordentliches Preis-Leistungs-Verhältnis bieten, kann man in den etwas außerhalb gelegenen Bezirken oft vergleichsweise günstig essen und trinken.*

*Etliche **Festivals** wie das Donauinselfest oder das Hafen Open Air am Alberner Hafen* 73 *sind kostenlos (s. S. 203).*

*Wasserratten können an der Alten Donau **an bestimmten Uferabschnitten kostenlos schwimmen,** beispielsweise im Bereich der Romawiese [J1] oder auf der Liegewiese am Arbeiterinnenstrand (Arbeiterstrandbadstraße 89).*

Informationsquellen

Infostellen in der Stadt

ℹ **204** [G7] **Tourist-Info Wien,** Albertinaplatz 1/Maysedergasse, U1/U4 Karlsplatz, Tel. +431 24555, www.wien.info/de/reiseinfos/services, geöffnet: tägl. 9–18 Uhr. Wiens zentrale Tourist-Info verzeichnet jährlich Hunderttausende Besucher. Neben einer Vielzahl an Informationsmaterialien und Prospekten erhält man hier auch einen kostenlosen Stadtplan von Wien.

› **Tourist-Info Flughafen Wien,** in der Ankunftshalle, geöffnet: tägl. 9–18 Uhr

• **205** [G7] **Wien-Ticket-Pavillon bei der Staatsoper,** Herbert-von-Karajan-Platz 1, U1/U4 Karlsplatz, Tel. 58885, www.wien-ticket.at, geöffnet: Mo.–Sa. 10–19 Uhr. Der Pavillon hat eine Vielzahl an Karten für diverse Kulturveranstaltungen in Wien wie Opern, Operetten, Konzerte oder Theaterstücke im Angebot.

• **206** [E9] **Zentraler Fundservice,** Siebenbrunnenfeldgasse 3, Bus 12A Siebenbrunnen-

Eine Institution: In Trafiken erhält man neben Tabakwaren auch Zeitungen, Fahrkarten und andere Kleinigkeiten

100wi-se

feldgasse, Tel. +431 40008091, www.wien.gv.at/verwaltung/fundservice, geöffnet: Mo.–Mi., Fr. 8–15.30, Do. 8–17.30 Uhr. Die 19 Magistratischen Bezirksämter sowie der zentrale Fundservice nehmen Fundgegenstände entgegen.

Die Stadt im Internet

- **www.wien.info:** „Wien Jetzt – Für immer“ lautet das Motto des offiziellen Online-Reiseführers der Wiener Tourist-Info. Auf der Seite werden Sehenswürdigkeiten vorgestellt und aktuelle Trends präsentiert; es gibt jede Menge Tipps in Sachen Einkaufen, Essen und Trinken, Lifestyle und Szene sowie zu aktuellen Veranstaltungen, daneben Hoteltipps sowie eine Liste aller Unterkünfte und Buchungsmöglichkeiten.
- **www.wien.gv.at:** Offizieller Internetauftritt der Stadt Wien. Neben Bürgerinformationen gibt es umfangreiche Infos zu Kultur und Freizeit – unter anderem eine Rubrik, welche die Bedeutung von Wiener Straßennamen erläutert.
- **www.stadt-wien.at:** umfangreiche Informationen zu Sehenswürdigkeiten, Veranstaltungen, Sport, Boulevard, Horoskop und vielem mehr
- **www.vienna.at:** Das private Internetportal informiert über aktuelle Events und politisch-gesellschaftliche Entwicklungen ebenso wie über Museen, öffentliche Verkehrsmittel, die aktuelle Parksituation und vieles mehr.
- **www.derstandard.at:** Wirtschaftsliberale Tageszeitung, deren Internetauftritt insbesondere wegen seines Forums große Beliebtheit genießt. Manche Artikel – auch mit Wienbezug – generieren innerhalb weniger Stunden teils mehrere Hunderte bis Tausende Kommentare.
- **www.stadtbekannt.at:** unterhaltsames Portal in Sachen Lifestyle, Architektur, Gastroszene und Hintergrundinfos, daneben Stadtspaziergänge, Stadtteiltipps (Grätzeltipps) und die unterhaltsam-informative Rubrik „Unnützes Wienwissen“
- **diepresse.com:** Der Internetauftritt der bürgerlich-liberalen Tageszeitung bietet eine umfangreiche Wien-Berichterstattung.

- **https://dasrotewien.at:** Weblexikon der Wiener Sozialdemokratie mit geschichtlich und architektonisch informativer Beschreibung aller bedeutender Wiener Gemeindebauten

Publikationen und Medien

- **Falter:** Das kritisch-investigative Wochenblatt mit einem ausführlichen Wien-Teil erscheint jeden Mittwoch. Neben der Wochenzeitung werden im Falter-Verlag auch teils sehr beliebte und unpolitische Bücher mit Wien-Bezug verlegt (www.falter.at).
- **Kurier:** klassische österreichische Tageszeitung mit ausführlicher Berichterstattung über Wien und die Welt (www.kurier.at)
- **Augustin:** Mit dem Kauf des monatlich erscheinenden Magazins unterstützt man Menschen in sozialen Schwierigkeiten. Der Name erinnert an den Lieben Augustin, seines Zeichens Lebenskünstler und legendäre Wiener Sagengestalt (www.augustin.or.at).
- **Heute:** kostenloses Boulevardblättchen, das an Bahnhöfen und Haltestellen ausliegt. Allzu viel Niveau und Tiefgang darf man nicht erwarten, allenfalls ein wenig Information und Unterhaltung während der Fahrt (www.heute.at).
- **Krone:** Die Kronenzeitung, ansatzweise mit der deutschen Bild-Zeitung zu vergleichen, hat die höchste Auflage der Alpenrepublik und erscheint täglich im Kleinformat. In Österreich gebührt ihr eine nicht zu vernachlässigende gesellschaftspolitische Macht. Der Kriminalität in Wien wird traditionell hohe Aufmerksamkeit beigemessen (www.krone.at).

Smartphone-Apps

- **ÖBB Scotty:** Routenplaner der Österreichischen Bundesbahnen (ÖBB) für öffentliche Verkehrsmittel (kostenlos für iOS und Android)
- **Stadt Wien:** Echtzeit-Mitteilungen zu Störungen der Wiener Linien, Unwetterwarnungen,

Meine Literaturtipps

- ***Wien. Geheimnisse einer Stadt: Rätselhafte Zeichen. Verschlüsselte Botschaften.*** *Gabriele Lukacs, Pichler Verlag. Wien ist voller Geheimnisse; einige davon werden in diesem Buch gelüftet.*
- ***Die Strudlhofstiege.*** *Heimito von Doderer, dtv. Dieses literarische Meisterwerk, das in die Gegend rund um Wiens schönste Stiege* 46 *entführt, ist ein Muss für Wien-Liebhaber und ein Feuerwerk der deutschen Sprache. Zudem bietet der Wälzer einen spannenden Einblick in das Wien zwischen 1910 und 1925. Sobald man sich an den Stil gewöhnt hat, macht er süchtig.*
- ***Streifzug durch den Wiener Wurstelprater.*** *Roland Girtler, Böhlau. Standardwerk für Liebhaber der Wiener Institution. Die bunte Welt der Schausteller und Wirte.*
- ***Lexikon der Wiener Gemeindebauten.*** *Ursula Schwarz, Peter Autengruber, Pichler Verlag. Wer sich näher mit den Wiener Gemeindebauten beschäftigen möchte, findet in diesem Bildband viele Informationen.*
- ***Falco: Die Legende lebt. Eine Graphic Novel von Reinhard Trinkler.*** *Amalthea Verlag. Der Wiener Künstler und Comiczeichner Reinhard Trinkler hat Österreichs größtem Popstar ein gezeichnetes Denkmal gesetzt. Szenen voller Dynamik und Skurrilität aus dem bewegten Leben des unsterblichen Falken.*
- ***Kassbach.*** *Helmut Zenker, Der Drehbuchverlag. Eindrucksvolles und zeitloses Porträt eines kleinbürgerlichen Wiener Gemüsehändlers, den sexuelle Obsessionen und der Hang zu einer rechtsradikalen Vereinigung zum Kriminellen werden lassen.*
- ***Radetzkymarsch.*** *Joseph Roth, ELV. Der Romanklassiker ist ein eindrucksvolles, vielschichtiges und sentimentales Requiem auf die Zeit des untergehenden Kaiserreichs und seiner Hauptstadt.*

Zivilschutz und Veranstaltungen sowie Stadtplan und Straßenlexikon (kostenlos für iOS und Android)

- **VOR – AnachB:** mobile Fahrgastinformation der Wiener Linien und des Verkehrsverbundes Ost-Region mit Fahrplanauskunft für jede Route durch die Stadt, Abfahrtszeiten aller Bahn- und Buslinien. Die aktuelle Verkehrslage und Verspätungen können ebenso angezeigt werden wie Leihfahrradstandorte und deren Auslastung (kostenlos für iOS und Android).
- **WienMobil:** App der Wiener Linien GmbH, die u. a. Routenplaner, ÖPNV-Ticketshop, Bikesharing und Taxiservice vereint (kostenlos für iOS und Android)
- **Wiener Märkte:** offizielle „Wiener Märkte-App" mit Hintergrundinfos, Karte und Anfahrtswegen, für einige Märkte mit vollständiger Standliste und Öffnungszeiten (kostenlos für iOS und Android)

In den Wiener Kaffeehäusern liegen traditionell Zeitungen aus

Die schönsten Wiener Filme und Serien

- ***Kottan ermittelt.*** *In den 1970er- und 1980er-Jahren erlangten der Wiener Kiberer (Polizist) Adolf Kottan, seine Kollegen Schrammel und Schremser sowie der verrückte Polizeipräsident Heribert Pilch nicht nur in Österreich Kultstatus. Waren die ersten Folgen noch sozialkritische Sittengemälde der Wiener Seele, entwickelte sich die Serie in späteren Jahren zum anarchistischen Spaß.*
- ***Kaisermühlen Blues.*** *Ganz Wien saß in den 1990er-Jahren vor den Fernsehgeräten, wenn die Bewohner des kleinen Grätzels zwischen Alter und Neuer Donau (siehe Stadtspaziergang S. 137) ihre Alltagsprobleme zu bewältigen hatten. Ein bisschen wie Lindenstraße, aber mit viel Wiener Schmäh und skurrilen Darstellern.*
- ***Trautmann.*** *Der beliebte Charakter aus dem Kaisermühlenblues bekam seine eigene Krimiserie und entwickelte sich zum Straßenfeger. Der raubeinige und volksnahe Trautmann (Wolfgang Böck) schlägt sich durch den Sumpf des Rotlicht- und Schurkenmilieus im Zweiten Bezirk. Aufgrund des ausgeprägten Dialekts lief die Serie nicht wie ursprünglich geplant als Tatort.*
- ***Der dritte Mann.*** *Zeitloser Schwarz-weiß-Klassiker aus dem Jahr 1948, teils an Nachkriegsdrehorten gedreht. Berühmt sind die Verfolgungsszene in der Kanalisation und die Zithermusik von Anton Karas.*
- ***Before Sunrise.*** *Romantischer Liebesfilm rund um die beiden Hauptdarsteller Ethan Hawke und Julie Delpy, die eine Nacht lang durch Wien spazieren.*
- ***Der Herr Karl.*** *Hoanzl. Das Ein-Personen-Stück des genialen Kabarettisten Helmut Qualtinger ist eine bissige Abrechnung mit der österreichischen Nachkriegsgesellschaft.*
- ***Alltagsgeschichten.*** *Etliche Folgen auf Youtube. Eindrucksvoll skurrile Dokumentationen von Elisabeth T. Spira über ganz normale und weniger normale Wienerinnen und Wiener in den 1990er-Jahren. Die Folgen haben in Österreich längst Kultstatus erreicht.*
- *Eine umfangreiche Sammlung hochwertiger österreichischer Filme liefert die DVD- und Blu-Ray-Filmsammlung* ***Der österreichische Film – Edition Der Standard*** *mit mittlerweile über 350 Filmen (www.hoanzl.at/film/o-film-edition-der-standard.html).*

102wi-se

Helmut Qualtinger ruht auf dem Wiener Zentralfriedhof 12

LGBT+

Im eher konservativ geprägten Österreich wurde es LGBT+ nicht immer leicht gemacht, sich als Teil der Gesellschaft anerkannt zu fühlen. Dies galt lange Zeit auch für Wien. Zwar gibt es in der österreichischen Hauptstadt schon seit langer Zeit eine homosexuelle Subkultur; dieser haftete aber lange der anrüchige Ruf des Halbwelt-Milieus an.

In den vergangenen drei Jahrzehnten hat sich die LGBT-Community in Wien emanzipiert und tritt selbstbewusst im Stadtbild auf. Die jährliche **Regenbogenparade** ist ein viel beachtetes Event, das verstärkt auch für politische Botschaften genutzt wird.

› https://viennapride.at/regenbogenparade

Für internationale Aufmerksamkeit sorgte jahrelang der **Life Ball** im Mai als weltweit größte und schrillste Charity-Veranstaltung im Kampf gegen AIDS. Vorerst fand er 2019 zum letzten Mal statt.

Zu einem Aushängeschild der Bewegung für die Rechte und die gesellschaftliche Anerkennung der LGBT-Gesellschaft wurde die Dragqueen **Conchita Wurst** alias Tom Neuwirth, die 2014 für Österreich den Eurovision Song Contest gewann.

Umfangreiche Informationen zum LGBT-Leben in Wien findet man auf der Website der Wien-Info. Hier gibt es auch etliche Tipps zur Reiseplanung. Ausdrücklich gayfriendly ist z. B. die Hotel-Pension Wild (s. S. 246).

› www.wien.info/de/sehen-erleben/lgbt

207 [F8] **Homosexuelle Initiative Wien (HOSI),** Heumühlgasse 14/1, U4 Kettenbrückengasse, Tel. 0660 2166605, www.hosiwien.at

208 [F7] **Café Savoy,** Linke Wienzeile 36, U4 Kettenbrückengasse, Tel. 4303304, www.cafe-savoy.at, geöffnet: So.–Do. 10–1, Fr. 10–2, Sa. 9–2 Uhr. Traditionelles Kaffeehaus, das bei Homosexuellen beliebt ist.

209 [H5] **Fett + Zucker,** Hollandstraße 16, Straßenbahn 2 Karmeliterplatz, Tel. 0699 11660092, www.fettundzucker.at. Der beliebte queere Szenetreff im 2. Bezirk offeriert süße Verführungen.

210 [G6] **Why Not Clubdisco,** Tiefer Graben 22, U3 Herrengasse, www.why-not.at, geöffnet: Fr., Sa. 22–6 Uhr. Die alteingesessene Schwulendisco mit drei Bars und einem Dancefloor existiert schon seit 1980. Gemischtes Publikum.

Medizinische Versorgung

Mit der Europäischen **Krankenversicherungskarte EHIC** kann man in Österreich medizinische Versorgung in Anspruch nehmen; die anfallenden Kosten werden von der gesetzlichen Krankenkasse des Patienten erstattet. **Vorkasse** ist generell nicht nötig, wird aber in Einzelfällen dennoch verlangt.

Wer zum Zwecke einer ärztlichen Behandlung nach Wien reist, muss für die Kostenübernahme vorher die Zustimmung des zuständigen Krankenversicherungsträgers einholen. Die Karte ersetzt keine **Auslandsreisekrankenversicherung,** da vor allem der Krankenrücktransport in die Heimat nicht mitversichert ist. Deshalb ist der Abschluss einer Zusatzversicherung für den Auslandsaufenthalt überlegenswert.

211 [D5] **Allgemeines Krankenhaus der Stadt Wien (AKH),** Währinger Gürtel 18–20, U6 Michelbeuern-AKH, Tel. 404000, www.akhwien.at

Apotheken haben montags bis freitags von 8 bis 18 Uhr – meist ohne Mittagspause – und samstags von 8 bis 12 Uhr geöffnet. Außerhalb dieser Zeiten steht in der ganzen Stadt rund um die Uhr ein Apotheken-Bereitschaftsdienst zur Verfügung. Den Hinweis auf die nächste diensthabende Stelle findet man an jeder Apotheke ausgehängt oder über die telefonische Auskunft (Tel. 1455).

› www.apothekenindex.at

Notfälle

› **Notruf:** Tel. 112
› **Polizei:** Tel. 133
› **Feuerwehr:** Tel. 122
› **Rettungsdienst:** Tel. 144
› **Ärztenotdienst:** Tel. 141
› **Nacht- und Sonntagsapotheken:** Tel. 1455
› **ÖAMTC-Notdienst** (Österreichischer Automobilclub): Tel. 120

212 [G5] **Stadtpolizeikommando Innere Stadt,** Deutschmeisterplatz 3, U2/U4 Schottenring, Tel. 3131021201

Kartensperrung

Bei **Verlust der Debit-(Giro-), Kredit-** oder **SIM-Karte** gibt es für Kartensperrungen eine **deutsche Zentralnummer** (unbedingt vor der Reise klären, ob die eigene Bank bzw. der jeweilige Mobilfunkanbieter diesem Notrufsystem angeschlossen ist). **Aber Achtung:** Mit der telefonischen Sperrung sind die Bezahlkarten zwar für die Bezahlung/Geldabhebung mit der PIN gesperrt, nicht jedoch für das **Lastschriftverfahren mit Unterschrift.** Man sollte daher auf jeden Fall den Verlust zusätzlich **bei der Polizei zur Anzeige bringen,** um gegebenenfalls auftretende Ansprüche zurückweisen zu können.

In **Österreich** und der **Schweiz** gibt es keine zentrale Sperrnummer, daher sollten sich Besitzer von in diesen Ländern ausgestellten Debit-(EC-) oder Kreditkarten vor der Abreise bei ihrem Kreditinstitut über den zuständigen Sperrnotruf informieren.

Generell sollte man sich immer die **wichtigsten Daten** wie Kartennummer und Ausstellungsdatum **separat notieren,** da diese unter Umständen abgefragt werden.

› **Deutscher Sperrnotruf:** Tel. +49 116116
› **Weitere Infos:** www.kartensicherheit.de, www.sperr-notruf.de

Öffnungszeiten

Viele Wiener **Museen** öffnen täglich ihre Pforten. Manche haben einmal pro Woche geschlossen, oft am Montag oder Dienstag. Die täglichen Öffnungszeiten sind unterschiedlich; generell kann man davon ausgehen, dass ein Museum zwischen 10 und 18 Uhr geöffnet hat. Teilweise gibt es einen langen Museumstag pro Woche, oft der Donnerstag.

Die **Geschäfte** sind in der Regel von Montag bis Freitag von 9 bis 18 Uhr (teils bis 20 Uhr) sowie samstags bis 16 bzw. 18 Uhr geöffnet. Einkaufsmöglichkeiten an Sonn- und Feiertagen gibt es in den großen Bahnhöfen, am Flughafen, in Trafiken (s. S. 185) und in den Museums-Shops. Einige Souvenir-Shops in der Inneren Stadt haben ebenfalls am Sonntag geöffnet.

Die meisten **Banken** haben in Wien von Montag bis Freitag von 9 bis 12 Uhr geöffnet, teilweise auch am Nachmittag.

164wi ©Jordi de Rueda, stock.adobe.com

Post

Standardbriefe und Postkarten ins europäische Ausland kosten 1,20 € **Porto.** Normalerweise kommen Ansichtskarten ins Ausland innerhalb weniger Tage beim Empfänger an.

Die **Öffnungszeiten** der Wiener Postfilialen liegen meist zwischen 8 und 18 Uhr. Außerhalb des Stadtzentrums sind etliche Poststellen über die Mittagszeit geschlossen. Zwei zentral gelegene Postfilialen in Wien sind:

- ✉**213** [H6] **Postfiliale 1010 Wien,** Fleischmarkt 19, U1/U4 Schwedenplatz, geöffnet: Mo.–Fr. 8–19, Sa. 10–18 Uhr
- ✉**214** [H9] **Postfiliale,** Gertrude-Fröhlich-Sandner-Straße 1 (Nähe Hauptbahnhof), U1 Südtiroler Platz, Hauptbahnhof, geöffnet: Mo.–Fr. 7.30–18 Uhr

Souvenirshops wie dieser haben auch an Sonntagen geöffnet

Radfahren

Konnte man Wien bis vor rund 20 Jahren noch nicht unbedingt als die fahrradfreundlichste Stadt bezeichnen, so hat sich in den vergangenen Jahren einiges getan. Wien verfügt mittlerweile über **1200 Kilometer Radwege,** Radfahrstreifen und Radrouten durch verkehrsarme Zonen. Im hektischen Straßenverkehr ohne Fahrradwege sollten Radfahrer allerdings vorsichtig fahren und im Sinne der eigenen Sicherheit nicht auf ihr Recht pochen. Auch auf Fußgänger, speziell auf andere Touristen, sollte man Rücksicht nehmen.

Einige Fahrradstrecken entführen ins Grüne. Der **Donauradweg** von Deutschland nach Ungarn führt an Wien vorbei. Um vom Donauradweg ins Zentrum zu gelangen, biegt man in Nussdorf am nördlichen Stadtrand Wiens in den **Donaukanal-Radweg** ab und radelt auf diesem bis zur Urania (s. S. 44) im Zentrum. Dort stößt man übrigens auf den

160wi ©Karl.Jena@gmx.de, stock.adobe.com

Ring-Rund-Radweg, der an den bedeutenden Sehenswürdigkeiten der Ringstraße vorbeiführt.

In entgegengesetzter Richtung kann man auf dem Donauradweg bis hinauf zum idyllischen Kahlenbergdorf oder noch weiter bis Klosterneuburg 78 fahren. Sehr schön lässt es sich auch auf der **Donauinsel** zwischen Donau und Neuer Donau oder in der **Lobau** radeln. Zwischen dem westlichen Stadtrand am Auhof und der Kennedybrücke in Hietzing existiert der kleine, aber feine Wienfluss-Radweg. **Mountainbiker** werden noch weiter in den bergigen Wienerwald vordringen – sollten sich aber an die für Radfahrer genehmigten Wege halten.

Ein umstrittener Trend sind auch in Wien **E-Scooter**, die man an jeder Ecke ausleihen kann. Es gibt mehrere Anbieter (s. S. 241).

Beliebte Fahrradwege verlaufen an der Donau und wie hier am Donaukanal

EXTRATIPP

WienMobil-Räder ausleihen

Als öffentliches Verkehrsmittel bietet das **WienMobil-System** die Möglichkeit, Distanzen mit dem Fahrrad zurückzulegen. Die Räder können an öffentlichen Bikestationen innerhalb Wiens entliehen und an jeder beliebigen Station zurückgegeben werden. Es gibt über **185 Stationen,** die sich verkehrsgünstig, meist in der Nähe von U-Bahn-Stationen, befinden.

- **Anmeldung im Internet**: https://secure.nextbike.net/wr/de/wien/registrierung. Nach der Registrierung kann man den QR-Code mit den **Apps** des Betreibers nextbike oder der WienMobil scannen oder ein Rad über die Hotline Tel. 13850189 ausleihen. Das Rahmenschloss öffnet sich automatisch. Die Zahlung erfolgt über Kreditkarte, Bankeinzug, Apple- bzw. Google Pay oder PayPal. Abgerechnet wird im Halbstundentakt. Der Standard-Tarif beträgt 0,60 € pro 30 Minuten.
- App **nextbike by TIER** (kostenlos für iOS und Android)
- App **WienMobil** (kostenlos für iOS und Android)

Fahrradverleih

- **215** [J5] **Fahrradverleih Hochschaubahn im Prater,** Prater Parzelle 113, U1/U2 Praterstern, www.radverleih-hochschaubahn.com, Tel. 7295888. Fahrräder und Rikschas zur Erkundung der Prater-Auen.
- **216** [G7] **Pedal Power,** Bösendorferstraße 5, U1/U2 Karlsplatz, Tel. 7297234, www.pedalpower.at, April–Okt. tägl. 9–18 Uhr. Der professionelle Radverleih bietet auch organisierte Touren an. Zusätzlich Segway-Verleih.

Sicherheit

Wien ist im Vergleich zu anderen europäischen Metropolen eine **sichere Stadt.** Aufpassen auf seine Habseligkeiten sollte man allerdings trotzdem, speziell in der Innenstadt. In den belebten Einkaufsmeilen Kärntner Straße 19 und Mariahilfer Straße 47 und überall dort, wo sich Touristen ballen, treiben hin und wieder (wenngleich selten) Taschendiebe ihr Unwesen. Insbesondere in den Einkaufsstraßen wird man auch häufig angebettelt. Falls man sich von aufdringlichen Bettlern oder Zeitungsverkäufern belästigt fühlt: entweder ignorieren oder auf selbstbewusst-höfliche Art eine Absage erteilen.

Überhaupt merkt man in einigen Stadtteilen, auf Plätzen und Bahnhöfen, dass in Wien soziales Elend und luxuriöser Wohlstand recht nahe beieinander liegen und die Schere zwischen Arm und Reich wie überall in Europa auseinandergeht. Alkohol- und **Drogenprobleme** sowie **Obdachlosigkeit** lassen sich auch in Wien nicht leugnen. Lange Zeit galt der Karlsplatz als wichtigster Treff von Heroinsüchtigen und als Drogenumschlagplatz – mittlerweile hat sich die Szene an die U-Bahnhöfe am Gürtel verlagert.

Am Gürtel blühte einst auch das **Rotlichtgewerbe,** ebenso um den Prater. Mittlerweile wurden aber viele der klassischen Wiener Bordelle von modernen Laufhäusern verdrängt und dem Straßenstrich hat man den Garaus gemacht.

Zweifellos gibt es einige Gegenden Wiens, in denen ein etwas rauerer Wind weht: beispielsweise in Teilen Favoritens (10. Bezirk), der Gegend um Westbahnhof und die U6-Stationen Gumpendorfer Straße und Josefstädter Straße, dem Franz-Jonas-Platz in Floridsdorf sowie am Bahnhof Praterstern, wo es in den vergangenen Jahren etliche Gewaltdelikte gab, sich die Lage jedoch aufgrund starker Polizeipräsenz und Alkoholverbot wieder beruhigt hat. Konflikte zwischen Banden und Drogenclans werden in Wien zwar mit ziemlicher Brutalität ausgetragen, Touristen bleiben davon aber in der Regel verschont. Wer sich in der Gegend seiner Unterkunft etwas unwohl fühlt, sollte nachts sicherheitshalber mit dem Taxi nach Hause fahren.

Sport und Erholung

Frei- und Strandbäder

- **217** [J1] **Angelibad,** Birnersteig/Arbeiterstrandbadstraße, U6 Neue Donau, geöffnet: Mo.–Fr. 9–19.30, Sa. 8–19.30 Uhr, Eintritt: 7 €, ermäßigt 5,20 €, Jugendliche 3,90 €, Kinder 2,40 €. Das idyllische Wiener Sommerbad an der Alten Donau ist besonders gut für Familien mit Kleinkindern geeignet. In direkter Nachbarschaft liegt am Romaplatz das **Dragonerhäufel,** ein frei zugänglicher Badestrand mit altem Baumbestand.
- **218** [H6] **Badeschiff,** Am Donaukanal zwischen Schwedenplatz 16 und Urania, U1/U4 Schwedenplatz, Tel. 0660 3124703, www.badeschiff.at, Eintritt: 8,50 €, Kinder bis 12 Jahre 3,50 €. Etwas Besonderes: ein Schwimmbecken auf einem alten Lastkahn auf dem Donaukanal. Auch großes Gastro-Angebot.
- **219** [S. 262] **Krapfenwaldlbad,** Krapfenwaldgasse 65–73, U4 Heiligenstadt, Bus 38 A Krapfenwaldgasse, von hier 10 Min. Fußweg, Tel. 3201501, geöffnet: Mai–Mitte Sept. 9–19.30 Uhr, Eintritt: 7 €, ermäßigt 5,20 €, Jugendliche 3,90 €, Kinder 2,40 €. Städti-

105wi-se

sches Grinzinger Freibad hoch über Wien mit einem herrlichen Blick über die Stadt vom Pool und der Liegewiese aus.

- **220** **Neuwaldegger Bad,** Promenadegasse 58, Straßenbahn 43 Neuwaldegg, Tel. 4862452, geöffnet: Mai–Mitte Sept. tägl. 9–18.30 Uhr, Eintritt: 19,50 € (später am Tag auch günstiger), Jugendliche 13 €, Kinder bis 10 Jahre 9 €. Dieses private Wienerwald-Freibad ist zwar nicht gerade günstig, besitzt jedoch einen herrlich nostalgischen Charme und ist wunderbar gelegen. Manche Gäste kommen hauptsächlich wegen der ansprechenden Gastronomie.
- **221** **Strandbad Gänsehäufel,** Moissigasse 21, U1 Kaisermühlen/VIC, Bus 90A oder 92A bis Schüttauplatz, Tel. 2699016, www.gaensehaeufel.at, geöffnet: Mai–Mitte Sept. 9–19.30, Sa., So., feiertags 8–19.30 Uhr, Eintritt: 7 €, ermäßigt 5,20 €, Jugendliche 3,90 €, Kinder 2,40 €. Wiens berühmte Freibad-Insel auf der Alten Donau ist speziell in der Vor- und Nachsaison ein echtes Idyll (siehe auch s. S. 137).

Im Strandbad Gänsehäufel gibt es auch Umkleidekabinen für Frauen

Hallenbäder und Therme

- **222** **Amalienbad,** Reumannplatz 23, U1 Reumannplatz, Tel. 6074747. Das architektonisch beeindruckende Hallenbad war ein Aushängeschild des Roten Wiens der 1920er-Jahre.
- **223** [C5] **Jörgerbad,** Jörgerstraße 42–44, U6 Alserstraße, Tel. 4064305, www.wien.gv.at/freizeit/baeder/uebersicht. Wunderschönes historisches Hallenbad, eröffnet 1914, im 17. Bezirk Hernals.
- **224** **Therme Wien,** Kurbadstr. 14, U1 Oberlaa, Tel. 680099600, www.thermewien.at, geöffnet: tägl. 9–22 Uhr, Eintritt: drei Stunden Aufenthalt ab 26,50 €, Kinder 17,50 €. Moderner Thermen-Komplex mit Sauna und Solewelt.

EXTRATIPP

Fußball schauen auf der Hohen Warte

Freilich: Wer ein Fan von **Rapid Wien** oder der **Wiener Austria** ist, sollte sich natürlich eines der Spiele dieser beiden Platzhirsche anschauen – eventuell sogar deren hasserfülltes Derby. Allen anderen sei ein Besuch der Hohen Warte, Spielstätte des **First Vienna Football Club,** angeraten. Hier befindet sich das älteste Fußballstadion mit erhaltener Naturtribüne, von der man nicht nur die Heimspiele der Vienna verfolgen kann, sondern auch einen einzigartigen Blick über Wien genießt.

- **225** [F1] **Stadion Hohe Warte,** www.firstviennafc.at, U4 Heiligenstadt

Wandern

In Wien kann man wunderbar wandern – egal ob im Wienerwald, am Bisamberg oder am Laaer Berg im Süden. Auf über 500 Kilometern verlaufen die Stadtwanderwege. Jeder der zwölf Stadtwanderwege ist gut beschildert und an einem Nachmittag zu bewältigen. Die meisten davon befinden sich im Wienerwald, einer im Prater, einer am Laaer Berg und einer am Bisamberg. Auf Sportliche wartet der mehr als 120 Kilometer lange Rundumadum-Wanderweg, der in 24 leicht zu bewältigenden Etappen die Stadt umrundet.

› www.wien.info/lebenswertes-wien/wandern-in-wien/stadtwandern-359810

Außerdem kann man sich die Broschüre „Wiener Wegerl" herunterladen, in der zwölf verborgene Wege vorgestellt werden:

› www.wien.gv.at/umweltschutz/umweltbildung/wiener-wegerl.html

Sprache

Was wäre Wien ohne seinen Dialekt? Für die meisten Touristen klingt das Wienerische wie Musik in den Ohren und auch der berühmt-berüchtigte Wiener Schmäh ist ohne die typische Wiener Mundart nicht denkbar. Was viele Wiener selbst nicht wissen: Das Wienerische ist ursprünglich ein **ostmittelbairischer Dialekt**, also sprachverwandt mit dem Bairischen.

Über die Jahrhunderte haben sich jedoch etliche **Komponenten aus den Kronländern** der Monarchie wie etwa das **Jiddische** und das **Tschechische** in die Sprache eingeschlichen und die Wiener Mundart zu dem gemacht, was sie heute ist: einem liebevollen – manchmal etwas derben – Dialekt, der in seinem Facet-

⌃ *Idyllische Wege führen durch die Weinberge im Wiener Norden* tenreichtum so abwechslungsreich und vielschichtig ist wie die Stadt selbst. Bis heute hat sich in Österreich und speziell in Wien ein **eigener Wortschatz** erhalten. Hier einige Beispiele:

Haberer	Freund
Kiberer	Polizist
Jänner	Januar
Grätzel	Stadtteil
Tschocherl	üble Kneipe
Beisl	einfaches Wirtshaus
Paradeiser	Tomaten
Kren	Meerrettich
Karfiol	Blumenkohl
Blunzn	Blutwurst
Faschiertes	Hackfleisch
fett	betrunken
blunznfett	sehr betrunken
blaad	dick
gestopft	reich
leiwand	wunderbar, super
Pfosten	Idiot, Trottel
Hapfn	Bett

Stadttouren

Busrundfahrten

ℹ **226** [G7] **Vienna Sightseeing,** Kundencenter Opernring 3–5, Top Nr. 17–24, U1/U4 Karlsplatz, Tel. 7124683, www.viennasightseeing.at. Mehrere Routen werden angeboten, unter anderem die klassische Stadtrundfahrt sowie Fahrten ins Wiener Umland. Das Unternehmen bietet auch **Hop-On-Hop-Off** (www.viennasightseeing.at/hop-on-hop-off). Die Gäste haben an bis zu 50 Haltestellen die Möglichkeit, so oft sie wollen ein- und auszusteigen – mit einem Ticket, das den ganzen Tag gültig ist. Es gibt insgesamt sechs Routen in großteils offenen Bussen oder Doppeldeckerbussen.

› **Big Bus Vienna,** Tel. 90591000, www.bigbustours.com/de/vienna/stadtrundfahrt-wien. Das internationale Unternehmen bietet ebenfalls Busrundfahrten in Wien an.

Fiaker

Nicht gerade die günstigste, aber mit Sicherheit die schönste und stilvollste Art, Wien zu erkunden, ist die Fahrt mit einem Fiaker, den berühmten **zweispännigen Kutschen**, die aus dem Stadtbild Wiens nicht wegzudenken sind. Ende des 19. Jahrhunderts waren mehr als 1000 Fiaker in Wien unterwegs. Die Kutscher galten als stadtbekannte Originale. Der wohl berühmteste Kutscher war Josef Bratfisch, der Leibfiaker von Kronprinz Rudolf, der dessen Geliebte Mary Vetsera 1889 nach Mayerling 80 brachte, wo das Leben der beiden tragisch zu Ende ging. Tipp: Als besonders romantisch gilt die sogenannte **Porzellanfuhre,** die beim Fiaker geordert werden kann – eine besonders ruhige und gleichmäßige Fahrt.

Fiakerstandplätze findet man an verschiedenen Orten im Stadtzentrum: Stephansplatz 1, Heldenplatz 30 (teilweise Michaelerplatz 4, Albertinaplatz 23, und Petersplatz [G6]. Die **kleine Rundfahrt** (circa 20 Minuten durch die innere Altstadt) kostet ca. 60 €, die **große Rundfahrt** (circa 40–60 Minuten über die Ringstraße und durch die Altstadt) 90–120 €. Außerdem kann man individuelle Rundfahrten direkt bei den Fiakerunternehmen buchen.

Zufriedene Gäste hat unter anderem das traditionsreiche Unternehmen **Fiaker Paul** (www.fiaker-paul.at).

EXTRATIPPS

Rikscha-Service

- Die Innenstadt kann außer mit dem traditionellen Fiaker auch mit der Rikscha erkundet werden. Die Fahrzeuge bieten zwei Personen samt Handgepäck Platz.
- Bei **Velocityline** (www.velocityline.at, Tel. 0699 17122200) sind etliche Rikschas auf verschiedenen Routen in der Wiener Innenstadt im Einsatz. Spezialfahrten sind auf Anfrage möglich. Eine 60-minütige Fahrt kostet 70 €.
- Das Fahrrad-Taxi **Faxi** (www.faxi.at, Tel. 0699 12005624) ist ebenfalls mit Rikschas in Wien unterwegs. Innerhalb des ersten Bezirks zahlt man für eine Fahrt zu einem beliebigen Ziel 12 €. Für weitere Strecken, wie zum Beispiel nach Schloss Schönbrunn 67 oder zum Zentralfriedhof 72, gibt es spezielle Tarife.

Mit dem Fiaker über den Zentralfriedhof

Auf dem **Zentralfriedhof** 72 sind Fiakerfahrten möglich. Gefahren wird von Anfang April bis Ende September. Die Tour führt vorbei an Ehrengräbern etlicher prominenter Wiener Persönlichkeiten (Mozart, Schubert, Beethoven, Hans Moser, Falco usw.). Die kleine Rundfahrt (30 Minuten) kostet 65 €, die große (60 Minuten) 110 € pro Kutsche (für 4 Personen). Reservierungen sind unter Tel. 0699 18154022 möglich, www.fiaker-wulf.at.

Mit dem E-Scooter durch Wien

Fast an jeder Ecke kann man E-Scooter mit speziellen Apps ausleihen. Es gibt unterschiedliche Anbieter, unter anderem die Firmen Lime (www.li.me) oder Bird (https://www.bird.co). Abgerechnet wird nach Zeit.

Schifffahrt

Wien vom Wasser aus erkunden: Zwischen April und Oktober bietet die **DDSG Blue Danube** auf sechs Schiffen **Sightseeing-Rundfahrten** auf Donaukanal und Donau an – darunter auch Themenfahrten wie eine Heurigenfahrt mit Wiener Liedern oder Fahrten in die Wachau. Die **Donaukanalrundfahrt** kann man sogar in den Herbstmonaten November und Dezember mit der MS Blue Danube bestreiten. Die Schiffe der DDSG Blue Danube legen entweder bei der Reichsbrücke, in der Marina Wien oder bei der Schiffsstation „Wien City" am Donaukanal ab. Hier ankern auch die beiden Schnellkatamarane des **Twin City Liner**, die einen schnellen Shuttleservice von Wien nach Bratislava bieten (Tel. 58880, www.twincityliner.com).

- •**227** [K4] **DDSG Blue Danube (1)**, Schifffahrtszentrum Reichsbrücke, Handelskai 265, Tel. 58880, www.ddsg-blue-danube.at
- •**228** [H6] **DDSG Blue Danube (2)**, Schiffsstation Wien City, Schwedenplatz, Franz-Josefs-Kai 2, Tel. 58880, www.ddsg-blue-danube.at

Telefonieren und Internet

Die **Ländervorwahl für Österreich** lautet **0043**. Die **Vorwahl von Wien** ist die **01**. Wer von einem nicht österreichischen Handy oder vom Ausland aus eine Wiener Festnetznummer anrufen möchte, wählt zunächst die 0043 und lässt dann die 0 der Ortsvorwahl weg. Wer von Österreich aus nach **Deutschland** telefonieren möchte, wählt die 0049, die **Ländervorwahl der Schweiz** lautet 0041.

Es gibt **innerhalb der EU keine Roaminggebühren** mehr. Das Telefonieren und Surfen mit dem Handy ist im EU-Ausland so günstig wie zu Hause – es sei denn, man nutzt das Handy im Ausland über einen längeren Zeitraum hinweg, dann können je nach Anbieter Nutzungsobergrenzen gelten.

Über die ganze Stadt Wien breitet sich ein dichtes Netz von **WLAN**-Hotspots. Eine Übersicht über Einwahlpunkte erhält man unter https://digitales.wien.gv.at/e-government/#wlan.

Tiere

Wer mit dem Hund nach Wien reist, sollte einiges beachten: Auf **öffentlichen Straßen und Plätzen** sowie in **öffentlichen Verkehrsmitteln** (S-/U-/Straßenbahn, Bus) herrscht **Leinen- und Maulkorbpflicht.** Einige **Taxifahrer** weigern sich, Hunde zu befördern. Bei telefonischer Taxibestellung sollte man dies vorab abklären.

In manchen **Parkanlagen** wie dem Schlosspark Schönbrunn (s. S. 119) sind Hunde verboten. Auch den Lainzer Tiergarten (s. S. 198) müssen Vierbeiner meiden. Dafür bieten andere Naherholungsgebiete beste Vorraussetzungen für einen **Ausflug mit Hund:** der Grüne Prater (s. S. 96), die Donauinsel, der Schwarzenbergpark oder der Wienerwald.

In dicht bebauten Gebieten gibt es ausgewiesene, umzäunte **Hundezonen.** Hundebesitzer sind dazu verpflichtet, Gehsteige und Grünanlagen von den Hinterlassenschaften ihres Lieblings zu befreien.

Wer ein **hundefreundliches Hotel** in Wien sucht, wird unter www.hundeurlaub.net fündig.

Unterkunft

In Wien stehen Unterkunftsmöglichkeiten in allen Preisklassen zur Verfügung. Von einfachen Jugendherbergen und **günstigen Hotels** bis hin zu den **Luxusunterkünften** sind den jeweiligen Bedürfnissen der Besucher kaum Grenzen gesetzt. Besonders in der touristischen Hauptsaison im Sommer, aber auch zu Ostern, Pfingsten und im Herbst kann es teilweise eng werden, was freie Kapazitäten betrifft. Es ist deshalb ratsam, rechtzeitig vor Beginn der Reise zu **reservieren.**

Hotels und Pensionen können direkt über die **offizielle Tourismusorganisation** der Stadt gebucht werden.

› www.wien.info/reiseinfos/hotels-unterkunft, Tel.+43 124555

Die Stadt Wien erhebt eine **Ortstaxe** (Bettensteuer). Sie beträgt 3,2 % des Beherbergungsentgelts und wird von den Hotels und Pensionen automatisch mitberechnet.

Unterkunftstipps

Die im Anschluss aufgeführten Hotels befinden sich größtenteils zentrumsnah, teilweise aber auch über das gesamte Wiener Stadtgebiet verteilt. In der Regel besteht durch das gut ausgebaute Netz der öffentlichen Verkehrsmittel auch hier eine gute Anbindung ans Zentrum.

Gut und günstig

229 [E7] **Hotel am Brillantengrund** €, Bandgasse 4, Straßenbahn 49 Westbahnstraße/Zieglergasse, Tel. 5233662, www.brillantengrund.com. **Hübscher Innenhof inklusive:** trotz der zentralen Lage in Wiens Szeneviertel und unweit des MuseumsQuartiers eine ruhige und preisgünstige Adresse.

230 [I5] **Hotel Praterstern** €, Mayergasse 6, U1/U2 Praterstern, Tel. 2140123, www.hotel-praterstern.at. **Gleich beim Riesenrad:** Günstiges, etwas hellhöriges Hotel in der Nähe des Praters mit leicht angestaubtem Charme. Die Einzelzimmer sind sehr klein, das Frühstück ist ordentlich.

231 [D8] **Hostel Ruthensteiner** €, Robert-Hamerlinggasse 24, U3/U6 Westbahnhof, Tel. 8934202, www.hostelruthensteiner.com. **Top-Hostel seit 1968:** Die sympathische Herberge befindet sich in der Nähe des Westbahnhofs. Es werden auch Einzel- und Doppelzimmer vermietet.

232 [F8] **wombat's Vienna City Hostel** €, Rechte Wienzeile 35, U4 Kettenbrückengasse, Tel. 8972336, www.wombats-hostels.com/vienna/the-naschmarkt. **Sauber, jung und international:** Hostel in der Nähe des Naschmarkts.

Für die ganze Familie

233 **Club Hotel Cortina** €€, Hietzinger Hauptstraße 134, U4 Ober St. Veit, Tel. 8777406, www.clubhotelcortina.com. **Elegante Gegend:** im ruhigen und gediegenen Stadtteil Hietzing im Wiener Westen gelegenes angenehmes Hotel. Für Autofahrer positiv: Noch kein Kurzparkzonenbereich!

234 [E7] **Pension Primavera** €, Mariahilfer Straße 72, U3 Neubaugasse, Tel. 0699 13130005, www.pensionprimavera.at. **Zentral und freundlich:** Die Familienpension verfügt neben Einzel-, Doppel- und Mehrbettzimmern auch über mehrere Appartements.

Wohlfühlen und genießen

235 [D9] **Hotel Fabrik** €€, Gaudenzdorfer Gürtel 73, U4 Margaretengürtel, Tel. 8132800, www.hotel-fabrik.at. **Wohnen in der Fabrik:** Das zwischen Schloss Schönbrunn und der Innenstadt am Gürtel gelegene, angenehme Hotel ist in einer ehemaligen Wäschefabrik untergebracht.

Preiskategorien

Die angegebenen Preiskategorien gelten für zwei Personen im Doppelzimmer mit Frühstück. Die Preise können sich jedoch schnell ändern und sind deshalb ohne Gewähr.

€	bis 120 Euro
€€	120–200 Euro
€€€	über 200 Euro

236 [A4] **Hotel Jäger** €€, Hernalser Hauptstraße 145, S45 Hernals oder Straßenbahn 43, Tel. 48666200, www.hoteljaeger.at. **Idyllisches Jugendstilhaus mit hübschem Garten und familiärem Charme:** Das Hotel ist am nordwestlichen Stadtrand in der Nähe des Wienerwalds und der Weinberge gelegen. Mit der Straßenbahn gelangt man Richtung Innenstadt.

237 [G6] **Hotel König von Ungarn** €€€, Schulerstraße 10, U1/U3 Stephansplatz, Tel. 515840, www.kvu.at. **Im Schatten des Stephansdoms:** Zentraler und altehrwürdiger kann man in Wien kaum nächtigen als hier im Herzen der Inneren Stadt. Die Lage und die Tradition seit 1746 haben natürlich ihren Preis.

238 [F5] **Hotel Regina** €€-€€€, Rooseveltplatz 15, U2 Schottentor, Tel. 404460, www.hotelregina.at/de/hotel-regina-wien. **Logieren an der Ringstraße:** Das direkt neben der Votivkirche gelegene Viersternehotel befindet sich in einem prächtigen Stadtpalais aus dem Jahre 1877.

› **Hotel Sacher** €€€ (s. S. 184), Philharmoniker Straße 4, U1/U4 Karlsplatz, Tel. 514560, www.sacher.com. **Der Wiener Klassiker:** Mit

EXTRAINFO

Buchungsportale

Neben Buchungsportalen für **Hotels** (z. B. www.booking.com, www.hrs.de oder www.trivago.de) bzw. für **Hostels** (z. B. www.hostelworld.com) gibt es auch Anbieter, bei denen man **Privatunterkünfte** buchen kann. Portale wie www.airbnb.de oder www.wimdu.de vermitteln Wohnungen, Zimmer oder auch nur einen Schlafplatz auf einer Couch. Diese oft recht günstigen Übernachtungsmöglichkeiten sind nicht unumstritten, weil manchmal normale Wohnungen gewerblich missbraucht werden. Einige Regierungen greifen deshalb regulierend ein.

der Fernsehserie „Hallo, Hotel Sacher ... Portier!" hat Fritz Eckhardt dem Hotel ein Denkmal gesetzt. Die Sachertorte tut ihr Übriges, um den Ruhm des Sacher auch weiterhin aufrechtzuerhalten.

239 [F4] **Hotel und Palais Strudlhof** €€, Pasteurgasse 1, Straßenbahn 5, 37, 38, 40–42 Spitalgasse oder Straßenbahn D Bauernfeldplatz, Tel. 31925220, www.strudlhof.at. **In romantischer Umgebung:** solides Mittelklassehotel direkt neben der berühmten Strudlhofstiege.

› **Meliá Vienna** €€€, im DC Tower 75, Tel. 901042003, www.melia.com. **Wohnen mit Fernblick:** Alle Zimmer sind mit großen Fenstern ausgestattet und bieten einen spektakulären Ausblick auf die Donau und die Stadt.

240 [G6] **Park Hyatt Vienna** €€€, Am Hof 2, U3 Herrengasse, Tel. 227401234, www.hyatt.com. **Mit allem Komfort:** Der Luxustempel in der ehemaligen Länderbank-Zentrale am Hof zieht Betuchte aus aller Welt an. Sehr schöne Eingangshalle!

Ruhig und persönlich

241 Frühstückspension Alexandra Kasper €-€€, An der Hölle 27, U1 Neulaa, Bus 67A Station Franzosenweg, Tel. 0650 2325262, www.pensionkasper.at. **Im ländlichen Süden:** Trotz des Straßennamens schläft man hier am südlichen Stadtrand himmlisch ruhig. Der Weinbauort Obarlaa ist ländlich geprägt; eine Fahrt ins Zentrum ist dank der U1 unproblematisch. Praktischer Self-Check-In mit Code.

242 [C9] **Hotel/Pension Riede** €, Niederhofstraße 18, U6 Niederhofstraße, Tel. 8138576, https://hotelriede.at-austria.com. **Charmanter Geheimtipp:** In einem hübschen alten Jugendstilhaus im Bezirk Meidling befinden sich moderne Zimmer zu annehmbaren Preisen.

243 Pension Anzengruber €, Anzengruberstraße 59, U4 Hütteldorf, weiter mit Bus 49A Josef-Ressel-Straße, Tel. 9792214, www.pension-anzengruber.at. **Vorstadt-Idylle im Grünen:** Die gemütliche Pension im Landhausstil verfügt im Garten über einen Swimmingpool. Auch für Familien geeignet.

244 [D7] **Schreiners Wohnen** €€, Westbahnstraße 42, U6 Burggasse-Stadthalle, Tel. 0676 4754060, www.schreiners.cc. **Traumhafter Garten mitten in der Stadt:** Fünf gemütliche und ruhige Zimmer, die an eine Gastwirtschaft angeschlossen sind, stehen zur Verfügung. Freundlicher Service.

Besonders gut gelegen

245 [F6] **Benediktushaus** €, Freyung 6a, U3 Herrengasse, Tel. 53498900, www.benediktushaus.at. **Christliche Preise:** Gepflegtes und preisgünstiges Gästehaus in bester Altstadtlage, das vom katholischen Schottenstift betreut wird.

246 [G6] **Boutique Hotel Nossek** €€, Graben 17, U1/U3 Stephansplatz, Tel. 533704111, www.pension-nossek.at. **Zentraler geht's nicht:** Direkt am Graben im Herzen Wiens bietet die in einem Jugendstilhaus befindliche Pension ein großartiges Preis-Leistungs-Verhältnis – gerade angesichts der Tatsache, dass man hier zentraler nächtigt als im Sacher.

247 Hotel an der Wien €, Keißlergasse 24, U4 Hütteldorf, Tel. 9142114, www.hotelanderwien.at. **Leicht erreichbar im Wiener Westen:** Das im Westen direkt am Bahnhof Hütteldorf gelegene einfache Hotel lässt sich mit dem Auto von Deutschland aus über die Westautobahn unkompliziert erreichen. Ebenso unkompliziert kommt man mit der U4 nach Schönbrunn und in die Innenstadt.

248 [E6] **Hotel Graf Stadion** €-€€, Buchfeldgasse 5, Straßenbahn 2 Station Rathaus, Tel. 4055284, www.hotelgrafstadion.at. **Ruhig und mit Charme:** Das Hotel liegt in einer ruhigen Gasse im Biedermeier-Viertel der Josefstadt. Ringstraße und Innere Stadt sind zu Fuß erreichbar.

Ausgefallene Konzepte

249 [I6] **Hotel Urania** €€, Obere Weißgerberstraße 7, U1/U4 Schwedenplatz, Straßenbahn 1 und O Radetzkyplatz, Tel. 7131711, www.hotel-urania.at. **Jedes Zimmer ein Unikat:** Das zentrumsnah gelegene Hotel bietet Design-Zimmer – u. a. einen Originaldrehort der Serie „Vorstadtweiber".

250 [I7] **magdas HOTEL** €-€€, Ungargasse 38, U3 Rochusgasse, Tel. 7200288, www.magdas-hotel.at. **Sozialer Hintergrund:** In dem gemeinnützig betriebenen Hotel arbeiten unter anderem Flüchtlinge. Die Möbel sind recycelt, das Frühstücksbüfett ist bio und genießt einen hervorragenden Ruf.

251 [E7] **Rosa Linde** €-€€, Lindengasse 43/13-14, U3 Neubaugasse, Tel. 0664 5263369, www.rosalinde.at. **Zu Gast bei Wittgenstein, Freud und Goedel:** Das Bed & Breakfast bietet drei individuelle, nach bedeutenden Österreichern benannte und stilvoll eingerichtete Zimmer.

162wi ©Fotokon, stock.adobe.com

Aktiv und sportlich

252 Hostel Schlossherberge Wien €, Savoyenstraße 2, U3 Ottakring, von dort Bus 46A Schloss Wilhelminenberg, Tel. 4810300, www.hostel.at. **Wienerwald und Weitblick:** Das Hostel am Wilhelminenberg (westlicher Stadtrand von Wien) verfügt über 41 Zimmer mit insgesamt 164 Betten. Alle Zimmer sind mit eigener Dusche und WC ausgestattet, allzu viel Komfort kann man natürlich nicht erwarten. Darüber hinaus verfügen die meisten

Zentral gelegen: das Hotel Urania in der Nähe von Donaukanal und Innerer Stadt

Zimmer über eine Terrasse und bieten einen fantastischen Blick über Wien. Von hier aus bieten sich Wanderungen im Wienerwald an.

253 Strandhotel Alte Donau €€, Wagramer Straße 51, U1 Alte Donau, Tel. 2044040, www.strandhotel-alte-donau.at. Sehr schönes Hotel am Naherholungsgebiet Alte Donau. Mit der U1 ist man schnell in der Innenstadt. Im Sommer kann man vor der Haustüre baden.

Gayfreundlich und offen

254 [E6] **Hotel-Pension Wild** €, Lange Gasse 10, U3 Volkstheater, Tel. 4065174, www.pension-wild.com. Freundliche Pension in guter Lage. Teils mit Gemeinschaftsbad bzw. -WC.

Campingplätze

255 Camping Neue Donau, Campingplatz Ost, U2 Donaustadtbrücke, Tel. 2024010, www.campingwien.at, geöffnet: Mitte April bis Ende September. Idealer Campingplatz für Wasserratten nahe den Erholungsgebieten Lobau, Donau-Auen (s. S. 200) und der Donauinsel. Mit der U2 ist man in Windeseile im Prater oder in der Innenstadt.

256 Camping Wien West, Hüttelbergstraße 80, U4 Hütteldorf, Bus 52A Campingplatz Wien-West, Tel. 9142314, www.camping wien.at. Der Platz liegt am Rande des Wienerwaldes in unmittelbarer Nähe von Wander- und Mountainbikewegen; die öffentliche Verkehrsanbindung an die Innenstadt ist vorhanden. 25 Bungalows für bis zu vier Personen.

Verhaltenstipps

In Wien sollte man sich prinzipiell nicht anders verhalten als überall auf der Welt. Allerdings wird in der Donaumetropole etwas mehr Wert auf **Höflichkeitsformen** gelegt als dies teilweise in Deutschland der Fall ist. Wer es vom Skiurlaub in Tirol gewohnt ist, die einheimische Bevölkerung zu duzen, sollte dies in Wien lieber unterlassen. Den Kellner im Wirtshaus oder den Herrn Ober im Kaffeehaus spricht man mit Sie an. Beim Weggehen und zu später Stunde am Würstelstand wird diese Regel dann oft nicht mehr so eng gesehen.

Falls man sich anhand der Wiener Begriffe und des Dialekts (s. S. 239) überfordert fühlt, nur keine Panik: **In der Ruhe liegt die Kraft.** In der Regel wird alles übersetzt und man wird sich bemühen, Hochdeutsch zu sprechen. Touristen sollten nicht den Fehler machen, mit den Wienern Wienerisch sprechen zu wollen, außer sie beherrschen den Dialekt wirklich. Ansonsten wirkt der Piefke (leicht abschätzig für Deutscher) schnell peinlich.

Bei Taxifahrten sollte man schon vor Beginn der Fahrt fragen, wie viel es ungefähr kosten wird; nicht dass am Ende das böse Erwachen kommt.

Verkehrsmittel

Das **Netz** der Wiener Linien ist im Vergleich zu anderen europäischen Metropolen **hervorragend ausgebaut,** sodass man auf das Auto in Wien problemlos verzichten kann. Die für Touristen wichtigsten Verkehrsmittel sind U-Bahn, Straßenbahn und Busse. Auf S-Bahnen und Nahverkehrszüge ist man selten angewiesen – es sei denn, man besucht Ziele im Umland oder Bratislava.

Speziell mit den **U-Bahnen** kann man große Teile der Stadt in Windeseile durchkämmen. Insgesamt besteht das Lini-

ennetz derzeit aus den fünf wichtigen Linien U1–4 und U6. Die **U1** ist Wiens älteste Linie und verbindet den Stephansplatz mit Donauinsel, Alter Donau und der Endstation Leopoldau im Nordosten sowie dem Reumannplatz als Zentrum des 10. Bezirks Favoriten und dem Wein- und Thermalort Obarlaa im Süden. Leider hat die alte U1-Station am Stephansplatz aufgrund bestimmter Baumaterialien ein permanentes Geruchsproblem. Zum Glück verkehren die U-Bahnen aber tagsüber im **5-Minuten-Takt**, wodurch unangenehm lange Wartezeiten die Ausnahme sind.

Die **U2** verläuft derzeit vom Schottentor aus und dann Richtung Prater, Stadlau und Seestadt Aspern. Es entsteht eine neue Linie **U5** sowie eine Verlängerung der U2, weshalb die U-Bahn-Verbindung zwischen Karlsplatz und Schottentor bis Herbst 2024 nicht zur Verfügung steht.

⌃ *Das Wiener U-Bahn-Netz gilt als eines der am besten ausgebauten in Europa*

Die **U3** verläuft von Ottakring im Wiener Westen über den Westbahnhof und den Stephansplatz und führt von dort weiter nach Simmering.

Etwas südlicher im Wienerwald-Vorort Hütteldorf beginnt die **U4** als eine der touristisch wichtigsten Linien. Ihr Verlauf erstreckt sich über Schloss Schönbrunn und das Wiental bis zu Karlsplatz und Schwedenplatz, um von hier weiter nach Heiligenstadt im Norden zu führen.

Die teils oberirdische **U6** schließlich verläuft in weiten Strecken am Gürtel auf den Gleisen der ehemaligen Stadtbahn. Ihre Endhaltestellen sind im äußersten Südwesten Siebenhirten und im Nordosten Floridsdorf.

Die vergleichsweise geringe Anzahl an Linien macht das Wiener U-Bahn-Netz übersichtlich. Die wichtigsten Verkehrsknotenpunkte sind neben Stephansplatz, Schwedenplatz und Karlsplatz der Westbahnhof, der Praterstern und der Schottenring.

Ergänzend zur U-Bahn verkehren in Wien viele **Straßenbahnlinien.** Man soll-

EXTRATIPP

Vienna City Card: Öffis inklusive Vergünstigungen

Die Wien-Karte ist in erster Linie eine **Fahrkarte für die öffentlichen Verkehrsmittel** (freie Fahrt mit U-Bahn, Bus und Tram). Daneben eröffnet sie über **210 Vorteile bei Museen und Sehenswürdigkeiten, Theatern und Konzerten, beim Einkaufen, in Cafés, Restaurants und beim Heurigen.** Man erhält sie für 24, 48 oder 72 Stunden für 17, 25 beziehungsweise 29 € in Hotels, in den Tourist-Infos (s. S. 228) und bei Verkaufs- bzw. Informationsstellen der Wiener Linien (z. B. Stephansplatz ❶, Karlsplatz, Westbahnhof, Landstraße/Wien Mitte). Gültig ist sie ab Ausstellungsdatum. Der inkludierte Fahrschein der Wiener Linien gilt nach Entwertung für 24, 48 oder 72 Stunden. Ermäßigungen mit der Wien-Karte können jedoch noch am gesamten letzten Tag der Gültigkeit in Anspruch genommen werden. Eine Gebrauchsanweisung für die Wien-Karte findet man im **Kuponheft,** das jeder Käufer der Wien-Karte kostenlos erhält. Weitere Infos unter www.wien.info/de/reiseinfos/vienna-city-card.

te sie als Tourist nach Möglichkeit nutzen, da die Tram einerseits selbst längst zu einer Wiener Sehenswürdigkeit geworden ist – wer Glück hat, erwischt noch einen der nostalgisch-historischen Wagen. Andererseits sieht man so mehr von der Stadt. Die Linien führen meist von der Ringstraße aus sternförmig in alle Himmelsrichtungen. Teilweise stellen sie auch Verlängerungen der U-Bahnstrecken dar – beispielsweise verkehrt ab der U3-Endhaltestelle Simmering die Straßenbahn weiter Richtung Zentralfriedhof.

Selbst die geografisch abgelegenen Ziele Wiens – für Touristen jedoch nicht die uninteressantesten – wie die Weinbaudörfer, der Kahlenberg oder die Lobau, sind mit öffentlichen Verkehrsmitteln zu erreichen. Dafür sorgen die unzähligen **Buslinien,** die ebenfalls zum öffentlichen Verkehrsnetz gehören, das von den Wiener Linien betreut wird.

U-Bahnen verkehren täglich von circa 5 Uhr früh bis circa Mitternacht; Straßenbahnen und Busse beenden ihren Betrieb meist früher. Die Wiener U-Bahnlinien sind **Freitagnacht, Samstagnacht** und in den Nächten vor Feiertagen **24 Stunden** in Betrieb. Die Züge verkehren dann im 15-Minuten-Takt. Mehrere **Nachtbusse** fahren täglich von 0.30 bis 5 Uhr im 30-Minuten-Intervall (wichtigster Nachtbusbahnhof: vor der Oper). Am Wochenende ist der Fahrplan dem durchgängigen U-Bahn-Betrieb angepasst.

› www.wienerlinien.at

Tarife im öffentlichen Nahverkehr

Auch hier kann man Wien keine Vorwürfe machen: Im Vergleich zum Tarifdschungel vergleichbarer mitteleuropäischer Städte wie München ist das Wiener Tarifsystem relativ einfach zu durchschauen. Zwar sind auch hier die Preise in den vergangenen Jahren etwas in die Höhe gegangen – im Vergleich zu Paris oder London bewegt man sich in Wien aber **günstig durch die Stadt.**

Die **Fahrkarten** gelten in allen Straßenbahnen, Bussen und U-Bahnen der Wiener Linien. Jeder entwertete Fahrschein ist bis zum Erreichen des Fahrtziels inklusive Umsteigen (auch mehrmals) gültig.

109wi-se

Ein **Einzelticket** für das gesamte Wiener Stadtgebiet kostet 2,40 €, die 24-Stunden-Netzkarte 8 €, die 48-Stunden-Netzkarte 14,10 €, die 72-Stunden-Netzkarte 17,10 €, die Wochenkarte (nur gültig von Montag bis Montag 9 Uhr) ebenfalls 17,10 €. Alle Tickets sind an **Automaten** an den Haltestellen erhältlich. Man kann auch über die **App WienMobil** (s. S. 231) und auf der **Website** Tickets lösen. In den **Trafiken** (s. S. 185) gibt es ebenfalls (Einzel-)Fahrscheine. Einzelfahrscheine sind auch in einigen **Straßenbahnen** und **Bussen** gegen einen geringen Aufpreis für 2,60 € erhältlich. Kinder bis 6 Jahre fahren kostenlos.

Klassische Wiener Straßenbahn vor dem österreichischen Parlament

Wer mit der S-Bahn ins Umland fährt, muss zusätzliche Zonen erwerben (z. B. einfache Fahrt nach Klosterneuburg: Kernzone plus eine Außenzone: 4,20 €). Man kann den gewünschten Ort am Automaten eingeben.

Taxis

In Wien sind sehr viele Taxis unterwegs und es ist in der Regel auch nachts nur eine Frage von Minuten, in der Innenstadt ein freies Taxi zu bekommen. Leider haben sich in den vergangenen Jahren unter die überwiegend freundlichen und fähigen Taxilenker auch einige dubiose und inkompetente schwarze Schafe gemischt. Nur mit eingeschalteter Taxiuhr fahren!

- **www.taxi60160.at,** Tel. 60160
- **www.taxi40100.at,** Tel. 40100

Wetter und Reisezeit

Das Wetter in Wien ist vergleichbar mit anderen mitteleuropäischen Großstädten. Klimatisch liegt das Wiener Becken im Übergangsbereich von atlantischem und zentraleuropäischem Klima. Während es im Wienerwald regnet, scheint möglicherweise in der Lobau die Sonne. Zum Teil dringen atlantische Tiefausläufer bis nach Ostösterreich vor, teilweise liegt Wien jedoch auch wochenlang in einem osteuropäischen Hochdruckgebiet.

Der **Winter** kann sehr kalt werden. Teilweise schneit es stark, wobei der Schnee in den vergangenen Jahren nur noch selten lange liegen blieb. Im Spätherbst und Winter herrscht, begünstigt durch die Donau, häufig Hochnebel über Wien. Dieses oft wochenlange Grau in Grau schlägt sich auch auf die Mentalität der Bevölkerung nieder. Die Wiener wirken dann trotz der Bälle Anfang des Jahres oft selbst etwas grau und melancholisch.

Auch im Advent hat Wien seine hübschen Ecken, als klassisches Vorweihnachtsziel kann man die Stadt jedoch nicht bezeichnen.

Im **Frühling** um Ostern blüht die Stadt regelrecht auf. Im April im Prater die Bäume und spätestens ab Mai auch die Menschen; sie verlassen ihre Wohnungen und genießen die Sonne im Freien. Allerdings kann es im Frühling ausgiebig regnen.

Ab Juni beginnt in Wien der **Sommer** und im Juli und August kann es richtig heiß werden. Dann ist es in der staubigen Hitze der Innenstadt mit all ihren Massen an Touristen oft nicht mehr ganz so angenehm. Erholsame Oasen der Entspannung bieten dann die Bäder an der Alten Donau (s. S. 238) oder Ausflüge in den kühlen Wienerwald. Allerdings haben die **Wiener Sommernächte** ihren eigenen Reiz: In den Straßenschluchten riecht es eher mediterran und südosteuropäisch und wer in einer lauen Hochsommernacht in einem Wiener Weinberg den Grillen bei einem Glas Wein zuhört, der will gar nicht mehr weiter nach Süden reisen.

Wien hat sicherlich das ganze Jahr über seine speziellen Reize. Museumsliebhaber werden speziell die kühleren Monate schätzen, in denen die Sehenswürdigkeiten weniger stark frequentiert sind. Speziell die Monate **Oktober und November** sind gute Reisemonate, wenn sich im Prater oder im Zentralfriedhof das Laub der Bäume verfärbt und es noch wunderbar sonnige Tage gibt. Manche Wien-Kenner halten den Herbst sogar für die schönste Jahreszeit, da auch die Touristenströme langsam weniger werden und die Wiener Gemütlichkeit wieder Einzug hält. Die klassische Reisezeit für Wien sind allerdings die Monate von April bis September.

148wi-se

Kieselstrand im Angelibad (s. S. 237) an der Alten Donau

ANHANG

112wi-se

Register

Kriege
gehören ins
Museum
HGM
EERESGESCHICHTLICHES MUSEUM
www.hgm.at
UNSER HEER

Q, R

S

Zugspitze, Foto: Aneta Niemitz

Reisen mit Know-How

Der Autor

Sven Eisermann hat sich in Wien verliebt, als er als Junge das erste Mal im Prater mit der Geisterbahn fuhr. In den folgenden Jahrzehnten verbrachte der gebürtige Bayer große Teile seiner Freizeit in Wien. Neben intensiver Beschäftigung mit der Wiener Geschichte und Mentalität sowie tiefgehenden Recherchen zu Hauptsehenswürdigkeiten wie Stephansdom und Schloss Schönbrunn begab er sich regelmäßig auf Spaziergänge abseits der ausgetretenen Touristenrouten. Dabei lernte er aufregende Seiten der Stadt kennen, die sonst nur den Wienern vorbehalten sind. Der Autor lebt in Bayern und Wien und kennt Stadt und Umland wie seine Westentasche. Von ihm sind im Reise Know-How Verlag auch Reiseführer über München, Bratislava, Bozen/Meran, Linz, Passau, Innsbruck und Tirol erschienen.

Schreiben Sie uns

Dieses Buch ist gespickt mit Adressen, Preisen, Tipps und Daten. Unsere Autoren recherchieren unentwegt und erstellen alle zwei Jahre eine komplette Aktualisierung, aber auf die Mithilfe von Reisenden können sie nicht verzichten. Darum: Teilen Sie uns bitte mit, was sich geändert hat oder was Sie neu entdeckt haben. Gut verwertbare Informationen belohnt der Verlag mit einem Sprachführer Ihrer Wahl aus der Reihe „Kauderwelsch".

Kommentare übermitteln Sie am einfachsten, indem Sie die Web-App zum Buch aufrufen (siehe Umschlag hinten) und die Kommentarfunktion bei den einzelnen auf der Karte angezeigten Örtlichkeiten oder den Link zu generellen Kommentaren nutzen. Wenn sich Ihre Informationen auf eine konkrete Stelle im Buch beziehen, würde die Seitenangabe uns die Arbeit sehr erleichtern. Unsere generellen Kontaktdaten siehe Impressum.

Impressum

Sven Eisermann

CityTrip PLUS Wien

© Reise Know-How Verlag
Peter Rump GmbH
4., neu bearbeitete und aktualisierte Auflage 2023

ISBN 978-3-8317-3769-7

Printed in Germany

Druck und Bindung: mediaprint solutions GmbH, Paderborn

Herausgeber: Klaus Werner
Layout: amundo media GmbH (Umschlag, Inhalt), Wayan Rump (Umschlag)
Lektorat: amundo media GmbH
Karten: Ingenieurbüro K. Wendler, amundo media GmbH
Anzeigenvertrieb: KV Kommunalverlag GmbH & Co. KG, Alte Landstraße 23, 85521 Ottobrunn, Tel. 089 928096-0, info@kommunal-verlag.de
Kontakt: Osnabrücker Str. 79, 33649 Bielefeld, info@reise-know-how.de

Alle Angaben in diesem Buch sind gewissenhaft geprüft. Preise, Öffnungszeiten usw. können sich jedoch schnell ändern. Für eventuelle Fehler übernehmen Verlag wie Autor keine Haftung.

Bildnachweis

Umschlagvorderseite: ©Mistervlad, stock.adobe.com | Umschlagrückseite und -klappe: Sven Eisermann
Soweit ihre Namen nicht vollständig am Bild vermerkt sind, stehen die Kürzel an den Abbildungen für die folgenden Fotografen, Firmen und Einrichtungen. Christian Kadluba: ck | M. Tretera: mt | Sven Eisermann: se

113wi-se

Detailkarte Grinzing

1 cm = 280 m 500 m

Detailkarte Schönbrunn

1 cm = 150 m 300 m

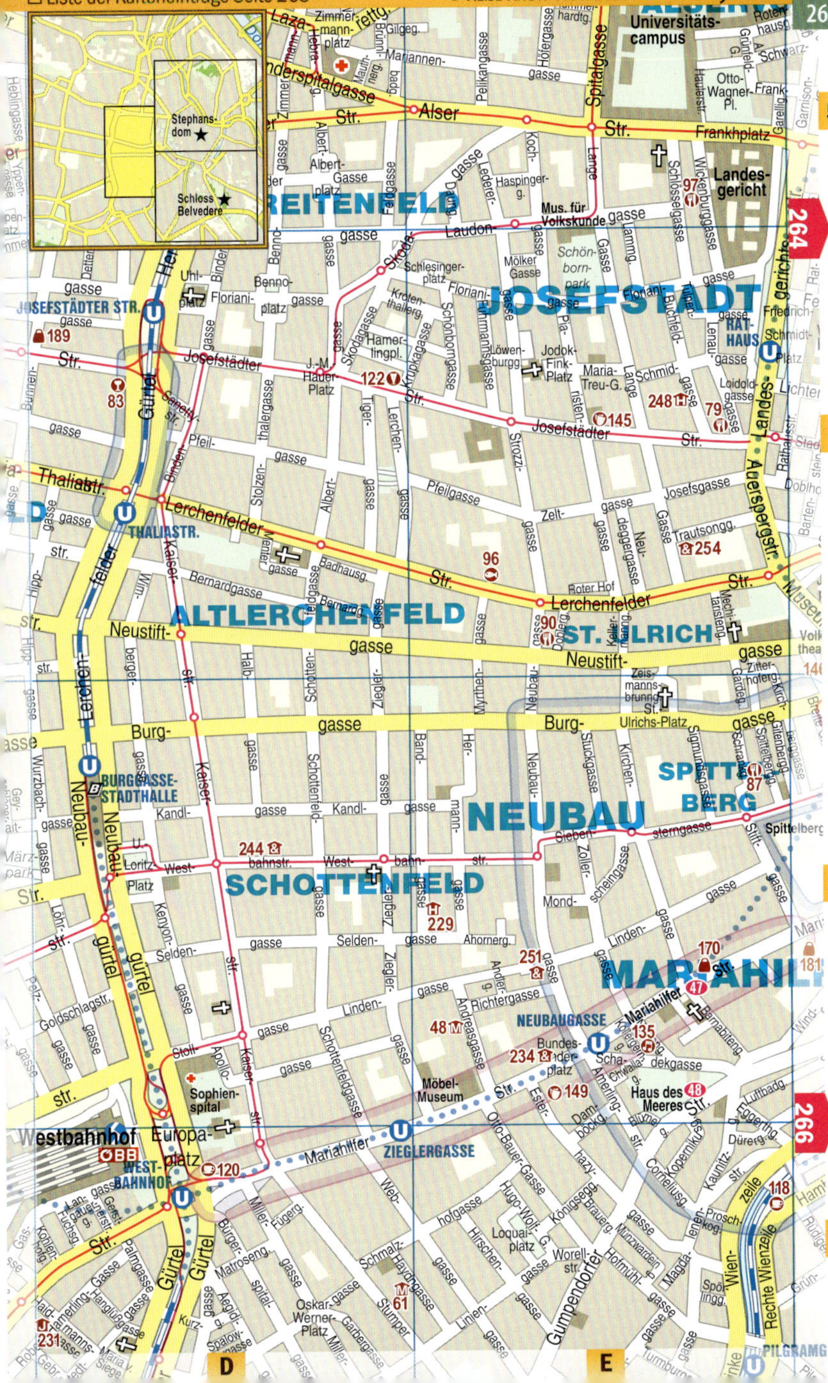

Stephansdom
Schloss Belvedere
Universitätscampus
Alser Str.
Spitalgasse
Frankhplatz
Landesgericht
Mus. für Volkskunde
Schönbornpark
JOSEFSTADT
RATHAUS
JOSEFSTÄDTER STR.
Josefstädter Str.
Laudongasse
Skodagasse
Lange Gasse
Florianigasse
Pfeilgasse
Josefsgasse
Trautsongg.
Auerspergstr.
Landesgerichtsstr.
Thaliastr.
THALIASTR.
Lerchenfelder Str.
Lerchenfelder Gürtel
ALTLERCHENFELD
Roter Hof
ST. ULRICH
Neustiftgasse
Burggasse
Ulrichs-Platz
BURGGASSE-STADTHALLE
Kandlgasse
NEUBAU
SPITTELBERG
Siebensterngasse
Westbahnstr.
SCHOTTENFELD
Mondscheingasse
Lindengasse
Seldengasse
Zieglergasse
MARIAHILF
Mariahilfer Str.
NEUBAUGASSE
Bundesländerplatz
Haus des Meeres
Möbel-Museum
ZIEGLERGASSE
Sophienspital
Westbahnhof
ÖBB
WESTBAHNHOF
Europaplatz
Neubaugürtel
Gumpendorfer Str.
Loquaiplatz
Oskar-Werner-Platz
Rechte Wienzeile
PILGRAMG.
Gürtel
5
6
7
8
D
E
264
266

1 cm = 150 m 300 m

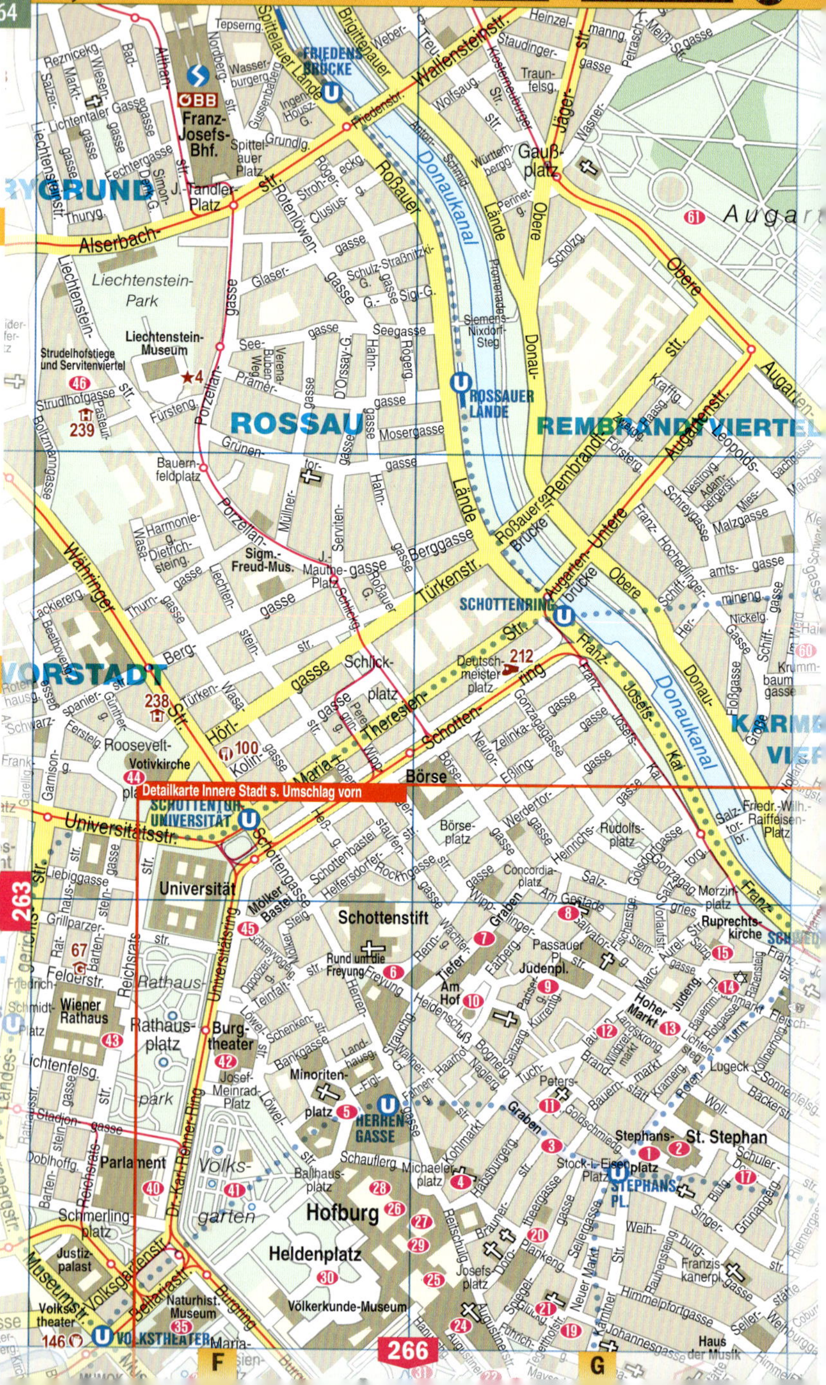

263
266
4 5 6 F G

Frachtenbahnhof
Nordwestbahnhof
VOLKERT-VIERTEL
AFRIKANER-VIERTEL
JÄGERZEILE
WEISSGERBER
NORDBAHN
Praterstern
TABORSTR.
NESTROY-PLATZ
SCHWEDENPLATZ
STUBENTOR
LANDSTR. WIEN MITTE
Donaukanal
Porzellanmanufaktur
Wiener Sängerknaben
Rund um den Karmelitermarkt
Krankenhs. d. barmh. Brüder
Urania
Finanz-landes-direktion
Regierungs-gebäude
Museum für angewandte Kunst
KunstHausWien
Hundert-wasser-haus
Stephans-dom
Schloss Belvedere
Stadtpark
Wurstelprater und Riesenrad
4
5
6
H
I
267

264
1 cm = 150 m
300 m
263
7
8
9
F
G
Detailkarte Innere Stadt
Theresien-Platz
MUMOK
Museums-Quartier
Kunsthist. Museum
Kunsthalle
Leopold-Museum
MUSEUMS-QUARTIER
Burggarten
Burgring
Opernring
Kunstsammlung Albertina
Staatsoper
Robert-Stolz-Pl.
Schillerplatz
Akad.d. bildenden Künste
Technische Universität
KARLSPLATZ
Kärntner Ring
Karlsplatz
Secession
Wien-Museum Karlsplatz
Resselpark
Karlskirche
Technische Universität
Schwarzenbergplatz
Schwarzenbergstr.
Getreidemarkt
Mariahilfer
LAIMGRUBE
Naschmarkt
Linke Wienzeile
Rechte Wienzeile
KETTENBRÜCKENGASSE
Hamburgerstr.
Schleifmühlgasse
Schikanedergasse
Paulanergasse
Wiedner Hauptstr.
Gußhausstr.
Technische Universität
WIEDEN
Favoritenstr.
Mozartplatz
Funkhaus
TAUBSTUMMENGASSE
Theresanium
Brahmsplatz
Möllwaldplatz
PILGRAMGASSE
Margaretenplatz
MARGARETEN
Margaretenstr.
Hartmannspital
HUNGELBRUNN
Rainer
Zentaplatz
Siebenbrunnen-
Südtiroler Platz
SÜDTIROLER PLATZ
Wiedner Gürtel
Laxenburger Str.
Columbusplatz
Landgutgasse
Stephansdom
Schloss Belvedere

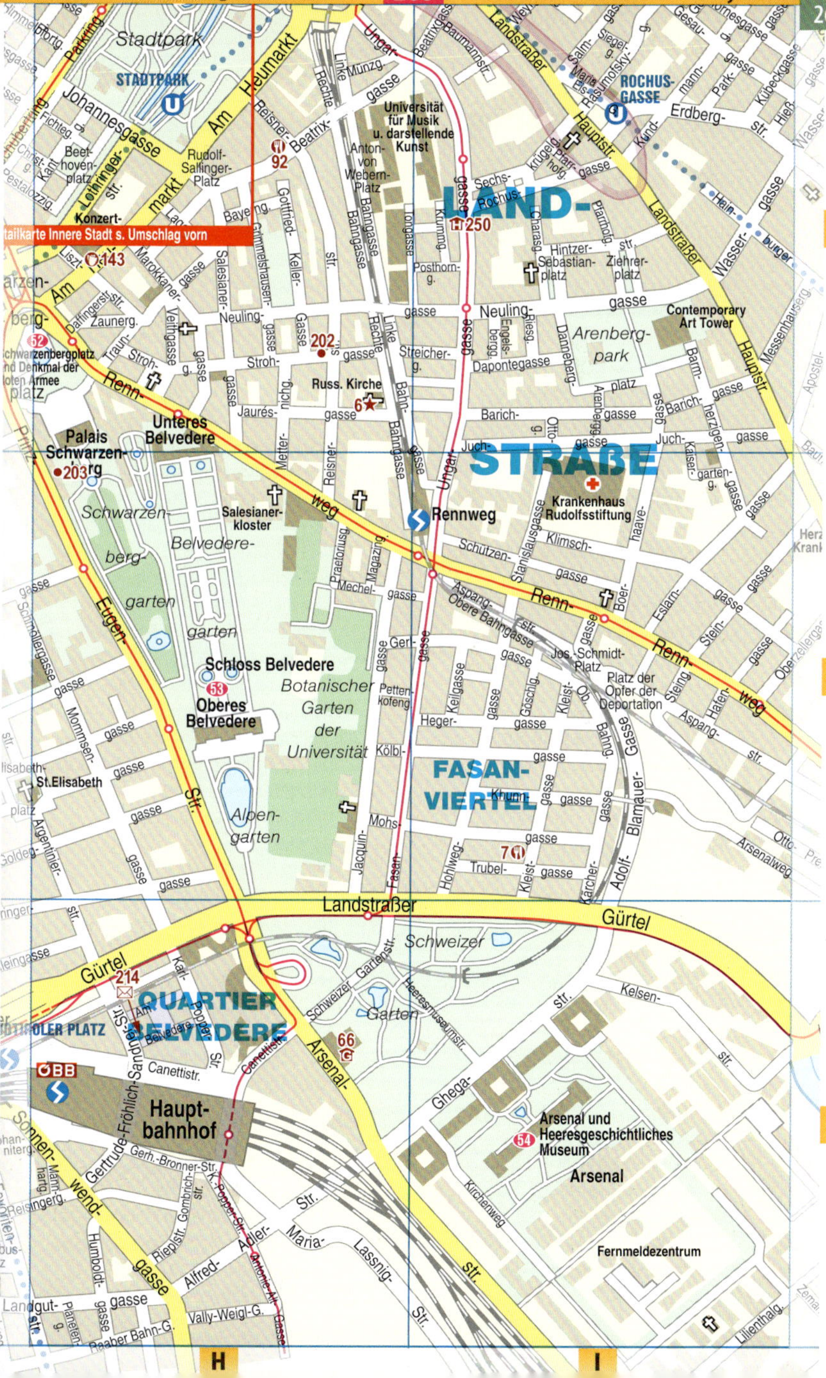
Stadtpark
STADTPARK
Parkring
Johannesgasse
Am Heumarkt
Rudolf-Sallinger-Platz
Beethovenplatz
Lothringerstr.
Konzerthaus
Detailkarte Innere Stadt s. Umschlag vorn
143
92
Beatrixgasse
Reisnerstr.
Ungargasse
Münzg.
Linke
Rechte
Universität für Musik u. darstellende Kunst
Anton-von-Webern-Platz
Bahngasse
Tongasse
Krumm.
Sechs-
Rochus-
250
LAND-
STRAßE
ROCHUSGASSE
Erdberg-str.
Landstraßer Hauptstr.
Salmg.
Siegelg.
Rasumofskyg.
Krügelg.
Pfarrhofg.
Hainburger
Wassergasse
Posthorng.
Hintzerstr.
Sebastianplatz
Ziehrerplatz
Neulinggasse
Contemporary Art Tower
Arenbergpark
Dapontegasse
Barichgasse
Juchgasse
Messenhausergasse
Marokkanergasse
Zaunerg.
Salesianergasse
Grimmelshausengasse
Gottfried-Keller-Gasse
202
Russ. Kirche
6
Strohgasse
Jaurésgasse
Metternichgasse
52
Schwarzenbergplatz
und Denkmal der Roten Armee
Rennweg
Unteres Belvedere
Palais Schwarzenberg
203
Salesianerkloster
Rennweg
Krankenhaus Rudolfsstiftung
Klimschgasse
Schützengasse
Stanislausgasse
Schwarzenberggarten
Belvederegarten
Praetoriusg.
Magazing.
Mechelgasse
Aspangstr.
Obere Bahngasse
Jos.-Schmidt-Platz
Platz der Opfer der Deportation
Prinz-Eugen-Str.
Schloss Belvedere
53
Oberes Belvedere
Botanischer Garten der Universität
Alpengarten
Gerlgasse
Pettenkofeng.
Keilgasse
Kleistg.
Hegergasse
Kölblgasse
FASAN-VIERTEL
Khunngasse
Mohsgasse
Jacquingasse
Fasangasse
Hohlweg.
7
Trubelgasse
Blamauergasse
Adolf-Gasse
Kärcher-
Arsenalweg
St. Elisabeth
Argentinierstr.
Mommsengasse
Schönburgstr.
Landstraßer Gürtel
Schweizer Garten
Gürtel
214
QUARTIER BELVEDERE
TIROLER PLATZ
ÖBB
Hauptbahnhof
Canettistr.
Sandrock-Str.
Gertrude-Fröhlich-Sandner-Str.
Karl-Popper-Str.
Gerh.-Bronner-Str.
Arsenalstr.
66
Heeresmuseumstr.
Gartenstr.
Ghegastr.
Kelsenstr.
Arsenal und Heeresgeschichtliches Museum
54
Arsenal
Kirchenweg
Fernmeldezentrum
Lilienthalg.
Sonnwendgasse
Humboldtgasse
Rieplstr.
Gombrichstr.
Alfred-Adler-Str.
Maria-Lassnig-Str.
Antonie-Alt-Gasse
Vally-Weigl-G.
Raaber Bahn-G.
Landgutgasse
7
8
9
H
I

Liste der Karteneinträge

Hier nicht aufgeführte Nummern liegen außerhalb der abgebildeten Karten. Ihre Lage kann aber wie die von allen Ortsmarken im Buch mithilfe der kostenlosen Web-App angezeigt werden (s. S. 276).

Wien, Umgebung

0 20 km

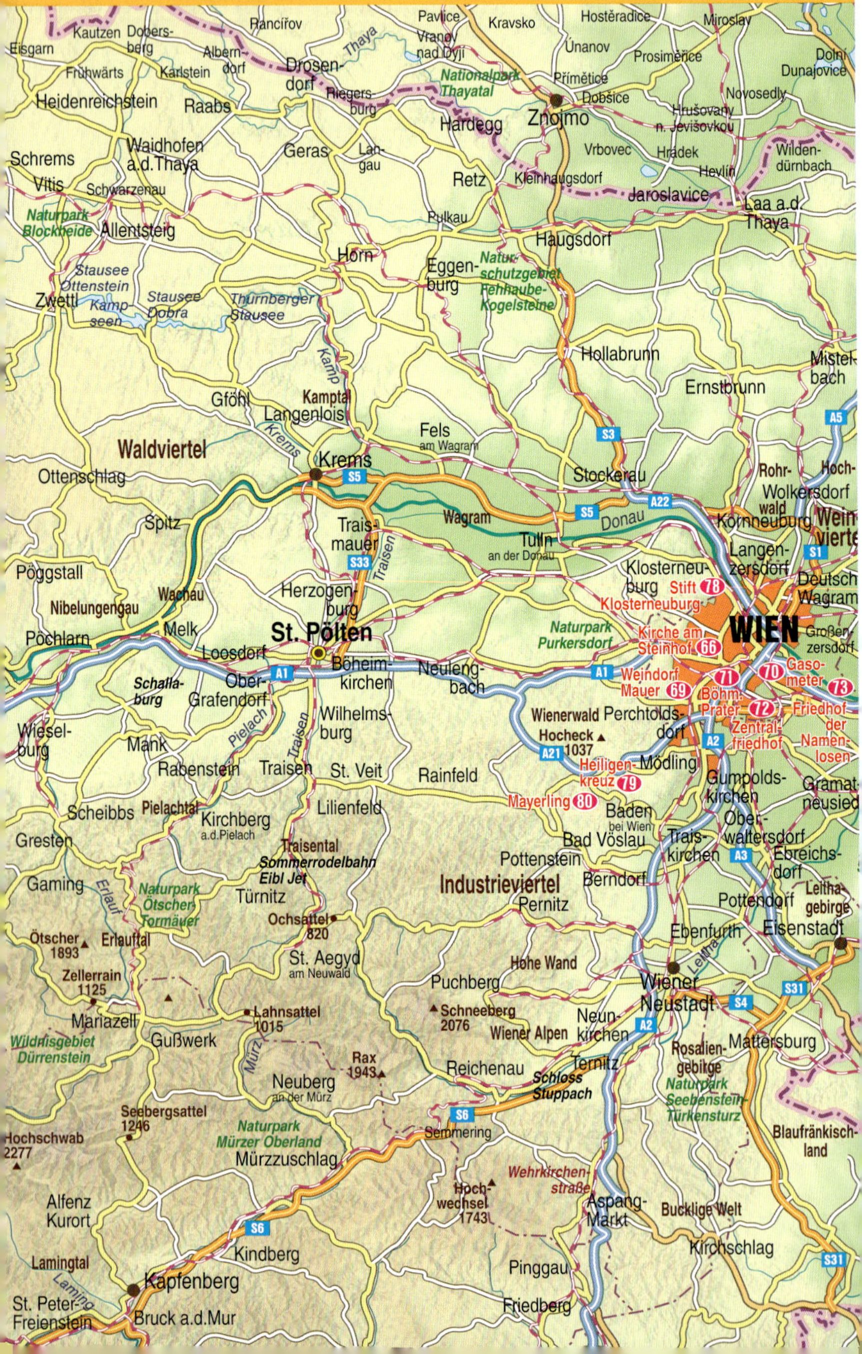

Zeichenerklärung

- 11 Hauptsehenswürdigkeit, fortlaufend nummeriert
- [L6] Verweis auf Planquadrat im Cityatlas/-Faltplan
- Arzt, Apotheke, Krankenhaus
- ÖBB Bahnhof
- Bar, Club
- Bibliothek
- Biergarten, Kneipe, Pub
- Café, Kaffeehaus, Eiscafé
- Denkmal
- Fischlokal
- Friedhof
- Galerie
- Geschäft, Kaufhaus, Markt
- Heuriger, Weinlokal
- Hotel, Unterkunft
- Imbiss
- Informationsstelle
- Jugendherberge, Hostel
- Kino
- Kirche
- Lokalbahn Wien – Baden
- Museum
- Musikszene, Disco
- Parkplatz
- Pension, Bed and Breakfast
- Polizei
- Post
- Restaurant
- S-Bahn-Station
- Sehenswürdigkeit
- Sonstiges
- Synagoge
- Theater
- U-Bahn-Station
- Vegetarisches Lokal

- Stadtteilspaziergänge
- Shoppingareale
- Gastro- und Nightlife-Areale

WIENER LINIEN

WIENER STADTWERKE GRUPPE

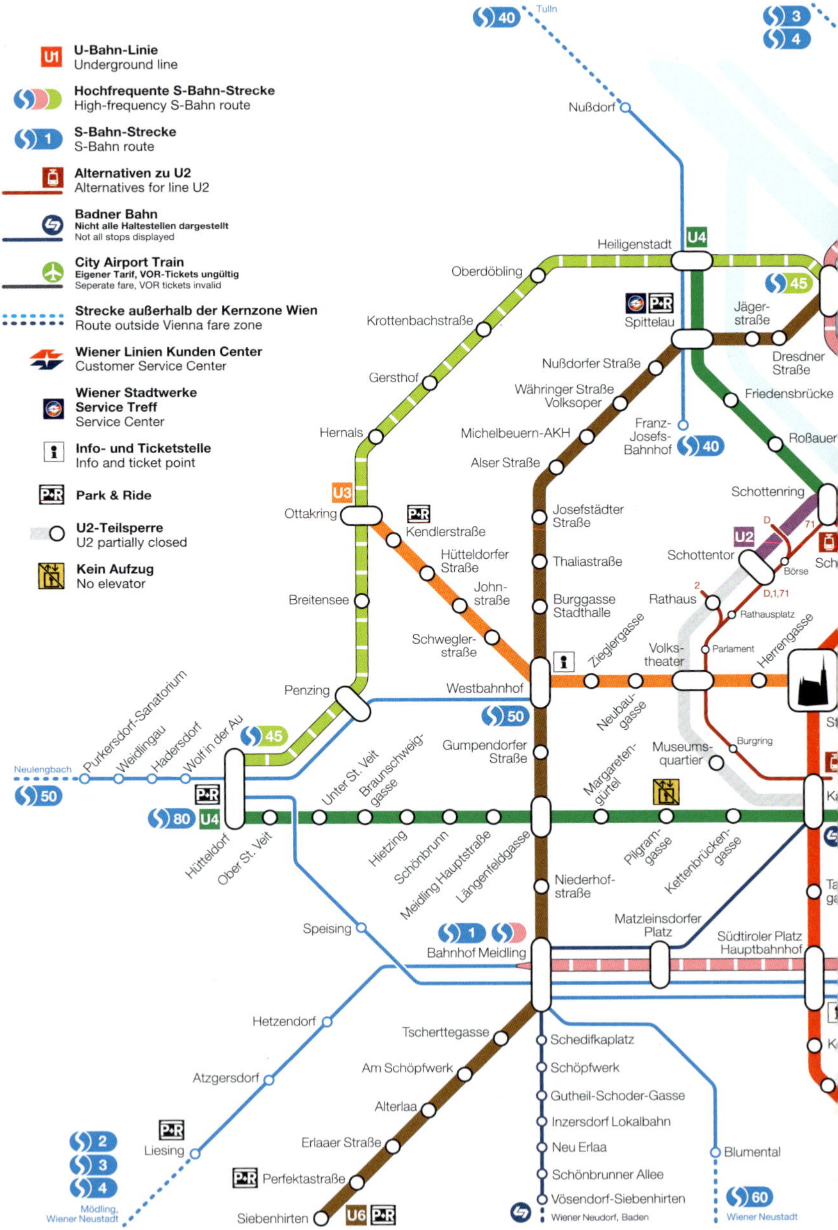

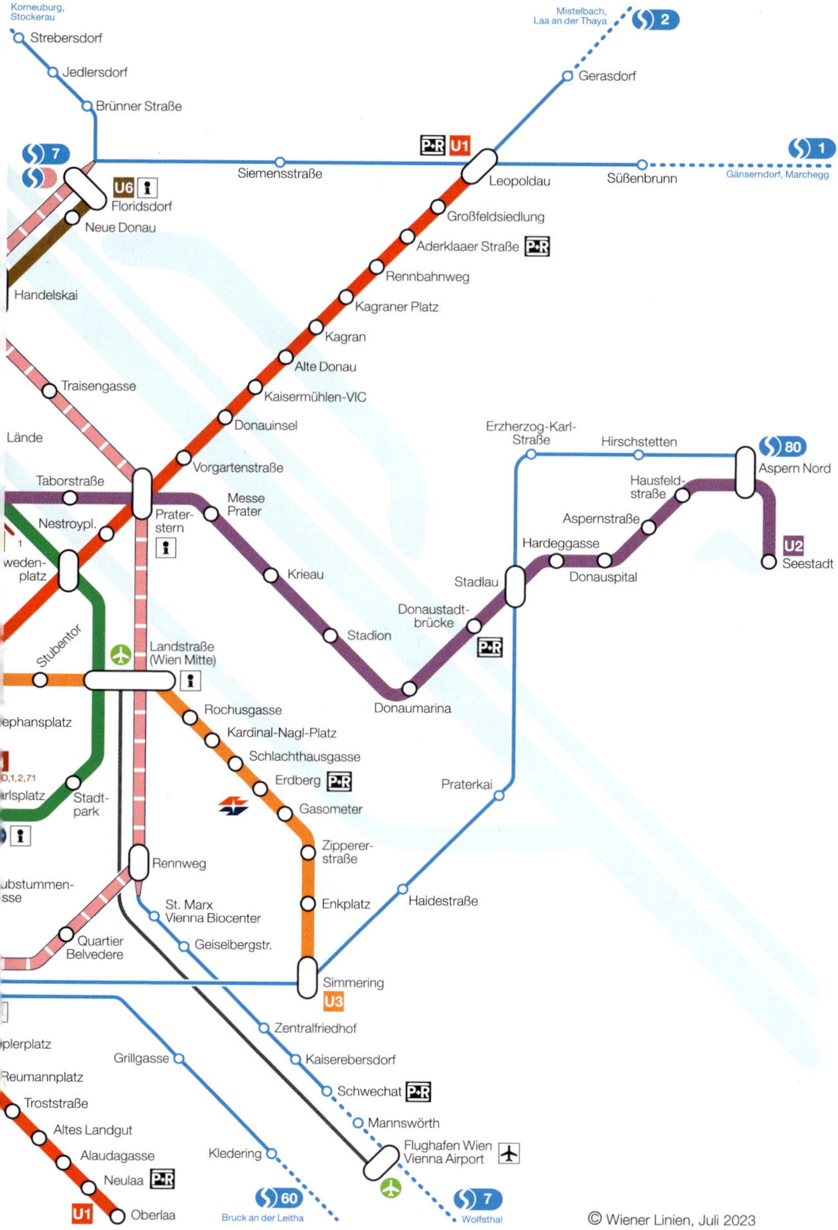
Korneuburg, Stockerau
Strebersdorf
Jedlersdorf
Brünner Straße
Mistelbach, Laa an der Thaya
2
Gerasdorf
7
U6
Floridsdorf
Neue Donau
Siemensstraße
P+R U1
Leopoldau
Süßenbrunn
1
Gänserndorf, Marchegg
Großfeldsiedlung
Aderklaaer Straße P+R
Rennbahnweg
Kagraner Platz
Kagran
Alte Donau
Kaisermühlen-VIC
Donauinsel
Vorgartenstraße
Handelskai
Traisengasse
Lände
Taborstraße
Praterstern
Messe Prater
Krieau
Stadion
Donaumarina
Donaustadtbrücke
P+R
Stadlau
Erzherzog-Karl-Straße
Hirschstetten
80
Aspern Nord
Hausfeldstraße
Aspernstraße
Hardeggasse
Donauspital
U2
Seestadt
Nestroypl.
weden-platz
Stubentor
Landstraße (Wien Mitte)
ephansplatz
Rochusgasse
Kardinal-Nagl-Platz
Schlachthausgasse
Erdberg P+R
Gasometer
Praterkai
D,1,2,71
rlsplatz
Stadtpark
Zipperer-straße
Enkplatz
Rennweg
St. Marx Vienna Biocenter
Haidestraße
ubstummen-sse
Quartier Belvedere
Geiselbergstr.
Simmering
U3
Zentralfriedhof
Kaiserebersdorf
plerplatz
Grillgasse
Reumannplatz
Schwechat P+R
Troststraße
Mannswörth
Altes Landgut
Alaudagasse
Kledering
Flughafen Wien Vienna Airport
Neulaa P+R
60
Bruck an der Leitha
7
Wolfsthal
U1
Oberlaa

Wien mit PC, Smartphone & Co.

QR-Code auf dem Umschlag scannen oder **www.reise-know-how.de/citytrip-plus/wien23** eingeben und die **kostenlose Web-App** aufrufen (Internetverbindung zur Nutzung nötig)!

★ **Anzeige der Lage und Satellitenansichten aller** beschriebenen Sehenswürdigkeiten und touristisch wichtigen Orte
★ **Routenführung** vom aktuellen Standort zum gewünschten Ziel
★ **Exakter Verlauf** der empfohlenen Stadtspaziergänge
★ **Aktuelle Infos** nach Redaktionsschluss

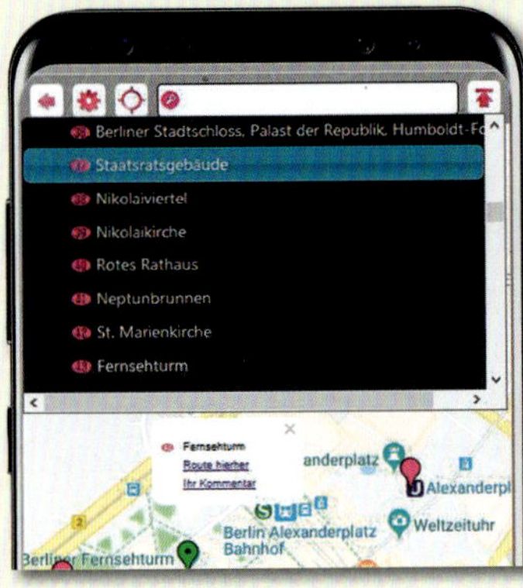

GPS-Daten zum Download

Die GPS-Daten aller Ortsmarken und Spaziergänge stehen auf der Produktseite des Titels auf www.reise-know-how.de zum Download zur Verfügung.

Stadtplan für mobile Geräte

Um den Stadtplan auf mobilen Geräten nutzen zu können, empfehlen wir die App „Avenza Maps" der Firma Avenza™. Über die Funktion „Store" kann die „Citymap Vienna PLUS 2023" kostenlos geladen und dann mit vielen Zusatzfunktionen genutzt werden.

Unsere App-Empfehlungen zu Wien

- **ÖBB Scotty:** Routenplaner der ÖBB für öffentliche Verkehrsmittel (kostenlos für iOS und Android)
- **Stadt Wien:** Mitteilungen zu Verkehrsstörungen, Unwetterwarnungen, Veranstaltungen, Stadtplan, Straßenlexikon (kostenlos für iOS und Android)
- **VOR – AnachB:** Fahrgastinformation der Wiener Linien und des VOR (kostenlos für iOS und Android)
- **Wiener Märkte:** offizielle „Wiener Märkte-App" mit Hintergrundinfos, Karte und Anfahrtswegen, für einige Märkte mit vollständiger Standliste und Öffnungszeiten (kostenlos für iOS und Android)
- **WienMobil:** App der Wiener Linien, u. a. Routenplaner, Ticketshop, Bikesharing und Taxiservice (kostenlos für iOS und Android)

Die Information über und die Bereitstellung von digitalen Zusatzinhalten (z. B. Web-App, Links, GPS-Tracks o. Ä.) ist eine freiwillige Zusatzleistung des Verlages, auf die kein Anspruch besteht und für deren Richtigkeit aufgrund der Veränderlichkeit solcher Informationen auch nicht gehaftet werden kann. Insbesondere behält sich der Verlag deshalb vor, die Bereitstellung und die Zugriffsmöglichkeit zeitlich zu befristen und den Zugriff hierauf auch vorfristig abzuschalten.